A REFORMA ESSENCIAL II

ROBERTO NOGUEIRA FERREIRA

A REFORMA ESSENCIAL II
REFORMA TRIBUTÁRIA: ESQUEÇAM A REFORMA TRIBUTÁRIA
(Uma análise independente, sob a ótica empresarial, dos debates tributários pós 2002)

LIVRO-HOMENAGEM AOS 70 ANOS DA CNC
Confederação Nacional do Comércio de Bens, Serviços e Turismo

Brasília - 2016

SENAC • Serviço Nacional de Aprendizagem Comercial-DF

PRESIDENTE DO CONSELHO REGIONAL
Adelmir Santana

DIRETOR REGIONAL
Luiz Otávio da Justa Neves

EDITORA SENAC DISTRITO FEDERAL

Coordenador
Luiz Otávio da Justa Neves

Editora-chefe
Bete Bhering (mariabh@senacdf.com.br)

Coordenação Comercial
Antonio Marcos Bernardes Neto (marcos@senacdf.com.br)

Coordenação Editorial
Gustavo Coelho (gustavo.souza@senacdf.com.br)

Equipe da Editora
Bete Bhering
Gustavo Coelho
Nair Ofuji
Eduarda Trivelli

EDITORA SENAC-DF
SIA Trecho 3, lotes 625/695, Shopping Sia Center Mall - Loja 10
CEP 71200-030 - Guará - DF | Telefone: (61) 3313.8789
e-mail: editora@senacdf.com.br
home page: www.editora.senacdf.com.br

RN & MARINI EDITORA E COMUNICAÇÃO LTDA
SCN - Centro Empresarial Liberty Mall, torre B sala 731
Brasília-DF - Brasil - Tel: (61) 3328-8800

CONSELHO EDITORIAL

Membros Titulares
Antonio Marcos Bernardes Neto
Kátia Christina S. de Morais Corrêa
Lindomar Aparecida da Silva
Luiz Carlos Pires de Araújo
Helena Souza de Oliveira

Membros Colaboradores
Eunice Nóbrega Portela
Elidiani Domingues Bassan de Lima
Heloisa Helena Almeida Borges
Moacir Boaventura Júnior
Cinara Gomes de Oliveira

NESTA EDIÇÃO

Autor
Roberto Nogueira Ferreira

Capa
Crio Gráfica e Editora ME

Projeto gráfico / Diagramação
Crio Gráfica e Editora ME

Revisão Editorial
RN & Marini Editora e Comunicação Ltda

Bibliotecária
Lidiane Maia dos Santos – CRB 2284/DF

Revisão de prova
Nair Ofuji / Vilson Mateus

Copyright © by Roberto Nogueira Ferreira
Todos os direitos desta edição
reservados à Editora Senac-DF.
Editora Senac Distrito Federal, 2016.

FICHA CATALOGRÁFICA
F383r

Ferreira, Roberto Nogueira
A reforma essencial II: Reforma tributária - esqueçam a reforma tributária [uma análise independente, sob a ótica empresarial, dos debates tributários pós 2002] / Roberto Nogueira Ferreira - Brasília: Editora Senac-DF ; RN & Marini Editora e Comunicação Ltda, 2016.
528 p.

ISBN 978-85-66027-04-4

1. Impostos - Brasil. 2. Política Fiscal – Brasil. 3. Tributação - Brasil. I. Título.

CDD 336.2050981

Indice para catálogo sistemático

1. Brasil: Reforma Tributária: Finanças Públicas: Economia: 336.2050981

Agradecimentos

Ao Presidente da CNC, Antonio Oliveira Santos, pelo apoio à edição deste livro.

Aos Doutores Ernane Galvêas e Bernardo Cabral – igualmente Consultores da Presidência da CNC - pelas generosas palavras dirigidas ao autor e à obra.

Ao Doutor Cid Heráclito de Queiroz, Consultor da CNC, pela permissão de reprodução de seus estudos: "A Burocracia" e "Orçamento perdulário versus administração gigantesca", que enriquecem o conjunto.

Ao jornalista Felipe Maranhão, da Assessoria de Comunicação da CNC, pela leitura dos originais e eventuais sugestões de forma.

Dedicatória

Dedico este livro ao meu maior patrimônio. Franklin e Alda, meus pais. Maria Angela, companheira de sempre. Minhas filhas Lisa, Joanna e Gina. Meus netos Gabriel, Pietra, Arthur, Estela, Rafaela e quem mais chegar.

E a todos que fizeram a CNC ser o que é.

A REFORMA ESSENCIAL II
REFORMA TRIBUTÁRIA: ESQUEÇAM A REFORMA TRIBUTÁRIA

(Uma análise independente, sob a ótica empresarial, dos debates tributários pós 2002)

SUMÁRIO

Prefácio 1 - Antonio Oliveira Santos 11
Prefácio 2 - Ernane Galvêas 13

Apresentação 17

PARTE I (CONTEÚDO BÁSICO)

Capítulo I - A reforma requerida do ponto de vista empresarial 29

    Tributação e Competitividade
    Características estruturais do Sistema Tributário
    Efeitos na arrecadação dos entes federativos
    Abordagens pontuais
        ICMS: um imposto com "prazo de validade" vencido?
        Contribuição patronal ao INSS: folha ou faturamento?
        Cumulatividade – viés anticompetitivo
        Créditos fiscais acumulados ou dívida pública disfarçada?
    Desonerar exportações, investimentos e produção
    Pequenos ajustes no presente = grandes desajustes no futuro
    Ajustes pontuais com características estruturais
    Um sistema internacionalmente alinhado (modelo)

Capítulo II - Breve histórico: o longo inverno da reforma tributária 63

Capítulo III - Considerações mínimas sobre os últimos 25 anos 69

Capítulo IV - A 1ª proposta de Reforma Tributária do governo Lula 77
Como o setor privado reage à 1ª proposta do governo Lula

Capítulo V - O fim da PEC 41, o pós 2003 e a derradeira proposta de Lula 87
Os anos pós 2003

Capítulo VI - PEC 31-A/2007 (PEC 233/2008) Parecer do relator Sandro Mabel aprovado na Comissão Especial da CD 95
Parecer e voto do relator
    Panorama das principais vertentes de reforma tributária
    Apreciação do mérito das proposições apensadas
    Do Substitutivo: alterações no texto principal da C.F.
    O Sistema Tributário Nacional e o CDES – Conselho de Desenvolvimento Econômico e Social

Capítulo VII - PEC 31-A/2007 (PEC 233/2008) – Avaliação do Substitutivo na visão empresarial 131
Avaliação independente do Substitutivo
Elementos negativos do Substitutivo com sugestão de Emendas
Avaliações Pontuais
    Excentricidades e heterodoxidades

Capítulo VIII - PIS e COFINS: o eterno dilema da cumulatividade 151
PIS/COFINS: saldo acumulado na exportação (proposta 2004)
PIS/COFINS: proposta de alteração legal em 2015

Capítulo IX - SUPERSIMPLES – É avanço, mas não é reforma tributária 169
Tributação das MPES
Marcos legais
A LC 123 e o novo marco
A vez do Micro Empreendedor Individual (MEI).......................
A LC 139, de 2011 e a elevação do teto
A LC 147, de 2014: a universalização do Simples Nacional

Capítulo X - A opção equivocada: desonerações ao invés de reforma 183
    Você já leu José Roberto Afonso?
    O vício das renúncias – Exemplos
    Os recentes lances da desoneração da folha de pagamento

PARTE II (CAPÍTULOS BÔNUS)

Bônus I - A BUROCRACIA (Cid Heráclito de Queiroz – Apresentação no Conselho Técnico da CNC) 209

Bônus II - Diretrizes de Antonio Oliveira Santos – Presidente da CNC – Síntese comentada de artigos publicados 241

Bônus III - Orçamento perdulário versus administração gigantesca (Cid Heráclito de Queiroz no Conselho Técnico da CNC) 281

Bônus IV - O relatório da Comissão de "Notáveis" instituída pelo Senado Federal, presidida pelo jurista Nelson Jobim 333

PARTE III (ANEXOS)

Anexo I - Texto integral do Substitutivo da PEC 31-A/2007 (PEC 233/2008) aprovado na Comissão Especial 419

Anexo II – Programa tributário dos candidatos à Presidência da Republica em 2014 483

Anexo III – Alíquotas PIS/COFINS que deveriam ter sido adotadas na mudança de cumulativo para não cumulativo em 2002 e 2003 489

Anexo IV - Os tributos brasileiros 505

PREFÁCIO 1

Antonio Oliveira Santos
Presidente da CNC

O autor, Roberto Nogueira Ferreira, sempre teve afinidades com a questão tributária. Foi Auditor Fiscal no Estado de Minas Gerais, Secretário Municipal da Fazenda de Juiz de Fora (MG), Coordenador da Assessoria Econômica da Secretaria de Estado da Fazenda de Minas Gerais, dentre outras funções públicas nos três níveis de governo: municipal, estadual e federal.

Na condição de Consultor, habilitado pela experiência no setor público, ele vem produzindo, nos últimos 25 anos, estudos, análises e propostas com foco na questão tributária - sempre sob a ótica empresarial, mas sem se descuidar dos legítimos interesses do Estado e da necessidade de financiamento dos gastos públicos. Seus estudos são fonte de consulta e registro histórico a ser preservado.

Sua linguagem é simples, direta, objetiva e independente. No presente estudo – que homenageia e dedica aos 70 anos da CNC – Roberto Nogueira Ferreira centra-se nos debates ocorridos após 2002, analisando propostas de revisão do sistema tributário nacional, e também as propostas pontuais, as quais, segundo sua opinião, não se configuram em Reforma Tributária e só a postergam. Ao final, ele revela seu desencanto com a falta de objetividade, a ausência de visão ampla, a excessiva preocupação com o "caixa" dos entes públicos e, em decorrência, o modesto direcionamento de foco aos maiores e legítimos interesses do País.

Para ele, o Sistema Tributário Nacional carece de profundas mudanças, a começar pelo ICMS – Imposto sobre a Circulação de Bens e Serviços, que se transformou em fonte de conflitos federativos e de transtornos para os contribuintes e a economia brasileira, além da perda da capacidade de financiar os gastos e os investimentos necessários. O ICMS seria, em sua opinião, um imposto sem futuro.

Roberto Nogueira Ferreira tem razão em sua crítica ao modelo fiscal brasileiro, que perdeu qualidade e caracteriza-se pela ausência de unidade e conceitos, além de gerar uma pesada carga tributária, próxima a 40% do PIB, tudo isso em meio a uma burocracia que mina, de saída, as possibilidades das empresas nacionais alcançarem níveis estratégicos de competitividade para o enfrentamento de seus concorrentes estrangeiros, no globalizado mercado internacional.

Enquanto reformas estruturais não avançam – tributária, trabalhista, previdenciária, política – o Brasil chega a 2016 com um dramático déficit fiscal, e a saída proposta mais uma vez atenta contra a racionalidade. Em vez de reduzir gastos, a iniciativa governamental objetiva aumentar a tributação, por meio da proposta de recriação da CPMF – Contribuição sobre a Movimentação Financeira e alteração a legislação das contribuições PIS e COFINS, para arrecadar mais.

Roberto Nogueira Ferreira traz a público mais uma contribuição ao debate sobre a questão fiscal com foco na tributação e o faz de modo provocativo, transparente e crítico, com é de seu feitio. E dedica seu esforço em homenagem aos 70 anos da Confederação Nacional do Comércio de Bens, Serviços e Turismo, entidade para a qual presta relevantes serviços na condição de Consultor da Presidência.

PREFÁCIO 2

Ernane Galvêas
Consultor Econômico da CNC
Foi presidente do Banco Central
e Ministro da Fazenda

É fora de dúvida que o Brasil necessita realizar um importante conjunto de reformas básicas e estruturais, para superar múltiplas dificuldades que entravam o processo de crescimento econômico e avanços sociais. Entre essas reformas, destacam-se as reformas tributária, trabalhista e da previdência social, além da necessidade de revisão de importantes sistemas de interesse social, como educação, saúde, saneamento básico e mobilidade urbana.

Roberto Nogueira Ferreira destaca, neste livro, a questão tributária como sendo a Reforma Essencial. É seu segundo livro sobre o tema, daí o título "A Reforma Essencial II". O primeiro aborda o período que vai até 2002. O segundo, o que teria acontecido de relevante no pós 2002.

Em momentos críticos foram cometidos dois equívocos fundamentais na configuração do STN - Sistema Tributário Nacional. O primeiro em 1966, quando se fez a grande reformulação do STN, na gestão do Ministro da Fazenda, economista Otávio Gouveia de Bulhões, sendo Ministro do Planejamento, o embaixador Roberto Campos. Naquele momento, um grupo composto por notáveis advogados tributaristas, como Ulhôa Canto, além do médico e especialista em assuntos fiscais, Jeferson Augusto da Silva. Do esforço desse grupo resultou a Lei 5.172, de 25 de outubro de 1966, introduzindo na tributação brasileira o valeur ajoutée (valor adicionado), de inspiração francesa, aplicado sobre a produção e a circulação de bens e serviços. Dos principais tributos do novo Sistema, dois foram para a competência federal: IR (Imposto Sobre a Renda) e IPI (Imposto sobre Produtos Industrializados), adotando-se um sistema automático de repartição da arrecadação de ambos com os Estados e os Municípios. O outro – o ICM (Imposto sobre a Circulação de Mercadorias) – ficou na competência dos Estados, dividido entre Estados produtores e consumidores, em arcabouço complexo e burocrático, contribuindo para a origem da atual "guerra fiscal". A competência estadual para o ICM foi o primeiro grande equívoco.

O segundo grande equívoco foi perpetrado pela Constituição da República de 1988, quando se alterou de modo profundo a distribuição dos impostos básicos. As transferências da arrecadação de IPI e IR para Estados e Municípios saltaram, em curto espaço de tempo, de 22% para 47%, ao mesmo tempo em que a União perde o IMPOSTO ÚNICO, que incidia sobre energia, combustíveis e lubrificantes, recursos minerais, rodovias, comunicações. Tributar esses importantes insumos passou para a competência os Estados, acrescentando-se um "S" ao ICM, dando origem ao atual ICMS (Imposto sobre as operações relativas à circulação de mercadorias e sobre a prestação de serviços de transporte interestadual, intermunicipal e de comunicação).

A União reagiu criando "Contribuições" de receita exclusiva, como a CSLL, a CIDE, além de ampliar a incidência de PIS e COFINS e outros, não compartilhando a arrecadação com os Estados e Municípios.

Em dez capítulos, Roberto Nogueira Ferreira aborda essas questões. Analise e registra com técnica e independência, o que se fez, o que não se fez e o que deveria ter sido feito. Conclui que os projetos de Reforma Tributária apresentados ao Congresso Nacional, após 2002, aparentemente cumpriam compromissos políticos, sem vínculo com a aprovação das propostas, o que de certo modo termina por ser um resultado positivo, pois, em sua opinião, são propostas com alto grau de divórcio em relação ao que o País necessita e almeja. Certamente por isso, o autor decreta: "Esqueçam a Reforma Tributária", síntese de sua indignação e desencanto.

Vale a pena ler esse estudo de Roberto Nogueira Ferreira – experiente e respeitado Consultor da Presidência da CNC – que agrega, além dos 10 capítulos da Parte I, quatro capítulos de terceiros que o autor classifica de "Capítulos Bônus", dos quais somente um sem vinculo direto com a CNC.

É uma qualificada fonte de consulta e referência para futuros projetos e para os interessados em conhecer um pouco mais as complexidades e os desacertos do Sistema Tributário Nacional e das propostas em discussão na última década.

"A sociedade (capital e trabalho), pelas suas mais expressivas lideranças, clama ansiosa pela reforma tributária. Façamos aquela que seja possível. Busquemos a representação da média do pensamento nacional. Devemos discuti-la. Adiá-la, não".
(Item 16 da Nota Oficial do Presidente da Câmara dos Deputados, Michel Temer, em 1º de dezembro de 1999, moderando a troca de notas entre o MF e o presidente da CERT, deputado Germano Rigotto)

"Os três governos têm procurado alargar o campo de suas competências e fortalecer o montante de suas arrecadações. Entretanto, esses resultados, via de regra, somente são atingidos à custa da infração, mascarada com maior ou menor habilidade, porém conscientemente visada pelo legislador, das limitações impostas pela Constituição à própria competência impositiva ou à configuração legítima dos tributos nela contidos. Isto sem falarmos nas sobreposições de tributos, do mesmo ou de outro poder, economicamente idênticos, e diferençados apenas pelas roupagens jurídicas de que o legislador os reveste. Pode-se mesmo dizer, sem exagero, que existem hoje, no Brasil, mais tributos formalmente distintos que fatores econômicos substancialmente aptos a servir de base à tributação".

(Primeiro relatório da Comissão Especial de Reforma do Sistema Tributário Nacional, 1966).

A Reforma Essencial II
Reforma Tributária: Esqueçam a reforma tributária

APRESENTAÇÃO

A expressão "Reforma Tributária"[1] foi progressivamente se perdendo nas últimas duas décadas até cair em descrédito. Passou a fazer parte de promessas políticas – durante campanhas eleitorais e fora delas -, com ares de ingenuidade, falsidade e demagógico entusiasmo. Até no meio empresarial o discurso de uma reforma profunda, modernizante, estruturante, foi substituído pela eloquência do silêncio de ganhos pontuais por meio de desonerações fiscais e subsídios que beneficiam alguns, desconsideram muitos e deixam uma conta a ser paga por todos, com raras exceções.

Pano de fundo dessa falência de propostas seria o abandono da ideia de planejamento como algo importante a ser respeitado e levado a sério por governantes e cidadãos, algo que mirasse um PROJETO BRASIL de longo prazo e nesse contexto inserisse a questão tributária como parte da solução. Nossos planos transformaram-se em instrumentos de marketing político, idealizados por profissionais aparentemente descompromissados com os resultados. Exemplos recentes de prevalência da marca sobre o conteúdo e seus resultados, não faltam.

Em passado já nem tão recente o Brasil teve governantes que se preocuparam com planos e programas, quase sempre sem inserir o tributo como instrumento a ser considerado, talvez pela desnecessidade do enfrentamento de concorrências externas que se concretizaram e se ampliaram a partir dos anos de 1990.

Alguns exemplos: Juscelino Kubitschek (1956/1961) obteve dividendos políticos com seu "Programa de Metas"; Jânio Quadros instituiu uma Comissão de Planejamento em 1961; e João Goulart "procurou conquistar respeitabilidade juntos aos grupos empresa-

---

[1]"Mudança introduzida em algo para fins de aprimoramento e obtenção de melhores resultados; Reformar: dar melhor forma; tornar melhor, aperfeiçoado; introduzir modificações, transformações em algo ruim, nefasto, nocivo..." (Dicionário Houaiss da Língua Portuguesa – Ed. Objetiva)

riais e a classe média através do Plano Trienal". Um pouco mais à frente, o planejamento avança com o Programa de Ação Econômica do Governo – PAEG, ao qual se seguiu o Plano Estratégico de Desenvolvimento – PED – 1970.

Mas é com a série de "Planos Nacionais de Desenvolvimento"[2], fruto da inquietação intelectual do privilegiado cérebro de João Paulo dos Reis Velloso, que o Brasil ultrapassa a fase de projetos setoriais e submete os Planos ao contexto macroeconômico, com foco em questões como nível de emprego, balanço de pagamentos e pressões inflacionárias, considerando "magnitudes globais", inserindo diretrizes de natureza tributária. A técnica, nesse momento, supera obstáculos de natureza institucional e ideológica.

Difícil é e tem sido a formação de consenso necessário como resultante de compromissos políticos com o país e não com os partidos políticos, sempre personalistas e corporativistas.

A questão tributária (e de passagem, a fiscal) no âmbito do contexto do planejamento governamental é o campo de interesse inicial e ela está presente nos três Planos Nacionais de Desenvolvimento liderados por João Paulo dos Reis Velloso, como por exemplo:

• *Vedação de aumento de impostos. Continuação da política de alívio progressivo da pressão tributária, bem como da adequação dos prazos de recolhimento dos impostos (federais, estaduais e municipais) aos prazos médios de venda.*

• *Aperfeiçoamento sistemático da execução do sistema de incentivos fiscais, regionais e setoriais, pela utilização de critérios de rigorosa prioridade, e adoção de orçamentos plurianuais de recursos e comprometimentos.*

• *Prosseguimento do esforço de liberalização tributária – A melhoria dos métodos de arrecadação e a elasticidade de resposta da receita tributária ao crescimento do produto real deverão ter, como*

---

[2] João Paulo Reis Velloso continua, ainda hoje, em 2015, a produzir estudos e trabalhos de relevância para o pais. Fazer esse registro é uma modesta forma de homenageá-lo.

contrapartida, a progressiva suavização das alíquotas dos impostos, evitando-se o crescimento da receita em proporção superior à do PIB.
• Aperfeiçoamento do Imposto de Renda.

O objetivo desse mandamento é rever a legislação do IR para melhorar sua equidade e funcionalidade. As recomendações vão da necessidade de ampliar a extensão dos recolhimentos na fonte sobre rendimentos de pessoas físicas; passam pela integração fiscal da pessoa física com a jurídica, considerando-se o imposto pago pela pessoa jurídica como parte da "carga fiscal incidente sobre os sócios ou acionistas"; pelo aperfeiçoamento dos dispositivos sobre correção monetária com destaque para o princípio de que o crescimento do patrimônio por mera correção monetária não pode ser tratado como rendimento tributável; pela simplificação da tributação das pequenas e médias empresas; até se chegar á necessidade de revisão do "sistema de coleta dos incentivos fiscais da pessoa jurídica" para garantir o equilíbrio entre a oferta e a demanda desses incentivos.

• Aperfeiçoamento do IPI – Imposto sobre Produtos Industrializados.
As alíquotas do IPI devem ser diferenciadas de acordo com a essencialidade das mercadorias, de modo que o imposto, em seu conjunto, atue como um tributo progressivo sobre as despesas individuais de consumo. As incidências sobre máquinas e equipamentos deverão ser progressivamente liberadas.

• Aperfeiçoamento do Imposto sobre Circulação de Mercadorias (ICM).

• As alterações da estrutura do ICM serão orientadas por dois objetivos: a) Assegurar a distribuição mais equitativa das rendas estaduais pela constituição de um Fundo de Participação, arrecadado de todos os Estados e redistribuído, entre outros critérios, conforme a população e o inverso da renda per capita; b) evitar as guerras de isenções entre Estados, firmando-se o princípio de que o ICM não é o instrumento próprio para a diferenciação das vantagens locacionais[3].

• *Prosseguimento da política de acordos internacionais de eliminação de bitributação.*

• *Aperfeiçoamento das relações fisco-contribuinte.*

• *Simplificação do sistema de tributação dos pequenos contribuintes;*

• *Aumento da racionalidade e eficácia da administração tributária, com consolidação e simplificação das leis fiscais, visando promover maior equidade social do sistema;*

• *Ampliação do uso de tributos como estímulo à produção agrícola, melhor utilização da propriedade fundiária e produtividade no campo;*

• *Amparo às classes de baixa renda, pela tributação favorecida dos bens de consumo considerados de primeira necessidade;*

• *Aplicação às regiões menos desenvolvidas, em particular o Norte e o Nordeste, de política tributária estimulante ao desenvolvimento;*

• *Disciplinamento e coordenação do uso de subsídios e isenções fiscais como elemento de promoção das atividades econômi-*

---

[3] O II PND foi elaborado em setembro de 1974 e se transformou na Lei 6.151, de 4 de dezembro de 1974. Nasceu ao mesmo tempo da proposta que resultou na Lei Complementar 24, de 7 de janeiro de 1975, que disciplina a concessão de incentivos fiscais no âmbito do ICM. A regra fundamental está contida no §2º do art. 2º que diz o seguinte: "A concessão de benefícios dependerá sempre de decisão unânime dos Estados representados; a sua revogação total ou parcial dependerá de aprovação de quatro quintos, pelo menos, dos representantes presentes." A desobediência a essa regra acentuou-se a partir da décadas de 1980/1990 e chegou a 2015 ainda sem solução. Enquanto o STF – Supremo Tribunal Federal já decidiu que as concessões sem aprovação unânime são ilegais, e tem pronta uma proposta de Súmula Vinculante, aguarda-se decisão do Congresso Nacional que mitigaria as concessões irregulares e viria por meio da redução da alíquota interestadual do ICMS. Ou seja, uma Lei Complementar é insuficiente para barrar as iniciativas "ilegais" dos Estados.

cas, em benefício da melhor utilização dos fatores de produção, particularmente da mão de obra;

• Realização de contínuos esforços para aumentar a eficiência da máquina de arrecadação dos impostos;

• Utilização da política tributária como instrumento da expansão do comércio exterior;

• Aprimoramento das fórmulas de opção e mecanismos de coleta de incentivos fiscais da pessoa jurídica, de modo a assegurar a promoção do maior crescimento relativo e o fortalecimento de empresas das regiões Nordeste e Amazônica.

Muito do planejado não se concretizou, mas serviu e serve de guia. A relevância está em submeter a questão tributária ao contexto de uma política macroeconômica, social e desenvolvimentista, com diferentes focos de atenção, incluindo as desigualdades regionais e pessoais de renda.

Voltando aos dias atuais, a arte de enganar, tergiversar em busca de apoios e reconhecimentos de eleitores continua presente e viveu grande momento na campanha presidencial de 2014. Bons exemplos são encontrados nos programas eleitorais dos três principais candidatos à presidência da república, registrados no Tribunal Superior Eleitoral. Vamos a eles:

O candidato Aécio Neves, do PSDB – Partido da Social Democracia Brasileira, na posse de reais condições de derrotar a candidata do PT - Partido dos Trabalhadores - Dilma Rousseff – sobretudo depois da morte do candidato do PSB - Partido Socialista Brasileiro - Eduardo Campos - fez constar em seu Programa de Governo as seguintes diretrizes sobre "Reforma Tributária", as quais, é de supor, adotaria caso se tornasse Presidente da República.

PROGRAMA DO CANDIDATO AÉCIO NEVES (PSDB)
REFORMA TRIBUTÁRIA

O Brasil é um país de elevada carga tributária para seu nível atual de desenvolvimento. Temos uma carga tributária de 36% do PIB num país com PIB per capita de R$ 24 mil. Em geral, países com carga tributária semelhante à nossa têm um PIB per capita quase três vezes superior.

Assim, aumentar a carga tributária deixou de ser uma opção viável para o financiamento das políticas públicas, mas há espaço para uma melhoria substancial no nosso sistema tributário, que é extremamente complexo e distorcido. Um exemplo é o número elevado de impostos e contribuições, que aumentam muito a burocracia e o custo das empresas. De acordo com dados do Banco Mundial, as empresas no Brasil levam, em média, cerca de 2.600 horas para cumprirem com suas obrigações fiscais, ante uma média de apenas 366 horas para todos os países da América Latina e Caribe. Assim, é possível avançar de forma rápida na forte redução do número de impostos e contribuições.

DIRETRIZES PARA UMA REFORMA TRIBUTÁRIA SEGUNDO O PROGRAMA DO CANDIDATO AÉCIO NEVES

1. Simplificação do sistema tributário nacional, objetivando revisar as competências tributárias, unificando impostos e contribuições que incidam sobre a mesma base, com respeito aos princípios federativos.
2. Agilização no aproveitamento dos saldos credores acumulados junto ao fisco.
3. Instituição do cadastro único para pessoas físicas e jurídicas. Para minimizar grande parte da complexidade do sistema tributário nacional, iremos instituir, por meio de Projeto de Lei Complementar, o cadastro único. Isto irá conferir simplificação e racionalidade ao sistema tributário brasileiro.

Tudo que está escrito no programa do candidato do PSDB pode ser encontrado em programas de governo de qualquer candidato com o mesmo perfil ideológico, desde a redemocratização. Propostas vagas e excessivamente adjetivadas. Aécio Neves governou Minas Gerais por oito anos. Poderia ter ousado mais, comprometendo-se de maneira explícita e objetiva, mas, justamente por ter governado Minas Gerais por tanto tempo, ele certamente conhece as dificuldades políticas para se aventurar e se compromissar.

PROGRAMA DA CANDIDATA DILMA ROUSSEFF (PT)
REFORMA TRIBUTÁRIA

A reforma federativa e a reforma dos serviços públicos são complementares e se confundem. Precisam ser realizadas juntas, para aumentar a efetividade e eficiência das políticas públicas, maximizar os seus efeitos e reduzir a relação entre o custo e o benefício dos serviços. No âmbito desta reforma, caberá enfrentar o debate sobre a estrutura tributária nacional tão importante para os rumos de nosso desenvolvimento.

No exercício da Presidência da República desde 2010, a candidata à reeleição Dilma Rousseff conhece, como nenhum dos outros candidatos, o grau de dificuldade (quase impossibilidade) de liderar, no cargo, uma Reforma Tributária num país em que todos os entes federativos detêm alguma competência tributária. Em seu programa fica apenas uma breve menção à necessidade de "enfrentar o debate sobre a estrutura tributária nacional". Muito pouco, quase nada.

PROGRAMA DO CANDIDATO EDUARDO CAMPOS (PSD)
REFORMA TRIBUTÁRIA

• Promover a reforma tributária com o objetivo de fortalecer e assegurar maior autonomia aos Estados e Municípios. Esta reforma terá como diretrizes, além da descentralização de recursos, a simplificação do sistema, a justiça tributária e a promoção do desenvolvimento sustentável.

Para um candidato que detinha reais condições de vencer o pleito, a parte do "Programa de Governo" sobre Reforma Tributária do candidato Eduardo Campos[4] também é quase nada. Ele fora Secretário de Fazenda em seu Estado, Pernambuco, e posteriormente governador. São enunciados vazios, repetitivos, encontrados em bulas acadêmicas. O documento cumpre a finalidade de atender à legislação eleitoral, mas não dá para ser levado a sério. Eduardo Campos também sabia da quase impossibilidade política desse tema avançar.

Como se trata de comprovação de uma tendência, ainda que sem nenhuma importância histórica, os programas dos demais candidatos à eleição presidencial de 2014, no que respeita à questão tributária, podem ser encontrados no anexo II.

A reforma tributária – no sentido de reconstruir o sistema tributário nacional – modernizando-o; mirando a competitividade do produto nacional; com base em conceitos e princípios a serem efetivamente obedecidos; focando a (re) construção de um federalismo fiscal cooperativo e não antagônico; um dia terá de vir. E que esse dia seja breve e a Reforma venha embalada em um qualificado sistema de planejamento, pondo fim ao oportunismo, ao amadorismo e ao minimalismo demagógico prevalecente em anos recentes.

Este estudo - sem nenhuma pretensão acadêmica - reúne textos próprios e de terceiros e encerra uma fase iniciada em 2002, quando escrevi "A Reforma Essencial – Uma análise, sob a ótica empresarial, das propostas e dos bastidores da Reforma Tributária" (Geração Editorial), com o objetivo único de registrar informações para alguma serventia futura. Originalmente, em 2002, nomeei o texto de "A Reforma Frustrada", mas, Carlos Eduardo Moreira Ferreira, então deputado federal e 1º Vice-Presidente da CNI – Confederação Nacional da Indústria, advertiu-me: "A Reforma frustrou-se, mas continua essencial".

É um livro-homenagem aos 70 anos da CNC – Confederação Nacional do Comércio. O registro histórico evidencia como a presi-

---

[4] O candidato Eduardo Campos faleceu em desastre aéreo durante a campanha presidencial de 2014.

dência da CNC e seus Consultores, intelectualmente independentes, mas comprometidos com as competências legais da Entidade, tratam a questão fiscal e tributária, ausentes dos holofotes midiáticos, mas objetivamente vinculados aos legítimos interesses de seus representados e do país. Temas sensíveis e importantes são objeto de análises, críticas e posicionamentos, sem deixar de levar em conta os condicionamentos políticos sempre necessariamente presentes.

O texto divide-se em três partes. Na Parte I reúno o conteúdo básico de debates e análises de minha lavra, e de terceiros, pós 2002, com breve histórico. Na Parte II, chamada "Capítulo Bônus", apresento dois textos de leitura obrigatória de autoria lavra de Cid Heráclito de Queiroz, Consultor da CNC, essenciais para entender e se indignar com o avanço da burocracia e do gigantismo do Estado brasileiro. Um terceiro capítulo reúne posicionamentos de Antônio Oliveira Santos, Presidente da CNC, que se traduzem em diretrizes para a ação dos líderes do segmento de comércio, serviços e turismo em matérias de relevância política, econômica e social. Por fim, reproduzo outra leitura obrigatória, único produto sem vínculo direto com a CNC, qual seja, o relatório da Comissão Especial de especialistas, instituída em 2012, pelo presidente do Senado Federal, José Sarney, presidida por Nelson Jobim e relatada por Everardo Maciel, com propostas que não podem ser esquecidas. Ao contrário, devem ser aproveitadas o mais rápido possível se o país quer de fato avançar e promover o necessário equilíbrio nas relações federativas. Na Parte III, reúno alguns anexos necessários ao conjunto. Comentários e juízos de valor que emito são de minha inteira responsabilidade, assim como todos os equívocos, e não da Entidade que homenageio.

Apesar da essencialidade da reforma tributária, não resisti ao subtítulo que resume frustração, realismo e certa inconformidade com os resultados do passado recente e a inércia do presente: "Reforma Tributária: Esqueçam a reforma tributária".

A Reforma Tributária ampla quase se efetivou no governo FHC, (1995 - 2002) mas foi abatida por sucessivas crises especulativas no México, na Ásia e na Rússia. No governo Lula, (2003 - 2010) o principal registro é o envio pelo Poder Executivo de duas propostas, a PEC 41, de 2007 e a PEC 233, de 2008, esta última lançada em meio a mais uma crise econômica. Só podia mesmo dar em nada. O que esperar do governo Dilma? Infelizmente, em se tratando de Reforma Tributária ampla, desejada, não se pode esperar muita coisa. Em 2011, o então Secretário Executivo do Ministério da Fazenda, Nelson Barbosa[5], apresentou, em Audiência Pública no Congresso Nacional, o que denominou "os principais eixos de mudanças na Reforma Tributária", quais sejam: Redução da alíquota interestadual, unificação e simplificação do ICMS; Desoneração e/ou mudança na base de tributação do Contribuição Patronal à Previdência Social incidente sobre a Folha de Pagamento; Ampliação do limite de enquadramento do SUPERSIMPLES e do MEI com estímulo às exportações; Agilização na devolução de créditos por exportação e investimento no que se refere ao PIS/COFINS. De lá aos dias atuais nada de relevante aconteceu, exceto ampliar o limite do SUPERSIMPLES e do MEI e as "desonerações", mas não se pode chamar esses acontecimentos geradores de renúncias fiscais de "reforma tributária", nem é prudente esperar algo essencial nos derradeiros três anos do atual governo, em meio a mais uma crise econômica (e fiscal) ainda mais rigorosa, emoldurada por um conturbado processo político e policialesco. A inércia impede alterações significativas e necessárias, e, quando ela domina, a improvisação toma seu lugar e o faz inevitavelmente com perda de qualidade.

A Reforma Tributária é tema recorrente, com um "amplo passado pela frente". Espero que o registro do passado tenha alguma utilidade futura, e que o meu pessimismo não se concretize.

Roberto Nogueira Ferreira
Consultor da Presidência da CNC

---

[5]Nelson Barbosa, deixou o governo Dilma alguns meses depois, retornou no segundo mandato presidencial como Ministro da Planejamento e ao final de 2015 é nomeado para exercer a função de Ministro da Fazenda. Aparentemente ele sabe o que não deve ser feito.

PARTE I – CONTEÚDO BÁSICO

"Nós precisamos da reforma tributária."
Fernando Henrique Cardoso. Entrevista coletiva no Palácio do Planalto.
Em 17 de janeiro de 1996.

"Tuas ideias não correspondem aos fatos"
(Cazuza, em " O tempo não para", 1988)

Reforma Tributária: Esqueçam a reforma tributária
CAPITULO I
A reforma requerida do ponto de vista empresarial

O empresariado requer, em primeiro lugar, um sistema tributário que não seja seu inimigo, que não o confronte nem o ajude a ser derrotado pelo concorrente externo (inclusive internamente). O empresário quer um sistema tributário de qualidade, racional e que não gere externalidades negativas. Em 2015, depois de décadas de deterioração, debater a qualidade do sistema[6] tornou-se mais importante do que o debate sobre o tamanho da carga tributária[7].

"Tributação e competitividade"[8] tem sido tema de recorrentes Audiências Públicas no Congresso Nacional nos últimos anos.

---

[6]Fernando Rezende, professor da FGV, uma dos mais respeitados estudiosos da questão fiscal brasileira assim se manifestou, em um de seus estudos: "Um Sistema Tributário deveria reunir princípios e compor-se de partes que, coordenadas, concorrem para o desenvolvimento do país, o equilíbrio federativo e o bem-estar social de seus cidadãos".

[7]A propósito do tamanho da carga tributária, tramita na Câmara dos Deputados a PEC (Proposta de Emenda Constitucional) 511, de 2010, que insere no texto constitucional teto para a carga tributária, de 25% sobre o PIB do ano anterior. Como diria o Barão de Itararé, não é nada, não é nada, não é nada mesmo. O tamanho da carga reflete o tamanho dos gastos. Limitando-se os gastos...

[8]Representando a CNC – Confederação Nacional do Comércio de Bens, Serviços e Turismo, na condição de Consultor da Presidência daquela Entidade, participei em 2011 do debate "Tributação e Competitividade", na Comissão de Finanças e Tributação da Câmara dos Deputados, então presidida pelo deputado federal Cláudio Puty, do PT do Pará. Ao final deixei uma simplória provocação aos parlamentares, nos seguintes termos. Por fim, recomendo ao Congresso Nacional que antes do trâmite legislativo de toda e qualquer proposta tributária – ampla ou pontual – a submeta a cinco perguntinhas básicas. Se uma resposta – apenas uma – for negativa, a proposta deve ser rejeitada e revista para adequá-la aos legítimos interesses da sociedade brasileira. Contribui para a geração de emprego e renda? Contribui para ampliar as exportações brasileiras? Contribui para melhorar a competitividade? Leva em conta o interesse da sociedade brasileira? Estimula investimentos produtivos?

A recomendação feita aos parlamentares da Comissão de Finanças e Tributação em 2011 pode soar estranha, pois as pessoas de boa fé têm o direito de supor que os parlamentares jamais aprovam - e os Presidentes da República jamais sancionam - medidas tributárias que geram efeitos perversos na empresa, na renda, nas exportações, na competitividade do produto nacional, no estímulo aos investimentos produtivos, enfim, que sejam contra o interesse da sociedade brasileira.

Mas isso ocorre e com razoável recorrência, porque o foco de quem decide e comanda é sempre o caixa, o "seu" caixa. A União preocupa-se com o seu caixa. Estados e Municípios também. Talvez por isso, todas as propostas globais que passaram pelo Congresso Nacional nos últimos anos tenham sido abatidas por sucessivas crises macroeconômicas que minguam os tesouros públicos. Este é o diagnóstico dos fracassos, marca presente em todas as iniciativas que não se concretizaram e que nos remetem a uma pergunta sem resposta: Qual o melhor momento para propor e concluir uma reforma tributária de qualidade? Na bonança ou no centro de uma crise econômica?

TRIBUTAÇÃO E COMPETITIVIDADE
(I) Introdução

Os debates sobre os efeitos perversos da tributação brasileira na competitividade empresarial – com propostas de mudança – tornaram-se mais contundentes e recorrentes a partir de 1990, marco da abertura comercial brasileira.

A Constituição Federal de 1988, ao redistribuir competências e encargos entre os três níveis da federação, está na gênese do processo de deterioração do federalismo fiscal, com efeitos danosos na tributação e, em consequência, na competitividade das empresas brasileiras.

A União Federal, os Estados e os Municípios deram início a uma guerra silenciosa, por meio da adoção de medidas isoladas que comprometeram ainda mais a qualidade do sistema tributário. Enquanto as trocas comerciais eram relativamente fechadas, modestas, os efeitos negativos do sistema tributário, ainda que relevantes, não tinham a projeção que o tempo lhes conferiu. A inflação e o câmbio favorecido tiveram papel importante durante longo período, mascarando questões como produtividade e competitividade, além da incompetência na gestão de negócios.

A União, ao sentir os efeitos da Constituição Federal de 1988 em seu caixa, deu ênfase às Contribuições Sociais que não são repartidas com estados e municípios, via Fundos Constitucionais: FPE (Fundo de Participação dos Estados) e FPM (Fundo de Participação dos Municípios) e outros como os Fundos de Financiamento dos Setores Produtivos das regiões Nordeste, Norte e Centro-Oeste. Após essa opção, a arrecadação das contribuições PIS-PASEP, COFINS, CSLL, (e CPMF) cresceu em maior proporção que a soma da arrecadação do IPI (Imposto Sobre Produtos Industrializados) e IR (Imposto Sobre a Renda e Proventos de Qualquer Natureza), tributos repartidos com Estados e Municípios por meio dos mencionados fundos. Como elemento agravante, esses Fundos Constitucionais duplicaram de tamanho ao longo do tempo, desde o início em 1967, reduzindo ainda mais as receitas disponíveis ao poder central. A Emenda Constitucional 18, de 1965, fixou em 10% a participação de Estados e Municípios na arrecadação total de IPI e IR via FPM e FPE (20% no total). Em 2010, a transferência via FPM corresponde a 23,5% da receita de IPI + IR e a do FPE a 21,5% (total 45%!).

De 1998 a 2010, por exemplo, a arrecadação de IPI + IR cresceu 8,5 vezes (de R$ 62,3 bi para R$ 248,7 bilhões). No mesmo período, a arrecadação de PIS-PASEP + COFINS + CSLL cresceu 27,7 vezes (de R$ 33,9 bilhões para R$ 226,8 bilhões). A CPMF, no seu último ano de vigência, 2007, arrecadou R$ 47 bilhões. Esses números são a evidência do sucesso da opção da União para contornar o descompasso provocado pela Constituição de 1988, ainda que à custa de estados e municípios.

Os Estados Federados não ficaram atrás no exercício de criatividade, adotando medidas que lhes garantissem mais receita direta, já que as transferências federais não acompanharam o ritmo de crescimento das receitas não repartidas.

Alguns exemplos clássicos dominam a literatura das reações individuais ou coletivas dos Estados, tais como:

• Guerra fiscal para atrair investimentos produtivos.
• Guerra fiscal para atrair "importações" e resultar em receita de ICMS na transferência do bem importado de um Estado para outro.
• Substituição Tributária desmedida, liderada pelo Estado de São Paulo e que se alastrou aos demais Estados.
• Aumento de alíquotas (ICMS) incidentes sobre produtos de consumo obrigatório, concentrando a arrecadação em alguns poucos, com destaque para Energia + Telecomunicações + Petróleo e seus derivados. Antes de 1988 esses produtos eram tributados pelo IUM – Imposto Único Sobre Minerais, Combustíveis e Energia, com alíquota máxima de 8%.
• Defesa intransigente da incidência "por dentro" do ICMS – Imposto Sobre a Circulação de Mercadorias e Serviços, com apoio do Congresso Nacional que teve inúmeras oportunidades de eliminá-la.
• Exageros no IPVA, no ITBI e no ITCMD[9], tanto no valor quanto na alíquota.
• Retenção de créditos fiscais de exportadores.
• Não permissão de uso de créditos fiscais de bens de uso e consumo.
• Permissão de uso do crédito fiscal de bens de ativo fixo em longos 48 meses.

---

[9]Chega-se a 1º de janeiro de 2016, com os Estados ampliando significativamente as alíquotas do ITCMD. Antes, a alíquota máxima situava-se em 4%, apesar da possibilidade legal de se chegar a 8%. Sob a alegação da necessidade de arrecadar mais, as alíquotas do Distrito Federal, de Goiás, Ceará, Maranhão, Paraíba, Pernambuco, Rio Grande do Sul, Rio Grande do Norte, Sergipe e Tocantins - tanto de doação quanto de herança – se elevaram, chegando quase todas ao teto de 8%. Tributar doação e herança de pais para filhos é uma forma de vingança social. Cobrar uma pequena parcela para alterar os registros, tudo bem, para usar o ITCMD com fins fiscais, para engordar o caixa, é mais um escárnio contra o cidadão, gesto autoritário de administrações perdulárias.

Os Municípios não poderiam ficar inertes nessa corrida da insensatez. Valeram-se da extraordinária ampliação do rol de serviços tributados pelo ISS (LC 116, de 31 de julho de 2003) e do uso quase generalizado da alíquota máxima (5%), além de exageros no IPTU.

O resultado dessa combinação de reações individuais não poderia ser outro senão a crescente deterioração da qualidade do sistema, com sérios prejuízos a competitividade do produto nacional. E, igualmente relevante, ampliou-se o grau de dificuldade de qualquer debate racional acerca de uma proposta de tributação que leve em conta o interesse nacional em um mundo cada vez mais aberto e competitivo.

Os empresários começaram a se movimentar mais organizadamente, com foco nos efeitos do sistema tributário na competitividade, e passaram a combater os efeitos cumulativos de alguns tributos. Na medida em que a concorrência externa aumentava, internamente o tema ganhava mais espaço, tanto no meio empresarial (que provocou o debate) quanto no meio técnico governamental e, mais raro, no meio político. No meio acadêmico, raros e recentes são o foco sob a ótica do efeito perverso da tributação na competitividade. Há uma clara preferência acadêmica pelo debate do federalismo fiscal, das teses de centralização ou descentralização, harmonização e relações intergovernamentais.

O meio empresarial, mais objetivo, focou a competitividade – inicialmente em aspectos pontuais. Posteriormente, propôs e insistiu na defesa de modelos tributários construídos sob esse foco, sem se descuidar da capacidade de geração de receita para os três entes federativos.

Com o aparente esgotamento da possibilidade de uma reforma abrangente, sob o foco da competitividade nacional em um mundo cada vez mais aberto, competitivo e concorrencial, abriram-se canais empresariais de propostas pontuais, numa volta ao começo, sem êxito. Setores (e lideranças) empresariais com maior presença política perdem o foco do conjunto e se dedicam a pleitos individuais que desoneram seus produtos. Em vez de contribuírem para uma solução consistente, sistêmica e duradoura, individualizam a solução e deterioram ainda mais um modelo que já não comporta remendos, mas requer reformas.

> Há outros efeitos negativos decorrentes do sistema pós Constituição de 1988, como desequilíbrios regionais, dualidade tributária com a convivência (negativa) de impostos e contribuições, incidência regressiva, desequilíbrio entre receitas e encargos dos três entes federativos. Mas o efeito mais negativo para o País, numa visão de longo prazo, é o descaso com a competitividade nacional, pois esse descompromisso ceifa empregos e investimentos. O paradoxo é que ao se discutir a tributação sob a ótica da competitividade e ao mesmo tempo reconhecer os demais efeitos negativos, esses anulam a discussão que sob a ótica empresarial deveria mobilizar o mundo político, qual seja: a construção de modelo que resulte em fator de estímulo ao investimento produtivo, à exportação e, ao fim e ao cabo, à geração de renda e emprego. Qualquer reforma – defendeu em artigo o presidente da CNC – Confederação Nacional do Comércio de Bens, Serviços e Turismo, Antonio Oliveira Santos, "só tem sentido se reduzir a carga tributária e primar pela simplificação do sistema".

(II) Características estruturais do sistema tributário

A lista abaixo está em todos os estudos razoavelmente sérios sobre a tributação brasileira. Não se constitui em novidade, mas é importante o registro.

O sistema tributário nacional é:

• Complexo, oneroso e causa de insegurança jurídica. Tem excesso de tributos e obrigações acessórias. É cumulativo e pouco transparente.
• Inimigo da produção, das exportações e dos investimentos. Afeta negativamente a competitividade.
• Concentrador de múltiplas incidências sobre uma mesma base (Faturamento) e uma mesma função (Consumo), pelos três níveis de governo. (IPI+ICMS+PIS+COFINS+CIDE+ISS)
• Agente de estímulo a uma competição federativa suicida.
• Fator de estímulo à Guerra Fiscal predatória (tradicional e "moderna").

Essa avaliação é tão recorrente, que o Ministério da Fazenda, em 1997, ao encaminhar uma das muitas propostas de reforma tributária ao Congresso Nacional, faz a seguinte síntese do nosso sistema:

"Tem estrutura obsoleta. Prejudica a competitividade. Induz à sonegação. Não é propício à harmonização com outros sistemas." E complementou: **"A globalização e os acordos de integração requerem dicções tributárias comuns ao mundo inteiro, uma espécie de esperanto tributário".**

Ainda nesse campo da avaliação das características estruturais do sistema tributário nacional é possível agrupar algumas delas em dois blocos também reveladores:

• **AUSÊNCIA DE COMPROMISSO com:**
• A qualidade sistêmica (obsolescência).
• A competitividade nacional (não propício à harmonização global).
• O investimento produtivo (viés anti: competitividade, investimento, exportação e emprego).
• A simplificação (complexo e caro)
• As boas relações fisco-contribuinte (estimula conflitos).
• O combate à informalidade e à sonegação, ao contrário estimula a ambos.

• O relacionamento federativo equilibrado (favorece a guerra fiscal e disputas entre estados federados).

• **ELEVADO COMPROMISSO com:**
• O **'CAIXA'** dos três entes federativos (Uns mais que outros).
• A disputa cada vez maior por receitas cada vez maiores entre União, Estados e Municípios.
• O lema é: ARRECADAR O QUE GASTAR (quando deveria ser o oposto).

> A má qualidade do modelo tributário brasileiro é, sob os mais diferentes ângulos de análise, um dos poucos consensos nacionais. Intriga, pois, ao cidadão comum, em especial os que investem, produzem, geram renda e emprego, a inércia que inviabiliza mudanças estruturais com foco no interesse nacional. Há vinte anos são conhecidas e reafirmadas as externalidades negativas do sistema, mas a cada ano um novo tributo, uma nova sistemática de arrecadação, uma nova decisão de órgãos fazendários torna pior o que já é ruim.

(III) Efeitos na arrecadação dos entes federativos[10]

Um dos entraves às alterações necessárias focadas na competitividade nacional, obviamente, é o resultado do modelo tributário na arrecadação da União, dos Estados e dos Municípios. O Sistema não produz solidariedade nacional, ao contrário, os três entes são concorrentes, não assumem riscos e nem projetam efeitos em modelos mais racionais e que assimilem um cooperativismo centralizado – apenas na arrecadação – capaz de gerar mais receitas e menos efeitos negativos.

Nenhum ente abre mão de sua competência tributária, ainda

que em alguns casos elas se traduzam em mera ficção e baixa arrecadação. O conjunto de tabelas a seguir ajuda a compreender comportamentos que se consagraram enquanto se discutem modelos.

A tabela 1, abaixo, mostra a concentração da tributação sobre dois importantes pilares da competitividade nacional: Bens e serviços; e Salários e Mão de Obra.

(T1) Carga Tributária – Por base de incidência – 2010
Tabela extraída de estudos do economista José Roberto Afonso.

Base de Incidência	R$ bilhões	% PIB	% Total	Per Capita (R$)
PIB	3.675,0	-	-	19.864,8
População	185.712.713	-	-	
Carga Total	1.290,6	35,12	100,0	6.949,4
Bens e Serviços	558,4	15,19	43,3 (43,3)	3.006,6
Salários e Mão de Obra	374,1	10,18	29,9 (73,2)	1.379,7
Renda, Lucros e Ganhos	256,2	6,97	19,9 (93,1)	1.379,7
Patrimoniais	46,3	1,26	3,6	249,3
Comércio Exterior	21,1	0,57	1,6	113,57
Taxas	20,9	0,57	1,6	112,7
Transações Financeiras	26,5	0,72	2,1	142,6

A incidência sobre "Bens e Serviços", da produção ao consumo final, passando pelas etapas intermediárias de distribuição e atacado, representaram 43,3% do total arrecadado em 2010. Além da tributação sobre a função consumo ser regressiva, afetando mais fortemente as rendas menores, obviamente os cidadãos de menor

---

[10]Todas as tabelas incluídas neste texto foram retiradas de estudo do economista José Roberto Afonso, um dos maiores especialistas no assunto, no Brasil e além de nossas fronteiras.

poder aquisitivo, outra característica assusta quem vem de fora para aqui instalar uma indústria, qual seja, o fato dessa incidência se dar nos três níveis de governo. A União, através do IPI e das Contribuições PIS, COFINS e CIDE. Os Estados por meio do ICMS, o maior tributo individual do País. Os Municípios, com o ISS. E ninguém fala a mesma linguagem tributária, embora pertençam ao mesmo país. Além dessas duas desabonadoras características, a incidência se dá em boa parte de modo cumulativo, sem possibilidade de uso dos créditos fiscais de etapas anteriores. Essa característica agrava ainda mais as relações competitivas com nossos concorrentes externos, pois, ao envolver os três entes federativos na mesma base de incidência, a solução defendida pelo meio empresarial há quase duas décadas fica cada dia mais distante. Os números mostram que distribuir em décimos iguais sobre o PIB as incidências tributárias sobre os três blocos: Bens e Serviços; Salários e Mão de Obra; Renda, Lucros, Ganhos e Patrimônio; reduziria a pressão sobre a base que mais afeta a competitividade, além de resultar em maior justiça fiscal.

A tabela 2, abaixo, objetiva evidenciar a estratégia tributária da União. Nos extremos dos períodos enfocados a carga tributária em relação ao PIB saiu de 100 e chegou a 130. O ICMS chegou a apenas 107, evolução bem inferior à da carga total. O ICMS é o tributo que os Estados não se dispõem a inseri-lo no âmbito de uma base de incidência mais ampla – por meio de um Imposto Sobre o Valor Agregado (IVA) de administração e receita compartilhada com a União. No mesmo período, a União – como já destacado - investiu pesado em tributos que não são repartidos com os Estados e os Municípios por meio do Fundo de Participação dos Estados e Fundo de Participação dos Municípios. Vejam que os tributos não repartidos, de exclusiva competência e arrecadação da União, em negrito, cresceram bem mais que todos os demais e muito mais do que o ICMS, de exclusiva competência e arrecadação dos Estados. Já a participação dos dois tributos (IPI e IR) que são repartidos via os dois Fundos mencionados, evoluíram bem menos. O encaminhamento da conclusão segue na direção de que um IVA amplo e moderno, compartilhado, além de ajudar em muito a questão competitiva, de eliminar conflitos federativos, certamente não colocaria em risco a arrecadação dos Estados. Mas os Estados preferem a soberania na competência legal do ICMS, ainda que o comportamento evolutivo da arrecadação lhes seja desfavorável.

Igualmente relevante é observar que os dois tributos que mais evoluíram no período considerado - COFINS e CSLL – não são transferíveis aos Estados e Municípios, pois são receitas exclusivas da União.

(T2) Carga Tributária – Tributos Selecionados - Evolução (% do PIB)
Baseada em tabela extraída de estudos do economista José Roberto Afonso

Tributos Selecionados (N° Índice)	Períodos Selecionados – Em % do PIB (Total e Tributos Selecionados)			
Períodos	1995	2002	2007	2010
Total % do PIB (100 – 130)	26,93	33,37	35,25	35,12
ICMS (100-107)	6,69	6,97	6,90	7,17
COFINS (100-169)	2,23	3,44	3,78	3,77
PIS-PASEP (100 – 131)	0,83	0,84	0,97	1,09
CSLL (100-148)	0,83	0,84	1,25	1,23
IR (100-118)	4,38	5,11	5,41	5,19
IPI (100-53)	1,90	1,25	1,17	1,01

As tabelas seguintes, 3 e 4, comparam a participação de União, Estados e Municípios na arrecadação em 1988 e 2010. A tabela 3 evidencia que dos 12,69 pontos percentuais de crescimento da arrecadação em relação ao PIB, na comparação entre 1988 e 2010, mais de 60% decorreram de tributos federais, e só 27% de tributos estaduais. Na parte de baixo da tabela, quando a distribuição é pela receita disponível, a União aparece com percentual acima de 50%, e o menor crescimento participativo é das receitas estaduais. E o maior: a dos municípios.

(T3) Divisão da carga tributária entre União, Estados e Municípios – em % do PIB.
Tabela extraída de estudo do economista José Roberto Afonso

Arrecadação Direta (% do PIB) 1988 - 2010				
Períodos	União	Estados	Municípios	Total % PIB
1988	16,08	5,74	0,61	22,43
2010	23,84	9,16	2,12	35,12
Crescimento em relação ao PIB nos períodos				
2010-1988	7,76 (61,2%)	3,42 (27%)	1,5 (11,9%)	12,69 (100,0%)
Receita Disponível (% do PIB) 1988 – 2010				
(Arrecadação direta mais ou menos transferências)				
1988	13,48	5,97	2,98	22,43
2010	20,04	8,66	6,42	35,12
Crescimento em relação ao PIB nos períodos				
2010-1988	6,56 (51,7%)	2,69 (21,2%)	3,44 (27,1%)	12,69 (100,0%)

A tabela 4 mostra o mesmo comportamento – em % do total da arrecadação tributária. Os municípios aparecem como os grandes ganhadores quando se trata de receita disponível (após transferências). A União mantém-se razoavelmente estável, e os Estados, perdedores estáticos, caem muito em comparação com a receita disponível em 1960. Mesmo sendo perdedores contumazes na disputa federativa de receitas, os Estados – por meio de seus representantes eleitos pelo povo – não se animam a construir um sistema tributário mais moderno e equilibrado. Em 1960 os Estados detinham 34,1% da receita disponível do país. Em 2010, 24,6%. Já os municípios, saem de uma posição equivalente a 6,4% e chegam em 2010 a 18,3%. A União perde menos do que os Estados: detinha 59,5% em 1960 e chega a 2010 com 57,1%.

T4) Receita Direta e Receita Disponível (+ ou - transferências) por nível de governo
% do total arrecadado (anos selecionados)
Tabela extraída de estudos do economista José Roberto Afonso

Arrecadação Direta/Receita Disponível	União	Estados	Municípios	Total
1960	64,0/59,5	31,3/34,1	4,7/6,4	100,0
1988	71,7/60,1	25,6/26,6	2,7/13,3	100,0
2007	68,9/57,8	25,2/24,6	5,9/17,7	100,0
2009	67,7/56,2	26,2/25,3	6,1/18,5	100,0
2010	67,9/57,1	26,1/24,6	6,0/18,3	100,0

Insisto que o principal esforço deveria se destinar à viabilização do modelo mais adequado ao País em um mundo globalizado, aberto e altamente competitivo. E depois fazer ajustes equalizadores para que União, Estados e Municípios possam financiar seus gastos. É evidente que o debate sobre gastos é importante, mas sempre que é colocado no meio do debate mais amplo e qualitativo ele inibe e inviabiliza a questão principal. A questão previdenciária e assistencial corre em paralelo. Com qualquer modelo torna-se a cada tempo mais essencial aprofundar e debater sobre seus gastos em relação ao PIB, que já superam 11%, enquanto a receita previdenciária vem bem abaixo (6,31% do PIB em 2010). Apesar do custo político, mudanças devem ser encaradas pelo lado das despesas previdenciárias (boa parte delas, meramente assistenciais).

> Quando os resultados destacados nas tabelas 3 e 4 são mostrados, o risco é desviar-se o debate para a questão participativa e distributiva entre os três níveis de governo. É uma questão importante, mas esse não deve ser o foco principal quando se busca um modelo mais competitivo para o produto nacional. Há campo para se discutir os dois temas simultaneamente, mas as equalizações devem ser feitas de modo a não influenciar negativamente a construção de um novo modelo.

(IV) Abordagens pontuais
(1) ICMS – Um imposto com "prazo de validade" vencido?

Quando o então ICM – Imposto sobre a Circulação de Mercadorias, foi introduzido no País, em 1967, seu modelo foi o TVA francês, *Taxe sur la valeur ajoutée*. País unitário, sem problemas de fronteiras internas, a França, ao contrário do Brasil, não convive com eternos conflitos federativos. O Brasil poderia, naquele momento, sobretudo porque já estava em pleno governo militar, com o Congresso Nacional exercendo papel decorativo, ter concedido competência federal ao novo imposto. Como não o fez, o ICM (que evoluiu para ICMS) nasceu e permanece sob a competência dos Estados, vício de origem, fonte de muitos males (ou de todos os males), gerador de conflitos interestaduais insuperáveis. Este é o problema básico. Outros foram se agregando ao longo de sua extensa vida. Quais?

• Substituição Tributária. Historicamente, no tempo em que conceitos superavam interesses, só se submetiam ao regime de substituição tributária os produtos originários de monopólios e oligopólios, sujeitos a um varejo atomizado. Exemplos clássicos: cigarros e bebidas. A Substituição Tributária em país federativo é mais problema que solução. Hoje, os conceitos já não importam e prevalece o vale-tudo. O foco é o caixa. O estado de São Paulo exacerbou na substituição tributária e, ao fazê-lo, negou o ICMS, transformando-o, ironicamente, num imposto sobre o valor agregado de característica monofásica, seja lá o que isso for! O que aconteceu no Brasil em termos de Substituição Tributária do ICMS é uma boa justificativa para se construir um novo modelo.

• Guerra Fiscal (I). No início, a chamada guerra fiscal tinha objetivos nobres. Alguns estados a praticavam para atrair investimentos produtivos, fontes de receita e empregos. Fins nobres, para justificar o condenável meio de desconsiderar uma Lei Complementar (LC 24, de 1975) que exige concordância unânime de todos os Estados, no âmbito do CONFAZ – Conselho de Política Fazendária. Criavam situações comprometedoras em uma economia interligada, misturando produtos finais incentivados e matérias-primas não incentivadas, resultando em acúmulo de crédito e conflitos interestaduais, sobretudo para as empresas exportadoras, mas não só para elas. Há anos clama-se pelo fim desses incentivos que promovem guerras fiscais, mas o Congresso é composto por representantes de estados que têm interesses a defender e os incentivos se eternizam, apesar dos males. Minas Gerais foi o primeiro Estado a usar o ICMS para atrair indústrias. No final da década de 1960 e até a Lei Complementar 24, devolvia 25,6% dos ICMS arrecadado para quem quisesse se instalar em Minas, gerar renda e emprego. Com o advento da LC 24, de 1975, Minas Gerais transferiu o incentivo da base fiscal para a base financeira. Hoje, os incentivos estaduais não têm limites e os governantes oferecem o que têm e o que não têm e continuam não obedecendo a Lei Complementar 24, de 1975.

• Guerra Fiscal (II). Nos anos recentes surgiu uma novidade reveladora do quão deteriorada está a administração do ICMS. A referência é para os incentivos fiscais à importação. Há casos antigos, como o do Espírito Santo, mas ele está vinculado a questões mais nobres, como o relacionado à infraestrutura portuária. Há lógica e racionalidade no incentivo capixaba. Nos casos recentes, não. Estados que nunca importaram zeram a alíquota do ICMS para a importação ser feita dentro de suas fronteiras. O que ganham? Ganham no trânsito dessas mercadorias importadas para outros estados, que deveriam ser o destino original delas. O ganho varia: 7% ou 12% dependendo do estado de destino. Em síntese, esses Estados se transformaram em comissionados de fronteira, a competência legal sobre o ICMS virou "mercadoria", são uma espécie de "sacoleiros" oficiais, ainda que algumas dessas leis de incentivo se auto-denominem "pro-emprego". Só se for pro-emprego na China, origem preferencial das bugigangas importadas. Não é difícil acabar com essa anomalia, basta reduzir a zero a alíquota interestadual do ICMS[11]. Esse simples ato, competência do Senado Federal, aniquilaria a comissão de fronteira. A guerra fiscal que gera a "comissão de fronteira" é a evidência maior da falência do sistema federativo e da necessidade de um novo pacto entre os três entes que o compõem.

• Cálculo "por dentro". A regra de que o imposto integra sua própria base de cálculo (LC 87, de 1995) é um das mais valiosas contribuições à ausência de transparência tributária, um dos princípios da tributação honesta. Significa dizer que uma alíquota de ICMS de 18% sobre uma base de R$ 100,00 não gera um imposto a pagar de R$ 18,00, mas sim de 18 x (100 +18), ou seja: R$ 21,90. Em alguns produtos, como energia elétrica e combustível, há casos de alíquotas de 31%, as quais, pela sistemática de "cálculo por dentro", resulta numa alíquota real de 44,9%.[12] E o consumidor não tem o mínimo conhecimento disso!

• Crédito sobre bens de uso e consumo. Desde a edição da LC 87, de 1995 (Lei Kandir), que aprovou o direito ao uso dos créditos de bens de uso e consumo, esse direito vem sendo sucessivamente postergado. Em dezembro de 2010, o Congresso Nacional aprovou a Lei Complementar 138, de 29.12.2010 que mais uma vez postergou o uso desse direito. A data limite agora é 31.12.2022! Um atraso, sem dúvida.

• Crédito sobre ativo imobilizado. A regra atual permite o uso dos créditos fiscais de ICMS decorrentes da compra de máquinas e equipamentos em 48 meses! O avanço tecnológico torna obsoletos equipamentos e máquinas em prazo inferior. O correto seria uso integral e imediato, desonerando o investimento produtivo.

• Crédito físico ou crédito financeiro? A legislação atual só permite o crédito de ICMS de insumos que se incorporam fisicamente ao produto final. O correto seria assumir a sistemática de crédito

---

[11] Dois anos depois, Resolução do Senado Federal reduziu a alíquota interestadual de produtos importados, sob o manto desse incentivo, a 4%, pondo fim à farra.

[12] No final de 2010, o governo federal usou o PLP 352, de 2002, para prorrogar a data de entrada do direito de uso dos créditos fiscais de ICMS sobre "bem de uso e consumo". O mesmo PLP 352, em um de seus artigos, propunha o fim da regra do calculo por dentro. O que era para beneficiar o consumidor e aumentar a transparência foi rejeitado. O que prejudicava, foi aprovado. O Congresso Nacional, uma vez mais perdeu boa oportunidade de fazer justiça tributária e, no caso, melhorar a competitividade nacional.

financeiro: o que entra gera crédito; o que sai gera débito. É o método imposto versus imposto e não base versus base que prevalece atualmente. O uso da sistemática de crédito físico se configura em aumento disfarçado da tributação.

• Tributação e arrecadação concentrada em insumos básicos fundamentais. Hoje, a média nacional de incidência do ICMS sobre três insumos básicos resulta no seguinte: Energia (10% da arrecadação total) + Combustíveis (16%) + Comunicações (12%). Os três representam em média 38% da arrecadação de ICMS. Em alguns estados, eles representam bem mais. O peso sobre a energia onera o custo final da cadeia produtiva industrial de modo irreversível e é um dos fatores que afetam negativamente a competitividade.

• Alíquotas do ICMS. A excessiva liberdade dada aos Estados resulta em mais de 40 alíquotas reais, construídas a partir de créditos presumidos, redução de base de cálculo de alguns produtos e outros instrumentos.

• Legislação. Um fator adjacente ao quadro de deterioração do ICMS, o maior tributo do País, é a existência de 27 regulamentos diferentes, um por Estado. Unificá-los é uma boa iniciativa, mas há de se cuidar para unificar só a parte boa.

• CONFAZ. O Conselho de Política Fazenda que administra o ICMS, embora presidido pelo Ministério da Fazenda, age como um "clube" de Secretários Estaduais de Fazenda defendendo interesses, ainda que legítimos, de seus Estados. Uma das críticas mais frequentes é o baixo grau de comprometimento do CONFAZ em relação às reais necessidades dos cidadãos, das empresas e do país. Suas decisões não levam em conta os efeitos negativos em relação à competitividade nacional. O foco é o "caixa".

• ICMS (incidência no destino ou na origem). À exceção de petróleo e energia, cuja incidência se dá só no destino, a sistemática atual é mista, parte no destino e parte na origem. Esse também é um dos fatores que comprometem a competitividade e geram conflitos interestaduais recorrentes e por vezes insolúveis. É fonte de acúmulos injustificáveis de créditos de ICMS. As alíquotas interestaduais de ICMS são hoje de 7% nas operações entre os estados do Sul e Sudeste (menos Espírito Santo) como os estados do Norte, Nordeste e Centro-Oeste (menos Distrito Federal) e 12% nas operações entre os estados do Norte, Nordeste e Centro-Oeste (mais o Espírito Santo) com os estados do Sul e Sudeste (menos Espírito Santo), e nas operações entre estados da mesma região.

> O ICMS – principal tributo do País em se tratando da capacidade de gerar receitas nasceu com um desvio genético que se deteriorou progressivamente e parece não ter mais conserto. A referência é para a competência estadual. Com o tempo, os Estados – apesar do CONFAZ (ou por causa dele) – tornaram-se inimigos cordiais, o federalismo fiscal assumiu proporções antagônicas, 27 estados e o DF atuando livremente e em ambiente de competição.
> Um novo debate (que tomou conta de parte do tempo a partir de 2012), a repartição do ICMS incidente sobre as vendas interestaduais não presenciais – o chamado comércio eletrônico -, de solução técnica simples e banal, resultou na EC 87, de 2014 e no Convênio CONFAZ ICMS 93, de 2015, (alterado pelo Convênio ICMS 152, de 11.12.2015 antes mesmo de entrar em vigência) trazendo para a legislação tributária mais complexidade e burocracia. Problema típico de Estado, transformou-se em tormento privado. (Este último parágrafo foi inserido em dezembro de 2015)

(IV) Abordagens pontuais
(2) Contribuição Patronal ao INSS – Folha ou Faturamento?

A racionalidade da incidência do INSS devido pelos empregadores está na folha de pagamento e não no faturamento. O nexo está na folha. O Estado (INSS) precisa saber quem paga o quê e em nome de quem. A aposentadoria vincula-se à contribuição, que por sua vez vincula-se ao salário recebido e não ao faturamento da empresa que pagou o salário. A essência da tese é que a natureza do vínculo - entrada no trabalhador no sistema de seguro social – está no contrato de trabalho e não no faturamento da empresa.

O que deve e pode ser feito é a redução do peso dos encargos trabalhistas na folha de pagamento, de modo a se evitar que o custo da mão de obra seja pressionado irresponsavelmente, sem a mensuração dos efeitos perversos na competitividade do produto nacional.

Retirar a incidência do INSS patronal da folha de pagamento (20%) e obter a mesma receita por meio da incidência de uma contribuição específica sobre o faturamento (ou ampliação da alíquota de contribuição existente) é uma punição às empresas inovadoras, de alta tecnologia, sejam industriais ou prestadoras de serviços. Estima-se que a receita decorrente dos 20% recolhidos ao INSS, em 2011, seja da ordem de R$ 100 bilhões. A título de ilustração, transferir essa conta para o faturamento ou o valor agregado significaria ampliar a alíquota da COFINS de 7,6% para algo entre 11% e 12%. Ou seja, o custo de contratação de mão de obra reduz, em contrapartida ao crescimento do custo de produzir e faturar. O resultado pode ser negativo para a competitividade.

Das propostas em discussão, vale destacar uma que se origina na "paulicéia desvairada". A proposta da FIESP – Federação das Indústrias do Estado de São Paulo, de ZERAR o INSS da indústria e transferir a conta para comércio e serviços via aumento de PIS e COFINS não merece aprofundamento da análise. A justificativa da FIESP assenta-se na tese de que a indústria recolhe mais impostos (36,7% do total), enquanto comércio (16%) + serviços (13,4%) recolhem bem menos, e por isso o setor terciário deve pagar a conta. O prepotente argumento por si só a desqualifica. No mínimo, para economizar adjetivos, uma proposta imoral.

A alternativa de ZERAR a incidência na folha e buscar a mesma receita por meio da criação de nova "CPMF", (ressalto que este texto é de 2011) que circula em alguns gabinetes, amplia a distância em relação aos nossos concorrentes, afasta-nos ainda mais do "esperanto tributário". É inimaginável eleger a movimentação financeira como principal fonte de financiamento da Previdência e deixa-lá refém dos humores do mercado financeiro. Em recente fala nesta Comissão de Finanças e Tributação[13], o Secretário Executivo do Ministério da Fazenda, Nelson Barbosa, descartou o uso da movimentação financeira como base de cálculo tributária e espera que esta posição seja sustentada pelo lado político do Governo Federal[14].

A contribuição – patronal e do trabalhador – deve ter como base o salário pago. A Confederação Nacional do Comércio, por exemplo, manifesta-se contra retirar a contribuição da folha de pagamento e criar um tributo sobre o faturamento para compensar a "renúncia" de receita. Há outros meios de estimular o emprego, se esse é o fator que motiva a intenção. Há, ainda, que se considerar o fato de que a incidência na folha é condição importante para a futura implantação de um sistema previdenciário de capitalização, que só depende da instituição do Fundo prescrito no art. 250 da Constituição.

Se for para desonerar a folha como sinalização positiva à geração de novos empregos, a mesma Confederação propõe que a contribuição patronal ao INSS seja reduzida em até seis pontos percentuais à razão de um ponto percentual ao ano, sem criar nova fonte de incidência tributária. O comportamento da arrecadação tributária mostra que é possível cobrir com folga essa "renúncia" estimada em R$ 5 bilhões/ano. E o uso integral da COFINS e da CSLL, conforme preconizado na Constituição Federal, dá segurança para redução até mais expressiva.

---

[13]Recordando: Discorro sobre texto apresentado na Comissão de Finanças e Tributação da CD em 2011.
[14]Em 2015, já na condição de Ministro da Fazenda, Nelson Barbosa, endossa a tese da necessidade de aprovação da volta da CPMF.

> O debate evoluiu para o experimento. Alguns segmentos selecionados[15] terão a alíquota da contribuição patronal ao INSS, incidente sobre a folha de pagamento, zerada. Em contrapartida, sobre o faturamento desses segmentos incidirá uma nova contribuição (1,5% sobre o faturamento bruto descontado o total exportado, incidindo cumulativamente[16]). É um modelo fadado ao fracasso, a menos que dele resulte maior arrecadação tributária para a União. Se isso ocorrer, o risco da experiência piloto se transformar em novo modelo é iminente. Nesse mesmo Ciclo de Debates, o Secretário Executivo do Ministério da Fazenda aparentemente descartou a adoção de um imposto tipo CPMF incidente sobre a movimentação financeira. Três meses depois, representantes do governo federal e governadores defendem abertamente a volta da CPMF, sob a alcunha de CSS – Contribuição Social para a Saúde,[17] mais uma vez sob justificativa de uso exclusivo dos recursos em saúde. Dá para acreditar em debate sério sobre tributação e competitividade quando se envolve governadores de estado?

(IV) Abordagens pontuais
(3) CUMULATIVIDADE – Viés anticompetitivo

Um dos elementos negativos do nosso sistema tributário é a cumulatividade, que resulta da impossibilidade de uso total ou parcial de créditos fiscais. Isso ocorre por força de mandamentos legais, abuso de autoridade de governos estaduais (ICMS) e outros me-

---

[15] Ver Medida Provisória 540, de 2011. A referência é para calçados, moveleiro, têxtil e TI.
[16] 1,5% para calçados, moveleiro e têxtil. 2,5% para TI. Agrava o fato e desnuda o descompromisso com a competitividade a criação de uma contribuição CUMULATIVA.
[17] Ver PL 206, de 2008, que cria CSS – Contribuição Social para a Saúde, nos moldes da CPMF.

canismos mencionados no texto. Na medida em que os créditos se acumulam, aumenta a arrecadação do tributo específico relativo ao crédito acumulado (ICMS – PIS – COFINS) e a empresa paga mais e mantém o crédito em sua contabilidade como um ativo que onera o imposto de renda e a contribuição social sobre o lucro líquido. A cumulatividade deveria ser banida do sistema tributário brasileiro, mas isso só ocorrerá quando um novo modelo for construído. Alguns resquícios sobreviverão, por exemplo, como os decorrentes de "avanços" como a tributação pelo método simplificado. Mas o conceito de cumulatividade deveria ser expurgado do vocabulário tributário.

O setor empresarial levou esse problema às autoridades econômicas no início da década de 2000. As contribuições PIS e COFINS, ambas então cobradas apenas sobre o faturamento eram fonte de cumulatividade e começavam a pressionar negativamente a competitividade da empresa brasileira. Em algumas cadeias produtivas, a cumulatividade representa 10% a mais em relação ao preço do concorrente externo, ou seja, um convite à perda de mercado.

O governo cedeu aos argumentos, mas viu na alteração pretendida pelos empresários um bom momento para ampliar suas receitas e, pior, as alterações promovidas não eliminaram integralmente os elementos cumulativos da cobrança das duas contribuições.

A primeira experiência foi feita com a contribuição PIS, em função de sua menor magnitude. Sua arrecadação baseava-se na incidência de uma alíquota de 0,65% sobre o faturamento bruto. Estudos demostraram que para se reproduzir a mesma arrecadação do sistema anterior, a alíquota a incidir sobre o valor agregado deveria ser de 1,32%. Mas o Governo Federal decidiu não correr riscos (que não havia) e fixou a alíquota em 1,65%. Só essa decisão resultou em aumento de 25% na arrecadação do PIS. A Lei 10.637, de 30 de dezembro de 2002, que alterou a sistemática de cobrança, fixava em seu artigo 12 que até 31.12.2003 o Poder Executivo submeteria ao Congresso Nacional um projeto de lei para tratar da cobrança não-cumulativa da COFINS. No parágrafo único do mesmo artigo especificou-se ainda que: "o projeto conterá também a modificação, se necessária, da alíquota da contribuição PIS/PASEP, com a finalidade de manter constante, em relação aos períodos anteriores, a parcela de arrecadação afetada pelas alterações introduzidas por esta Lei". Os empresários acreditaram no compromisso, mas viu-se depois que não dá para confiar quando o assunto é "caixa".

Nada se fez, evidentemente, a arrecadação da contribuição PIS cresceu muito e a lei que alterou a sistemática de incidência da COFINS (Lei 10.833, de 29 de dezembro de 2003), adotou o mesmo modelo da incidência do PIS. O resultado é que a alíquota da COFINS – que deveria ser 6,1% - foi fixada em 7,6%, sem a regra de rever alíquotas caso a arrecadação se elevasse muito (e a arrecadação da COFINS disparou).

A nobreza da mudança da forma de incidência terminou por ser veículo de aumento da arrecadação e, pior, sem eliminar a cumulatividade, pois se adotou o critério de apuração "base versus base", abriram-se inúmeras exceções e muitas atividades continuaram no regime anterior, créditos não foram permitidos, etc. O correto seria não ter exceções e adotar-se o método "imposto versus imposto", crédito financeiro, que poria fim ao modelo cumulativo.

Dados do Ministério da Fazenda, já em 2006, apontam que 1,9% do PIB derivam de incidência cumulativa, assim distribuída: ISS (0,4% do PIB – R$ 14,7 bilhões) + CIDE Combustíveis (0,2% do PIB – R$ 7,35 bilhões) + ICMS (Créditos não compensados – R$ 0,7% do PIB – R$ 25,7 bilhões) + PIS-COFINS (Créditos não compensados – 0,6% do PIB – R$ 22 bilhões).

Em 2010, dos R$ 180 bilhões arrecadados de PIS e COFINS, cerca de R$ 60 bilhões se deram pela sistemática cumulativa.[18]

---

[18]Cálculos do Economista José Roberto Afonso.

> Nos longos debates sobre a não cumulatividade da contribuição PIS, duas correntes se debruçaram sobre o tema. De um lado líderes representantes dos empresários; de outro, ministros e técnicos do governo federal. Enquanto o primeiro grupo ingenuamente falava em competitividade, isonomia em relação aos nossos concorrentes, esperanto tributário, elevar o nível das exportações brasileiras; o grupo governamental usou a pressão empresarial para fazer mudanças "meia-boca", que não eliminam a cumulatividade, mas, em compensação, faz o que os governos sempre querem: aumentam a arrecadação.

(IV) Abordagens pontuais
(4) CRÉDITOS FISCAIS ACUMULADOS ou DÍVIDA PÚBLICA DISFARÇADA?

Embora já abordada no texto, a questão dos créditos fiscais acumulados – tanto no Governo Federal quanto nos Estaduais – deve ser sempre destacada por se tratar de um dos elementos mais negativamente surpreendentes na relação fisco – contribuinte. Os entes públicos, que cobram o cumprimento das leis, deveriam ser os primeiros a cumpri-las. Não é o que ocorre quando se trata de questões tributárias. Nesses casos, prevalecem a arrogância e a prepotência dos administradores, que simplesmente se apropriam de recursos que pertencem ao contribuinte. Nessa janela o objetivo é tratar especificamente dos exportadores. O trato diferencial que os exportadores têm – imunidade tributária constitucional – é punido com o acúmulo de créditos fiscais de operações anteriores.

A situação agrava-se a cada ano, a despeito de soluções mágicas serem anunciadas em planos governamentais cercados de larga mídia. Após os anúncios, as medidas caem na vala comum da burocracia federal.

Os números são expressivos:

• Estimativa do Estoque Acumulado de créditos fiscais decorrentes da exportação:
ICMS .... R$ 40 bilhões
IPI-PIS-COFINS[19] .... R$ 20 bilhões

A desoneração integral da exportação, no campo federal (IPI – PIS – COFINS) representaria, segundo valores de 2010, apenas R$ 2,9 bi/ano, ou seja, 0,4% da receita administrada pela Receita Federal do Brasil! Medidas simples evitariam novos acúmulos, mas o estoque existente perduraria e necessitaria de solução, para não configurar calote.

> Esse é um dos quadros mais sombrios na relação fisco – contribuinte. Se o contribuinte não pagar é autuado e tem o débito acrescido de multa e correção monetária. Os governos, sem nenhum constrangimento, dificultam o acesso a créditos fiscais legítimos, cujo uso deveria ser automático.

(V) DESONERAR EXPORTAÇÕES, INVESTIMENTOS E PRODUÇÃO.

Uma das alternativas para desonerar exportações, investimentos e produção está no próprio Congresso Nacional. Circula nesta Casa (Câmara dos Deputados), em regime de competência terminativa, já aprovado no Senado Federal e na Comissão de Finanças

---

[19]Após o Ciclo de Debates na CFT-CD, o governo federal lançou o Programa Brasil Maior que prometia acabar com o represamento de créditos fiscais de PIS e COFINS. E quanto ao ICMS? Quando os governadores irão adotar procedimento ético nesse campo? O Plano também prometia reduzir a zero o numero de meses (hoje, 12 meses) para uso dos créditos fiscais de PIS e COFINS decorrentes de aquisição de máquinas e equipamentos para o ativo imobilizado. E como fica o direito de uso dos créditos do ICMS incidente sobre os mesmos produtos, para os mesmos fins, hoje fixado em 48 meses?

e Tributação, o PL 6530, de 2009, com parecer pela juridicidade e constitucionalidade na Comissão de Constituição e Justiça.

O Projeto de Lei 6530, de 2009, que dá solução adequada ao acúmulo de créditos federais (ao Congresso restaria buscar a solução dos créditos no âmbito do ICMS, de competência dos Estados) tem as seguintes características básicas.[20]

Informação básica
PL altera a cobrança de PIS, COFINS E IPI, visando transformá-lo, de direito e de fato, num autêntico imposto sobre valor adicionado, como no resto do mundo e como defendido em propostas do governo federal e em candidaturas presidenciais.

OBJETIVOS
Fomentar a produção, a renda e o emprego no Brasil
Equiparar a tributação da produção nacional à importada
Desonerar definitivamente exportações e investimentos produtivos, ao menos em relação aos tributos indiretos federais

OBJETOS
Adota regime de crédito financeiro no lugar do (ultrapassado) crédito físico – instituído em 1965 no Brasil e não mais seguido no resto do mundo.
Amplia a oportunidade para aproveitamento de créditos acumulados ao permitir: (1) consolidação com outras empresas do mesmo grupo; e (2) compensação contra a contribuição previdenciária.

CONCEITUAÇÃO DOS EFEITOS
Não há renúncia de receita porque se trata de adaptar a sistemática de cobrança do imposto para tornar efetivo o princípio já previsto na Constituição da não-cumulatividade (global para o IPI e para regime próprio no caso do PIS/COFINS) e também aceito pela OMC e seguido por mais de uma centena de países que adotam o IVA

---

[20] O texto em itálico a seguir foi retirado de estudo do Economista José Roberto Afonso.

Em termos conceituais, não haverá perda de arrecadação mas sim o fisco federal deixará de arrecadar e reter recursos que não lhe pertence (porque os tributos já são não-cumulativos), mas os contribuintes não conseguem aproveitar os créditos diante das regras e das práticas atualmente adotadas; de fato, crédito tributário acumulado nada é mais do que uma dívida pública disfarçada

Como não será concedido qualquer incentivo, benefício ou vantagem, não se aplica ao projeto de lei o disposto na lei de responsabilidade fiscal quando exigia compensação financeira contra nova renúncia.

ARRECADAÇÃO ALVO

Só uma parcela relativamente pequena do total da arrecadação federal está exposta aos efeitos do projeto: em 2010, embora COFINS e PIS tenham arrecadado cerca de R$ 180 bilhões, a proposta produzirá efeitos apenas sobre o chamado regime não-cumulativo, que arrecadou apenas R$ 60 bilhões e respondeu por apenas 7.5% do total da receita federal no ano (R$ 806 bilhões), o que mostra que o alcance é bastante limitado;

Não se contou o IPI porque se tornou um imposto seletivo e, como tal, representa um risco menor de acumulo de crédito; mas mesmo somada ao regime não-cumulativo das contribuições, a soma arrecadada subiria para R$ 100 bilhões e a exposição ao projeto seria de 12.4% da receita global, uma proporção ainda limitada.

A Receita Federal do Brasil deixaria de reter o que não lhe pertence. A referência é para os três tipos de crédito a que passaria a conceder e a restituir:
- Bens de Capital
- Exportações
- Bens de uso e consumo

O efeito da desoneração de investimentos produtivos compreende apenas o capital de giro que hoje o investidor perde porque leva até dois anos para aproveitar os créditos de COFINS/PIS.
- É uma perda limitada, que caiu junto com a taxa de juros e, infelizmente, com a baixa taxa de formação bruta de capital fixo no País.

• O próprio governo federal já vem permitindo o crédito integral e imediato em vários regimes especiais. Portanto, o projeto nada cria, apenas generaliza essa prática corrente do governo e que autoridades econômicas já prometeram conceder até o final deste ano.
• Além disso, há o óbvio efeito multiplicador da desoneração uma vez que certamente barateará o custo dos bens de capital e fomentará o investimento e, por conseguinte, a produção nacional.
• Em suma, sugere-se não computar qualquer efeito financeiro.

O efeito da desoneração das <u>exportações</u> compreende duas situações: o estoque de créditos (passados) acumulados e os fluxos futuros a serem aproveitados.

• A proposta visa apenas o futuro na intenção de evitar que novos créditos venham a ser acumulados.
• Com a sensível queda dos manufaturados na pauta das exportações e com o planejamento dos exportadores que procuram evitar exportar mais de 40% do total de suas vendas, os efeitos da desoneração ficaram bastante limitados.
• Estudo recente da FIESP calculou que a restituição de todos os impostos aos exportadores industriais montaria a R$ 8,8 bilhões. Porém, é preciso excluir desse montante a parcela do ICMS, que certamente é majoritária. A sugestão é adotar a mesma proporção observada em relação ao estoque de créditos acumulados que segundo o mesmo estudo seria de R$ 40 bilhões no caso do ICMS e de R$ 20 bilhões dos tributos federais. Assim, a parcela de 2/6 dos R$ 8,8 bilhões a serem restituídos aos exportadores implicaria que R$ 2,9 bilhões corresponderiam a tributos federais.
• O efeito esperado da desoneração de exportações (R$ 2,9 bilhões) equivaleria a apenas 3% do que se arrecada pelo regime não-cumulativo – supondo que todos os exportadores estivessem nesse regime. O mesmo efeito em termos globais é verdadeiramente <u>irrisório: 0.4% da receita federal em 2010 seria impactada pela desoneração de exportações.</u>

O efeito da desoneração de bens de uso e consumo é mais difícil de ser mensurado – ainda assim, é importante lembrar que ela se limita apenas ao bloco de contribuintes do regime não-cumulativo.

• No caso do IPI, o efeito é marginal porque, como já foi dito, sua incidência está concentrada em poucos produtos.

• No caso do COFINS/PIS e apenas no regime não-cumulativo, se pode considerar que uso e consumo representaria 15% do total das compras e, por hipótese, se aplicar a alíquota agregada de 9.25% (7.6% e 1.65%) sobre a arrecadação (R$ 60 bilhões), que resultaria em um efeito de R$ 5,5 bilhões.

Os dois efeitos, da desoneração de exportações e dos bens de uso e consumo, podem ser estimados em R$ 8,4 bilhões.

CONCLUSÃO PRELIMINAR (Sobre desonerar investimentos produtivos)

Em contexto de Real sobrevalorizado e taxa de investimento nacional reduzida, é mais do que premente desonerar definitivamente as exportações, os investimentos e a produção.

• O projeto de lei equaciona a questão no âmbito do PIS/COFINS/IPI.

• Depois será preciso alterar a Lei Kandir para resolver o problema do ICMS.

• Não haverá renúncia porque o fisco apenas deixará de receber o que nem deveria estar sendo arrecadado.

• Ainda assim, os possíveis efeitos negativos são diminutos e podem facilmente serem compensados por medidas administrativas (como o reajuste dos preços dos combustíveis sujeitos a COFINS/PIS) ou por mudanças promovidas por medida provisória (como o aumento de alíquota para grandes contribuintes e a substituição nas importações).

• O fisco também pode aproveitar essa oportunidade para incentivar o uso da nota fiscal eletrônica ao condicionar, na regulamentação do projeto de lei, que os créditos de bens de uso e consumo e o aproveitamento dos créditos acumulados, inclusive por exportadores e por investidores, serão restritos ou agilizados naqueles casos em que as compras forem feitas no âmbito daquele sistema eletrônico, o que vai acelerar a fiscalização e disseminar tal prática no País.

> Sem comentários. O Projeto de Lei 6.530/2009, do Senador Dornelles, que resolve o problema de créditos acumulados em relação às contribuições PIS e COFINS e IPI já foi aprovado no Senado Federal. Também já foi aprovado na Comissão de Finanças e Tributação da Câmara dos Deputados e se encontra pronto para ser votado na Comissão de Constituição e Justiça. Por que não votá-lo? Que forças impendem o desfecho favorável?

(V) PEQUENOS AJUSTES NO PRESENTE = GRANDES DESAJUSTES NO FUTURO

Há 20 anos o setor empresarial debate e propõe medidas de natureza tributária focadas na competitividade. O marco é a revisão constitucional de 1993. De lá aos dias atuais o mundo mudou, as fronteiras comerciais desapareceram, a competição externa é intensa, há uma guerra comercial em que só os países bem preparados terão futuro. No século 21 os países não guerreiam por territórios, mas por investimentos e empregos. Nesse contexto, a existência de um modelo tributário que fale a mesma língua dos nossos concorrentes e que não dê vantagens comparativas a eles é essencial.

Nesse período, a União, os Estados e os Municípios caminharam sempre no limite da irresponsabilidade tributária e fiscal. A opção "estratégica" de arrecadar o que gastar (e não o contrário) pode comprometer o futuro. Não é possível que os administradores públicos não se tenham dado conta que já foi alcançado o limite extremo do uso da tributação com foco único no CAIXA.

Eles - União, Estados e Municípios também – usaram e abusaram do princípio da comodidade: CPMF, Substituição Tributária, bases presumidas, penduricalhos em insumos importantes (energia e combustíveis), incentivos fiscais sem vínculo com produção e geração de emprego, etc.

É clara a opção por ajustes fiscais pela via da receita e isso compromete a qualidade do sistema, pois a visão é curta e os resultados necessitam ser imediatos. Mas o rescaldo dessa opção pode ter consequências dramáticas para a economia brasileira. Quem deve liderar o exercício técnico e político de soluções que interessam efetivamente à sociedade brasileira, ao Estado brasileiro, e não somente ao caixa de cada um dos entes federativos, isoladamente?

> Historicamente, os administradores públicos e a classe política jamais se preocuparam com o peso dos Encargos Trabalhistas na folha de pagamento. Nem com os efeitos perversos da tributação na competitividade nacional. Há, também, um claro desprezo pelas repercussões econômicas na arte de tributar nesse federalismo canhestro, competitivo, não cooperativo e até antagônico.

(VI) AJUSTES PONTUAIS COM CARACTERISTICAS ESTRUTURAIS

Enquanto a reforma necessária não vem, alguns ajustes pontuais que refletem ganhos de competitividade poderiam ser adotados.
Alguns exemplos:
1) Definição de regras claras, confiáveis e estáveis sobre créditos fiscais federais e estaduais. Respeito aos créditos.
2) Fim da tributação sobre o investimento produtivo (na construção de uma usina hidrelétrica, antes dela começar a gerar energia, há um custo tributário embutido de 40%!)
3) ICMS. O estabelecimento de um Regulamento Único pode contribuir para uma tributação mais adequada e contemporânea. O CONFAZ – com seu autoritarismo sem voto – deveria ser extinto ou modificado.

4) As alíquotas do ICMS deveriam ser no máximo cinco, e obedecer a um teto definido pelo Senado Federal.

5) ICMS. É justo, transparente e urgente acabar com o "cálculo por dentro" na apuração do imposto.

6) ICMS: Disciplinar a Substituição Tributária ou "desistir" do ICMS, pois a Substituição Tributária (como regra) é a negação do imposto.

7) Reduzir a burocracia. Nos últimos anos a Receita Federal teria produzido duas novas normas a cada hora (FIESP). Custo de conformidade - para administrar e pagar tributos - é muito elevado no Brasil. Estima-se que representa acréscimo da ordem de 10% da carga tributária das grandes empresas.

> Não me alinho aos que defendem apenas ajustes pontuais. A prioridade é criar um novo modelo. Mas também não posso ser ingênuo e abraçar a ideia de que determinados ajustes pontuais – que têm características estruturais e até mesmo pedagógicas – devem ser sumariamente descartados. A lista acima é um convite à reflexão e ao debate. O que não é aconselhável são as concessões pontuais que beneficiam determinados setores em prejuízo de outros.

(VII) UM SISTEMA INTERNACIONAMENTE ALINHADO (Modelo)

O Brasil necessita de um sistema tributário poliglota, que seja comparável ao de nossos concorrentes, que permita mensurar e comparar seus efeitos na competitividade nacional. Um sistema que se aproxime do que se chamou em 1995, "esperanto tributário".

Modelo a ser perseguido

IVA Nacional de administração compartilhada entre os três entes federativos e repartição imediata e automática da receita pelo estabelecimento bancário. IVA = ICMS + PIS + COFINS +

CIDE + IPI + ISS. Transição de cinco anos como garantia de não perda de receita. Pode-se chegar ao IVA amplo por etapas, incorporando-se o ICMS e o ISS depois de testada a eficácia e a operacionalidade do IVA apenas com tributos federais.

No marco zero, incorporar a CSLL (Contribuição Social Sobre o Lucro Líquido) ao Imposto Sobre a Renda.

A PEC 233[21] se aproximou desse modelo, avançando em direção a um IVA Federal, mas pecou por não incluir o IPI e também por consagrar conceitos que precisam ser derrubados, com o cálculo por dentro do ICMS. Também não foi clara e incisiva em relação aos créditos fiscais. Pecou ainda mais por não prever uma regra futura de inclusão do ICMS e do ISS no IVA proposto. É fundamental que um IVA amplo adote a sistemática do crédito financeiro.

Na esteira de mudanças mais profundas, há que simplificar os impostos sobre a propriedade de bens (IPTU, IPVA, ITBI, ITCM e ITR). Deve-se também manter os tributos regulatórios: importação, exportação, IOF.

Alguns avanços devem ser preservados, ainda que não seja clara a relação entre eles e a competitividade, mas no contexto tributário nacional, interno, são importantes. A referência é para a sistemática de apuração e recolhimento do **IR – Lucro Presumido**. Alcança milhões de empresas. É um modelo que atende ao princípio da simplicidade e não onera exageradamente. **Instituição do Simples; Instituição do Simples Nacional; Instituição do Micro Empreendedor Individual.** Esses institutos representam avanços – econômicos e sociais - mas têm de ter regras de saída. Devem focar o crescimento da empresa que, uma vez adulta, deve caminhar por conta própria, sem a eterna bengala do Estado. Os tetos que conceituam esses portes devem ser estáveis e duradouros, não se justificando elevá-los de tempos em tempos. Não se pode transformar a MPE no cidadão que recusa a maioridade[22].

---
[21]Ver análise em capítulo específico.
[22]Ver capítulo que trata da tributação das MPEs.

(VIII) CONCLUSÕES

O que defendo, repito pra enfatizar, eu e a entidade que represento[23], é um modelo tributário poliglota, que fale a nossa língua e também a de nossos concorrentes, adequado às necessidades econômicas, infraestruturais e sociais do País e sua crescente importância econômica no mundo globalizado.

As propostas de REFORMA TRIBUTÁRIA e demais medidas tributárias infraconstitucionais, com raríssimas exceções, têm mais ou menos as mesmas características:

• Focam exclusivamente o CAIXA da União, dos Estados, do Distrito Federal e dos Municípios, reféns da economia e do imediatismo.
• Têm visão curta em relação à competitividade nacional.
• O olhar sobre o interesse do País e da sociedade é distante.
• Ficam longe do desejado "esperanto tributário".

Por fim, se me permitem os ilustres parlamentares, recomendo ao Congresso Nacional que antes do trâmite legislativo, submeta toda e qualquer proposta tributária – ampla ou pontual – a cinco perguntinhas básicas. Se uma das respostas for negativa, a proposta deve ser rejeitada ou revista para adequá-la aos legítimos interesses da sociedade brasileira:

• Contribui para a geração de emprego e renda?
• Contribui para ampliar as exportações brasileiras?
• Contribui para melhorar a competitividade?
• Leva em conta o interesse da sociedade brasileira?
• Estimula investimentos produtivos?

---

[23]Repito: Na exposição na Comissão de Finanças e Tributação exercia a representação da CNC

"A Comissão está convicta de que a causa principal dos defeitos, por demais conhecidos para serem aqui relembrados pormenorizadamente, de que padece a atual discriminação de rendas é o fato de o assunto ser tratado como problema jurídico e não econômico."
Comissão de Reforma Tributária – 1965

Reforma Tributária: Esqueçam a Reforma Tributária
Capítulo II
Breve histórico: o longo inverno da reforma tributária
A Emenda Constitucional 18

Ao longo dos últimos 50 anos – meio século – a única alteração tributária que pode ser classificada como "Reforma" é a que se configurou por meio da Emenda Constitucional nº 18, de 1º de dezembro de 1965, a qual, de fato, inaugurou uma nova sistemática de incidência tributária, introduzindo novos conceitos como a tributação sobre o valor agregado. Do ponto de vista industrial, o Brasil apenas engatinhava e a Emenda Constitucional 18 abria novas perspectivas ao investimento produtivo. Seu pecado original foi conferir aos estados-membros a competência do então ICM – Imposto Sobre a Circulação de Mercadorias. Esse descuido resulta, 50 anos depois, na principal, crescente e inesgotável fonte dos problemas tributários brasileiros.

Ernane Galvêas, Ministro da Fazenda nos anos 1980, começa sua apresentação sobre o Sistema Tributário Nacional na Federação das Indústrias do Rio de Janeiro, já no ano 2010, afirmando que "toda fala deve ter princípio, meio e fim", e complementa: "vou começar pela reforma de 1965, estruturada pelo Grupo de Trabalho presidido pelo Dr. Simões Lopes e composto por notáveis juristas como Rubens Gomes de Souza e Ulhôa Canto, assessorados por Jeferson Augusto da Silva, Sebastião Santana, o economista Mario

Simonsen e outros, sob a inspiração do professor Octavio Bulhões, então Ministro da Fazenda, e do Embaixador Roberto Campos, Ministro do Planejamento".

Aos 93 anos, lúcido e dedicado aos estudos sobre o futuro da economia brasileira e do Brasil[24], em relação aos quais vive em permanente estado de preocupação, ele tem o que falar, e o que falará é um detalhe nem sempre apreciado em estudos, seminários, congressos, monografias e teses de todos os tipos, qual seja: A reforma de 1965, que se implantou por meio da Emenda Constitucional nº 18 de 01 de dezembro de 1965, é a única reforma estrutural do sistema tributário brasileiro até hoje. E hoje, quando Galvêas fala, é 2015.

Duas figuras sempre presentes nos debates atuais foram introduzidas pela EC 18, lá atrás, há cinco décadas: valor adicionado e créditos fiscais. A inspiração brasileira foi o modelo francês de tributação sobre o valor agregado: TVA – Taxe Sur La Valeur Ajoutée.

A novidade modernizou o sistema brasileiro, mas enquanto o original fora instituído em um Estado Unitário – a França -, a versão brasileira aplicada em um Estado Federativo irá gerar sérios problemas no futuro.

Até a EC 18, o Brasil tinha dois impostos que foram enterrados com a introdução da tributação sobre o valor agregado: o IVC - Imposto Sobre Vendas e Consignações e o inacreditável "Imposto do Selo". O primeiro tinha na origem o DNA da cumulatividade – característica nociva de qualquer tributo – e o segundo pode ser entendido como símbolo maior do atraso tributário.

A reforma concentrou-se nas três bases tradicionais dos tributos – renda, consumo (produção e venda de bens e prestação de serviços) e patrimônio. No fundo tudo gira em torno da renda: renda propriamente dita, renda consumida e renda patrimonializada.

---

[24]Ernane Galvêas é Consultor Econômico da Confederação Nacional do Comércio de Bens, Serviços e Turismo. Produz quinzenalmente uma brilhante "Síntese da Conjuntura".

Na renda, com o Imposto de Renda. Na produção, com o IPI (Imposto Sobre Produtos Industriais). Na circulação de bens, com o ICM (Imposto Sobre a Circulação de Mercadorias). Nos serviços, com o ISS (Imposto Sobre Serviços). Na propriedade, com o IPTU (Imposto Sobre a Propriedade Territorial Urbana), o IPTR (Imposto Sobre a Propriedade Territorial Rural) e o IPVA (Imposto Sobre a Propriedade de Veículos Automotores), e mais os "impostos únicos" incidentes sobre combustíveis líquidos e gasosos, lubrificantes, energia e minérios, destinados aos investimentos na infraestrutura, além dos impostos regulatórios sobre o comércio exterior (exportação e importação) e sobre operações cambiais e financeiras, como instrumento da política monetária, através de (IOF).

Apesar do mérito da EC 18, e do reconhecimento da modernização que ela introduziu no sistema tributário nacional, alinho-me dentre os que entendem que o "pecado original" do maior tributo nacional – o atual ICMS – está no fato de a EC 18 ter concedido competência estadual ao ICM que substituiu o IVC – Imposto Sobre Vendas e Consignações. Todos os conflitos interestaduais que resultam em acúmulo de créditos fiscais, "guerra fiscal" para atração de investimentos e até a inacreditável "guerra fiscal" para atrair importação, etc. têm origem na não federalização do ICM lá atrás em 1965. Não há unanimidade em relação a essa afirmação, mas ela faz sentido na medida em que o federalismo brasileiro evoluiu de um federalismo cooperativo para um federalismo de confronto e disputas por receita, atração de investimentos produtivos e poder político.

A EC 18 foi elaborada no início do regime militar, conceitualmente autoritário, que se tornou progressivamente cada vez mais donatário da verdade absoluta, quando ainda havia a ingênua sensação e esperança de volta das eleições presidenciais em breve tempo.

Ernane Galvêas acredita que os militares renderam-se ao princípio da autonomia federativa, pois, segundo ele, se cogitou de início a federalização do novo ICM. Ainda segundo ele, mesmo em pleno regime militar não houve como contrapor-se à força dos argumentos em favor do argumento da autonomia federativa e da necessidade de proporcionar receitas próprias e estimular o desenvolvimento dos entes subnacionais. Ele também esposa a tese de que a competência estadual do ICM é o embrião de todas as distorções que viriam pontuar a administração do ICM, apesar da pretensa ação conciliadora do CONFAZ, instituído informalmente em 1972, por iniciativa do Ministro Delfim Netto, e formalizado em janeiro de 1975, pela Lei Complementar nº 24.

É de Ernane Galvêas, integralmente, o que vem a seguir (em itálico) incluindo breve análise sobre o capítulo tributário da Constituição de 1988:

*O sistema criado em 1965 resistiu durante mais de 20 anos, apesar de algumas distorções. E chegamos à Constituinte de 1987/88, sob a impressão e a convicção de que era preciso fazer uma nova Reforma Tributária, para consolidar a Democracia e a Federação. O capítulo tributário da Constituição de 1988 guardou uma grande coerência na identificação das bases tributárias, mas falhou, a meu ver, na forma e na essência da repartição dos tributos. Em primeiro lugar, duplicou as transferências do IR e do IPI da União para os Estados e Municípios, sem que houvesse um mínimo de redistribuição dos encargos, nas áreas da educação, saúde, etc. Isto deveria ser realizado por Leis Complementares, **a posteriori**, o que nunca foi feito. Do mesmo modo, transferiu, para os Estados (e Municípios), os citados impostos únicos, desfalcando a União dos recursos indispensáveis à execução dos projetos de investimentos, principalmente em energia, transportes e comunicações. O ICM ganhou o "S" final relativo aos serviços, e passou a ICMS.*

Quais os resultados?

*De saída, os antigos "impostos únicos", condicionados a uma alíquota máxima de 8%, foram várias vezes multiplicados e, atualmente, por exemplo, a alíquota do ICMS sobre energia elétrica e combustíveis, inclusive o **etanol**, em alguns Estados, como o do Rio de Janeiro, chega a 31%, cobrados "por dentro", ou seja, a alíquota real é 44,9%.*

Por outro lado, Estados e Municípios, em uma primeira fase, malversaram a aplicação dos recursos, com investimentos em chafarizes, fontes luminosas, etc., sem mencionar o que ocorreu com os quadros de pessoal das Assembleias Legislativas, Câmaras de Vereadores, Prefeituras e Governos Estaduais. A participação na receita do IR e do IPI foi um notável estimulante ao crescimento do número de municípios, que subiu de 3.954 para 5.565, atualmente, gerando considerável custo suportado pelo contribuinte.

E a União? A União, que o Presidente da República e o Ministro da Fazenda da época consideraram "ingovernável", partiu para a irracionalidade. A título de compensação pela perda de expressiva parcela de sua receita, recorreu à criação das piores formas de tributo, de baixa qualidade, entre os quais figuram os acréscimos ao IOF, a CPMF, o PIS/PASEP, a COFINS, o CSLL, a CIDE e outras contribuições e taxas que, para usar uma "suave" expressão do Presidente Lula, **avacalharam** o sistema tributário nacional.

Em outubro de 1966, no dia 25, a Lei 5.172 regulou, com fundamento na Emenda Constitucional 18, o Sistema Tributário Nacional, e estabeleceu as normas gerais de direito tributário aplicáveis à União, as Estados, ao Distrito Federal e aos Municípios, sem prejuízo da respectiva legislação complementar, supletiva ou regulamentar.

Meio século depois, o desafio é saber se há algum governador, prefeito, deputado, senador ou vereador realmente preocupado com o caos tributário que se instalou no país.

Preocupados, talvez. Dispostos a enfrentar o desafio da Reforma, provavelmente não.

"A federação brasileira perdeu o rumo e não consegue encontrar a saída do labirinto em que se enredou. Com isso acumulou fragilidades e desequilíbrios, como a forte queda da participação dos estados na repartição do bolo fiscal e a perda de influência dos entes federados na política nacional."
Professor Fernando Rezende, Fundação Getúlio Vargas, um dos mais respeitados especialistas em Finanças Públicas.

Reforma Tributária: Esqueçam a Reforma Tributária
Capítulo III
Considerações mínimas sobre os últimos 25 anos

O longo inverno ainda não terminou e não há previsão de fim. No Governo Collor encontra-se a primeira tentativa de fazer uma Reforma Tributária, algo como uma "caça aos tributos", em analogia à "caça aos marajás" que alçou o jovem governador de Alagoas à Presidência da República. Criou-se a Comissão Executiva de Reforma Fiscal, que passou a ser conhecida por "Comissão Ary Oswaldo Mattos", jurista que a presidia. Nada foi adiante, seja por razões políticas, seja por ausência de governante, derrotado por um *"impeachment"* que o retirou do Palácio do Planalto pela porta lateral. Restaram dois volumes de debates e propostas, tecnicamente preciosos para os interessados na matéria.

Já no Governo Itamar Franco, que sucedeu Collor, há alterações constitucionais dignas de registro. A Emenda Constitucional nº 3, de 17 de março de 1993, inova em algumas questões de natureza tributária, mas está longe de se aproximar da reforma tributária já desejada naquela época. Além disso, a EC 3 deixou dois filhotes tributários indesejáveis: introduziu a tributação sobre a movimentação financeira (o IMF[25] provisório com vigência até 31.12.1994) com alí-

---
[25] O IMF é o pai da CPMF.

quota de 0,25% e constitucionalizou o instituto da Substituição Tributária, que chega em 2015 alcançando um número extraordinário de produtos de consumo não duráveis sujeitos à substituição tributária, deteriorando ainda mais a qualidade da tributação brasileira, além de retirar ganhos da tributação simplificada. A Emenda Constitucional nº 3 também, surpreendentemente, suprime (produzindo efeitos a partir de 1º de janeiro de 1996) o Imposto Sobre Vendas a Varejo de Combustíveis, de competência dos Municípios, e o adicional ao Imposto Sobre a Renda de competência dos Estados.

Já estamos em 1995 e o Presidente da República é Fernando Henrique Cardoso, quando, por iniciativa do Poder Executivo, chega ao Congresso Nacional a Proposta de Emenda à Constituição (PEC) 175, que pode ser entendida como o marco das propostas de reforma tributária no período pós-ditadura militar. O projeto tramitou por quase uma década sem sucesso, junto a 12 propostas apensadas e 196 Emendas recebidas na Comissão Especial. Um de seus subprodutos é a Emenda Constitucional nº 12 de 1996, que criou a CPMF em substituição ao IPMF.

Em 1997 chegou ao Congresso Nacional a chamada "Proposta Pedro Parente", então Secretário-Executivo do Ministério da Fazenda, ainda no governo FHC. Uma boa proposta ainda que carente, como as demais, de ampla negociação política. O governo, nesse momento, desvia seu foco para o ajuste fiscal necessário em decorrência da situação em que se encontravam as contas públicas. O interesse pela reforma tributária diminuiu e o tema perdeu qualquer sentido de prioridade.

Em 1998, o Congresso Nacional resolveu abraçar a causa e o relator, deputado Mussa Demes, apresentou um Substitutivo que ficou conhecido como "Substitutivo Mussa Demes". Talvez tenha sido a melhor proposta a circular no Congresso Nacional nesses 25 anos. Igualmente a todas as outras, a proposta também não logrou êxito. Apesar de aprovada na Comissão Especial, presidida pelo deputado Germano Rigotto, o Substitutivo Mussa Demes ainda dormita em algum canto da Câmara dos Deputados, abatido, naquela ocasião, pelo momento ruim das finanças federais que recomendava cautela em mudanças tributárias, em meio a crises especulativas internacionais. A prudência falou mais alto e superou a necessidade.

Os principais eixos do Substituto Mussa Demes previam: 1) Extinção do ICMS e do IPI que seriam substituídos pelo IVA Amplo (Imposto Sobre o Valor Agregado), com incidência nas operações de bens e serviços e compartilhado entre a União Federal e os Estados. 2) Adoção do princípio do destino na cobrança do IVA (para mitigar ou eliminar a guerra fiscal entre os Estados). 3) Junção das contribuições sociais (COFINS, CSLL, PIS/PASEP e CPMF) transformando-as em uma contribuição social única, incidente sobre o valor agregado. 4) Extinção do ISS e criação do IVV (Imposto Sobre Vendas a Varejo), com alíquota única, fixada por lei complementar com competência municipal.

O Substituto Mussa Demes propunha a prorrogação dos benefícios da Zona Franca de Manaus de 2011 para 2013. De todas as propostas essa foi a única que evoluiu ao longo dos anos e os incentivos da Zona Franca de Manaus adquiriram sobrevida até 2073, ou seja, já não é um "incentivo", mas uma política fiscal permanente, estabilizada, financiada pelo resto do País. As propostas substantivas, aquelas que concederiam qualidade ao sistema tributário foram solenemente ignoradas. Em 2014, os incentivos à Zona Franca de Manaus custaram R$ 30 bilhões ao povo brasileiro.[26]

Quase ao final do governo Fernando Henrique, o Congresso Nacional aprova a Emenda Constitucional nº 33 que também traz algumas modificações importantes no campo tributário, a saber: amplia a imunidade das exportações, alcançando contribuições econômicas e sociais; regula a CIDE – Contribuição de Intervenção no Domínio Econômico incidente sobre o petróleo; além de alterar a legislação do ICMS no campo das operações de importação por pessoas físicas.

Para fechar esse brevíssimo histórico – pois o interesse proposto é o período posterior a 2002 - vamos inserir a opinião de um especialista, Clóvis Panzarini, ex-coordenador tributário da Secretaria da Fazenda de São Paulo, que trata o tema tributação em texto já de 2011 com leveza e competência, além da tradicional e inconfundível ironia.

Naquele ano, um artigo de sua lavra saiu em um dos principais jornais de São Paulo logo após o anúncio feito por representantes do governo federal sobre o encaminhamento, até o final daquele ano, de mais um projeto de reforma tributária, que Panzarini trata carinhosamente de o "enésimo desde o longínquo 1993, quando Itamar Franco tentou revisar o sistema tributário nacional e tudo o que conseguiu foi a edição da Emenda Constitucional nº 33, que instituiu o

---

[26]Ricardo Nunes de Miranda, da Consultoria Legislativa do Senado Federal, é autor de texto para discussão intitulado "Zona Franca de Manaus: desafios e vulnerabilidades".
Ao tratar dos incentivos fiscais concedidos pelo Governo Brasileiro ele faz a seguinte afirmação:
Todos, com exceção da Zona Franca, beneficiam milhões de brasileiros, enquanto a Zona Franca beneficia apenas 600 empresas com R$ 44 milhões como média anual de subsídios por empresa, o Simples Nacional alcança um universo de nove milhões de micro, pequenas e médias empresas, com uma média de subsídio de R$ 6.866,67 por beneficiário potencial. A Zona Franca gerou apenas R$ 90 bilhões de receita (em 2013), enquanto, segundo estudo da FGV, a produção gerada em 2011 pelas pequenas empresas alcançou R$ 599 bilhões.
O Incentivo à Zona Franca de Manaus passou a ser de natureza permanente, sem compromisso com a busca de competitividade.
Na geração de emprego, diz o autor, também se registra o fracasso do atual modelo da ZFM. Conforme ampla divulgação, a ZFM gera cerca de 100 mil empregos diretos e cerca de 400 mil empregos indiretos. A manutenção de cada um desses 500 mil empregos diretos e indiretos, em 2014, requer uma renúncia fiscal de R$ 52,8 mil/emprego/ano ou R$ 4.400,00/emprego/mês.
Para ele, o atual modelo de incentivos fiscais para a ZFM não tem funcionado como indutor do desenvolvimento regional e nacional além de estimular a criação de emprego e a geração de renda no Exterior ao conceder R$ 9,6 bilhões, tal como previsto para 2014, em subsídios às importações. Trata-se do resultado da concessão de isenção ou redução de alíquotas de IPI, PIS-PASEP, COFINS e Imposto sobre Importações. Em 2013, a economia do Amazonas importou o equivalente a R$ 3.709,55 por habitante, mais de três vezes a média nacional de importação per capita de R$ 1.191,87. Mas a falta de competitividade das empresas sediadas na Zona Franca não permite que sejam bem sucedidas na exportação: o Amazonas exportou apenas R$ 277,80 por habitante, ou seja, menos de um quarto da importação per capita nacional média de R$ 1.186,49.

famigerado Imposto do Cheque, mais tarde convertido em Contribuição Provisória sobre Movimentação Financeira (CPMF)." A Emenda ainda garantiu aos Estados a cobrança do ICMS sobre fatos geradores futuros (Substituição Tributária), desfigurando o ICMS que é um imposto sobre o valor agregado.

Panzarini passa rapidamente sobre o que pretendeu o governo Fernando Henrique Cardoso: "Em seu primeiro ano de mandato, FHC encaminhou a Proposta de Emenda Constitucional (PEC) 175/95, que traria profundas e modernizantes modificações no sistema tributário, especialmente no ICMS. Desse esforço resultou apenas a EC n.º 12/96, que criou a CPMF em substituição ao Imposto do Cheque, contribuição essa que foi sendo prorrogada ao longo de todo o período FHC".

A fila andou, diz Panzarini, e chegou a vez de o presidente Lula reformar o sistema tributário. Em abril de 2003, em ato emblemático, desceu a rampa do Palácio acompanhado de 27 governadores empunhando a PEC 41/2003, que reformulava o ICMS, e proclamou do alto de sua glória: 'Fiz em 3 meses a reforma tributária que o governo anterior não conseguiu em 8 anos'.

Para Panzarini, a montanha pariu um rato e dessa bravata (de Lula) nasceu a EC n.º 42/2003, a qual, além de miudezas irrelevantes, prorrogou a vigência da CPMF até dezembro de 2007[27]. "Outra proposta de reforma tributária foi tentada no segundo mandato de Lula, a PEC 31/2007, que está mofando em algum escaninho do Congresso Nacional. No âmbito da discussão daquela PEC, o governo buscou a prorrogação (talvez fosse essa a sua real motivação) da vigência da CPMF, que expiraria, como de fato expirou, no fim daquele ano. O resultado, como sabemos, foi amargo para o presidente Lula e doce para o contribuinte. A CPMF morreu." E Panzarini

---

[27]Em 2007, a tentativa de prorrogação da CPMF sobre contundente derrota no Congresso Nacional, quando ela já representava receita perto de R$ 40 bilhões/ano para o Governo Federal. Em 2015, um dos instrumentos propostos para o ajuste fiscal federal é, mais uma vez, a ressureição da CPMF, com a provável ajuda dos governadores estaduais, interesses em abocanhar uma fatia.

chega aonde queria chegar, ou seja, agora é a vez da presidente Dilma, diz. E complementa: Sabedora das dificuldades políticas para reformar o sistema tributário - que implicará redistribuição de recursos fiscais e de poder, além do provável aumento de carga tributária (para nenhum ente federativo perder, obviamente perderá o contribuinte) -, resolveu "comer pelas bordas". "Vamos fazer uma reforma tributária fracionada, a conta-gotas".

Na análise final, ele resume de modo claro os equívocos cometidos (que destruíram o ICMS) e a impossibilidade de se avançar em reformas que dependeriam de um grande acordo federativo que os governadores (todos?) não estariam dispostos a bancar.

O texto perpassa diferentes aspectos e mazelas presentes ao longo desse esforço compilatório. Vale transcrevê-lo:

> *Afinal, é o ICMS, imposto de competência estadual, o grande protagonista do manicômio tributário brasileiro, cuja reformulação depende do apoio da maioria, senão da totalidade, das unidades federadas. A possibilidade de perdas - de receita e de poder político - e a desconfiança mútua entre os entes federativos sempre catapultam para o limbo qualquer proposta de reforma tributária.*
> *Enquanto isso, o setor produtivo tem sua competitividade ofendida pelo cipoal de normas que tornam a gestão fiscal onerosa e insegura, pela tributação dos investimentos e das exportações, pelas cumulatividades enrustidas e pela guerra fiscal.*
> *O ICMS, concebido para ser neutro - como devem ser os impostos do tipo valor adicionado (IVA) -, foi sendo ao longo do tempo espancado pelas administrações tributárias estaduais e hoje é uma jabuticaba que nem de longe lembra um IVA. O uso indiscriminado da substituição tributária em nome da comodidade arrecadatória do Fisco transformou esse imposto em exótico "IVA monofásico". A cobrança "na fonte" (na saída da indústria), por estimativa, do ICMS a ser gerado pelos elos subsequentes (comércio atacadista e varejista) da ca-*

deia produtiva, agride profundamente as regras de mercado. De outro lado, a guerra fiscal, a guerra dos portos - subespécie de guerra fiscal - e a guerra do comércio eletrônico, além de provocar perigosas tensões federativas, geram insegurança jurídica e quebram a neutralidade do imposto. A mitigação dessa distorção poderia ser alcançada com a adoção do princípio de destino, vale dizer, com a aplicação de alíquota interestadual nula ou muito baixa, pois assim a arrecadação pertenceria ao Estado onde a mercadoria é consumida, passando a ser irrelevante o local de produção ou importação.

No caso dos bens importados, uma "fatia" da reforma tributária já foi aprovada pelo Senado, que reduziu para 4%, com vigência a partir do próximo ano, a alíquota interestadual de ICMS sobre tais bens. Os Estados, porém, alegam dificuldades operacionais para sua implantação e laboram no sentido de postergar ou revogar esta "fatia".

Divulga-se, agora, uma nova fatia: será encaminhada PEC para adoção geral do princípio de destino (ou quase destino; alíquota interestadual baixa) do ICMS, que dará fim à guerra fiscal. Mas, com esse histórico de fracassos, não dá para ser otimista. Periga nascer uma CPMF.

"Fiz em 3 meses a reforma tributária que o governo anterior não conseguiu em 8 anos". (Presidente Luiz Inácio Lula da Silva. Abril de 2003. Descendo a rampa do Palácio do Planalto acompanhado de 27 governadores empunhando a PEC 41/2003, que nunca foi aprovada.)

Reforma Tributária: Esqueçam a Reforma Tributária
Capítulo IV
A 1ª proposta de Reforma Tributária do Governo Lula

Bem no início do governo Lula, empresários, acadêmicos, especialistas e estudiosos do sistema tributário foram convidados para contribuir na elaboração de um novo projeto de reforma tributária. As reuniões aconteceram no aprazível prédio da Escola Fazendária, em Brasília. Servidores da Receita Federal coordenaram os grupos que faziam de conta que debatiam propostas já definidas. Frustraram-se os presentes ante a impossibilidade de debates profundos e contribuições reais. A proposta já deveria estar pronta, pois em abril daquele ano – 2003 – o presidente Lula desceu a rampa do Planalto junto a 27 governadores empunhando a Proposta de Emenda Constitucional nº 41, de 2003. Toda proposta promete como resultado crescimento econômico e de renda, estímulo à produção e aos investimentos produtivos e geração de empregos. A PEC 41 de 2003 não poderia ser diferente. A proposta tinha alguns vieses ideológicos – como de resto todas têm.

Um dos objetivos da proposta era a regulamentação do IGF - Imposto Sobre Grandes Fortunas, já previsto na Constituição Federal e objeto de proposta de regulamentação por Lei Complementar do então senador Fernando Henrique Cardoso. O autor do Projeto de Lei Complementar (FHC) e o agora presidente (Lula) que propõe a regulamentação suprimindo a necessidade de lei complementar para normatizá-lo fazem parte da corrente que vê no IGF alguma justiça fiscal, por imaginar que finalmente os ricos teriam um tributo exclusivamente deles. No momento em que foi criado, em 2003, tributar as chamadas grandes fortunas – seja lá o que isso for – é inserir na matriz de investimentos necessários ao país uma equação negativa, capaz de afastar interessados em produzir no País. O IGF é um tributo de baixo potencial de arrecadação, mas de grande potencial de destruição inclusive da arrecadação de outros tributos que viriam de novos investimentos produtivos.

A PEC 41 tinha outra irrelevância, isto é, a transferência do ITR (Imposto Sobre a Propriedade Rural) da competência federal para a dos Estados e do Distrito Federal. Um terceiro componente de viés ideológico era a intenção de tornar progressivo o Imposto sobre transmissão causa *mortis* e doações (ITCMD). Via de regra tributar transferências de bens após a morte do proprietário é fonte de injustiças e problemas para o destinatário do bem, sobretudo nas relações familiares. Imaginar que esse tributo pode ser fonte de grandes receitas é desconhecer a realidade. Os abusos tributários são crescentes nesse campo. Estados e municípios têm à sua disposição informações da declaração do imposto de renda que passaram a ser fonte de autos de infração, como se infração fosse o cidadão doar recursos financeiros para os filhos e registrá-los na declaração anual de rendimentos. O recurso entra no bolso do cidadão – se assalariado – já devidamente tributado pelo Imposto de Renda na Fonte, mas, se doá-lo ao filho e o contribuinte fizer constar essa doação na declaração anual, obriga-se a transferir para o Estado 4% desse valor. O que o Estado teria a ver com isso?

A PEC 41 também propunha a vedação de incentivos fiscais e financeiros do ICMS, de olho no fim da guerra fiscal; a criação de um Fundo de Desenvolvimento Regional composto de 2% da arrecadação do IR e do IPI; a progressividade do imposto sobre transmissão inter-vivos de imóveis ou de direitos sobre esses bens (ITBI) com base no valor do imóvel e em alíquotas diferenciadas em função da localização ou do uso do bem; a fixação constitucional da inexistência de tributação sobre a exportação com direito ao uso dos créditos decorrentes dos insumos do processo produtivo; a desconstitucionalização dos critérios que definem o índice de participação do ICMS para os municípios e a proposta de tornar permanente a CPMF (Contribuição Sobre Movimentação ou Transmissão de Valores e de Créditos e Direitos de Natureza Financeira) para destiná-la ao custeio da Previdência Social por meio da inserção do inciso IV ao art. 195 da Constituição Federal.

Como o setor privado reage à primeira proposta do governo Lula

A Ação Empresarial, liderada pelo empresário Jorge Gerdau desde sua instituição em 1993, abraçou a opção de analisar, criticar e propor, sem filigranas jurídicas pois a natureza do problema é econômica. O tratamento empresarial às propostas deveria ser pragmático, simples, direto, para produzir entendimento em todos os públicos que compõem o mosaico parlamentar do Congresso Nacional.

Como fizera em relação a propostas do governo FHC, a PEC 41 de 2003, mereceu, inicialmente, a seguinte análise da Ação Empresarial, como foco na possível repercussão na carga tributária. O texto, de julho de 2003, foi distribuído a todos os parlamentares e autoridades governamentais.

Há outras várias análises privadas sobre a PEC 41. Reproduzo abaixo o texto da Ação Empresarial sobre a PEC 41, mantendo os destaques em negrito e boxes do original, para chamar a atenção dos leitores.[28]

PEC 41, de 2003. Críticas e Sugestões
A questão não é saber se as propostas no campo tributário resultarão em aumento da carga tributária. Isso parece claro e incontestável. O que se busca identificar é em quanto a carga tributária de 35,86%, em 2002, segundo a Secretaria da Receita Federal, será aumentada em função não só da PEC 41, mas também e principalmente da legislação infraconstitucional que complementará as alterações constitucionais propostas, caso elas venham a ser aprovadas.

PIS E COFINS: COMENTÁRIOS

O quadro abaixo evidencia, para fins comparativos, os índices nominal e real de crescimento da arrecadação de PIS, COFINS e das receitas administradas pela SRF, de janeiro a maio de 2003, comparado a igual período de 2002 (%).

Especificações	PIS(3)	COFINS	SRF (2)
A preços correntes	48,80	22,29	24,62
A preços de abril de 2003 (1)	23,79	5,95	7,24

Fonte básica: SRF – Ministério da Fazenda

(1) Índice: IPCA
(2) Receitas administradas pela SRF
(3) PIS: Lei 10.367/02: 1,65% sobre o valor agregado no sistema base versus base

Pode-se argumentar, ao contrário, que se desconhece o volume de estoque que a Lei 10.367/02 permitiu usar como crédito e, decorridos cinco meses, o quanto do respectivo crédito vem sendo utilizado. Pode se argumentar, em adição, que uma boa parte (talvez um terço) da incidência do PIS ainda se dá sobre o faturamento, com alíquota de 0,65%, e que esse terço teria grande responsabilidade no crescimento de 48,80% em cinco meses, pois nele estão incluídas partes significativas do chamado preço público. Mas se o efeito da mudança de sistema fosse neutro em relação à arrecadação, os dois terços que se transformaram em não cumulativo deveriam ter repetido o crescimento da COFINS (22,29%). Como o crescimento total foi de 48,80%, a arrecadação do terço ainda cumulativo (energia, petróleo e derivados, PJ com IR pelo lucro presumido...) deveria ter crescido 103,0%, muito acima do que seria razoável supor em função da evolução dos preços públicos e do comportamento da economia nesse período. (.66 x 22,29%) + (.33x103%) = 48,80%.

---

[28]Texto elaborado pelo Consultor Roberto Nogueira Ferreira que avança sobre outros temas derivados da PEC 41.

PIS E COFINS
EFEITOS NA CARGA TRIBUTÁRIA

Estima-se, em decorrência, que em 2003 a arrecadação do PIS poderá ser R$ 6,6 bilhões maior que a de 2002, situando-se em torno de R$ 19,4 bilhões. Se a alteração na COFINS seguir a mesma proporção em termos de definição de alíquota, ela passaria para 7,61% sobre o valor agregado. (O Ministério da Fazenda fala em alíquota entre 7 e 8% para a COFINS não cumulativa). Estima-se que se isso ocorrer a sua arrecadação poderá alcançar, num período de 12 meses, o equivalente a R$ 78 bilhões, quando em 2002 foi R$ 52,2 bilhões, logo, uma receita adicional potencial de R$ 25,8 bilhões/ano.

O que se conclui, é que sem necessidade de alteração constitucional, o adicional de arrecadação de PIS e COFINS, em doze meses, pode ficar em torno de R$ 32,4 bilhões, cerca de 2,1% do PIB estimado, no caso, em R$ 1,5 trilhão.

NOVA CONTRIBUIÇÃO PARA
SUBSTITUIR 50% DA CONTRIBUIÇÃO PATRONAL AO INSS

A PEC 41 traz uma novidade que certamente irá resultar em aumento da carga tributária. A referência é para a proposta de substituição, total ou parcial, da contribuição patronal ao INSS, via folha de pagamento, por uma contribuição sobre o valor agregado (na mesma base do PIS). No Ministério da Fazenda fala-se em substituir 50% da arrecadação da folha, por meio da instituição da nova contribuição, com alíquota de 2,65% sobre o valor agregado (e 1,15% sobre o faturamento para alguns segmentos). Segundo o Ministério da Fazenda, a contribuição a ser substituída equivale hoje a aproximadamente R$ 34,1 bilhões. Ele propõe substituir 50% - cerca de R$ 17 bilhões. Mas 2,65% sobre a mesma base do PIS pode resultar em arrecadação em torno de R$ 31 bilhões, ou seja, um adicional de R$ 14 bilhões.[29]

A soma das receitas adicionais de PIS e COFINS (R$ 32,4 bilhões), mais os R$ 14 bilhões adicionais da nova Contribuição, eleva o total dos adicionais para R$ 46,4 bilhões, cerca de 2,9% do PIB estimado em R$ 1,5 trilhão.

Não é razoável supor que retirar 10% do custo da folha é estímulo para a formalização do emprego, numa situação em que os encargos trabalhistas chegam a 103% do valor do salário pago. Cai um custo e sobe outro, este via faturamento, punindo-se a inteligência, a inovação e a evolução tecnológica. A racionalidade da contribuição patronal ao INSS está na folha de pagamento e não no faturamento.

ICMS
ALTERAÇÕES QUE PREOCUPAM

A PEC 41, em relação ao ICMS, deixa algumas portas perigosamente abertas para outros aumentos de carga tributária. A primeira delas está no ICMS, ao conceder poder a um "órgão colegiado" (um CONFAZ revigorado) para definir que produtos se enquadrariam nas cinco alíquotas a serem instituídas pelo Senado Federal. É razoável supor que a tendência do "colegiado" será enquadrar os produtos sempre na alíquota mais alta.

Já que a PEC 41 propõe inserir no texto constitucional a alíquota da CPMF, porque não inserir, também, uma alíquota máxima para o ICMS (por exemplo, 25%). Em adição, o poder de enquadrar os produtos nas respectivas faixas deveria pertencer ao Senado Federal, concedendo aos Estados apenas o poder de rebaixá-las, em conjunto. Há evidente risco de aumento de carga tributária.

Em relação ao ICMS, também é preocupante transferir para futura Lei Complementar possibilidades de debate sobre sua não cumulatividade, como se depreende do texto da PEC 41. A Constituição atual é clara: o ICMS é não cumulativo. Qualquer flexibilidade nesse conceito será usada – a experiência comprova – a desfavor do contribuinte, com risco de elevação de carga.

---

[29]Ricardo Varsano (do IPEA) e outros, em estudo sobre o tema, conclui que uma alíquota de 7,3% substituiria PIS e COFINS, e 9,3% seria capaz de gerar a mesma receita de PIS + COFINS + CPMF. O Governo Federal já dispõe da alíquota de 1,65% sobre o PIS; estima entre 7 e 8% a alíquota da COFINS não cumulativa; propõe a criação de uma nova Contribuição sobre o valor agregado para substituir a metade da contribuição patronal ao INSS, hoje incidente sobre a folha de pagamento, com alíquota de 2,65%. Ou seja, 12,3% sobre o valor agregado, sem contar o IPI (alíquota média de 4% sobre o valor agregado de boa parte dos produtos industriais).

A PEC 41 não avança – e seria necessário que o fizesse – no que respeita à desoneração dos investimentos do ativo imobilizado. Não desonerar representa aumento indireto de carga e, obviamente, desestímulo ao investimento produtivo. Outro elemento negativo é reforçar a tributação na origem. Além de ser o avesso da simplificação, a proposta representa pagamento antecipado e rebate no capital de giro das empresas.

CPMF
A CONCLUSÃO ANUNCIADA E O TEXTO PROPOSTO

Em relação à CPMF, a proposta da PEC 41 diverge conceitualmente do discurso do Ministro da Fazenda e do Ministro coordenador do Conselho, que anunciaram publicamente após reunião do Conselho Econômico: "a CPMF será permanente, com alíquota máxima de 0,38%, reduzindo-se gradualmente até se chegar ao mínimo de 0,08". Não é isso que está no texto, que diz: "a CPMF terá alíquota máxima de 0,38% e mínima de 0,08%, facultado ao Poder Executivo reduzi-la ou restabelecê-la, total ou parcialmente, nas condições e limites fixados em lei". Ora, a vida pregressa da CPMF nos autoriza a supor que a prerrogativa de o Poder Executivo restabelecer a alíquota, se e quando baixá-la, é forte o suficiente para mantê-la sempre próxima ao teto.

Considerando-se que, pela legislação em vigor, a CPMF cairia de 0,38% para 0,08%, já em 1º de janeiro de 2003, é correto contabilizar o diferencial – cerca de R$ 16 bilhões/ano – como uma redução de carga que estava para acontecer e a PEC 41 contornaria e impediria.

A diferença representa perto de 1,06% do PIB e seria perfeitamente suportada com a elevação de carga retro mencionada, em 2,89% do PIB, pelo efeito PIS, COFINS e nova contribuição para o INSS.

IMPOSTOS PATRIMONIAIS
POSSIVEIS EFEITOS NA CARGA TRIBUTÁRIA

Há dias a Gazeta Mercantil publicou estudo do Instituto Brasileiro de Planejamento Tributário e da Associação Brasileira de Defesa do Contribuinte. Nele, estima-se que o ITR, que em 2002 arrecadou R$ 245 milhões, poderá crescer três vezes em quatro anos, e se aproximaria, em dez anos, da receita anual do IPTU, R$ 7 bilhões.

Em relação ao ITDC (transmissão mortis), que tem alíquota de 4% e arrecadou R$ 490 milhões em 2002, poderia dobrar em dois anos (com alíquotas progressivas de 1 a 6%), atingindo o patamar do ITBI arrecadado em 2002, R$ 1,02 bilhão.

A arrecadação do ITBI, que também passaria a ser progressivo, tenderia a crescer como cresceu a arrecadação do IPTU após assumir a mesma característica. O IPTU arrecadou R$ 6,86 bilhões em 2002, cerca de 27% a mais do que em 2001.

EFEITOS PARALELOS

Teto da Previdência

Se o teto da contribuição previdenciária, previsto na PEC 40, passar de R$ 1.561,56 para R$ 2.400,00, a contribuição mensal máxima dos trabalhadores da iniciativa privada passaria de R$ 171,00 para R$ 264,00, **e a receita da Previdência Social aumentaria em cerca de R$ 4 bilhões/ano, repercutindo na carga tributária.**

Base de Cálculo da CSLL das prestadoras de serviço

A base de cálculo da CSLL – Contribuição Social Sobre o Lucro Líquido das empresas prestadoras de serviços, que pagam o IR pelo lucro presumido, sobe de 12% para 32% (Artigo 22 da Lei 10.684, de 30 de maio de 2003). Na prática, a CSLL, que hoje representa 1,08% do faturamento dessas empresas, passará a representar 2,88%. Um aumento de 166,6% da CSLL. A Lei 10.684/2003, também eleva de 3 para 4% a alíquota da COFINS para os bancos.

A SRF estima aumento (anualizado, pois o reflexo na arrecadação se dará só a partir de outubro de 2003) de R$ 1,2 bilhão na CSLL e de R$ 1,4 bilhão na COFINS dos bancos e instituições financeiras, ou seja, mais R$ 2,6 bilhões a repercutir na carga tributária.

RESUMO DOS EFEITOS

O adicional de receita tributária (aumento de carga), em valor absoluto, chegaria a R$ 52 bilhões: PIS + COFINS + Contribuição Patronal ao INSS + Contribuição máxima dos trabalhadores ao INSS + aumento da CSLL das empresas prestadoras de serviços e da COFINS dos bancos. O aumento estimado representa cerca de 3,5% do PIB.

Não estão consideradas as elevações projetadas para os impostos patrimoniais: ITR, ITCD, ITBI e, eventualmente, os efeitos de alterações no ICMS, nem os R$ 16 bilhões da CPMF que pela legislação atual deixariam de ser arrecadados em 2004. Todo acréscimo medido se dá sobre receita exclusiva da União, ampliando ainda mais a concentração tributária.

NOVA LEI DO ISS

A aprovação definitiva, pelo Senado Federal, do PLS 161, de 1989, acrescenta novo elemento de deterioração do sistema tributário. Ao reforçar o ISS – mais que dobrando a lista de serviços – o Poder Legislativo contribui para destruir uma das opções qualitativas da reforma, que é a possibilidade de o ISS se integrar ao ICMS. A estimativa é que a arrecadação do ISS, em 2004, seja o dobro da atual, que em 2002 foi da ordem de R$ 8 bilhões. É mais uma cunha negativa que atravessa o debate da reforma, a exemplo da recente elevação da base de cálculo da CSLL. **Significa, também, mais aumento da carga global.**

TETO PARA A CARGA TRIBUTÁRIA

O que define a carga tributária é o conjunto das despesas. Fixar teto constitucional para a carga tributária, tem a equivalência despropositada de fixar um teto para a taxa de juros, como fez a Constituição de 1988. Faz sentido, e não só faz sentido quanto é possível e necessário pactuar e assumir um teto para os gastos públicos, em todos os níveis, sobretudo para os gastos da União, responsável por dois terços da carga tributária total, que saltou, em dez anos, de 25% para 35,86% em 2003.

O texto (escrito por Roberto Nogueira Ferreira para a Ação Empresarial) vai além dos possíveis efeitos da PEC 41 na elevação da carga tributária, ao abordar medidas e proposta paralelas que contornam o debate sobre reforma tributária, atravessando-a. Quando ele foi debatido em reuniões de empresários, alguém sugeriu em ironia: "Fixemos, então, um compromisso social de não se ultrapassar o teto de 35% do PIB. Com viés de baixa!"

Como a primeira proposta do governo Lula não privilegia o debate essencial – que é a melhoria da qualidade sistêmica e seus efeitos na competitividade do produto nacional – a Ação Empresarial entendeu que era melhor deixar como está, condenar a PEC 41 e continuar focada nos objetivos e princípios que justificaram sua organização em 1993, quais sejam, melhorar a qualidade do sistema tributário, contribuir para a melhoria da competitividade do produto nacional, simplificar e reduzir o tamanho da carga tributária.

"Não existe vontade política para fazer uma
reforma tributária decente e o jeito é engolir o sapo
das sucessivas criações de novas taxas e contribuições que o governo, continuadamente, vai
impondo à sociedade"
(Antonio Oliveira Santos – Presidente da CNC
– final da década de 1990)

Reforma Tributária: Esqueçam a Reforma Tributária
Capítulo V
O fim da PEC 41, o pós 2003 e a derradeira proposta de Lula

Depois de intenso debate a PEC 41 morreu, não sem antes gerar filhotes indesejáveis. No Brasil tem sido assim, como a reforma desejada não avança, partes de um determinado todo são aprovadas e transformam-se em Emendas Constitucionais. O governo finge que perdeu, a oposição finge que ganhou e o contribuinte tem certeza de que foi derrotado.

Assim é que partes da PEC 41 resultaram na Emenda Constitucional nº 42, de 2003.

Passaram a fazer parte da já extensa Constituição Brasileira, os seguintes itens:

• SUPERSIMPLES; ao admitir-se a possibilidade da adoção de um regime simplificado de tributação, comum aos três entes federativos, a Emenda começa a dar vida a um mandamento constitucional inscrito na C.F. de 1988, qual seja, dar tratamento diferenciado às micro e pequenas empresas;

• As importações passam a ser objeto da incidência das Contribuições Sociais;

• Autoriza-se a prorrogação da Zona Franca de Manaus até o ano de 2023 (quando escrevo este texto, em 2015, os incentivos da "Zona Franca de Manaus" já se encontram prorrogados até 2073);

• A DRU (Desvinculação de Receitas União), instituída pela primeira vez em 1994, é mantida até 31 de dezembro de 2007. A DRU autoriza o uso discricionário de até 20% do arrecadado;

• A CPMF (Contribuição Provisória Sobre a Movimentação Financeira) é prorrogada até 31 de dezembro de 2007, com alíquota de 0,38%. A cobrança da CPMF é uma "jabuticaba" tributária que nada tem a ver com modernidade tributária, ao contrário, distancia-se dos princípios mais modernos de incidência tributária;

• É instituído o princípio da noventena, por meio do estabelecimento de um prazo mínimo de 90 dias para entrada em vigência de tributos criados ou que tiveram aumento de alíquotas. .

A EC 42 também trata de questões relacionadas ao federalismo fiscal, como compartilhamento entre os Estados e o DF da arrecadação da CIDE (Contribuição de Intervenção no Domínio Econômico) incidente sobre o petróleo e derivados; normas de ajuste de compensações aos Estados decorrentes da desoneração do ICMS nas exportações mantendo o modelo da Lei Kandir (LC 87, de 1996); delega competência ao autorizar os municípios (opcionalmente) o poder de fiscalizar e arrecadar o ITR (Imposto Sobre a Propriedade Territorial Rural) de competência da União (com a condição de não haver renúncia nem redução do imposto).

Sobre o ICMS, nenhuma evolução, e esse é mais um importante sintoma das razões pelas quais uma reforma tributária ampla tem se frustrado recorrentemente.

Em balanço simplório, o primeiro ano do governo Lula registra alguns sinais positivos (para o poder público e nem tanto para o contribuinte) em matéria tributária. Ganhou de presente a aprovação da Lei 10.637, de 30 de dezembro de 2002, que introduziu a não-cumulatividade da contribuição PIS, com a elevação da alíquota de 0,65% para 1,65%.

No primeiro ano o Congresso Nacional mostrou seu apreço ao novo governante e aprovou a Lei 10.684, de 30 de maio de 2003, que eleva a base de cálculo para fins de determinação do imposto a pagar pela sistemática de Lucro Presumido pelas empresas prestadoras de serviço. A base salta de 12% para 32%. A mesma Lei altera de 3% para 4% a alíquota da COFINS para os bancos e as demais instituições financeiras.

Em 2003, mais precisamente em 29 de dezembro, Lula consegue a aprovação da Lei 10.833, que reproduz o modelo do PIS e introduz a não-cumulatividade da Contribuição COFINS, elevando a alíquota de 3% para 7,6%. Para completar, o Congresso Nacional aprova a Lei Complementar 116, já no apagar das luzes de 2003, que eleva consideravelmente o campo de incidência do ISS.

A conclusão é que os três entes federativos ficam satisfeitos: A União pela manutenção e prorrogação de DRU e CPMF e pela nova Lei da COFINS. Os municípios porque viram a base de incidência do ISS ser significativamente ampliada. E os Estados, bem, os Estados ficaram muito satisfeitos porque não se fez reforma alguma no ICMS, seu principal tributo, mantendo-se inalteradas todas as perversidades existentes.

Os anos pós 2003

Como reforma alguma aconteceu em 2003, o que terá acontecido nos anos seguintes?

O que se aprovou da PEC 41, de 2003, resultou na Emenda Constitucional 42. O que sobrou da PEC 41 se transformou na PEC 255, de 2003, com propostas de alteração no ICMS, a qual posteriormente transmutou-se na PEC 285, de 2004. Como o tempo passava e não se aprovava reforma alguma, os restos acabaram se juntando, em 2007, na chamada PEC 31-A, liderada pelo deputado federal e economista Virgílio Guimarães, do PT de Minas Gerais. Por fim, chegou o ano de 2008 e se fez mais uma fez um inventário dos desejos reformistas dando origem à PEC 233, de 2008.

O exame da PEC 233, de 2008, (que tramita apensada à PEC 31-A, de 2007) e os debates que se seguiram tanto no mundo político quanto no empresarial merecem registro, pois essa proposta é a última tentativa do governo Lula de emplacar mudanças profundas e necessárias no sistema tributário. Dediquemos então um pouco de nosso tempo à versão original da PEC 233, de 2008, que tramitou sob o comando da PEC 31-A,

De objetivos nobres, a proposta seguiu a retórica de sempre: Simplificar o Sistema, eliminar tributos, reduzir a burocracia tributária; Avançar no sentido de melhorar as relações federativas a ponto de corrigir distorções e aprimorar o federalismo fiscal; Acabar com a guerra fiscal entre os Estados; Implementar desonerações tributárias; Melhorar a politica de desenvolvimento regional. Enfim, como sempre, prometia-se o melhor dos mundos tributários.

Destaco um dos objetivos, não elencado acima, para evidenciar a pretensão do Poder Executivo e também como é possível escrever o que se quer sem compromisso com o que virá. Um dos objetivos pretendia, com foco nos tributos que incidem sobre bens e serviços, corrigir distorções que causam prejuízo ao crescimento, à competitividade e ao investimento das empresas brasileiras. Como escrevo este texto em 2015, é só verificar o que foi feito (o correto seria, o que não foi feito) para se frustrar mais uma vez. Os três fatores mencionados – crescimento, competitividade, investimento desabaram após 2011 e chegam ao final de 2015 em estado quase terminal.

Cansado de tanto ouvir, falar, debater e escrever sobre reforma tributária desde o início da década de 1990, escrevi para uma revista empresarial, em julho de 2008, um breve texto sobre a PEC 233, ao qual dei o irônico título "Há quem acredite em reforma tributária (E em Papai Noel também!)", um desabafo que não foi bem recebido pelos que ainda acreditavam na possibilidade de o Congresso Nacional e o Poder Executivo se entenderem e aprovarem uma reforma tributária.

Estávamos em 2008 e era possível contabilizar, nos últimos trezes anos, nove Propostas de Emenda Constitucional no campo tributário que tramitaram pelo Congresso Nacional e deram em nada. Só no governo Lula, sete propostas, todas insepultas, aguardavam ansiosamente a companhia da mais recente, a PEC 233, apresentada ao povo brasileiro como moderna, simplificadora e outros adjetivos nada modestos. Nunca antes na história deste País se viu tantas propostas de reforma tributária, mas reforma que é bom mesmo, nada.

Quando perguntei se a PEC 233 de fato tinha os atributos que tecnocratas do Ministério da Fazenda, com apoio de alguns leigos do Congresso Nacional, lhe atribuíam, a acusação foi a de que estava sendo demasiado pessimista.

É que de tanto participar e acompanhar debates, tanto internos na CNC quanto fora dela, passei a entoar um mantra tributário que não é do agrado de quem governa e de quem vive na periferia dos governantes. Usarei aspas para mim mesmo, para entoá-lo:

"O nosso Sistema Tributário não é propriamente um Sistema,

de tão desfigurado e desrespeitado, pois alterações surgem a cada momento, sempre com o fim de gerar caixa para governos perdulários. É sempre bom repetir que o tal Sistema é complexo, oneroso e gerador de insegurança jurídica; contém excesso de tributos e obrigações acessórias; é cumulativo e pouco transparente; é por demais oneroso para o setor produtivo, exportações e investimentos; possui múltiplas incidências sobre a base faturamento; incentiva uma guerra fiscal predatória; tributa excessivamente a folha de salários e comete o absurdo de tributar preferencialmente e em demasia a função consumo, o que lhe confere característica regressiva e perversa para as classes de menor renda".

Durante debate na Câmara dos Deputados, em 2009, não fui bem compreendido pelo representante do Ministério da Fazenda ao cobrar a ausência do IPI no pretendido IVA Federal proposto na PEC 233 e cobrar medidas efetivas para melhorar a competitividade[30]. Como falava em nome da Confederação Nacional do Comércio, fui confrontado com a seguinte bravata: "Se eu tirar a Contribuição do Sistema S e passar para o IVA federal vocês fecham comigo agora?"[31]

Em análise preliminar do original da PEC 233 usei algumas expressões fortes, como: "falta-lhe compromisso com a modernidade"; "as chamadas simplificações que a justificam pecam por ausência de profundidade"; "à PEC falta ousadia", etc.

---

[30]Havia uma justificativa para a ausência do IPI no novo IVA Federal. E ela está nas entrelinhas do texto da PEC 223: o Ministério da Fazenda imaginava tributar com o IPI a produção de petróleo.
[31]Reagi afirmando que a pergunta encerrava uma chantagem e que não poderia aceitar que se constranja quem pensa diferente. O representante do Ministério da Fazenda, no caso um profissional de nível elevado, respeitado, justificou sua provocação: "É que vocês colocam só pontos negativos e se tem alguém do governo preocupado com competitividade sou eu". (Jornal Valor Econômico, 25 de junho de 2009). O "olho gordo" do Governo no Sistema S repete-se em novas ameaças em 2015. Ainda bem que a história só se repete como farsa.

Presente em todas as análises, o preâmbulo é a bula de sempre:

• O Brasil precisa de um Sistema Tributário alinhado internacionalmente que caminhe, no mínimo, para a seguinte composição:
• Um único imposto sobre mercadorias e serviços – IVA amplo, compartilhado entre união, estados municípios, englobando PIS, COFINS, IPI, CIDE, ICMS, ISS e Contribuições patronais ao INSS sobre a folha de salários;
• Um único tributo sobre a renda – Imposto de Renda;
• Seja simples em relação aos impostos sobre a propriedade de bens (IPTU, IPVA, ITBI, ITCMD e ITR);
• Preserve os tributos regulatórios atuais sobre importação e exportação, e o IOF.

O debate estava só iniciando – em 2008 – e para não ficar só na crítica, ousei responder, no artigo citado, em que aspectos a PEC 233 poderia ser melhorada?

Eis a lista:

• Seria preciso ousar um pouco mais e incorporar ao IVA-F proposto, o IPI, o ISS e toda contribuição patronal ao INSS incidente sobre folha de salários. No futuro, incorporar também o ICMS, criando um amplo e moderno IVA NACIONAL.
• A PEC ataca e fere o importante conceito da "não-cumulatividade" e o retira da Constituição Federal. O conceito deveria ser mantido e reforçado, assegurando-se o direito ao uso imediato dos créditos fiscais sobre todas as operações, inclusive nas aquisições de bens para o ativo imobilizado e para uso e consumo (Crédito financeiro) – no IVA-F e no ICMS. Além disso, deveria inserir no texto a garantia de restituição e ou transferência de créditos acumulados para terceiros (IVA-F e ICMS) e retirar a restrição ao uso de créditos provenientes de operações sujeitas a alíquota zero, isenção, não-incidência e imunidade.
• É importante tornar efetiva, completa e imediata a desoneração de investimentos e exportações, sem incidência cumulativa nem retenção de créditos que onere as cadeias produtivas mais longas;

• Deve-se também rejeitar a utilização da fórmula de "cálculo por dentro", no IVA-F e no ICMS. O "calculo por dentro" é uma tecnicidade perversa que aumenta a alíquota efetiva, engana o consumidor e agride a transparência;

• Não se pode aceitar a inclusão da expressão "bens" em vez de "mercadorias" no conceito do IVA-F, pois implica em salto rumo ao desconhecido.

• Igualmente há de se rejeitar a possibilidade de instituição de adicional de Imposto de Renda para determinados setores econômicos e a proposta de não aplicação do princípio da anterioridade do IVA-F e a não aplicação do princípio da anterioridade e da noventena no ICMS, até dois anos após a entrada em vigor das suas novas regras.

• A PEC 233 propõe a revogação do par. 3º do art. 155 da CF. Por este dispositivo, só os impostos sobre importação e exportação e o ICMS incidem sobre energia elétrica, serviços de telecomunicações, derivados de petróleo, combustíveis e minerais (além das Contribuições PIS e COFINS). Com o fim das Contribuições e a criação do IVA-F a revogação mencionada abre espaço para a incidência do novo imposto, mas também a incidência do IPI sobre energia elétrica e petróleo e seus derivados, real intenção de quem a propôs[32]. O correto seria manter o parágrafo mencionado e nele inserir o novo imposto, o IVA-F.

• A PEC 233, por fim, mas não por último, por via indireta propõe a implantação do Imposto Sobre Grandes Fortunas, ao elegê-lo fonte de repartição com Estados e Municípios, quando o ideal seria excluí-lo do texto constitucional.

A PEC 233 – conclui minha análise de 2008 - contém um número elevado de propostas que aumentam a insegurança do contribuinte e jogam mais sombra no Sistema. Inicialmente pensava-se ser apenas um delírio burocrático, com o tempo, a julgar pelas informações acerca do relatório a ser apresentado na Comissão Especial da Câmara dos Deputados, vê-se que – por desconhecimento, omissão ou subserviência – boa parte dos políticos pode se render a

---

[32] No Ministério da Fazenda, a intenção de tributar o petróleo com IPI foi anunciada em reunião da qual participei com Consultor da CNC.

uma proposta que no fundo é um quase atraso e tem como objetivo central gerar mais receita a um Estado que bate recordes sucessivos de arrecadação. É uma reforma que interessa ao Estado, não à sociedade.

Faltava a provocação derradeira e ela se deu nesses termos: " Para aprofundar o escárnio, no meio do processo de discussão da "Reforma Tributária", surge a proposta de ressurreição da CPMF, travestida em nova nomenclatura, CSS – Contribuição à Seguridade Social (logo alcunhada de Contribuição Sem Sentido), mais uma vez para financiar a saúde, que é um valor tão importante que deveria ter recursos assegurados no Orçamento Público para deixar de ser uma eterna refém dessas Contribuições oportunistas."

"Antes todo mundo entendia de medicina e futebol, agora todos entendem de reforma fiscal. Os mais variados palpites, ideias e propostas, ortodoxas e heterodoxas, surgem como projetos salvadores." (Professor Fernando Rezende – FGV – Agosto de 1992)

Reforma Tributária: Esqueçam a Reforma Tributária
Capitulo VI
PEC 31-A/2007 (PEC 233/2008) - Parecer do Relator Sandro Mabel aprovado na Comissão Especial da CD

Inserir neste estudo o parecer, o voto e o Substitutivo (vide anexo I) apresentado pelo relator à Comissão Especial que examinou a PEC 233 (anexada à PEC 31-A/2007) faz sentido. Justifica-se, especialmente, por se tratar do último esforço coletivo na Câmara dos Deputados, no âmbito de uma Comissão Especial, e por esse Substitutivo ainda servir de base para debates espasmódicos como o que se viu em 2015. Serve também para evidenciar, como se verá, o distanciamento entre as propostas parlamentares e o pensamento da sociedade empresarial quando se permite a visão do conjunto do que poderia vir a ser uma "reforma tributária".

Apresenta-se, pois, o trabalho feito na Comissão Especial, liderado pelo relator deputado Sandro Mabel, que em seu parecer perpassa todas a Propostas de Emenda Constitucional que tratam do mesmo tema, em breves análises que podem orientar estudos futuros. Reproduzi-lo, na íntegra, também é uma homenagem ao seu esforço e daqueles que o assessoraram.

É, enfim, sem entrar no mérito, uma peça importante pela profundidade da análise e das considerações sobre as propostas e o contexto econômico e político. Há, nessas ocasiões, críticas em relação à oportunidade política de se concluir uma reforma de profundidade, em qualquer contexto macroeconômico, favorável ou em crise.

No capítulo seguinte, avalia-se a proposta do relator, com críticas e sugestões sob a ótica empresarial. A menção à PEC 31, de 2007 – de autoria do deputado Virgílio Guimarães (PT-MG) deve-se ao fato da PEC 233, de 2008, ter sido a ela apensada, bem como todas as outras em tramitação naquele momento e, por essa razão, a PEC 31 encabeça o trabalho da Comissão Especial, mas o foco e o ponto de partida é a PEC 233, de 2008, de iniciativa do Poder Executivo.

PARECER E VOTO DO RELATOR

Atribuição regimental

Incumbe a esta Comissão, na forma do disposto no art. 34, I e § 2°, e art. 202 e § 4°, do Regimento Interno da Câmara dos Deputados (RICD), a apreciação do mérito da proposição principal e das proposições apensadas, bem como o exame da admissibilidade e do mérito das emendas que lhe foram apresentadas, cabendo oferecimento de Substitutivo, submetido aos mesmos pressupostos de admissibilidade que condicionam a própria proposição principal.

Admissibilidade

A proposição principal e três de seus apensos passaram pelo crivo da admissibilidade na CCJC, como relatado acima. Não vejo óbices, ainda do ponto de vista preliminar da admissibilidade, nas demais proposições apensas, bem como nas emendas apresentadas.

Isso posto, antes de abordar o mérito das proposições, vou deter-me, em breve preâmbulo, na exposição dos princípios e valores que nortearam a organização do trabalho coletivo de preparação desta reforma tributária, começando pela justificação da escolha deste momento para desencadear o processo legislativo de discussão e votação, que poderá coroar a construção de uma reforma pela qual o Brasil anseia há duas décadas.

Oportunidade e conveniência.
Reforma tributária em meio à crise.

Justificarei direta e objetivamente, desde logo, esta aceleração do processo legislativo da reforma tributária no presente momento. Em tese, reforma tributária não combina com cenário de instabilidade econômica. Mas na prática pode combinar, pois uma reforma tributária propiciadora de maior estabilidade nas condições internas de produção torna-se recomendável como preventivo contra as ameaças desestabilizadoras provenientes do exterior.

Desse ponto de vista, a mudança do cenário econômico não deve provocar adiamento da reforma tributária, antes ao contrário, aumenta a necessidade e a urgência de sua antecipação.

Alguém enunciou suspeita de irrealismo ou intempestividade em apreciar, no tumulto de hoje, propostas de reforma tributária nascidas no contexto eufórico do início do ano, seria como que dançar nas bordas do abismo. Eu prefiro outra metáfora mais condizente com a realidade. Estamos sentindo efeitos remotos de um terremoto cujo epicentro se encontra distante, e tomamos medidas prudentes de reforço de nossas estruturas, o que é muito diferente de dançar à beira do abismo.

Pois o que acontece é isso, não experimentamos crise endógena, e, sim, uma crise derivada, um contágio diluído de um colapso financeiro centrado no mundo desenvolvido.

Enquanto o mundo desenvolvido se ocupa em recuperar os destroços de seu sistema financeiro exageradamente alavancado, para mais adiante relançar os prestígios dos ganhos de produtividade na economia real, nós aqui já dispomos de um sistema financeiro sólido e bem regulado, e devemos aproveitar o ensejo para reforçar a competitividade de nosso sistema produtivo e ganhar posições durante a crise, diminuir o Custo-Brasil, eliminar gargalos, simplificar procedimentos, desonerar investimentos, dar fluidez aos créditos fiscais acumulados, reconhecer realisticamente os custos de operação para efeitos fiscais, baixar os custos administrativos de conformidade, alimentar o crescimento sadio alicerçado no setor real da economia.

A nossa reforma tributária é oportuna e chega no momento adequado justamente porque ela está orientada muito pragmaticamente para objetivos que, se antes já eram importantes, tornaram-se agora crucialmente urgentes, de destravar os caminhos do investimento e do crescimento produtivo.

Carga tributária e cenário macroeconômico

A cartilha governamental elaborada durante a preparação da PEC nº 233, de 2008, expunha cenário macroeconômico paradisíaco, com dados exuberantes sobre a evolução da renda, do produto e da arrecadação tributária, num contexto em que partidos da oposição preconizavam forte redução do tamanho do Estado e redução substancial da carga tributária global.

O novo cenário que agora se desenha faz ressurgir, no mundo inteiro, apelo ao fortalecimento do Estado apto a regular e vigiar o funcionamento sadio dos mercados, do Estado suficientemente instrumentado para intervir quando necessário, para coibir abusos, corrigir desequilíbrios e eventualmente dar suporte a mercados em desfalecimento, evitando rupturas mais dramáticas da vida social.

Nesse contexto, desvanece o apelo de medidas voluntaristas de derrubada forçada da carga tributária. O bom-senso faz reconhecer que a carga tributária não tomba por decreto. Para que a distribuição da carga tributária se faça mais equânime, para que se alivie a intensidade individual ou setorial do ônus fiscal, é preciso alargar as bases impositivas, combatendo a sonegação e incorporando ao esforço contributivo novas jazidas de capacidade contributiva antes não alcançadas. É o conhecido bordão do "onde todos pagam, todos pagam menos".

No novo cenário de recessão mundial, e de consequente queda do crescimento em nosso país, é presumível que a carga tributária decline por si mesma, refletindo o esmorecimento da atividade econômica, o que deve acontecer, como nos casos precedentes, mais do que proporcionalmente, isto é, com queda da arrecadação tributária nitidamente maior do que a queda do produto bruto.

O foco do nosso esforço não deve ser, portanto, sobre o corte na carga tributária, e, sim, sobre a qualidade intrínseca de todo o sistema tributário, em termos de redução de custos e eliminação de entraves ao empreendedorismo, de estabilidade de regras, de previsibilidade da matriz tributária, de segurança jurídica, de respeito aos direitos do contribuinte, de melhoria do ambiente de negócios. São essas, pois, as diretrizes básicas da Nossa Reforma Tributária.

A política econômica, ante o duplo desafio da crise financeira e da recessão no mundo desenvolvido, reajusta a orientação estratégica no sentido de isolar os efeitos da crise externa e reforçar a estrutura econômica voltada ao crescimento endógeno, valorizando nossos trunfos que são, um, empresas no geral bem capitalizadas, dois, sistema financeiro pouco alavancado e, três, mercado interno pujante. A variável tributária constitui fator importante dessa reorientação.

Assim, com foco nas diretrizes básicas mencionadas, cumpre-nos concretizar medidas imediatas de desoneração dos investimentos e da folha de salários, redução da cumulatividade, regularização do fluxo de aproveitamento de créditos, mecanismo de aproveitamento automático de créditos acumulados, atenuação do impacto regressivo da tributação do consumo sobre as menores rendas mediante tratamento favorecido dos alimentos de primeira necessidade, entre outras.

Qual reforma tributária na crise?

É evidente que o cenário de crise exclui, de antemão, não só modelos especulativos e devaneios acadêmicos, mas qualquer inovação mirabolante, que por definição não se coaduna com ambiente de turbulência. Só é possível, agora, trabalhar com o conhecido, o já testado. Nada de aventuras. Modelos mais ousados ficam reportados para o futuro. Não há mais ambiente para especular a respeito de um sonho de IVA único, ou uma miragem de imposto único sobre movimentações financeiras.

Só é possível e desejável, nesse cenário, reforma tributária pragmática, moderada, consensual, gradualista, cercada de garantias de respeito aos direitos do contribuinte e acatamento das situações constituídas, compensação de perdas, alterações suaves dotadas de mecanismos de correção. São essas as características abraçadas pela Nossa Reforma Tributária.

Perfil e Escopo da Nossa Reforma Tributária

Nossa reforma tributária congrega esforços, reúne agentes, equaciona conflitos, focaliza o consenso. Tem por escopo o esforço de aperfeiçoamento realista, considerando as situações existentes, as limitações dos agentes e as possibilidades concretas de evolução. Busca transformação viável, suave, sem rupturas drásticas. Não faz revolução, não oferece solução final de todos os problemas. Nada de messianismo, nada de romantismo visionário. Dá atenção às contingências da realidade. Procura desenvolver diagnósticos realistas. Por exemplo, admite que as tentativas precedentes de reforma fracassaram porque, entre outros erros, menosprezaram as peculiaridades do sistema federativo brasileiro. Segundo exemplo, desconfia do mimetismo ingênuo que insta a espelhar o modelo brasileiro na média dos países membros da OCDE, sendo que as duas realidades, inclusive as metodologias de coleta de dados, não são exatamente comparáveis.

Diretrizes e Método da Nossa Reforma Tributária.

Quero registrar aqui um elenco de princípios e valores que escolhemos como norte para os trabalhos da Nossa Reforma Tributária e que são os trunfos que a qualificam para distinguir-se de tantos outros modelos e credenciar-se como prioridade da pauta de votações deste final do ano de 2008.

Estabilidade. Previsibilidade. Confiabilidade. Segurança.Gradualismo.

Minimização de rupturas, isto é, procura por melhorias funcionais, ganhos incrementais, sem trancos, sem radicalismos. Preservação das situações microeconômicas estruturadas. Respeito aos contratos. Adaptações suaves compatíveis com a viabilidade concreta do novo modelo.

Preservação das competências.
Qualificação da competência no âmbito do ICMS. Exclusão de iniciativa legislativa do Presidente da República da função de legisla-

dor complementar do ICMS.

Simplificação prudente.
Redução do número de tributos, extinção de tributos de menor qualidade, mas sem cortar cegamente. Por exemplo, não adianta exterminar a CIDE-combustíveis inteira se a sua função regulatória é necessária e vai ter que ser resgatada por meio de novo tributo, é melhor esvaziar a CIDE da função arrecadadora que não lhe é intrínseca, mantendo a função regulatória, que é necessária e está sendo útil. Ampliação da base pela redução da informalidade e maior eficiência dos mecanismos de controle.

Organicidade

Abordagem pragmática considerando as necessidades dos entes públicos, as possibilidades e conveniências dos agentes econômicos, a proteção ao contribuinte dentro de parâmetros viáveis. Equidistância em relação a sectarismos ideológicos, injunções partidárias, pressões setoriais.

Foco no interesse público geral. Todos ganham no longo prazo. A maioria ganha no curto e médio prazo. Ninguém perde agora porque os que ganham compensam os perdedores eventuais. Para que todos ganhem, todos têm que ceder um pouco, não é possível equacionamento viável de interesses se todos quiserem sempre ganhar tudo.

Progressividade moderada.
Ganhos redistributivos moderados.

Expressiva dimensão redistributiva pelo lado fiscal, pelo reequacionamento das partilhas financeiras, a mais ambiciosa redistribuição de transferências intergovernamentais dos últimos 20 anos. Forte impulso à regionalização do desenvolvimento.

Mecanismo articulado

Ações se desenrolam encadeadas umas às outras.

Auto-aplicabilidade.

A reforma não pode ser mero protocolo de intenções. Aprendemos com os erros de outras tentativas de reforma. Esmiuçamos comandos eficazes, auto-executáveis, que produzem efeitos mesmo em hipóteses de atrasos na edição ou aprovação de normas regulamentares.

A partir desses princípios e valores pudemos organizar, segundo uma perspectiva segura, a enorme massa de propostas e opiniões que circulam a respeito da reforma tributária, para então apreciar as propostas e emendas e oferecer nosso substitutivo.

Panorama das principais vertentes de reforma tributária

O desafio da reforma tributária equivale quase a fazer a quadratura do círculo, tal a complexidade de alcançar um equacionamento viável de interesses conflitantes, neste país continental, de geografia humana e econômica tão diversificada, de enormes disparidades entre situações pessoais setoriais e regionais, de as sincronias entre os modos de produção e de convivência voltados à demanda interna e aqueles perpassados pela interface crescente com o ambiente globalizado.

Isso explica o fracasso de tantas tentativas de implementar reformas tributárias e também a riqueza do cardápio de propostas de reforma que foram sendo decantadas ao longo do tempo. Hoje poderíamos agrupar as propostas mais destacadas em três vertentes.

O primeiro grupo privilegia a tributação eletrônica das movimentações financeiras, associando-a ou não, em maior ou menor grau, com imposto de renda e impostos monofásicos sobre poucos grandes itens de consumo, como é o caso das propostas de Ponte, de Hauly, de Marcos Cintra e Luciano Castro. Essas propostas, de inegável apelo, embora muito instigantes e dotadas de grande potencial para discussões futuras, esbarram num impasse político, que é a aversão circunstancial da opinião pública ao tributo eletrônico sobre movimentações financeiras.

O segundo grupo anseia por reunir todas as incidências sobre o consumo, não importa se impostos ou contribuições, ou se pertençam a esferas políticas distintas, sob um único Imposto sobre o Valor Adicionado abrangente, com o intuito de simplificar radicalmente a tributação do consumo em harmonia com um modelo que atualmente vigora na grande maioria dos países do mundo. É o caso das propostas que germinaram no governo anterior e se concretizaram na PEC 175, de 1995, no relatório Mussa Demes, com variantes sustentadas pelo PSDB e o DEM, e na recente sugestão do Senado, no relatório Dornelles-Jereissati.

Embora consistente de um ponto de vista teórico e acadêmico, essa segunda vertente se revelou inviável, pelo menos num horizonte de médio prazo, por induzir riscos elevados de desestabilização, tanto das finanças públicas e, portanto da governabilidade dos diversos entes tributantes, quanto dos cálculos microeconômicos que esteiam a inserção dos múltiplos agentes e setores no mundo dos negócios.

O terceiro grupo, por fim, é o das propostas pragmaticamente moderadas, que buscam ganhos incrementais em racionalidade, em simplificação, sem desestabilizar as situações constituídas, tanto dos agentes econômicos privados quanto das finanças públicas dos entes federados. É o caso da PEC 41, de 2003, e do séquito de seus desdobramentos (PECs nºs 228, 255, 285, 293), cujos produtos finais são a PEC 31, de 2007, de Virgílio Guimarães, e a proposta governamental, a PEC 233, de 2008, ambas componentes do atual procedimento legislativo que decidimos alcunhar de Nossa Reforma Tributária.

A Nossa Reforma Tributária escolheu o método de trabalho de utilizar como ponto de partida a proposta governamental (PEC 233, de 2008) e buscar aperfeiçoá-la em todas as direções possíveis, mas sempre com a preocupação pragmática de construir consensos junto com as forças vivas do país, sempre focando caminhos viáveis, sempre cuidando de prevenir e evitar prejuízos tanto para os governantes quanto para os agentes privados, sempre sobretudo cultivando a estabilidade e previsibilidade das regras e reforçando as garantias para os contribuintes comprometidos com essas diretrizes, viemos avançando em vários pontos preenchendo lacunas, corrigindo defeitos e concretizando promessas que estão expressas na justificação e na cartilha, mas que estão ausentes do texto da proposta governamental.

Essa escolha metodológica é a única que atende ao bom senso, pois a proposta governamental reúne a consolidação mais recente de inúmeras rodadas de discussão em busca de consenso, que se desenrolam há pelo menos seis anos, desde 2003, para não mencionar os precedentes mais longínquos que deitam raízes em esforços que atravessaram todo o governo anterior e que remontam mesmo ao início da redemocratização, aos primórdios da Constituinte de 1988, portanto, mais de duas décadas de incubação e fecundação da reforma tributária.

Mas a Nossa Reforma Tributária deixa explícita sua filiação à proposta Virgílio Guimarães (PEC 31, de 2007), e não poderíamos omitir essa parceria, mesmo porque estamos ali expressamente designados como co-autores, conforme se lê na justificação da proposta. Insistimos em sublinhar nossa manifestação de gratidão e de reconhecimento pela importância da contribuição de Virgílio Guimarães.

Aliás, devemos prestar aqui homenagem a este brilhante parlamentar mineiro que, sucedendo aos Deputados Mussa Demes, Germano Rigotto, aos ex-Deputados Antônio Kandir, Luiz Roberto Ponte, e tantos outros, debruçaram-se com afinco e proficiência sobre a problemática tormentosa da reforma da tributação do consumo no Brasil, amadurecendo soluções, cuja contribuição está incorporada nos "genes" da presente reforma, pois esta reforma não caiu do céu, ela é o coroamento de pelo menos quinze anos de hercúleo esforço coletivo.

A proposta governamental também tem a mesma procedência e tem dívidas para com Virgílio Guimarães, não importa que isso não esteja ali expresso. O leitor minucioso que tiver o cuidado de cotejar os textos verificará numerosas coincidências, dispositivos inteiros se não inteiramente idênticos, em todo caso indisfarçavelmente aparentados, já que emergiram todos da mesma matriz, embora sofrendo processos dinâmicos de mutação nem sempre convergentes.

É supérflua, no caso, a disputa por autoria, já que se trata de um processo coletivo de maturação da temática da reforma tributária em equipe, em uma longa inter-fecundação, onde se verifica uma circularidade da autoria entre os diversos grupos envolvidos, do Executivo Federal, das Fazendas dos Estados e do DF, do CONFAZ, dos membros e técnicos do Poder Legislativo, dos representantes das organizações sociais. Isso apenas se relata aqui para esclarecimento ao público externo.

A verdade é que a reforma de 2003 não se consumou, na parte da tributação do consumo, mas engatilhou trabalhos de formação de consenso intensos, incansáveis, coordenados durante cinco anos pelo Deputado Virgílio Guimarães, do lado da Câmara dos Deputados, sempre com a parceria deste Relator. Nos momentos finais, os processos se bifurcaram, o Governo optou por um caminho menos ambicioso, mais moderado, presumivelmente mais viável, e o Deputado Virgílio Guimarães enveredou por uma direção muito inovadora, criativa, visionária.

A PEC 31, de 2007, contém, então, duas partes, sendo a primeira uma sólida e volumosa plataforma comum absorvida pela proposta governamental e pela Nossa Reforma Tributária, e a segunda, menos volumosa, escalando píncaros nunca antes explorados. Alçando vôo além dos alicerces da unificação do ICMS, Virgílio Guimarães vislumbrou um trio de medidas empolgantes, primeira, a valorização da pessoa do servidor profissionalizado em carreiras de Estado como esteio indispensável à execução de qualquer reforma, medida com a qual concordamos e que incorporamos à Nossa Reforma Tributária.

Segunda, uma contribuição previdenciária sobre movimentações financeiras compensável com a contribuição patronal sobre folha de salários, idéia que rejeitamos, ainda que meritória, em razão do compromisso inarredável assumido publicamente pelo Relator no início dos trabalhos, de não trabalhar com a hipótese de tributação das movimentações financeiras, atento ao clima político desfavorável desencadeado com o processo legislativo que culminou na extinção da CPMF.

Terceira, lance surpreendente, a percepção de que a estrutura de um IVA talvez pudesse ser concebida sem mudar nenhum tributo nem nenhuma competência, mantendo em aparência tudo como está, concentrando a inovação numa engrenagem de lançamentos contábeis, no interior das empresas e dos tesouros públicos, para edificar um sistema integrado de compensações recíprocas entre todas as modalidades de tributos não-cumulativos sobre o consumo.

Essa ideia, demasiado ousada, só foi compreendida e exaltada, no mundo doutrinário, pela tributarista Mizabel Derzi. Inicialmente empolgou empresários com o aceno à possibilidade de liquidação dos créditos acumulados que os exasperam, mas afinal as representações empresariais avaliaram como duvidosa a possibilidade de operacionalização da medida enfim tida como lance de ficção científica. De nossa parte oferecemos apoio admirativo à maturação da ideia, mas não podemos trabalhar no curto prazo, contra os consensos estabelecidos.

Comungamos, portanto, com todo o substrato básico do trabalho coordenado por Virgílio Guimarães. Só não podemos acompanhá-lo lá onde sua fina antena futurível perscruta cenários promissores em horizontes rarefeitos, não pela razão de qualquer divergência, não porque o Relator não queira, mas apenas porque a opinião pública não o seguiu, porque as representações das administrações financeiras públicas e dos grandes setores econômicos não se sentiram seguras nesse terreno desconhecido e lhe furtaram sustentação.

Além da tripla agenda mencionada, Virgílio Guimarães apregoou em público o número alegadamente mágico, três, como chave para pacificar a disputa por alíquota na origem em troca do consentimento ao princípio do destino, satisfazendo os grandes Estados industrializados na reforma do ICMS. Trata-se de uma aposta, uma intuição verossímil, à qual não nos opomos desde que atraia consenso.

Esforçamo-nos por aproveitar e aprofundar os consensos encontrados por Virgílio Guimarães em relação a todo um rol de desafios e de reivindicações recorrentes em todas as tentativas de reforma tributária. Gradualismo nas transições entre regimes, maior generosidade para com o desenvolvimento regional, transferências de créditos, tributação favorecida dos biocombustíveis durante um prazo moderado, limitadores da carga tributária, diretrizes verdes dentro do capítulo tributário, e também, a depender de negociações, cálculo da CFEM com base na receita bruta, compensação de precatórios, são exemplos de um vasto elenco de medidas ali propostas que se incorporam, com aperfeiçoamentos, à Nossa Reforma Tributária.

Apreciação do mérito das proposições apensas.

Entristece-nos estar aproveitando noventa por cento da rica proposta de Virgílio Guimarães e, no entanto, ter de manter distância de duas medidas de sua preferência pela razão pragmática de que elas se desviam do consenso. Mas, pelo vasto elenco de identidades de pontos de vista, na substância e no espírito, a PEC nº 31, de 2007, está evidentemente aprovada, na forma do substitutivo.

Sou pela aprovação da proposição governamental, a PEC nº 233, de 2008, na forma do substitutivo, pois, conforme exposto acima, ela constituiu a matriz a partir da qual foi construído o substitutivo, sendo que os pormenores dos aperfeiçoamentos que proponho estão explicitados abaixo, onde mostro a evolução do texto governamental originário para o texto do substitutivo final.

Quanto às proposições de Hauly e Luciano de Castro (PECs nºs 45, de 2007, e 242, de 2008), conforme dito acima, embora reconhecendo os meritórios propósitos simplificadores, sou pela rejeição porque a ideia da tributação intensiva das movimentações financeiras, que elas preconizam, esbarra, hoje, num consenso público desfavorável. Isso não impede que, no futuro, essa modalidade possa vir a se tornar mais atraente, quando estiver alicerçada em estudos de impacto mais aprofundado.

Acresce que a ideia, sustentada por Hauly, de concentrar a tributação do consumo em poucos itens de grande produtividade arrecadadora, a despeito da facilidade administrativa que propicia, tem o defeito de restringir a margem de manobra da gestão fiscal e engessar as alíquotas de incidência em níveis excessivamente elevados, contrariando a diretriz que considero mais prudente, de pulverizar as incidências para atenuar as alíquotas.

Observo ainda que ideia sugerida por Luciano de Castro, de abolir a incidência do imposto de renda que sobrecarrega a classe média, bem como a contribuição previdenciária patronal sobre folha salarial, substituindo-as por incidência universal sobre movimentações financeiras, implica jogar sobre os ombros de toda a sociedade o ônus da desoneração de um grupo restrito de pessoas privilegiadas por deterem as melhores ocupações em relação de emprego formal, contrariando o princípio da capacidade contributiva como critério de justiça fiscal adotado por nossa Constituição e aplicado, hoje, quase universalmente.

As demais proposições apensas não investem em arquiteturas tributárias alternativas, mas focalizam medidas pontuais.

Quanto à PEC nº 91, de 2007, não me oponho, e considero até justa e correta, a ideia de aumentar a participação, na arrecadação do IPVA, dos municípios que assumam a gestão do tráfego de veículos, mas, como até a data deste parecer, as principais instâncias envolvidas não concluíram um consenso a respeito de percentuais e condições, vejo-me forçado a votar pela rejeição.

A PEC nº 106, de 2007, considero aprovada na forma do substitutivo, de sorte a prever tratamento favorecido a alimentos de primeira necessidade, sem contudo adotar a imunidade sugerida pela proposição, inconveniente tanto por prejudicar a arrecadação dos estados produtores mais pobres, como por criar vantagem injustificável, por exemplo, em relação ao imposto de renda sobre gigantes do *agrobusiness*.

A PEC nº 129-A, de 2007, considero aprovada na forma do substitutivo, pois, embora entenda impróprio regular pormenor relativo à base de cálculo do IPI em dispositivo constitucional, terminei por incorporar benefícios à reciclagem mais amplos do que o sugerido pela proposição.

Com relação à PEC nº 165, de 2007, sou pela rejeição, dado que o que sugere incumbe à legislação ordinária (isenção de imposto sobre proventos de aposentadoria por invalidez e na aquisição ou venda de imóvel próprio) e, também, porque entendo que essas vantagens podem ganhar sentido circunstancialmente, mas não devem constituir uma exceção imutável, com foros de cláusula pétrea, excluindo hipóteses casuísticas do "contrato social" pelo qual todos os cidadãos participantes da sociedade hão de contribuir para o bem comum e disso orgulhar-se.

A PEC nº 166, de 2007, considero aprovada na forma do substitutivo, pois incorporei ao texto permissivo para considerar, entre os critérios de partilha de recursos, os aspectos ambientais, sem, no entanto, definir percentual fixo, como sugere a proposição, uma vez que tal fixação, além de arbitrária, engessa desnecessariamente o mecanismo de partilha.

Relativamente à PEC nº 167, de 2007, sou pela rejeição, por entender que as transferências constitucionais intergovernamentais não comportam direcionamento casuístico como, no caso sugerido, ao setor rural municipal.

A PEC nº 219, de 2008, considero aprovada na forma do substitutivo, visto que está sendo efetivamente alargada a base de partilha constituída pela arrecadação dos impostos federais.

Quanto à PEC nº 226, de 2008, sou pela rejeição, uma vez que a abolição do PASEP, que resultaria da vedação ali sugerida, não é viável a curto prazo, ainda que a tese mereça elaboração futura.

As PECs nºs 225, 227 e 230, todas de 2008, considero aprovadas na forma do substitutivo, já que está sendo dado tratamento consensualmente admitido como adequado para as hipóteses, respectivamente, de compensação por supostas "perdas" nas exportações, de alocação do ICMS nas vendas o consumidor final e de desoneração de máquinas e equipamentos.

Quanto à PEC nº 233, de 2008, já me manifestei acima, juntamente com as demais propostas, por assim dizer, "arquitetônicas" (as PECs nº 31, de 2007, 45, de 2007 e 242, de 2008).

A PEC nº 248, de 2008, por fim, considero aprovada na forma do substitutivo, eis que, embora não chegue a vedar a cobrança de contribuição patronal sobre folha, como sugerido na proposição, estão sendo acolhidos pelo substitutivo dois mecanismos, um de redução forçada, outro de possível substituição, do respectivo encargo.

Evidentemente, toda essa gama de propostas de modificação acaba por tornar imperiosa a apresentação, nessa oportunidade, de um substitutivo, razão pela qual passamos à análise dos grandes temas constantes do mesmo.

Do Substitutivo[33]

Optamos por agrupar as alterações no Substitutivo em grandes temas, os quais passam a ser detalhados a seguir:

Alterações no texto principal da Constituição Federal

---

[33] O texto completo do Substitutivo encontra-se no Anexo I, ao final.

Garantias dos contribuintes

Art. 129 – previsão de que a ação penal pública, relativa aos crimes contra a ordem tributária, somente será promovida após proferida a decisão final na esfera administrativa;
Art. 146, IV, da Constituição e art. 14 da PEC – previsão da edição de lei complementar para estabelecer código de defesa do contribuinte, dispondo sobre seus direitos e garantias;

Este tema me empolga particularmente como empresário, cidadão e contribuinte e merece comentário. Após a edição do código de defesa do consumidor, ficou patente a lacuna do nosso ordenamento, no sentido de esmiuçar as prerrogativas e direitos do cidadão contribuinte, cuja enunciação abstrata na Constituição e no Código Tributário Nacional não se tem materializado em proteção satisfatória ao contribuinte.

O tema vem sendo debatido há mais de uma década, desde que foram editados códigos do contribuinte nos Estados Unidos, na França e na Espanha, por exemplo, inclusive alguns estados brasileiros já tendo adotado legislações interessantes nesse sentido.

Numerosas proposições foram mal sucedidas no Congresso Nacional, no passado, devido à pressão contrária exercida pelo Fisco. Já em 2001 tivemos dois projetos idênticos apresentados simultaneamente na Câmara dos Deputados e no Senado, respectivamente, pelo ex-Deputado Marcos Cintra e ex-Senador Jorge Bornhausen, ambos do antigo PFL, hoje DEM.

Faz falta um dispositivo constitucional dotado de um gatilho de executividade forçada, que é o que estou propondo. Além do comando abstrato do art. 146, está previsto dispositivo fatal, no final da emenda, que condiciona toda a deflagração da reforma à tramitação preferencial e simultânea de projeto de Código de Defesa do Contribuinte.

O contribuinte não pode mais esperar, não há progresso econômico sem respeito ao contribuinte. Cito exemplo de humilhação desnecessária à população de classe média, emblema de inúmeros casos análogos. Um cidadão tem, por exemplo, direito a restituição de imposto de renda no valor de mil reais, que fica retida na malha fina em razão de dúvida sobre despesa de cinquenta reais. É óbvio que num estado democrático de direito tal cidadão faz jus a devolução imediata de novecentos e cinquenta reais, que é a parte incontroversa, restando cinquenta reais para discutir. Não é o que ocorre. Na prática, a burocracia fiscal passa a questionar a validade de todos os mil reais, senão mais, numa espiral infernal, sob ordens superiores cuja razão de ser é a otimização da situação do Tesouro, com descaso em relação ao contribuinte.

Esse estado de coisas causa revolta e tem que ser corrigido. Por isso tenho apresentado emendas jocosamente sugerindo a criação de uma Diretoria ou Coordenação de Restituição no interior da Receita Federal do Brasil, como gesto de civilidade e de respeito ao cidadão contribuinte. Aqui na Nossa Reforma Tributária atribuo a esse tema prioridade absoluta. Esta é a reforma tributária do contribuinte, do cidadão de boa-fé que adere ao pacto social, cumpre seus deveres contributivos, e deve ser tratado com deferência pela Administração Pública, em todos os seus níveis, já que seus dirigentes manifestam concordância com esse aprimoramento importante das relações entre o fisco e o contribuinte. É necessário um código do contribuinte para esmiuçar as formas em que isso se materializa no cotidiano, tais como cumprimento forçado de prazos procedimentais, postura colaborativa e orientadora dos agentes do fisco, transparência da gestão fiscal em todos os seus níveis e aspectos, etc.

Não é exagero ressaltar a importância crucial de um marco regulatório nesse diapasão para que a inserção do Brasil no mundo globalizado se traduza em segurança e estabilidade de regras, que é a exigência número um do investidor.

Mas, continuemos com os dispositivos.

Art. 195, V – extinção do imposto sobre grandes fortunas e criação de contribuição sobre tal base imponível.

Art. 195, § 4º - previsão de que a instituição de outras contribuições destinadas à manutenção ou expansão da seguridade social se dará mediante lei complementar e desde que as mesmas não tenham fato gerador ou base de cálculo próprios dos impostos ou contribuições discriminados na Constituição, podendo-se, mediante lei, criar outras fontes de financiamento para a Seguridade Social;

Convém esclarecer que, aqui, a intenção do legislador é enfatizar a excepcionalidade da contribuição residual, mediante requisitos fortes de lei complementar e fato gerador ou base de cálculo diferentes das hipóteses de incidência dos demais tributos.

Art. 195, § 12 – inclusão das cerealistas no rol de entidades passíveis de recolher contribuição substitutiva para a Seguridade Social, atendendo a justa reivindicação desse importante segmento da economia, assegurando isonomia em relação aos demais atores da produção rural, como cooperativas e agroindústrias;

Art. 12 da PEC – previsão de tratamento privilegiado, relativamente à compensação de saldos credores do IPI, do imposto federal sobre o valor adicional e do ICMS, para contribuintes que utilizem nota-fiscal eletrônica e escrituração contábil e fiscal por sistema público digital;

Art. 15 da PEC – previsão de limitação da carga tributária do imposto de renda, do imposto federal sobre o valor adicionado e do ICMS, mediante redução linear de alíquotas ou, alternativamente, redução das alíquotas dos alimentos, produtos de higiene e limpeza e outros de consumo popular.

Proteção do meio ambiente

Art. 145, § 3º – previsão de que, na instituição e na gradação de tributos, poderá ser considerado o princípio do poluidor-pagador;

Art. 150 VI, "e" – vedação à União, aos Estados, ao Distrito Federal e aos Municípios de tributar operações de reciclagem que sejam obrigatórias por força de legislação aplicável em todo o território nacional;

Art. 161- A – previsão de que a repartição de receitas tributárias poderá levar em conta critérios que considerem a proteção ambiental.

Outras alterações

Art. 20 – previsão de robustecimento da base de cálculo da CFEM (compensação financeira a Estados, ao Distrito Federal e a Municípios), bem como a órgãos da administração direta da União, decorrente da exploração de outros recursos minerais (diferentes do petróleo, gás ou energia elétrica) no respectivo território, plataforma continental, mar territorial ou zona econômica exclusiva, passando a ser cobrada sobre o faturamento bruto;

Art. 37, § 13 – previsão de que lei complementar estabelecerá as normas gerais aplicáveis às administrações tributárias da União, dos Estados, do Distrito Federal e dos Municípios, dispondo inclusive sobre direitos, deveres, garantias e prerrogativas de seus servidores, titulares das carreiras específicas de administração tributária;

Art. 150 – previsão de que a transação é forma idônea de concessão de anistia e de remissão, nos limites e condições autorizados em lei federal, estadual, distrital ou municipal;

O instituto da transação é utilizado amplamente, com bons resultados, em diversos países do mundo. No Brasil a demora em regular o instituto resulta numa dívida ativa monumental que soterra as Procuradorias e se torna incobrável também em razão do sistema processual e judicial moroso e burocrático. Urge desenvolver quadro regulatório que viabilize a utilização de mecanismos alternativos de solução de controvérsias na prevenção e extinção de litígios de maneira mais célere e com menor custo social.

A regulamentação da transação, agora com clara autorização constitucional para conceder anistia e remissão nos limites da lei, propiciará redução de litígios tributários, liquidação de estoques de dívida ativa e aumento de arrecadação, beneficiando toda a sociedade.

Art. 151, parágrafo único – previsão de que o tratado internacional firmado pela União que conceda isenção de impostos estaduais ou municipais deve ser por aprovado por maioria de votos equivalente à exigida para aprovação de lei complementar;

Imposto sobre operações com bens e prestações de serviços

(imposto sobre valor adicionado federal)

Buscamos uma melhor delimitação da hipótese de incidência do imposto, visto que a mesma era objeto de severas críticas.

Nesse sentido, o imposto só incidirá sobre operações onerosas com bens ou serviços, ainda que se iniciem no exterior (art.153, VIII) podendo, todavia, incidir em caráter excepcional sobre operações não onerosas expressamente previstas em lei (art. 153, §6°, II, b), a exemplo da prática verificada na União Europeia.

Quanto à tributação de serviços, a proposta original do Governo apresentava fórmula por demais ampla, a qual estabelecia que se consideravam operações com serviços todas aquelas que não fossem operações com bens (art. 153, §7°). Tal fórmula foi substituída pela previsão de que, para efeito da incidência do imposto, as operações com direitos são consideradas operações com serviços e, portanto, sujeitam-se à incidência daquele.

Fica assim preservada a base ampla de incidência que é inerente ao IVA, tanto em sua formulação doutrinária quanto na prática de todos os países em que é cobrado, abrangendo institutos consagrados no nosso direito civil e na jurisprudência, a saber, bens, serviços e direitos, excluídas hipóteses exóticas a que a redação original dava margem, agora então sob o império pleno do princípio constitucional da legalidade estrita do tributo, triunfando a segurança jurídica.

Houve explicitação de que o imposto não incidirá sobre a mera movimentação financeira (art. 153, § 6°, III, b), como forma de afastar temores de que poderia ser recriada a CPMF por meio de tal imposto.

Em relação ao mecanismo de compensação de créditos (assunto que a PEC 233 remetia integralmente para a lei), buscamos tornar claro que a garantia de crédito é integral e incondicional, verdadeira garantia individual do contribuinte, sendo este um dos pilares básicos da arquitetura deste imposto. Optamos por redação que não deixa margem para interpretações, tornando claro que haverá compensação do que for devido em cada operação com o montante cobrado nas anteriores, assegurando-se o crédito relativo às operações com bens e serviços empregados, usados ou consumidos na atividade econômica, ressalvadas apenas, e tão somente, as exceções previstas em lei relativas a bens ou serviços caracterizados como de uso ou consumo pessoal (art. 153, § 6º, I, a), que claramente não guardam relação necessária com a atividade econômica do contribuinte. Observamos que a exceção relativa aos bens de uso e consumo pessoal também ocorre na União Europeia, onde buscamos subsídios para o melhor desenho do imposto, verificando-se que ali, nos casos duvidosos, o fisco arbitra percentuais considerados razoáveis de apropriação desses créditos.

As operações sujeitas a alíquota zero, isenção ou não-incidência, não implicarão crédito para compensação com o montante devido nas operações seguintes, salvo determinação em contrário em lei (art. 153, § 6º, I, b). A contrario sensu, as operações sujeitas a isenção ou não-incidência, acarretarão anulação do crédito relativo às operações anteriores, salvo determinação em contrário em lei (art.153, § 6º, I, c). Foi prevista, ainda, regra de caráter geral estabelecendo que a lei assegurará o aproveitamento dos saldos credores do imposto (art. 153, § 6º, I, d), bem como regra transitória assegurando tratamento especial aos serviços que hoje se encontram no regime cumulativo do PIS/COFINS, e vantagens equivalentes para alimentos e congêneres contemplados com situações privilegiadas no âmbito da legislação do PIS/COFINS.

Por fim, no tocante à base de cálculo do imposto, houve previsão de que o mesmo poderá integrar sua própria base de cálculo (art. 153, § 6º, IV), deixando margem para que, na instituição do imposto, possa haver a chamada "cobrança por fora"[34]. Optamos por tal fórmula ao invés de fazer a determinação expressa nesse sentido, dada a profunda resistência que o tema desperta, por romper uma longa tradição no ordenamento jurídico brasileiro.

ICMS

---

[34] Se o imposto integra sua própria base de cálculo, a cobrança é "por dentro", procedimento condenável ainda vigente no atual ICMS, que mascara a alíquota real do imposto. É um dos itens reveladores da falta de transparência tributária. Manter a "cobrança por dentro" e prever a possibilidade de na sua instituição haver previsão para "cobrança por fora" é desconhecer o espírito arrecadador do fisco.

Relativamente ao ICMS, buscou-se trazer segurança jurídica para os Estados e para os contribuintes, sobretudo tendo em vista a eliminação, ou pelo menos a redução ao máximo, de focos de conflitos judiciais. Nesse sentido, buscou-se promover todas as alterações no próprio corpo constitucional existente (art. 155, II e § 2º), ao invés de realizá-las num novo dispositivo, autônomo e independente, como previa inicialmente a Proposta de Emenda Constitucional (art. 155-A).

Dentre as modificações no corpo constitucional, apontam-se as seguintes:

- o imposto será uniforme em todo o território nacional e instituído por lei complementar (art. 155, § 2º);
- a isenção ou não incidência, salvo determinação em contrário da legislação, não acarretará a anulação do crédito relativo às operações anteriores;
- fim da diferença de alíquotas entre operações internas e interestaduais e revogação de regras relativas a exportação para o exterior e a tributação diferenciada de petróleo, combustíveis e lubrificantes, em respeito ao decidido no parecer aprovado pela CCJC (revogação dos incisos VI, VIII, X, alínea "b", XII, alienas "e", "f" e "h" do § 2º, e §§ 4º e 5º);
- eliminação da previsão, na PEC 233, de que as alíquotas das mercadorias e serviços poderiam ser diferenciadas em função de quantidade e de tipo de consumo, voltando a prevalecer o texto constitucional em vigor;
- aprimoramento das regras relativas à possibilidade de instituição de câmara de compensação (art. 155, § 2º, VII, "c"; art. 160, § 2º, II; art. 167, § 5º);
- previsão de que o ICMS poderá incidir sobre operações com arquivos eletrônicos não elaborados por encomenda, inclusive os que contenham imagem, som ou programas de computador, ainda que transmitidos eletronicamente (art. 155, § 2º, IX, c);
- previsão de que as isenções, incentivos ou benefícios fiscais relativos ao ICMS serão uniformes em todo o território nacional, salvo nas situações excepcionais previstas

em lei complementar (art. 155, § 2º, XIV, a);
- inclusão de regra estabelecendo que cabe à l e i complementar assegurar o aproveitamento dos saldos credores do imposto (art. 155, § 2º, XII, "j");
- manutenção da regra segundo à qual, à exceção do ICMS, do imposto de importação, do imposto de exportação e do IVA Federal, nenhum outro imposto poder incidir sobre operações relativas a energia elétrica, serviços de telecomunicações, derivados de petróleo, combustíveis e minerais do País, ressaltando-se que o alcance dessa regra, independentemente de sua capitulação no interior do complexo constitucional, pretende ser o mais amplo, abrangendo impostos e quaisquer outros encargos que pudessem ameaçar com impactos indesejados essas atividades estratégicas ressalte-se que, para enfatizar o caráter do ICMS como imposto estadual, foi retirada a previsão da prerrogativa do Presidente da República de apresentar projeto de lei relativo ao novo ICMS (art. 61, § 3º, III), em homenagem sublinhada ao princípio do federalismo esculpido como cláusula pétrea no art. 60, § 4º, I, da Constituição.

Fim da guerra fiscal

Os benefícios fiscais e incentivos relacionados ao ICMS deveriam ser previamente autorizados pelo Conselho Nacional de Política Fazendária (Confaz).

Contudo, era bastante comum a prática de Estados que os concediam com inobservância desse requisito, o que levava o Estado a questionar a prática de outro Estado judicialmente, bem como colocar em polos opostos Estado e contribuinte, na medida em que este pretendia ter reconhecido o crédito de ICMS que era objeto de incentivo em outra unidade da Federação, ao passo que este se recusava a realizar tal reconhecimento.

Entendemos que simplesmente eliminar os efeitos de tais práticas de modo imediato pode trazer consequências ainda mais danosas para os Estados e para os contribuintes, inclusive com o aumento, em progressão geométrica, das discussões judiciais. Assim, propomos regras de transição a fim de possibilitar maior segurança jurídica para Estados e contribuintes relativamente aos benefícios fiscais do ICMS que não tenham sido autorizados previamente pelo Confaz.

São criadas, além disso, sanções para os Estados e para o Distrito Federal caso venham criar, após a promulgação da Emenda Constitucional, novos benefícios fiscais vinculados ao ICMS que não tenham sido autorizados pelo Conselho Nacional de Política Fazendária. Tais sanções consistem no não-recebimento dos recursos do Fundo Nacional de Desenvolvimento Regional, do Fundo de Equalização de Receitas, do Fundo de Participação dos Estados e das transferências voluntárias realizadas pela União (art. 10 da PEC).

O município em que vier a se instalar novo empreendimento beneficiado ou incentivado irregularmente também deixará de receber as voluntárias realizadas pela União (art. 10 da PEC, parágrafo único).

Simplificação da regulamentação do ICMS

A partir do segundo ano subsequente ao do início da redução das alíquotas interestaduais do ICMS, será editada regulamentação única do imposto, da seguinte forma (art. 6º da PEC, §§ 8º a 10):
-consolidação das regras de apuração e pagamento do imposto, inclusive obrigações acessórias – final do 2º ano;
- uniformização das regras consolidadas – final do 3º ano;
-harmonização das regras não uniformizadas mediante convênio do Confaz – final do 4º ano.

Os Estados e o Distrito Federal somente receberão sua parcela no Fundo Nacional de Desenvolvimento Regional e no Fundo de Equalização de Receitas caso atendam ao cronograma da regulamentação, não podendo editar legislação nova, a não ser conjuntamente.

ISS

Previsão de que a lei complementar do imposto sobre serviços de qualquer natureza fixará o local de incidência do imposto, definirá estabelecimento prestador, para os fins de fiscalização, cobrança e arrecadação, bem como fará a previsão da incidência sobre serviços provenientes do exterior do País ou cuja prestação se tenha iniciado no exterior do País (art. 156, § 3º, IV e V).

O objetivo é conferir explicitamente dignidade constitucional a dispositivo já expresso na lei complementar nº 116 que concretiza autorização constitucional, mas que certa jurisprudência por vezes desmerece, causando embaraços aos entes tributantes municipais.

Repartição das receitas tributárias

A proposta de Emenda Constitucional nº 233, de 2008, previa que, do imposto sobre produtos industrializados, do novo imposto federal sobre o valor agregado (cuja alíquota compensará inclusive a perda de receita com a extinção da contribuição do salário educação), do PIS, do novo imposto de renda das pessoas jurídicas e da Cide-combustíveis, somados, fossem destinados recursos para o financiamento da seguridade social (na proporção da COFINS e contribuição social sobre o lucro líquido hoje cobradas, na soma); para o custeio do seguro-desemprego e do abono anual de um salário mínimo para os empregados que percebem até dois salários mínimos mensais de remuneração pagos pelo Fundo de Amparo ao Trabalhador e para o financiamento de programas de desenvolvimento a cargo do BNDES (na proporção do PIS na soma); para o pagamento de subsídios a preços ou transporte de álcool combustível, gás natural e seus derivados, derivados de petróleo, financiamento de projetos ambientais relacionados com a indústria do petróleo e do gás e o financiamento de programas de infraestrutura de transportes (na proporção da Cide no total) e para o financiamento da educação básica (em percentual definido em lei complementar). Somente depois de deduzidas essas destinações do total é que seriam calculados, sobre o que se intitulou *base da partilha*, os valores para entrega dos recursos para o Fundo de Participação dos Estados, para o Fundo de Participação dos Municípios, para o Fundo Nacional de Desenvolvimento Regional e para o Fundo de Equalização de Receitas. Entendemos não ser essa a metodologia mais adequada e a alteramos.

Outro aspecto que merecia reparos é que as proporções e percentagens para apuração dos valores a serem destinadas a essas funções, ações e programas federais, bem como das entregas aos fundos, foram estabelecidas com base em dados da arrecadação de

2006, quando já dispúnhamos das receitas federais realizadas em 2007.

Optamos por fazer com que todas as destinações e entregas de recursos sigam uma mesma base ampla de cálculo, qual seja, a arrecadação do imposto de renda, do imposto sobre produtos industrializados e do imposto federal sobre o valor adicionado, garantindo, além disso, a Estados e Municípios o mesmo montante de recursos que perceberiam caso não ocorresse a presente alteração constitucional, atendendo a reivindicação de Estados e Municípios mediante compromisso expresso de acatarem esses percentuais ao longo de toda a tramitação desta reforma tributária. Todos os percentuais para o cálculo das destinações constitucionais constantes da presente emenda e para o cálculo das entregas aos fundos foram revistos, de forma a incorporar os resultados da arrecadação de 2007.

Fundo Nacional de Desenvolvimento Regional

Nosso Substitutivo assegura recursos para o financiamento do desenvolvimento, valoriza o planejamento regional e estabelece separadamente percentuais da soma da receita dos tributos federais alcançados por esta Proposta de Emenda Constitucional para entrega aos Fundos Constitucionais do Centro-Oeste, do Nordeste e do Norte, para os programas de financiamento da SUDENE e da Sudam, bem como recursos para fundos estaduais, para aplicação em investimentos em infra-estrutura voltados para a manutenção e atração de empreendimentos do setor produtivo (art. 159).

Além disso, foi prevista a possibilidade de desvinculação de receitas dos Estados e Distrito Federal (DRE) para investimentos infra-estruturais de fomento, considerando os aportes adicionais dos Estados e do Distrito Federal aos respectivos fundos estaduais e distrital com dotações consignadas em seus orçamentos (art. 161, §4°). O montante dos recursos próprios passíveis de desvinculação estão sujeitos a limites calculados em percentagens da arrecadação do ICMS, estabelecidas por sua vez a partir do produto interno bruto de cada unidade federada.

Essa desvinculação se justifica em razão do elevado efeito multiplicador propiciado pela realocação dos recursos, esperando-se benefícios redobrados em termos de aumento de produção, de renda e de emprego, que por sua vez se traduzem em fluxo aumentado de arrecadação de receitas públicas, fechando assim um círculo virtuoso em que a fuga inicial de recursos das áreas de educação e saúde termina por ser fartamente compensada.

Fundo de Equalização de Receitas (FER)

Dada a relevância do Fundo de Equalização de Receitas para as finanças estaduais, sobretudo tendo em conta a amplitude das mudanças na legislação do ICMS, contamos com a colaboração de representantes dos Estados e do Distrito Federal na busca de um desenho do corpo de normas constitucionais relativas a esse Fundo que possibilitasse aos Estados e ao Distrito Federal maior segurança (art. 21 da PEC). Além disso, buscamos assegurar a manutenção do montante dos recursos hoje já destinados aos Estados e ao Distrito Federal.

No texto permanente da Constituição, estará garantido a Estados e Distrito Federal, e aos respectivos Municípios por força dos mecanismos de repartição de receitas, que lhes será entregue pela União montante equivalente ao que atualmente representa o fundo de participação nas exportações de produtos industrializados (art. 159, II, da atual Constituição). Durante dezenove anos somam-se a esse fundo ao menos cinco bilhões e duzentos milhões de reais, atualizados pelo índice de preços, que o orçamento federal consigna anualmente à programação de compensação a Estados e Distrito Federal por isenção do ICMS nas exportações e de fomento, e mais o que for necessário para ressarcir Estados e Municípios pelas perdas de arrecadação do ICMS que eventualmente decorrerão da aprovação desta Emenda (art. 23 do ADCT do Substitutivo).

Servirá de referência na determinação do montante do ressarcimento pelo FER, a cada ano, a arrecadação no exercício anterior ao início da queda gradual das alíquotas interestaduais do ICMS. A arrecadação do exercício de referência é a soma da arrecadação do ICMS e da entrega de recursos pelo FPEx e pelos mecanismos de compensação de isenção do ICMS e de fomento de exportações.
A cada ano, naquele prazo, esse montante será atualizado e comparado com a soma da arrecadação do novo ICMS e do FER, e a

diferença transferida ao Estado ou Distrito Federal. Um elemento importante na definição do FER é que os Estados, mesmo que ganhadores com a mudança na cobrança do ICMS, estarão garantidos no montante que lhes cabe por critérios vinculados à exportação, ainda que de forma decrescente.

Manutenção da competitividade da Zona Franca de Manaus

O Substitutivo busca, ainda, assegurar a competitividade da Zona Franca de Manaus, haja vista as profundas modificações que o Sistema Tributário Nacional sofrerá.

Regras transitórias constantes da própria PEC

Ressalta-se aqui conjunto de regras, dispersas pelo texto, elaboradas com cuidados esmerados de engenharia gradualista, destinadas a dar fluidez concreta ao aproveitamento de direitos e créditos do contribuinte, com alguma diluição ao longo do tempo capaz de viabilizar as medidas sem impactos insuportáveis para as finanças públicas, assim como, inversamente, permitir a implantação da reforma de maneira suportável, sem desfazer vantagens competitivas consagradas em situações constituídas, procurando sempre atenuação de impactos.

- regulamentação do direito de apropriação de créditos do Imposto sobre Valor Adicionado Federal decorrentes da aquisição de bens para o ativo permanente, reduzindo-se de oito meses, no primeiro ano, para um único mês, já a partir do terceiro ano (art. 3º, I, "a");
- regulamentação do direito de apropriação, em relação ao Imposto sobre Valor Adicionado Federal, dos saldos credores remanescentes das contribuições sociais incidentes sobre receita ou faturamento extintas pela presente Emenda Constitucional (art. 3º, I, "b");
- previsão de alíquotas do Imposto sobre Valor Adicionado Federal inferiores às incidentes nas operações com bens em geral, para as operações com serviços submetidas à incidência cumulativa das contribuições sociais sobre a receita

ou faturamento extintas pela Emenda Constitucional (art. 3º, II, "a");

- previsão de alíquotas do Imposto sobre Valor Adicionado Federal e do ICMS sobre o álcool e o biodiesel, inferiores às aplicáveis sobre a gasolina e o diesel, respectivamente, salvo quando misturados com combustível de origem fóssil (art. 3º, II, "b"; art. 8º, II);

- respeito dos benefícios do PIS e da COFINS de alimentos e insumos agrícolas no desenho inicial do Imposto sobre Valor Adicionado Federal, a exemplo dos existentes para arroz e feijão, leite e derivados, farinhas de mandioca e milho, carne e óleo de soja (art. 3º, III);

- determinação, levando em conta que a criação do novo imposto sobre valor adicionado federal tem, como um de seus objetivos, substituir a arrecadação da COFINS e da Contribuição para o PIS, de redução de um ponto percentual ao ano, durante seis anos, da contribuição incidente sobre folha de salários (art. 4º);

- determinação, já no texto constitucional, da extinção da contribuição para o salário educação, das contribuições sociais para o financiamento da seguridade social (COFINS) e para o Programa de Integração Social (PIS), bem como da contribuição social sobre o lucro líquido (CSLL) (art. 5º);

- alongamento do prazo de redução das alíquotas interestaduais do ICMS, de modo a torná-la mais suave (art. 6º, I);

- previsão da apropriação imediata do crédito fiscal do ICMS relativo a mercadorias destinadas ao ativo permanente a partir do 8º ano após a promulgação da Proposta de Emenda Constitucional (art. 6º, III);

- estabelecimento de partilha do ICMS entre o Estado de origem e o de Destino no caso de operações e prestações que destinem bens e serviços a consumidor final não contribuinte do imposto localizado em outro Estado (art. 6º, IV);

- previsão de que a queda das alíquotas interestaduais do ICMS, da redução do prazo para aproveitamento de crédito de bens adquiridos para o ativo permanente e a partilha do ICMS devido em operações que destinem mercadorias a consumidor final não contribuinte do imposto localizado em outro Estado dependem da aprovação da lei que instituir o Fundo de Equalização de Receitas (art. 7º).

- previsão, relativamente ao novo ICMS, de crédito integral do imposto cobrado em aquisições de mercadorias ou serviços usados ou consumidos na atividade econômica, ressalvados os bens de uso ou consumo pessoal definidos em lei complementar (art. 8º, I);

- aprimoramento das regras relativas à possibilidade de instituição de câmara de compensação (art. 155, § 2º, VII, "c"; art. 160, § 2º, II; art. 167, § 5º; todos da Constituição, bem com art. 9º das disposições da PEC);

- não-aplicação, por três anos, do princípio da anterioridade para o imposto sobre valor adicionado federal e para o novo ICMS, como forma de permitir um melhor desenho das alíquotas do imposto (art. 11), observando-se que, aqui, a intenção do legislador não é a de vulnerar garantia considerada cláusula pétrea, mas ao contrário, é uma flexibilização "pro bene" do princípio da anterioridade, com vistas a propiciar a calibragem de alíquotas para baixo, caso constatados excessos, com velocidade maior do que a prevista na trava genérica ao crescimento da carga tributária decorrente das alterações ensejadas pela presente reforma;

Outras possibilidades de melhora de receitas para Estados e Municípios

Pode-se vislumbrar o incremento nas receitas dos Estados e Municípios, sem aumento da carga tributária.

O Substitutivo prevê a possibilidade de participação dos Estados na arrecadação do imposto de exportação, até o correspondente à alíquota de dois por cento, consideradas as respectivas exportações (art. 153, §§ 8º, e 9º). Do montante repassado aos Estados, um quarto caberá aos seus municípios. Também foi prevista a prorrogação do Fundo de Pobreza até 2020.

Relativamente aos municípios, foi previsto que a distribuição do ICMS relativamente ao valor adicionado em cada município não poderá exceder a quatro vezes a receita per capita do respectivo

Estado (art.158, parágrafo único, I).

Outra medida altamente salutar é o incentivo à utilização de nota-fiscal eletrônica, a qual, se por um lado, permite que o contribuinte goze de tratamento privilegiado relativamente ao aproveitamento de saldos credores, a que já fizemos referência, por outro, minimiza sobremaneira as possibilidades de sonegação fiscal.

VOTO

Pelas razões expostas, submeto aos ilustres membros da Comissão Especial meu VOTO pela admissibilidade das propostas de emenda constitucional apensas não apreciadas pela CCJC, pela admissibilidade das emendas apresentadas e, no mérito, pela aprovação das Propostas de Emenda à Constituição nºs 31, 106, 129-A, 166, de 2007, e nºs 219, 225, 227, 230, 233, 248, de 2008, na forma do Substitutivo, e pela rejeição das Propostas de Emenda à Constituição nos 45, 91, 165, 167, de 2007, e nos 226 e 242, de 2008. Sala da Comissão, em 29 de outubro de 2008. Deputado Sandro Mabel (PR/GO) Relator.

Depois de reproduzir na íntegra o parecer e voto do relator na Comissão Especial da Câmara dos Deputados, instituída para deliberar sobre a PEC 31-A, de 2007, que liderava a lista de propostas em exame, à qual, como mencionado, foi anexada a PEC 233, de 2008, última oferta do governo Lula ao Congresso Nacional, deixar de juntar o texto integral do SUBSTITUTIVO (Vide Anexo I) elaborado pelo relator deputado Sandro Mabel e aprovado naquela Comissão, seria frustrante.

Após esse SUBSTITUTIVO nada se fez de substancial quando se trata de debater a reforma do Sistema Tributário Federal. Mas é sempre oportuno registrar alguns lances do governo federal em relação ao tema. Vejamos, pois, como o CDES – Conselho de Desenvolvimento Econômico e Social, vinculado à Presidência da República, tratava de reforma tributária em 2010, último ano do governo Lula.

O Sistema Tributário Nacional e o CDES – Conselho de Desenvolvimento Econômico e Social[35]

O CDES – Conselho de Desenvolvimento Econômico e Social é um desses eventos em que muito se conversa e pouco se produz Vinculado ao Palácio do Planalto, seus membros privados são coadjuvantes e correm sério risco de serem apenas avalistas de medidas de interesse do Governo, não necessariamente da sociedade. Iniciado em 2003, desde aquela data o Conselho acompanha a questão tributária brasileira. E, pelo visto, só acompanha. Sua composição, para o biênio 2009/2011, tem a presença de 14 Ministros de Estado e 87 membros da sociedade civil.

Em junho de 2010 o CDES apresentou ao presidente Lula a "Agenda para o Novo Ciclo de Desenvolvimento" que tem como um dos eixos estratégicos a realização de uma "reforma tributária", com foco na correção da desigualdade, no estímulo à produção e ao investimento. O documento registra ainda a necessidade da reforma "buscar maior progressividade do sistema; desonerar a base da pirâmide; privilegiar os impostos diretos em relação aos indiretos; facilitar a vida dos produtores, desonerando investimentos produtivos e exportação; e atentar para questões ambientais que vêm se tornando um vetor importante na construção de estímulos tributários".

Retiro de documento do CDES (Parecer de Observação nº 2 – do Comitê Técnico do Observatório da Equidade), datado de 02 de dezembro de 2010, o registro de que o CDES reafirma os seus enunciados anteriores sobre a necessidade de uma reforma tributária, considerando os seguintes aspectos:

> *1) A eleição de novos governadores e novos parlamentares e o novo ciclo de desenvolvimento em curso como um momento político favorável para a retomada do debate sobre o sistema tributário;*
>
> *2) A injustiça e a regressividade do STN, em que as camadas mais pobres da sociedade pagam proporcionalmente mais impostos;*

---

[35] O CDES depois de longo tempo adormecido é reativado em no início de 2015. Ele está dispensado de grandes esforços e novas Atas em relação à questão tributária. Está tudo em seus arquivos. É só recorrer a elas e reunir meia dúzia de especialistas capazes de escrever uma nova proposta de interesse da sociedade brasileira e não do Estado brasileiro. E reunir forças e vontade política para lutar por ela no Congresso Nacional.

3) *A falta de visibilidade sobre os impostos pagos pelo cidadão, aos fiscais federais, estaduais e municipais, dificultando o exercício da cidadania.*[36]

4) *A insuficiência de recursos para investimentos públicos em áreas como educação, saúde, segurança pública, habitação e saneamento, essências para o bem estar da coletividade.*

5) *A persistência de distorções significativas na incidência dos impostos sobre as empresas, influenciando negativamente as decisões sobre investimentos e geração de empregos.*

6) *A injustiça na distribuição de recursos fiscais na federação, expressa na distância entre o orçamento per capita dos municípios mais pobre em relação aos mais ricos.*

Posta a reafirmação da necessidade de se fazer a reforma e os "considerando", dos quais muitos revelam nas entrelinhas uma indisfarçável necessidade de aumentar os tributos, os 97 Conselheiros privados e os 14 Ministros de Estado apresentam uma lista de dezesseis recomendações, quais sejam:

1) *Um amplo processo, continuado e gradativo, de reformulação do Sistema Tributário Nacional na direção da justiça fiscal e da equidade na distribuição da carga tributária, com base no princípio da capacidade produtiva.*

2) *Prioridade aos impostos sobre a Renda e o Patrimônio como forma de permitir desonerações e reduções graduais na carga tributária dos impostos indiretos, considerados os maio-*

---

[36] Esse enunciado resultou na edição de uma "malsinada e desastrada legislação", na opinião de Antonio Oliveira Santos, presidente da CNC, em artigo no Jornal do Commercio em outubro de 2014. A referência é para a Lei 12.741, de 2012 que obriga o comerciante varejista a discriminar nas Notas Fiscais o valor dos seguintes tributos incluídos no preço: IPI + IOF + CSLL + COFINS + PIS/PASEP + CIDE + ISS + ICMS. Se não o fizer, submete-se a multas que podem quebrar o seu negócio, Esta Lei faz parte do Fepeabá tributário nacional. Imaginavam que o consumidor ao tomar conhecimento dos tributos que oneram o produto que compra, exerceria sua cidadania saindo às ruas clamando pela reforma tributária. Nonsense total.

res responsáveis pela regressividade do sistema;

3) Revisão na tabela do Imposto de Renda da Pessoa Física ampliando o número de alíquotas para evitar distorções especialmente nas faixas de renda mais baixas. É também consenso que as tabelas e limites legais – quando estabelecidos – devem prever formas automáticas de ajuste para não se transformarem em instrumentos de arrecadação disfarçada;

4) Criar incentivos para que os estados municípios passar a privilegiar os impostos sobre o patrimônio e a renda em sua estrutura tributária, tais como prêmio pelo esforço de arrecadação do Imposto de Herança nos estados e do IPTU nos municípios. Ainda com relação ao IPTU, sugerimos inserir dispositivos na legislação nacional que determinem a obrigatoriedade da revisão periódica da planta genérica de valores;

5) Harmonização e Simplificação da legislação de tributos sobre bens e serviços federais, estaduais e municipais com vistas à redução do número de alíquotas e das obrigações acessórias, término de regimes especiais e eliminação dos focos de cumulatividade que ainda persistem no sistema;

6) Aperfeiçoamento dos mecanismos de desoneração de investimentos e das exportações com o objetivo de corrigir o problema de acúmulo de créditos e também para evitar a ênfase na exportação de commodities em detrimento da agregação de valor e geração de empregos no território nacional;

7) Desoneração da folha de pagamentos de forma a não comprometer os direitos dos trabalhadores naquilo que é obrigação social recolhida pelo governo e não encargos (INSS, salário-educação, seguro de acidentes de trabalho, contribuições repassadas ao SESI/SESC, SENAI/SENAC, INCRA E SEBRAE);

8) Desoneração da cesta básica, medicamentos de uso contínuo, especialmente no tratamento de crianças e idosos, e outros bens e serviços essenciais. Desoneração dos impostos e taxas que incidem sobre a importação de equipamentos e materiais específicos para uso de pessoas com deficiência, sem produção de similares no Brasil;

9) Que sejam envidados esforços para que a informalidade seja mensurada, conhecida e combatida em suas diversas formas;

10) Aperfeiçoamento e aprofundamento das mudanças introduzidas pelo SIMPLES Nacional com a atualização das faixas de enquadramento, o fim da substituição tributária e inclusão das pequenas cooperativas nesse regimento tributário. A simplificação e a desburocratização do sistema tributário, o tratamento preferencial para as micro e pequenas empresas e para as cooperativas são fatores decisivos para diminuir a informalidade e aumentar a base de contribuintes;

11) Garantia à vinculação das aplicações e à diversidade das fontes de financiamento da seguridade social, conforme está constitucionalmente definido;

12) Desenvolvimento regional e recomposição do pacto federativo. O novo desenho do sistema tributário deverá levar em conta a necessidade de reduzir as desigualdades regionais como pressuposto para o desenvolvimento nacional, e não apenas como alternativa para a eliminação da guerra fiscal;

13) Que os critérios de distribuição de recursos tributários permitam que todo cidadão, independentemente de sua localização no território, tenha acesso qualificado aos serviços públicos, suficiente para atender ao tamanho e a natureza da demanda;

14) A distribuição de novos recursos como as rendas do petróleo, também devem ser pautadas por critérios de equidade para evitar aprofundamento das disparidades;

15) Diante da discrepância identificada entre a tributação sobre o valor da produção dos royalties minerais e de petróleo, sugerimos revisão dos critérios que orientam hoje a tributação mineral;

16) Que o perfil dos gastos públicos, e não apenas da arrecadação, seja objeto de discussão com a sociedade, dado que a questão tributária é parte de uma gestão fiscal mais ampla.

É inimaginável que 97 Conselheiros privados tenham debatido em profundidade cada um dos itens acima. Mas vamos acreditar que sim, e que os 14 Ministros de Estado também participaram do esforço resumido em três laudas na Ata da 36ª reunião Ordinária do Pleno do CDES.

A pergunta que se impõe é: Por quê depois de tanto esforço acumulado ele não se efetivou em uma Reforma Ampla do Sistema Tributário Nacional? A reforma, qualquer reforma, requer vontade política, e essa parece não constar dos enunciados conhecidos.

Dos dezesseis recomendações acima, três tiveram alguma evolução: desoneração da cesta básica, ampliação do SIMPLES Nacional e desoneração da folha de pagamento, mas não se pode classificar esses movimentos como reforma, nem se pode desconhecer que essas alterações – sobretudo desoneração da folha de pagamento – são parte significativa do desajuste fiscal de 2015.

"Como modernizar a estrutura tributária do país, se os principais atores: União Federal; 27 Estados; Distrito Federal; e mais de 5.500 municípios querem apenas ter competências tributárias exclusivas, das quais não abrem mão em nome do interesse maior do país, ainda que seja para construir um Sistema moderno sem perda de arrecadação para nenhum dos atores."
(Roberto Nogueira Ferreira, em Audiência Pública na CD – 2011)

**Reforma Tributária: Esqueçam a Reforma Tributária
Capitulo VII
PEC 31-A/2007 (PEC 233/2008) – Avaliação do Substitutivo na visão empresarial**

Tão logo o texto SUBSTITUTIVO da PEC 233 de 2008 (tramitando anexada à PEC 31-A, de 2007) foi aprovado na Comissão Especial da Câmara dos Deputados, sob a presidência do deputado federal Antonio Pallocci (PT-SP), tendo na relatoria o deputado federal Sandro Mabel (PR-GO), tornou-se necessário e urgente avaliá-lo com o objetivo de sugerir Emendas de legítimo interesse do meio empresarial, sem perder o foco dos superiores interesses do País.

Instado a analisar o SUBSTITUTIVO, optei pelo texto simples, direto, sem economês, juridiquês ou tributarês. É um texto quase repetitivo em relação a muitos manifestos elaborados para posicionamentos empresariais sobre a questão tributária, e isso faz sentido porque repetitivas também são as propostas que vão se acumulando no limbo nacional. Junto com as análises, há sugestão de Emendas a serem feitas ao texto.

Eis o texto:[37]

---

[37]Versão elaborada em 30 de março de 2009. Com contribuições externas de parceiros da Ação Empresarial, incluindo Emendas de diversas origens, como CNC, CNI e outras.

AVALIAÇÃO INDEPENDENTE DO SUBSTITUTIVO

A QUESTÃO CENTRAL – SOB A ÓTICA EMPRESARIAL – DEVERIA SE CONSTITUIR EM SABER SE O NOVO MODELO QUE DERIVAR DO SUBSTITUTIVO APROVADO PELA COMISSÃO ESPECIAL, É CAPAZ DE TRANSFORMAR O SISTEMA TRIBUTÁRIO NACIONAL A PONTO DE:

- Torná-lo simples, racional, transparente, neutro e em harmonia com a tributação de países concorrentes;
- Tornar efetiva, completa e imediata a desoneração de investimentos e das exportações, sem incidência cumulativa que afete negativamente a competitividade;
- Torná-lo integralmente "não-cumulativo", por meio de garantia constitucional do direito de uso imediato dos créditos dos impostos pagos, a qualquer título, nas etapas anteriores, com possibilidade de ressarcimento e ou transferência;
- Tornar o custo do trabalho (e do capital produtivo) fator de estimulo ao emprego e ao investimento.

MACRO CONCLUSÕES

1. O texto aprovado na Comissão Especial da CD, apesar de algumas referências positivas, NÃO promove alterações substantivas na direção e no sentido de um Sistema Tributário moderno, focado na competitividade nacional. Afasta-se ainda mais dos modelos tributários dos países concorrentes no mercado externo. Amplia a complexidade. Resultará em aumento da Carga Tributária.

2. Também NÃO atende, integralmente, a nenhum dos resultados esperados, acima descritos.

3. É uma proposta de interesse do ESTADO brasileiro, com viés pró União Federal, com possíveis reflexos negativos na arrecadação de Estados e Municípios.

**RESUMO
ELEMENTOS NEGATIVOS DO SUBSTITUTIVO
Com sugestão de Emendas**

• Não moderniza o Sistema Tributário Nacional, ao não criar um IVA Nacional e optar por um IVA Federal modesto que incorpora apenas dois tributos de razoável importância PIS + COFINS (além do Salário-Educação). Deixa de fora o IPI, o mais antigo imposto sobre o valor agregado do STN. **(Emenda: Suprimir o Inciso IV do art. 153 da CF (IPI), de modo que ele passe a integrar a base do IVA-F proposto)**

• Constitucionaliza a cobrança "por dentro" do IVA-F e do ICMS, atentando contra o princípio da transparência. **(Emenda: Suprimir dispositivo que trata do tema: Art. 153, § 6º, inciso IV)**

• Institui o "princípio do poluidor–pagador", conceito ideológico já presente na legislação ambiental. As críticas levaram o relator a propor a criação do princípio do "protetor do meio ambiente", mera troca semântica. **(Emenda: Suprimir os princípios ambientais do texto do Substitutivo: Art. 145, § 3º)**

• O texto original do MF propôs a criação da "Contribuição Sobre as Grandes Fortunas", por lei ordinária, destinada a financiar a seguridade social. As críticas resultaram na rejeição da proposta e ela não consta do texto aprovado na Comissão Especial. Mas permanece no texto da CF, como ameaça permanente, o IGF – Imposto Sobre Grandes Fortunas. **(Emenda: Suprimir o Inciso VII do art. 153 da CF – IGF)**

• Altera a base de cálculo da compensação sobre exploração mineral e fixa em 3% sobre o faturamento bruto de minério de ferro, alumínio, fertilizante, carvão, manganês, sal-gema e potássio. O resultado é o aumento da carga tributária desses importantes insumos.

(**Emenda: Suprimir a alteração de redação proposta para o § 1º do art. 20 da CF. Manter o texto atual da CF. Suprimir, também, o art. 27 do Substitutivo).**

• Suspende por dois anos o princípio da anterioridade no IVA-F e no ICMS. (**Emenda: Suprimir o Art. 11 do Substitutivo**)

• Amplia a transição em direção à adoção do princípio de destino no ICMS (12 anos) e torna-o impuro ao manter uma alíquota interestadual, ao fim dos 12 anos, em 2%. (**Emenda: Propor transição menor, sem resíduo de alíquota ao final. Referência: Art. 6º e incisos do Substitutivo**)

• Opta pelo não aproveitamento de créditos do IVA-F em operações sujeitas à isenção/não-incidência. (**Suprimir o dispositivo correspondente: art. 153, § 6º, alínea "b"**).

• Define a incidência do ICMS nas transferências entre estabelecimentos do mesmo proprietário. (**Emenda: Suprimir este dispositivo: Art. 155, § 2º, inciso IX, alínea "d" do Substitutivo**).

• Propõe tímida intenção de desoneração da folha de pagamento, com redução de 6 pontos percentuais da contribuição patronal ao INSS ao longo de 7 anos. (**Emenda: Propor desoneração integral, sem fonte alternativa específica, à razão de um ponto percentual ao ano. Referência: Art. 4º do Substitutivo**).

• Mantém o ISS, imposto cumulativo, quando poderia ter proposto a sua incorporação ao ICMS.

• É omisso ante a possibilidade do Poder Executivo propor alteração na legislação tributária por Medida Provisória. (**Emenda: Propor dispositivo com essa finalidade**)

• Mantém a CIDE, tributo cumulativo, que poderia sugerir sua incorporação ao IVA-F, como era a intenção original. (**Emenda: Propor o fim da CIDE a partir do quarto ano de implantação do IVA-F**)

• Faz restrições importantes em relação aos créditos fiscais (no IVA-F e no ICMS) sobre bens de uso e consumo. No caso do IVA-F haverá uma lista negativa a ser definida em Lei. **(Propor alterações nos dispositivos que tratam de créditos fiscais. Objetivo: adaptá-los à sistemática de crédito financeiro a exemplo dos IVA de todos os países. Crédito financeiro, imediato e integral com curta transição e sem lista negativa)**

• Amplia a base de incidência do ICMS sobre energia-elétrica, com incidência sobre todas as etapas intermediárias. Regra anterior: incidência sobre geração, transmissão e distribuição. Regra nova: acrescenta conexão e conversão. **(Emenda: Suprimir o dispositivo que amplia a base de incidência)**

• Fixa prazo longo para uso do crédito do ICMS e do IVA-F sobre aquisição de bens do ativo imobilizado. **(Ementa: Suprimir transição)**

• É obscuro quanto às alíquotas do ICMS e respectivos enquadramentos, com risco de elevação da carga tributária.

• Introduz a partilha com Estados, DF e Municípios do Imposto de Exportação, tributo de natureza regulatória, que não se presta a esse fim. O IE incide atualmente apenas sobre couro, cigarros e castanha. Pode incitar pressão de estados e municípios para incidir sobre outros produtos. **(Emenda: Suprimir este dispositivo)**

• Deixa riscos de incidência do IVA-F sobre "movimentação financeira". **(Emenda: Suprimir essa possibilidade)**

• Concede monopólio ao CONFAZ para regulamentar o ICMS.

• Concede desnecessário "privilégio" ao aproveitamento de saldos credores de quem usa Nota Fiscal Eletrônica. **(O aproveitamento de créditos fiscais deve ter regra única e geral, independente de métodos e formas de apuração).**

• É omisso em relação aos Encargos Setoriais (de natureza tributária) incidentes sobre a energia-elétrica. **(Os Encargos têm peso forte sobre custos energéticos. Deveriam ser tratados no contexto tributário)**

• Convalida incentivos fiscais concedidos irregularmente.

• Concede permissão constitucional para que o IVA-F arrecade até 5% a mais do que a soma de PIS + COFINS + Salário-Educação. Claro indício de aumento da carga tributária, especialmente se o PIB crescer abaixo desse percentual. A sociedade quer um seguro contra o aumento da carga tributária. Este dispositivo é um seguro a favor do aumento da carga tributária. **(Emenda: Suprimir parte do dispositivo de forma a retirar o percentual de 5%, teto da permissibilidade)**

• Ausência de clareza sobre a base de incidência do IVA-F. O texto fala em "operação onerosas com bens ou serviços. Dentre os serviços estariam "operações com direitos". Lei poderia permitir a incidência sobre operações não-onerosas. Vai incidir sobre toda operação onerosa, inclusive sobre o ativo imobilizado. Alcançará a pessoa física. **(Falta transparência na explicação de como o novo imposto afetará empresas e cidadãos, pois sua base de incidência não é a mesma de PIS e COFINS, é muito mais ampla)**

AVALIAÇÕES PONTUAIS

PARTE 1
O IVA FEDERAL

1. Um IVA – Imposto Sobre o Valor Agregado, para honrar o nome e aproximar o país dos sistemas tributários de seus concorrentes deveria, necessariamente e no mínimo englobar: IPI + PIS + COFINS + CIDE (competência federal) + ICMS (competência estadual) + ISS (competência municipal); além das Contribuições Patronais ao INSS e outras incidências de natureza diversa sobre a folha de pagamento.

2. A PEC 233 propôs, como "formidável avanço e simplificação", a instituição de um IVA Federal (IVA-F) englobando: PIS + COFINS + CIDE + Salário-Educação. Deixou de fora – com apoio de alguns segmentos industriais - o mais antigo imposto federal sobre o valor agregado, o IPI.

3. O Substitutivo aprovado na Comissão Especial da CD minguou ainda mais o IVA-F original. Desaparecem PIS e COFINS, e a inexpressiva contribuição "Salário-Educação", além de seis pontos percentuais da Contribuição patronal ao INSS incidente na folha de pagamento, e em seus lugares surge um IVA-F que incide sobre "OPERAÇÕES ONEROSAS COM BENS E SERVIÇOS", base e conceito bem mais amplos do que a soma das bases dos três tributos que se extingue. E, ainda, deixa no texto a possibilidade de, por meio de lei ordinária, haver incidências sobre operações não-onerosas e sobre operações com direitos, as quais, no caso, são consideradas operações com serviços; alcançando a pessoa física em operações com pessoas jurídicas.

4. O IVA-F, se incluísse o IPI, incorporasse não apenas os seis pontos percentuais mas toda a incidência sobre a folha de pagamento, e projetasse o encontro futuro com o ICMS (e deste com o ISS) poderia ser aceito como um avanço. O modelo aprovado pela Comissão Especial é simplesmente mais uma oportunidade perdida. Não aproxima o STN da tributação dos países concorrentes. A simplificação é modesta.

5. No caso do Substitutivo prosperar é necessário inserir dispositivo que explicite a impossibilidade de alteração de matéria tributária relativa ao IVA-F por meio de Medida Provisória. **(Inserir, onde couber, no texto constitucional, o seguinte dispositivo: "O IVA-F não pode ser alterado por Medida Provisória")**

PARTE 2
A TRIBUTAÇÃO DA RENDA

5. O modelo ideal é o que prevê a existência de um único imposto sobre a renda, com extinção da atual CSLL, sem a possibilida-

de de criação de adicionais por setores econômicos.

6. O Substitutivo extingue a CSLL, incorporando-a ao IRPJ, com previsão da adequação das alíquotas do IRPJ à nova situação, ou seja, elevação de alíquotas do IRPJ. **(Deve-se cuidar para que o aumento das alíquotas do IR não alcance a pessoa jurídica, nem incidências isoladas não sujeitas à atual CSLL. Isso necessitaria ficar claro no texto)**

PARTE 3
NÃO-CUMULATIVIDADE NO IVA-F

7. O modelo ideal é aquele que garante o direito de uso integral e imediato dos créditos dos impostos pagos em etapas anteriores, a qualquer título, inclusive aqueles referentes aos bens de uso e consumo, com possibilidade de ressarcimento em espécie e transferência para terceiros **(Adoção da sistemática de crédito financeiro)**.

8. O Substitutivo diz que "o imposto será não-cumulativo, compensando-se o que for devido em cada operação com o montante cobrado nas anteriores, nos termos da lei..." O direito amplo ao crédito deveria ser fixado no texto constitucional, sem condicioná-lo à futura lei. **(Suprimir a expressão "nos termos da lei", do inciso I, par. 6º, art. 153, do Substitutivo)**

9. O texto também faz ressalvas – no que diz respeito aos créditos sobre bens e serviços de uso e consumo – ao se referir a "exceções previstas em lei". Na prática significa a existência de uma discricionária lista negra **(Suprimir a expressão que faz a ressalva, na alínea "a" do inciso I do par. 6º do art. 153, do Substitutivo)**

10. Outra restrição importante do Substitutivo é a não garantia dos créditos do IVA-F nas operações anteriores no caso de operações sujeitas a isenção ou não-incidência do tributo. Necessário se torna rejeitar esse dispositivo. **(Suprimir as letras "b" e "c" do inciso I do par. 6º do art. 153, do Substitutivo)**

11. Na busca da não-cumulatividade é preciso emendar o texto inserindo dispositivo constitucional que consagre a possibilidade de transferência a terceiros **(e ressarcimento em espécie) de saldos de crédito do IVA-F.**

12. Não há referências aos estoques de créditos de PIS e COFINS quando da transição para o IVA-F. Que tratamento a eles será dado?

PARTE 4
CRÉDITO SOBRE BENS DO ATIVO IMOBILIZADO NO IVA-F

13. O modelo ideal é o que permite o uso integral e imediato do crédito fiscal decorrente da aquisição de bens do ativo imobilizado, como princípio básico da desoneração dos investimentos fixos.

14. Em relação ao IVA-F, tributo novo, o relator propõe uma regra melhor que a vigente no atual ICMS, e melhor do que a do texto original, mas poderia ter avançado em direção ao crédito imediato e integral.

15. O Substitutivo estabelece que no primeiro ano de vigência do IVA-F, o aproveitamento do crédito decorrente da aquisição de bens do ativo imobilizado será feito em 8 (oito) parcelas. No segundo ano, em 4 (quatro) parcelas. No terceiro ano e seguintes, em 1 (uma) parcela.

16. Um novo dispositivo deveria ser inserido no texto, como parágrafo ao art. 15, em substituição à regra proposta, nos seguintes termos: **"As empresas poderão se creditar, no mês de ocorrência do fato gerador, dos créditos referentes à aquisição de bens destinados ao ativo imobilizado."**

PARTE 5
BASE DE INCIDÊNCIA DO IVA-F

17. O IVA-F, ao "substituir" PIS e COFINS, deveria adotar o mesmo conceito no que diz respeito à base de cálculo. Mas o novo imposto incidirá sobre: "OPERAÇÕES ONEROSAS COM BENS OU SERVIÇOS, ainda que se iniciem no exterior". Qual o alcance dessas operações onerosas? A princípio, o alcance é ilimitado.

18. Ao inserir a expressão "operações onerosas" o relatório avança em relação à proposta original. Mas deixa uma perigosa janela para incidir sobre "operações não-onerosas previstas em lei". É preciso retirar essa possibilidade do texto. **(Suprimir a alínea "b" do inciso II do par. 6º do art. 153)**

19. O Substitutivo termina por ampliar a base de incidência ao definir que "para efeito do imposto previsto no inciso VIII (IVA-F), as operações com direitos são consideradas operações com serviços". Qual o alcance dessa iniciativa? É preciso retirar esse conceito. **(Suprimir o par. 7º do art. 153, do Substitutivo).**

20. De positivo, o texto afirma que o IVA-F não incidirá "sobre as exportações, garantida a manutenção e o aproveitamento do imposto cobrado nas operações anteriores", mas essa é uma regra já consagrada. Também é positiva a afirmação de que o IVA-F não incidirá sobre a "mera movimentação financeira". Todavia, o dispositivo deve ser melhorado, retirando-lhe a subjetividade. **(Suprimir a expressão "mera", na alínea "b" do inciso III do par 6º do art. 153, do Substitutivo).**

PARTE 6
ICMS – CONSIDERAÇÕES PONTUAIS

21. O Substituto, quando se refere ao ICMS, incorre em equívocos já mencionados em relação ao IVA-F, nas seguintes questões:

- Restrições relativas aos créditos sobre bens de uso e consumo. **(Inserir dispositivo pondo fim às restrições)**

- Não inserção de dispositivo que permita a transferência de saldos de créditos fiscais a terceiros. **(Inserir dispositivo com essa finalidade e que preveja a possibilidade de ressarcimento em espécie)**
- Estabelecimento de um longo cronograma para utilização dos créditos do ICMS decorrentes da compra de bens de ativo imobilizado (no 2º ano em 48 parcelas; no 3º ano em 40 parcelas; no 4º ano em 32 parcelas; no 5º ano em 24 parcelas; no 6º ano em 16 parcelas; no 8º ano e seguintes, aproveitamento integral no mês de aquisição).
- Um novo dispositivo deveria ser inserido no texto, em substituição ao cronograma, com a seguinte redação: **"As empresas poderão se creditar, no mês de ocorrência do fato gerador, dos créditos referentes à aquisição de bens destinados ao ativo imobilizado."**

22. Outro dispositivo nocivo inserido no Substitutivo é o que estabelece a **incidência do ICMS sobre transferências de mercadorias entre estabelecimentos do mesmo titular** e de bens em operações interestaduais entre estabelecimentos do mesmo titular. **(Suprimir a alínea "d" do inciso IX do par, 2º do art. 155, do Substitutivo)**

23. *Outra supressão necessária é a que alarga a base de incidência do ICMS sobre energia elétrica.* Pelo texto, a incidência "também ocorre em todas as etapas anteriores à operação final, inclusive nas de importação, de produção, de transmissão, de distribuição, de conexão, e de conversão". O alargamento (inclusão de conexão e conversão) tem reflexos diretos no custo desse importante insumo. **(Suprimir o par. 7º do art. 155, do Substitutivo)**

24. O texto dá poderes totais ao CONFAZ para regulamentar o ICMS. É preciso inserir dispositivo que permita a participação da sociedade civil no processo de regulamentação (consultas públicas, etc.).

25. **Incentivos Fiscais.** O substitutivo do relator reconhece os efeitos dos incentivos e benefícios que tenham sido concedidos até 5 de julho de 2008, sem observância da LC 24, de 1975, em relação à fruição desde a data de concessão até a data da promulgação da Emenda da reforma. Em relação aos incentivos e benefícios diretamente vinculados a atividade industrial, agropecuária, cultural, social e esportiva e a programa habitacional, concedidos até 5 de julho de 2008, são estabelecidas condições a serem observadas para sua validade. Dispositivo veda, a partir da data da promulgação, a concessão de incentivos em desobediência da LC 24, de 1975. **Mas a síntese é que convalida incentivos irregulares.**

26. **ICMS no destino.** O substitutivo retarda a evolução em direção ao princípio do destino. Em propostas anteriores a transição se daria em quatro anos. Evoluiu para oito anos. No Substitutivo a transição será feita em 12 anos, a partir do segundo ano da promulgação da reforma. A alíquota interestadual do ICMS para Sul e Sudeste (12%, hoje) cai para 11,5% no 2º ano; 11% no 3º e no 4º anos; 10,5% no 5º ano; 10% no 6º ano; 9% no 7º; 8% no 8º; 6,5% no 9º; 4% no 10º; 3% no 11º; e 2% no 12º ano. As alíquotas para Norte, Nordeste, Centro-Oeste e Espírito Santo, caem de 7% do 1º ano até chegar a 2% no 12º ano. O ICMS no destino não será puro. Restará uma incidência de 2% nas operações interestaduais. **O ideal é uma transição de no máximo quatro anos, para agilizar o fim dos conflitos interestaduais que prevalecem no atual modelo, chegando a zero por cento ao fim desse período.**

PARTE 7
EXCENTRICIDADES E HETERODOXIDADES

1
Cálculo do imposto "por dentro".

27. O Inciso IV do par. 6º do art. 153 (na redação dada pelo art. 1º do substitutivo) afirma com clareza: O IVA-F... "poderá integrar sua própria base de cálculo". Ou seja, o relator abre a possibilidade da cobrança "por dentro" do IVA-F, constitucionalizando-a. No ICMS não há alteração, o imposto já é cobrado por dentro, inclusive com

aceitação pelo STF, mas deveria ser expressamente proibido.

28. A cobrança "por dentro" atenta contra o princípio da transparência, pois eleva a alíquota real do imposto. Resta, com o debate sobre a reforma, tentar inserir um dispositivo na seção "das limitações do poder de tributar", com a seguinte redação: **"Nenhum tributado será calculado de modo a incluir em sua base o mesmo tributo ou outro, incidente sobre operação com bens, mercadorias e serviços".** Ou, para ser mais explícito: **"Nenhum tributo poderá integrar sua própria base de cálculo".**

2
Criação da Contribuição Sobre as Grandes Fortunas

29. Na proposta original, o MF pretendia criar a CGF – CONTRIBUIÇÃO SOBRE AS GRANDES FORTUNAS, com o agravante de inseri-la como fonte de financiamento da previdência social e retirar o IGF – Imposto Sobre Grandes Fortunas do texto constitucional. Com os debates, a Comissão Especial rejeitou a proposta de criação da CGF, mas manteve no texto o já existente IGF. Necessário se torna excluir o IFG. **(Suprimir o inciso VII do art. 153, da CF)**

3
Princípio do "Poluidor-Pagador"

30. **Princípio do "Poluidor-Pagador".** O relator inseriu dentre os Princípios Gerais de Tributação o "princípio do pagador-poluidor", com a seguinte redação: "Na instituição e na gradação de tributos, poderá ser considerado o princípio do pagador-poluidor".

31. "O princípio foi consagrado na Conferência das Nações Unidas sobre Meio Ambiente e Desenvolvimento, realizados no Rio de Janeiro em junho de 1992 (ECO-92), por meio do seguinte enunciado. "As autoridades nacionais devem esforçar-se para promover a internalização dos custos de proteção do meio ambiente e o uso dos instrumentos econômicos, levando-se em conta o conceito de que o poluidor deve, em princípio, assumir o custo da poluição, tendo em

vista o interesse público, sem desvirtuar o comércio e os investimentos internacionais".

32. "O princípio do poluidor-pagador foi introduzido em nosso ordenamento jurídico pelo art. 4º , inciso VII, sendo complementado pelo art. 14, §1º, ambos da Lei de Política Nacional do Meio Ambiente (Lei 6.938, de 31.08.1981). Acrescenta-se o fato da Constituição de 1988 ter incluído tal princípio entre os seus artigos, como se nota ao ler os §§ 2º e 3º, do art. 225, que obriga o poluidor (explorador) a recuperar e reparar eventuais danos ao meio ambiente".

33. "Este princípio tem como intuito evitar o dano ambiental e não permitir que alguém polua o meio ambiente mediante o pagamento de certa quantia em espécie, pois o meio ambiente é de valor inestimável (sendo impossível calcular o seu "quantum") para a sociedade e para as próximas gerações. Tal princípio demonstra caráter preventivo, indenizatório, reparatório e busca fazer com que os recursos naturais sejam utilizados de modo mais racional e sem proporcionar degradação ao meio ambiente (desenvolvimento sustentável)."

34. Faz sentido a presença do princípio na legislação ambiental e no direito econômico, tanto para prevenir como para compensar danos ambientais localizados. Inseri-lo no Sistema Tributário Nacional é um risco não avaliado, um aparente retrocesso, pois não deveriam caber no STN motivações ideológicas. **Na tentativa de atenuar as críticas, a Comissão Especial piorou o texto ao manter a figura do poluidor-pagador e inserir a figura do protetor.** É preciso retirar esses princípios do Substitutivo. **(Suprimir o par. 3º do art. 145, do Substitutivo aprovado na Comissão Especial)**

4
Suspensão da anterioridade

35. **Suspensão da anterioridade.** O relator suspende o princípio da anterioridade do ICMS e do IVA-F – quando se tratar de instituição e majoração dos impostos – pelo prazo de dois anos. É preciso suprimir essa pretensão. **(Suprimir art. 11 do Substitutivo)**

5
Partilha do Imposto de Exportação

36. **Partilha do Imposto de Exportação.** O relator insere no texto a partilha do Imposto de Exportação com estados e municípios. A União fica 98% do arrecadado e 2% são repartidos (3/4 para estados e ¼ para municípios). O Imposto de Exportação tem natureza regulatória e não se presta para esse tipo de partilha. A possibilidade de repartição pode ensejar pressões indevidas para gerar incidências sobre os mais variados produtos, comprometendo a política comercial e de desoneração da exportação. Hoje o IE incide somente sobre cigarros, castanha e couro Wet Blue. **(Suprimir os parágrafos 8º e 9º do art. 153, do Substitutivo)**

6
Crédito de NF eletrônica

37. O Substitutivo estabelece a implantação de garantias de aproveitamento dos saldos credores aos contribuintes que usam Nota Fiscal Eletrônica e o Sistema Público de Escrituração Digital. Ele dá tratamento privilegiado, em se tratando de aproveitamento de crédito, para os usuários de NFE e escrituração fiscal e contábil digital.

38. Esse dispositivo pode retardar o uso do crédito, uma vez que o aproveitamento da própria empresa, imediatamente, já é permitido. A proposta é um retrocesso. **(Suprimir o inciso I do par. Único do art. 12, do Substitutivo).**

7
Compensação Financeira Sobre Exploração Mineral (CFEM)

39. O Substitutivo altera a redação do par. 1º do art. 20 da Constituição Federal – que trata da participação dos Estados, DF, Municípios e órgãos da administração direta da União, na exploração de petróleo ou gás natural, de recursos hídricos para fins de geração de energia elétrica e de outros recursos minerais.

40. A alteração fundamental consiste no acréscimo da expressão **"a ser cobrada, no caso de outros recursos minerais, sobre o faturamento bruto"**. Hoje, as compensações são estabelecidas com base no faturamento líquido.

41. O Substitutivo também estabelece que, enquanto não for editada lei dispondo sobre a compensação após a mudança acima mencionada, ela será calculada com a aplicação da alíquota de 3% sobre o faturamento bruto ou, na falta deste, sobre o valor de mercado nas vendas de minério de ferro, alumínio, fertilizante, carvão, manganês, sal-gema e potássio.

42. Alternativa que se apresenta é a **supressão da alteração de redação do par. 1º do art. 20 da CF, proposta no art. 1º do Substitutivo, que acrescenta a expressão "cobrada, obrigatoriamente no caso de recursos minerais, sobre o faturamento bruto" e também a supressão do art. 27 do Substitutivo, que trata do mesmo tema e define em 3% sobre o faturamento resultante da venda de minério de ferro, alumínio, manganês, sal-gema e potássio.**

8
Seguro-Desemprego

43. **Seguro Desemprego.** O Substitutivo revoga o par. 4º do art. 239 da CF. O parágrafo estabelece que o financiamento do seguro-desemprego receberá uma contribuição adicional, nos termos da lei, da empresa cujo índice de rotatividade seja superior ao índice médio da rotatividade do setor a que pertence. Boa proposta.

9
Carga Tributária

44. **Mecanismo de "controle" da carga tributária.** O parecer também propõe que Lei Complementar estabelecerá limites e mecanismos de ajuste da carga tributária referentes aos impostos de que tratam o art. 153, III (IR) e VIII (IVA-F), e 155, II (ICMS), relativamente às alterações introduzidas pelo Substitutivo. O ajuste será realizado

pelo Poder Executivo, mediante redução linear das alíquotas do IVA-F, caso se verifique excesso de arrecadação superior a cinco por cento ao ano.

45. O calculo será feito comparando-se, nos dois primeiros anos, a soma da arrecadação de PIS + COFINS + Salário-Educação + CSLL + IR + IPI do ano anterior com a arrecadação de IR + IPI + IVA-F.

46. O limite de 5% de crescimento da arrecadação pode resultar em elevado crescimento da carga tributária se o PIB crescer abaixo dele. O crescimento da arrecadação deveria se limitar à taxa de crescimento do PIB, com viés de queda. A sociedade sempre pediu um seguro contra o aumento da carga tributária, mas o mecanismo inserido no texto é um seguro a favor do aumento da carga tributária. **(Alterar a redação do inciso III do art. 16, retirando a expressão "superior a cinco por cento ao ano")**

10
Contribuição patronal ao INSS

47. **Redução na contribuição patronal ao INSS.** O Substitutivo estabelece reduções gradativas da contribuição patronal ao INSS sobre a folha de pagamento, por Lei, a serem efetuadas em um ponto percentual ao ano, do segundo ao sétimo ano. A contribuição cairia de 20% para 14% em sete anos. Estabelece ainda que se Lei para esse fim não for aprovada até o final do primeiro ano da promulgação da Emenda, vale a regra estabelecida no Substitutivo. **(A compensação pela perda de arrecadação se daria pela elevação da alíquota do IVA-F. Toda incidência sobre a folha poderia ser transferida para o IVA-F – e não apenas seis pontos percentuais da contribuição patronal ao INSS - na mesma razão de 1 ponto percentual ao ano)**

11
Incidência tributária sobre energia elétrica, serviços de telecomunicações, derivados de petróleo, combustíveis e minerais

48. O Substitutivo rejeita, da versão original, a proposta de revogação do par. 3º do art. 155 da CF, a qual, se aprovada, poderia resultar na incidência de outros tributos (além de ICMS, II e IE) sobre energia elétrica, serviços de telecomunicações, derivados de petróleo, combustíveis e minerais.

49. Fica assegurado, em caso de aprovação do Substitutivo, que somente o Imposto de Importação, o Imposto de Exportação, o ICMS e o IVA-F incidem sobre os produtos e serviços mencionados no par. 3º do Art. 155 da CF.

50. Em relação à energia elétrica, o Substitutivo poderia avançar um pouco mais e absorver pleito de inserir na redação do parágrafo 3º do art. 155, vedação à incidência de quaisquer tributos sobre os ENCARGOS SETORIAIS, que têm natureza tributária e que representam cerca de R$ 15 bilhões/ano na conta de luz de todos os consumidores brasileiros, e a introdução de um cronograma de extinção dos mesmos. Sabe-se que cada R$ 1 bilhão em Encargos representa cerca de 1% na Tarifa de Energia Elétrica. Retirar os Encargos Setoriais da Tarifa e distribuí-los para toda a sociedade via tributos gerais é uma alternativa a ser estudada.

E assim o setor empresarial enfrentou o Substitutivo aprovado pela Comissão Especial. Ao final desse longo processo, a proposta de emenda constitucional 233, de 2008 – liderada pela PEC 31-A, de 2007 – juntou-se às demais propostas de reforma tributária insepultas. De 2008 aos dias atuais, nenhuma outra surgiu para aumentar o cortejo funeral.

Desde 2011, o Ministério da Fazenda teve inúmeras oportunidades de tratar o tema com profundidade. É de livre consulta o que o Ministro da Fazenda Guido Mantega e o Secretário Executivo Nelson Barbosa apresentaram sobre a questão tributária em várias oportunidades. Repetir o que foi dito pouco acrescenta ao debate essencial.

Tenho em mãos a palestra do Secretário Executivo Nelson Barbosa, na Câmara dos Deputados, em 10 de maio de 2011.

Limito-me a reproduzir, exemplificando, só a primeira transparência:

"Principais eixos de mudanças na Reforma Tributária e Partes"

"A proposta está organizada em quatro linhas e inclui mudanças estruturais e incrementais:

• ICMS – redução na alíquota interestadual, unificação e simplificação.

• Folga de Pagamento: desoneração e/ou mudança na base de tributação.

• SUPERSIMPLES e MEI: ampliação do limite de enquadramento e estímulo às exportações.

• PIS/COFINS: agilização na devolução de créditos por exportação e investimento."

Fiz esse acréscimo exemplificativo em fevereiro de 2016. De maio de 2011 aos dias atuais a retórica é a mesma. E os atores também. Só as contas públicas – da União, dos Estados, do Distrito Federal e dos Municípios – mudaram. Infelizmente, sempre para pior.

"É imperativo retirar a cumulatividade dos tributos nacionais, para possibilitar mais competitividade do produto nacional."
(Jorge Gerdau – Coordenador da Ação Empresarial)

Reforma Tributária: Esqueçam a Reforma Tributária
Capítulo VIII
PIS e COFINS: o eterno dilema da cumulatividade

2003. O Brasil tem novo presidente: Lula, o improvável. Nordestino, atravessou o país de pau-de-arara, radicou-se em São Paulo, tornou-se metalúrgico, torneiro mecânico de profissão (adquirida em curso do SENAI – Serviço Nacional de Aprendizagem Industrial), líder sindical, deputado constituinte. Luiz Inácio Lula da Silva simbolizou, naquele momento, a chegada do povo ao poder, materializando ascensão e inclusão social.

Lula assume no mesmo instante em que a Lei 10.637, de 30 de dezembro de 2002, entra em vigência, na primeira experiência concreta de extinção da cumulatividade tributária após a Constituição Federal de 1988. No caso, a referência é para a Contribuição Social PIS-PASEP. O PIS – Programa de Integração Social foi criado pela Lei Complementar nº 7 de 07 de setembro de 1970. O PASEP – Programa de Formação do Patrimônio do Servidor Público, pela Lei Complementar 8, de 31 de dezembro de 1970. Em 11 de setembro de 1975, a Lei Complementar nº 26 unificou a legislação das duas contribuições. Operacionalmente correm separadas. Desde a Constituição de 1988, 40% da arrecadação do PIS são constitucionalmente destinados ao BNDES – Banco Nacional de Desenvolvimento Econômico e Social para financiar projetos de interesse nacional, remunerando o FAT – Fundo de Amparo ao Trabalhador. O restante compõe o FAT - Fundo de Amparo ao Trabalhador, financiando Seguro-Desemprego, Abono Salarial, Intermediação de Mão de Obra e Qualificação Profissional.

Quando Lula assumiu, os empresários ainda se ressentiam da frustração do final dos anos 1990, em razão da não aprovação do mais debatido projeto de reforma tributária pós Constituição de 1988. Amplamente aprovada em Comissão Especial, a proposta de reforma seguiu para o Plenário da Câmara dos Deputados e de lá não mais saiu, abatida por três crises especulativas na Ásia, Rússia e México, não necessariamente nessa ordem, que recomendaram prudência. O governo FHC não quis se arriscar e o distanciamento histórico mostra que era o que se tinha a fazer.

As duas contribuições, PIS e COFINS – Contribuição para o Financiamento da Seguridade Social, esta última criada pelo Decreto Lei 1940, de 25 de maio de 1982 como FINSOCIAL, convertida em COFINS pela Lei Complementar 70 de 30 de dezembro de 1991 - começaram a preocupar os empresários a partir do momento em que a abertura econômica e a globalização mostraram a face até então oculta da (in) capacidade de competição da indústria nacional. Incidindo em "cascata", isto é, sobre o valor da mercadoria – insumos e produto final - em todas as etapas da cadeia produtiva, havia segmentos em que o preço do produto brasileiro era (e continua sendo) até 10% maior que o do concorrente externo só por essa característica cumulativa.

Historicamente, PIS e COFINS reintroduziram incidência cumulativa no país, extinta na reforma de 1965, pela Emenda Constitucional 18. Na globalização, tornara-se imperativo - pensaram os empresários liderados por Jorge Gerdau Johannpeter, agrupados na Ação Empresarial – retirar a cumulatividade das duas Contribuições.

O governo FHC aceitou o desafio de propor mudanças na legislação. Durante boa parte do ano de 2002 representantes do Governo Federal e dos empresários reuniram-se em busca de um modelo consensual. Pelo governo, a liderança era do Ministério da Fazenda. Pelos empresários a Ação Empresarial, coordenada por Jorge Gerdau.

As partes se encontraram com razoável frequência ao longo de 2002 em busca do melhor modelo de introdução do princípio da não cumulatividade em uma das Contribuições Sociais de sua competência. A escolha, por óbvias razões, recaiu sobre o PIS, que incidia sobre o faturamento com alíquota de 0,65% e tinha baixa representatividade no total da arrecadação federal. Usar o PIS como "laboratório", pois o risco de erro resultaria em menor consequência, foi o único consenso em todo processo de negociação.

Apesar da discussão sobre o modelo que resultou na Lei 10.637, de 30 de dezembro de 2002, introduzindo a não cumulatividade na cobrança do PIS, tivesse consumido horas e horas em intermináveis reuniões, no fim prevaleceu a visão tecnocrática de quem só vê o tributo com fonte de geração de receita cada vez maior, sem medir consequências imediatas e mediatas. Nada mais natural quando um dos principais interlocutores do setor público era o gestor da Receita Federal, função que é avaliada pela capacidade de gerar receitas crescentes sem se importar com o crescimento da carga tributária que saltara sete pontos percentuais do PIB nos oito anos anteriores. Arrecadar com qualidade, nesse contexto, é mero detalhe.

A primeira discordância deu-se na definição da alíquota. Representantes do Ministério da Fazenda a estimaram inicialmente em 1,67%. Apenas isso, 1,67%, sem nenhum estudo técnico que a justificasse. As partes iam mais pela intuição que pela ciência, no popular, "chutômetro". Os representantes empresariais jogavam para baixo as alíquotas sugeridas pelos técnicos do Ministério da Fazenda valendo-se de uma verdade histórica: Alíquotas propostas por burocratas governamentais governantes geralmente são superdimensionadas, porque eles sempre querem mais. A recíproca inversa também é verdadeira.

Ao final, o governo – leia-se Ministério da Fazenda – bateu o martelo em 1,65% para a alíquota de incidência não cumulativa. O governo dispunha de números para estimar – segmento por segmento – qual alíquota do PIS não cumulativo reproduziria a arrecadação no modelo cumulativo. Se os usou ou não, ficaríamos sabendo na prática. É muito? É pouco? Todos se perguntavam, mas não havia respostas.

Outra discordância entre as partes poderia resultar em consequências tão perversas quanto as de uma alíquota superdimensionada. Os empresários defendiam o sistema de creditamento conhecido como imposto x imposto bem ao estilo de um imposto sobre o valor agregado puro, utilizando-se o chamado sistema de crédito financeiro, simploriamente definido: tudo que sai gera débito e tudo que entra gera crédito. A proposta empresarial ia ao contrário do modelo vigente na apuração do ICMS – que também é um imposto sobre o valor agregado – que só admite o crédito fiscal dos insumos que fisicamente se agregam ao produto final e são ativos no processo produtivo, o chamado crédito físico.

O governo federal optou pelo pior caminho, aquele em a lei define quem entra no sistema não cumulativo, que insumos geram crédito, que atividades permanecem no sistema cumulativo, ou seja, tudo de acordo com a moldura discricionária que os burocratas adoram. Puro e simplesmente exercício do poder.

O Brasil entrava em novo sistema cujo resultado era quase uma incógnita. Os empresários não desprezavam o risco da arrecadação do PIS não cumulativo ser maior que a arrecadação do PIS na situação anterior, seja pelo tamanho da alíquota, pelo modelo adotado, mas também porque é sempre assim. É ingênuo confiar em burocratas que arrecadam, porque é da natureza deles arrecadar mais, pois é assim que são avaliados, ressalte-se uma vez mais.

Uma alternativa, baseada no conceito popular "me engana que eu gosto", foi sugerida e aceita. O Governo Federal inseriu no projeto de lei um gatilho a favor dos empresários, que seria disparado caso a arrecadação fosse muito além do que se arrecadava no sistema anterior. O empresariado queria evitar que eventual superdimensionamento da alíquota do PIS fosse repetido na definição da futura alíquota da COFINS, cuja representatividade no caixa das empresas era quatro vezes maior.

O gatilho se materializou no artigo 12 da Lei 10.637, de 2012, nos seguintes termos:

Art. 12. Até 31 de dezembro de 2003, o Poder Executivo submeterá ao Congresso Nacional projeto de lei tornando não-cumulativa a cobrança da Contribuição para o Financiamento da Seguridade Social (COFINS).

Parágrafo único. O projeto conterá também a modificação, se necessária, da alíquota da contribuição para o PIS/PASEP, com a finalidade de manter constante, em relação a períodos anteriores, a parcela da arrecadação afetada pelas alterações introduzidas por esta Lei.

O compromisso era do governo Fernando Henrique Cardoso, mas quando a MP 66 se transformou na Lei 10.637 já se sabia que quem a colocaria em prática era o governo Lula. A tradição política brasileira é a de não honrar compromissos dessa natureza, mesmo nos casos de governos de continuidade política. Era difícil supor que um novo governo liderado por outra corrente política – que não firmara o compromisso – viesse a honrá-lo.

Começou o governo Lula e com ele também a vigência da Lei 10.637, de 30 de dezembro de 2002. Estava introduzida a incidência não cumulativa na cobrança do PIS, com alíquota de 1,65% incidente sobre o valor agregado, mantida a incidência de 0,65% (sobre o faturamento - cumulativa) para empresas que pagam o IRPJ por lucro presumido e as enquadradas no Simples (sistema simplificado de arrecadação – um dos poucos avanços reais da legislação tributária pós C.F. de 1988). Além dessa regra geral, conviviam entre si diferentes regimes de exceção segundo a conveniência da burocracia.

A partir daí – quando a cobrança efetiva começou - duas questões voltaram a dominar os debates tributários no meio empresarial:

1) A alíquota de 1,65% seria de fato superdimensionada?
2) Em caso positivo, que alíquota reproduziria a mesma arrecadação anterior à Lei 10.637, de 2002?

O comportamento da arrecadação do PIS nos meses iniciais de 2003 passou a preocupar os empresários cujas assessorias produziam sucessivas notas técnicas alertando o governo, sempre fazendo menção ao art. 12 da Lei 10.637, de 2002.

No início de outubro de 2003, quando os debates para introdução da incidência não cumulativa na COFINS já estavam adiantados, os números não mais deixavam margens a duvidas.

Em exercício simples, para não dizer simplório, a evidência do superdimensionamento da alíquota do PIS tornou-se incontestável.

A Ação Empresarial distribuiu aos parlamentares e aos técnicos governamentais uma nota[38] curta, direta, para sensibilizá-los quando da futura definição da alíquota da COFINS, sempre fazendo referência ao art. 12. Eis um trecho da nota:

Variação % (Nominal e Real)

Janeiro a Setembro de 2003

Itens	Nominal	Real(*)
PIS	38,44	21,32
COFINS	15,15	1,84
Total SRF	10,91	3,77

(*) A preços de setembro de 2003 (IPCA)

I-1 – O quadro permite concluir que, sendo as duas bases semelhantes, seria natural esperar que a arrecadação do PIS, depois da Lei 10.637/02, tivesse o mesmo comportamento relativo da arrecadação da COFINS. Como a arrecadação do PIS aparece significativamente mais elevada (após a Lei 10.637/02) do que a da COFINS (ainda integralmente cumulativa), outra pergunta se impôs: a diferença entre os índices seria explicada pela introdução de uma alíquota (1,65%) superdimensionada?

---

[38]A Nota é de autoria de Roberto Nogueira Ferreira, Consultor da Presidência da CNC e membro da Ação Empresarial.

I-2 – *A rigor, não há outra explicação, mas qualquer afirmação nesse sentido deveria advir da análise do comportamento da arrecadação do PIS com base em dados concretos – nunca por suposições – e, se possível, acompanhada de simulações da alíquota correta, assim entendida aquela capaz de reproduzir apenas a arrecadação anterior, tanto do PIS quanto de COFINS, como prevenção para futura alteração da alíquota dessa última.*

Corria-se contra o tempo. Os empresários – liderados por Jorge Gerdau - não tinham dúvida em relação ao superdimensionamento da alíquota e isso era um risco para a definição da alíquota da COFINS, mas os parlamentares não se convenceram ao contrário. Era preciso evidenciar o excesso, e as evidências emergiram em estudo coordenado pelo economista José Roberto Afonso. O Consultor da Presidência da CNC e membro da Ação Empresarial, Roberto Nogueira Ferreira, que participou de todas as reuniões que resultaram na introdução da não cumulatividade, em 2002, textualizou as conclusões e Jorge Gerdau, de posse do estudo, saiu a campo para evitar a reprise do excesso na COFINS.

A análise de José Roberto Afonso foi elaborada com base em dados concretos de bases oficiais do Ministério da Fazenda, arrecadação setorial do PIS até julho de 2003, classificação setorial CNAE, quatro dígitos, com os seguintes ajustes:

• Conceito proposto: arrecadação por setor produtivo
• Exclusão de instituições financeiras e assemelhadas, administrações públicas e atividades tipicamente sem fins lucrativos (contribuintes não submetidos à mudança do PIS)
• Arrecadação global do PIS reduzida em 21%
• Impossível excluir por setor os contribuintes do regime de lucro presumido, que não mudaram de base, mas, se eles têm a mesma base de PIS e COFINS, as diferenças de taxas de crescimento da arrecadação não se explicam por eles.

Com esses ajustes foram extrapoladas as seguintes bases:

• Faturamento bruto da arrecadação da COFINS em 3%

• Valor adicionado da arrecadação do PIS em 1,65%
• Somatório do valor adicionado projetado (base PIS) equivale a 49% do faturamento bruto (base COFINS)

Identificadas as bases de cálculo, passo seguinte foi a identificação das alíquotas capazes de reproduzir a arrecadação anterior à mudança.

• Calculou-se a arrecadação do PIS pela sistemática anterior (0,65% sobre o faturamento), sobre a base projetada para a COFINS.
• A arrecadação realizada superou em 25% a estimada na forma da sistemática anterior (cumulativa de 0,65% sobre o faturamento), a partir da base projetada COFINS.

• Comparando-se a arrecadação do PIS na sistemática anterior (0,65% sobre a atual base projetada COFINS), o resultado em valor equivaleu a 1,32% da nova base do PIS.

Concluiu-se que para manter o mesmo volume de arrecadação anterior à mudança de critério (incidência cumulativa para não cumulativa) uma alíquota de 1,32% para o PIS seria suficiente.

Os empresários continuavam a acreditar (era mais desejo que crença) que o art. 12 da Lei 10.637, de 2002, era para valer. Tinha-se a primeira "contraprova científica", cabia então reivindicar a aplicação da regra do art. 12 e esperar que a futura lei em debate no Congresso Nacional corrigisse o equívoco rebaixando para 1,32% a alíquota não cumulativa do PIS.

Passo seguinte, utilizando-se da mesma base, foi encontrar a alíquota necessária para a COFINS manter o mesmo nível de arrecadação.

• Projetou-se alíquota de equilíbrio estimada pela relação entre a arrecadação efetiva da COFINS no período e a base projetada de valor adicionado (extrapolada pela razão PIS/1,65%)

A projeção resultou na identificação da alíquota de 6,1% para a COFINS, como aquela necessária para reproduzir a mesma arrecadação se aplicada sobre a base extrapolada do PIS, pois as bases são iguais.

Naquele momento, fontes do Ministério da Fazenda já adiantavam que a alíquota da COFINS não cumulativa seria 7,6%. Para chegar a esse número, os técnicos utilizaram o mesmo multiplicador – 2,533 - usado na definição da alíquota do PIS. Esse é o fenômeno que explica a alíquota de 7,6% da COFINS (3 x 2,533).

Sem maior profundidade ficava evidente que a futura alíquota da COFINS refletiria aumento de no mínimo 25% na arrecadação, só pelo efeito da alíquota superdimensionada.

O estudo do economista José Roberto Afonso mostrava que a soma das duas alíquotas deveria ser de 7,42%, mas o governo propunha 9,25% (PIS de 1,65% mais COFINS de 7,6%).

A tabela integral do estudo do economista José Roberto Afonso – com base em todos os CNAE (Código Nacional de Atividade Empresarial) está no Anexo III, mas seu resumo está no quadro abaixo, com a evidência do pagamento a maior desde 2002 e 2003.

	Especificações – Resultados	PIS	COFINS	Total
Estimado pelos estudos técnicos	ALÍQUOTAS QUE DEVERIAM TER SIDO ADOTADAS NO MODELO NÃO CUMULATIVO.	1,32%	6,10%	7,42%
Adotado Pelo GF e CN.	ALÍQUOTAS EFETIVAMENTE ADOTADAS NO MODELO NÃO CUMULATIVO.	1,65%	7,60%	9,25%
A maior	Percentual excedente	0,33%	1,50%%	1,83%

Chegada a hora, o governo federal encaminhou ao Congresso Nacional a Medida Provisória 135 (Medida Provisória é um instrumento legal que também pode ser utilizado como medida do grau de submissão do parlamento ao poder executivo) propondo a nova sistemática para a tributação da COFINS, repetindo os mesmos dispositivos da Lei 10.637, de 2002, do PIS, fixando a alíquota não cumulativa da COFINS em 7,6%. Os empresários perderam a batalha para o governo federal. Frustrados, os representantes empresariais tentaram reverter o jogo no Congresso Nacional, apelaram para o art. 12 que os mesmos congressistas aprovaram no ano anterior, mas nada disso deu resultado. Prevaleceu a força do Executivo sobre o Congresso, sempre tão obediente e colaborativo, como sói acontecer.

As bases de PIS e COFINS, e respectivos impactos, revelam expressivas diferenças por atividades[39] (vide anexo III, estudo do economista José Roberto Afonso) para o caso de alíquotas de 1,32% para ao PIS e de 6,1% para a COFINS. Uns segmentos perdem outros ganham – como é de se esperar, com qualquer alíquota. Mas – se as médias fossem adotadas - o que importa é que no conjunto a carga se manteria inalterada, alcançando-se o mesmo nível de arrecadação obtida com a tributação cumulativa.

No exemplo mencionado, de janeiro a setembro de 2003, a arrecadação do PIS (sem PASEP) com alíquota de 1,65% foi de R$ 11,377 bilhões. Considerando que a base da COFINS é igual à base do PIS, uma alíquota de 7,6% resultaria em R$ 52,403 bilhões no mesmo período. Para comparação, a arrecadação da COFINS (ainda cumulativa com alíquota de 3% sobre o faturamento) foi de R$ 42,671 bilhões de janeiro a setembro de 2003. Se a alíquota fosse de 6,1% sobre o valor agregado, a arrecadação seria exatamente igual a R$ 42,672 bilhões (3% sobre o faturamento).

Era possível – afirmavam os empresários – que se a COFINS com alíquota de 7,6% estivesse em vigência deste janeiro de 2003, em setembro o aumento da arrecadação seria da ordem de R$ 9,7 bilhões, ou seja, aumento de carga tributária. Cálculos preliminares

---

[39] A mudança começou pelo PIS dada sua baixa representatividade. Logo a alíquota se mostrou superdimensionada, como comprova o estudo liderado pelo economista José Roberto Afonso. A expectativa era que a mudança na COFINS resultasse na correção da alíquota para bases reais que refletissem a arrecadação no regime anterior. Mas o governo Lula repetiu a mesma mecânica de alteração efetuada pelo governo FHC no PIS.

projetavam elevação da arrecadação da COFINS da ordem de R$ 16 bilhões em 2004, só pelo efeito de transformação da COFINS em não cumulativa com a adoção da de 7,6% sobre o valor agregado.

Prevaleceu o "instinto animal" da Receita Federal. A aprovação da MP 135 resultou na Lei 10.833 de 29 de dezembro de 2003, consagrando a máxima de que há sempre alguém à espreita de uma boa ideia. O Congresso Nacional, uma vez mais, rendeu-se. A competividade? Bem, essa conversa de competitividade, segundo dignos representantes do governo, do parlamento e de alguns analistas amestrados, seria conversa de empresários para pagar menos impostos.

E o Brasil ficou mais distante de seus competidores internacionais.

Perdida a oportunidade de modernizar a tributação de PIS e COFINS, tornando-as definitivamente não cumulativa, os empresários voltaram-se para novas proposições com o objetivo de mitigar o grave problema da acumulação de saldos credores na exportação em decorrência da incidência de PIS e COFINS ao longo das cadeias produtivas.

A Ação Empresarial – que foi protagonista dessa história - propôs alterações nas Lei 10.833 de 2003 (que trata da COFINS) utilizando-se do seguinte texto:

PIS/COFINS – SALDO ACUMULADO NA EXPORTAÇÃO

A síntese do quadro atual em relação ao tema referenciado, é que o exportador brasileiro não tem débitos de PIS/COFINS, ou de outros tributos administrados pela Receita Federal, que possam consumir os créditos acumulados em função de sua atividade exportadora.

Algumas considerações sobre o tema são necessárias:

O par. 2º do art. 6º da Lei 10.833, de 29 de dezembro de 2003, que dispõe sobre a COFINS, estabelece que "a pessoa jurídica que até o final de cada trimestre civil não conseguir utilizar o crédito por qualquer das formas previstas no par. 1º poderá solicitar o seu ressarcimento em dinheiro. Na prática, todavia, essa permissibilidade não se efetiva, porque a União Federal não concede o ressarcimento previsto na Lei.

Numa quadra de crise financeira mundial, uma das formas mais ágeis e eficazes para mitigar a questão financeira, seria a automatização do uso dos créditos fiscais, com repercussão imediata e positiva no capital de giro das empresas. Em resumo, seria efetivar o direito já estabelecido na legislação pertinente.

Duas medidas deveriam ser implementadas para se alcançar esse objetivo, quais sejam:

a) Permitir que a compensação possa ser feita também com débitos de contribuições incidentes sobre a folha de pagamento, devidas à Previdência.
b) Permitir a transferência para pessoas jurídicas controladoras, controladas e coligas, e também a terceiros.

Para efetivar as mudanças mencionadas em (a) e (b), necessário é alterar partes das Leis 10.637, de 2002 e 10.833, de 2003, dando nova redação ao seu art. 6º. As alterações legais propostas – texto abaixo – estão em negrito.

PROPOSTA para a COFINS (alterações em negrito)

Dar nova redação ao art. 6.º da Lei n.º 10.833, de 29 de dezembro de 2003, conforme abaixo (alterações em negrito):
Art. 6º A COFINS não incidirá sobre as receitas decorrentes das operações de:
    I - exportação de mercadorias para o exterior;
    II - prestação de serviços para pessoa física ou jurídica residente ou domiciliada no exterior, cujo pagamento represente ingresso de divisas; (Redação dada pela Lei nº 10.865, de 2004)
    III - vendas a empresa comercial exportadora com o fim específico de exportação.

§ 1º Na hipótese deste artigo, a pessoa jurídica vendedora poderá utilizar o crédito apurado na forma do art. 3º, para fins de:

I - dedução do valor da contribuição a recolher, decorrente das demais operações no mercado interno;

II - compensação com débitos próprios, vencidos ou vincendos, relativos a tributos e contribuições administrados pela Secretaria da Receita Federal, **inclusive as previstas nas letras a, b e c do parágrafo único do art. 11 da Lei n.º 8.212, de 24 de julho de 1991,** observada a legislação específica aplicável à matéria.

§ 2º A pessoa jurídica que, até o final de cada trimestre do ano civil, não conseguir utilizar o crédito por qualquer das formas previstas no § 1o **poderá transferi-lo para pessoas jurídicas controladoras, controladas e coligadas, ou, na falta destas, a terceiros,** ou ainda solicitar o seu ressarcimento em dinheiro, observada a legislação específica aplicável à matéria.

§ 3º O disposto nos §§ 1º e 2º aplica-se somente aos créditos apurados em relação a custos, despesas e encargos vinculados à receita de exportação, observado o disposto nos §§ 8º e 9º do art. 3º.

§ 4º O direito de utilizar o crédito de acordo com o § 1º não beneficia a empresa comercial exportadora que tenha adquirido mercadorias com o fim previsto no inciso III do caput, ficando vedada, nesta hipótese, a apuração de créditos vinculados à receita de exportação.

§ 5º A vinculação prevista no § 3º deverá ser demonstrada por meios idôneos, sempre que solicitado pela fiscalização, vedada a exigência de comprovação de vínculo físico aos bens, mercadorias e serviços exportados.

PROPOSTA para PIS (Alterações em negrito)

Dar nova redação ao art. 5º da Lei 10.637, de 30 de dezembro de 2002, conforme abaixo.(Alterações propostas em vermelho)

Art. 5º A contribuição para o PIS/PASEP não incidirá sobre as receitas decorrentes das operações de:

I - exportação de mercadorias para o exterior;

II - prestação de serviços para pessoa física ou jurídica domiciliada no exterior, com pagamento em moeda conversível;

II - prestação de serviços para pessoa física ou jurídica residen-

te ou domiciliada no exterior, cujo pagamento represente ingresso de divisas; (Redação dada pela Lei nº 10.865, de 2004)
III - vendas a empresa comercial exportadora com o fim específico de exportação.

§ 1º Na hipótese deste artigo, a pessoa jurídica vendedora poderá utilizar o crédito apurado na forma do art. 3º para fins de:

I - dedução do valor da contribuição a recolher, decorrente das demais operações no mercado interno;

II - compensação com débitos próprios, vencidos ou vincendos, relativos a tributos e contribuições administrados pela Secretaria da Receita Federal, **inclusive as previstas nas letras a, b e c do parágrafo único do art. 11 da Lei n.º 8.212, de 24 de julho de 1991,** observada a legislação específica aplicável à matéria.

§ 2º A pessoa jurídica que, até o final de cada trimestre do ano civil, não conseguir utilizar o crédito por qualquer das formas previstas no § 1º poderá **transferi-lo para pessoas jurídicas controladoras, controladas e coligadas, ou, na falta destas, a terceiros,** ou ainda solicitar o seu ressarcimento em dinheiro, observada a legislação específica aplicável à matéria.

Os respectivos pleitos não avançaram, a tributação das Contribuição PIS e COFINS continuaram contribuindo para reduzir a competitividade do produto nacional pela via da cumulatividade, e a gerar créditos fiscais não compensados.

PIS e COFINS – Proposta de alteração em 2015

Desde 2011 o Ministério da Fazenda[40] fala em "reforma do PIS-COFINS". Do ponto de vista técnico a proposta que o Ministério da Fazenda pretende submeter ao Congresso Nacional[41] é adequada e deveria ter sido adotada quando das alterações de PIS e COFINS no início dos anos 2000. Apresentá-la ao final de 2015, em meio a um conturbado ambiente político e econômico revela, de um lado o desejo real de aumentar a arrecadação dessas duas contribui-

---

[40] Por meio de palestras do Ministro Guido Mantega e do Secretário Executivo Nelson Barbosa.

[41] Em final de 2015 sabe-se que proposta de alteração do texto legal estariam em exame na Casa Civil da Presidência da República, mas o texto é mantido fora do alcance dos principais interessados: os contribuintes.

ções para contribuir no combate ao déficit fiscal; de outro, desconhecimento da fragilidade política do governo para propor e sustentar a mudança já que as reações em sentido contrário, sobretudo do segmento de serviços, não são politicamente desprezíveis.

No setor empresarial a adoção de um novo modelo, cuja base de cálculo corresponde ao valor agregado, com amplo direito de uso dos créditos das operações anteriores – na sistemática conhecida como "crédito financeiro" – repercute de modo distinto: para o setor industrial a mudança é positiva, pois o iguala ao concorrente externo que não convive com cumulatividade tributária. Para o setor de serviços o efeito é contrário, pois ele dispõe de um volume menor de possibilidade de crédito tributário e, em decorrência, assumiria expressivo aumento de carga tributária. Para que isso não ocorra, a não cumulatividade pura teria de ser sacrificada, mantendo alguns serviços na cumulatividade, ou contorná-la reduzindo a base de cálculo.

Estudo do IPBT – Instituto Brasileiro de Planejamento Tributário evidencia que a fonte de crédito tributários entre indústria e serviços é bastante distinta, com vantagem para o primeiro, conforme se vê na Tabela 1 abaixo.

Tabela 1 – Fonte de crédito tributário

Itens	Indústria	Serviços
Imposto e outros sem direito a crédito	35,3%	33,0%
Mão de Obra	22,5%	54,5%
Insumos (Fonte de Crédito Tributário)	42,3%	12,5%

Obs. Tabela e cálculos do IBPT

Se de um lado a indústria pagaria menos, em razão de ter mais "fonte de crédito", no caso, insumos que geram crédito; de outro o valor dos serviços que a indústria utiliza no processo produtivo seriam contaminados com a elevação de preços, pois as empresas de serviços certamente repassariam a elevação da carga tributária.

O mesmo IBPT (Instituto Brasileiro de Planejamento Tributário) estimou que o aumento da carga tributária dos "serviços de profissionais liberais" seria da ordem de 119,63%; os serviços essenciais para empresas teriam aumento de carga de 79,84%, situando-se no extremo inferior das elevações. No extremo superior estariam os "serviços de comunicação social" – que é essencialmente mão de obra -, com acréscimo de 136,35% na carga tributária.

O simples entendimento da sistemática de apuração em regime de cumulatividade e de não cumulatividade é evidência suficiente – sem necessidade de estudos profundos – que indústria e comércio – terão redução, neutralidade ou pequeno aumento de custo efetivo das duas contribuições PIS e COFINS. Enquanto o setor de serviços – ao migrar de cumulatividade para não cumulatividade – certamente terá o custo tributário ampliado. O IBPT calculou esse custo efetivo da adoção integral da não cumulatividade, saindo todos da posição de cumulatividde, e chegou ao seguinte resultado, vide tabela II.

Tabela II – Custo Efetivo de PIS e COFINS não cumulativo

Contribuições	Indústria	Comércio Atacadista	Comércio Varejista	Serviços
PIS	0,6%	0,65%	0,74%	1,19%
COFINS	2,77%	3,00%	3,42%	5,49%
TOTAL Do Custo Efetivo	3,37%	3,65%	4,16%	6,68%

OBS.: Tabela e cálculos do IBPT

Em função da composição de custos de cada atividade, esse resultado não pode causar surpresa. Quando o Brasil adotar um IVA amplo, geral e irrestrito, não se pode esperar resultado diferente. O aparente conflito está em adotar uma sistemática que é a mais adequada do ponto de vista da qualidade do sistema tributário, ou submetê-la a pressões e adotar um posição intermediária com a convivência das duas sistemáticas em função da natureza setorial.

O setor de serviços – o mais afetado – movimenta-se politicamente e sua mobilização, especialmente no Congresso Nacional, pode levar a mudanças na intenção original do Ministério da Fazenda. Leve-se em conta, em adição, que nenhum tributo brasileiro é integralmente não cumulativo e os governos sempre foram incapazes de caminhar na direção e no sentido corretos da não cumulatividade.

O IBPT também calculou o efeito da unificação de PIS e COFINS, com adoção da não cumulatividade, na inflação. Segundo o Instituto, a atividade de "serviços de profissionais liberais" repassaria 4,75% ao consumidor de seus serviços; a de "serviços essenciais para as empresas" repassaria 3,12%; a de "serviços de bem estar das pessoas", 3,55%; "serviços financeiros", 4,61%; serviços de comunicação social, 5,45%; serviços de telefonia; 3,19%.

O ano de 2016, caso a proposta de fato seja remetida ao Congresso Nacional, terá um tema bastante controverso para debater. Sob a ótica puramente tributária e da melhoria da qualidade sistêmica, um novo modelo que unifique as contribuições PIS e COFINS, com adoção da não cumulatividade, regras claras de uso de crédito, manutenção de alíquotas reduzidas para atividades estratégicas[42], de alíquotas intermediárias[43]; e de alíquota zero para os produtos da cesta básica, insumos para medicamentos, produtos para pessoas com necessidades especiais, livros e serviços de transporte, não é uma proposta desprezível, pois aponta para a direção e o sentido corretos, contribuindo para melhorar a competitividade do produto nacional.

Mas igualmente não dá para desprezar os efeitos no custo de atividades que prestam importantes serviços para o País. O desafio é encontrar um modelo que extermine a cumulatividade sem elevar de modo significativo e abrupto a tributação sobre o setor de serviços. Negociar com o setor de serviços a adoção de base de cálculo e/ou alíquotas diferenciadas, e um período de transição até a não cumulatividade total, pode ser uma boa alternativa, antes que a ideia seja politicamente sacrificada.

---

[42] Saúde, educação, rádio e televisão, tecnologia da informação, teleatendimento e correios.

[43] Para construção civil, telecomunicações, transporte aéreo, hotelaria, agências de viagem e de turismo.

"A Lei Geral (LC 123, de 2006), é uma lei meio
santa, em que ninguém perde."
(Deputado Federal Carlos Melles – DEM – MG,
presidente da Comissão Especial da MPE)

"O Brasil demorou, a partir da Constituição de
1988, oito anos para começar a tributar em modo
SIMPLES; dezoito anos para ampliar o sistema e
instituir uma Lei Geral da Micro e Pequena Empresa
implantando o SIMPLES NACIONAL. E quinhentos
e oito anos para descobrir como seria simples e
humano retirar o cidadão e a cidadã da condição
de informal e conceder-lhes um passaporte para a
cidadania empresarial e a dignidade da assistência
previdenciária."
(Roberto Nogueira Ferreira – Membro do Conselho Deliberativo do SEBRAE Nacional

Reforma Tributária: Esqueçam a Reforma Tributária
CAPÍTULO IX
SUPERSIMPLES – É avanço, mas não é Reforma Tributária

Tributação das micro e pequenas empresas

É comum ouvir, em referência à tributação das micro e pequenas empresas vis a vis à reforma tributária sempre requerida, que a verdadeira reforma tributária já se fez. Nada mais falacioso. Geralmente essa afirmação vem acompanhada da menção ao universo das micro e pequenas empresas – mais de 95% das empresas brasileiras.

Do total das empresas brasileiras – dados de 2012 da Receita Federal do Brasil – 3,2% recolhem os tributos federais segundo a sistemática do Lucro REAL (faturamento acima de R$ 74 milhões de reais). Em 2012 esse universo era de 151.003 empresas. Embora representando apenas 3,2% do total das empresas em 2012, são responsáveis por 79,29% da receita bruta. Já as empresas que recolhem segundo a sistemática de LUCRO PRESUMIDO (faturamento anual até R$ 74 milhões de reais) somavam 1.039.429, cerca de 22,03% do total, correspondendo a 12,02% da receita bruta. Em relação ao SIMPLES NACIONAL; em 2012 nele se enquadravam 3.526.564 empresas, cerca de 74,76% do total de empresas, representando apenas 8,69% da receita bruta. Enquanto as empresas com faturamento até R$ 74 milhões e acima dele – recolhendo os tributos com base no Lucro Real e Presumido são importantes instrumentos de geração de receita federal, as empresas enquadradas no SIMPLES NACIONAL, com faturamento até R$ 3,6 milhões/ano, geram receita, mas, igualmente, geram "gastos tributários", em razão da renúncia de parte da arrecadação. Na longa lista de renúncias fiscais, aparecem ao lado da Zona Franca de Manaus (12% do total de renúncia fiscal); Rendimentos Isentos do IRPF (12%); Imunidades e Isenções de Entidades Sem Fins Lucrativos (9%); Deduções de Rendimentos no IRPF (7%); Isenções na Agricultura (7%) e Outros (Desonerações diversas, inclusive sobre a Folha de Pagamento, IPI, etc.) representando 25% do total.[44]

Pagar menos na saída do produto do estabelecimento empresarial – indústria, comércio ou serviços – está longe de ser a reforma tributária pretendida. A verdadeira reforma tributária vai muito além do ato de simplificar a arrecadação, concentrá-la em documento único e estabelecer uma determinada alíquota incidente sobre o faturamento da microempresa e da empresa de pequeno porte. Quando se fala em reforma tributária fala-se em algo muito mais profundo, como se vê ao longo desse trabalho, para evitar, inclusive, que o produto produzido ou vendido pelo micro e pelo pequeno empresário carregue uma carga tributária que comprometa sua competitividade. A empresa pagar relativamente menos (na comparação entre portes) é bom, estimula a ação empreendedora, mas não tem relação direta com a reforma que se requer em relação à qual há uma considerável distância. O SIMPLES NACIONAL significa tão somente pagar menos impostos num determinado período da vida da empresa, até ela se tornar grande, mas esse é outro debate a ser abordado à frente. E ao pagar a

---

[44] Os dados são da Receita Federal do Brasil, referem-se a 2012, e foram apresentados no "Seminário Brasil Novo", na Comissão de Finanças e Tributação da Câmara dos Deputados em abril de 2014.

guia única, incluindo o Imposto Sobre a Renda e a Contribuição Social Sobre o Lucro Líquido (CSLL), a empresa sabe que pode haver situações em que lucro não há, mas pagou IRPJ.

Marcos Legais

Em 1984 promulgou-se a Lei 7.256, de 1984, dispondo sobre o 1º Estatuto da Microempresa, um documento essencialmente voltado para a simplificação da burocracia. Em 1994, a Lei 8.864, promulgou o 2º Estatuto da Microempresa. Em 1999, veio o 3º, pela Lei 9.841, de 1999. Do ponto de vista tributário, o marco é a Lei 9.317, de 05 de dezembro de 1996.

Tudo começou na Constituição de 1988, que estabelece em seu artigo 179: "A União, os Estados, o Distrito Federal e os Municípios dispensarão às microempresas e às empresas de pequeno porte, assim definidas em lei, tratamento jurídico diferenciado, visando a incentivá-las pela simplificação de suas obrigações administrativas, tributárias, previdenciárias e creditícias, ou pela eliminação ou redução destas por meio de lei".

De outubro de 1988 a novembro de 1996 nenhuma iniciativa legal se preocupou com o mandamento do art. 179 da Constituição Brasileira. Até que se editou a Medida Provisória 1.526, de 05 de novembro de 1996, posteriormente convertida na Lei 9.317, de 05 de dezembro de 1996, que dispôs sobre "o regime tributário das microempresas e das empresas de pequeno porte, institui o Sistema Integrado de Pagamento de Impostos e Contribuições das Microempresas e das Empresas de Pequeno Porte – SIMPLES".

No começo, a microempresa (ME) foi classificada como aquela com faturamento – em relação à receita bruta acumulada dentro do ano calendário – de ate R$ 120.000,00. A empresa de pequeno porte (EPP) seria aquela com faturamento acima de R$ 120.000,00 até 720.000,00. A simplificação estaria no pagamento mensal unificado de IRPJ + PIS/PASEP + CSLL + COFINS + IPI e da Contribuição da Seguridade Social devida pela pessoa jurídica. As microempresas pagariam por esse conjunto de tributos 5% sobre o faturamento bruto e as empresas de pequeno porte seguiam uma tabela progressiva até chegar a 7% para quem faturava entre R$ 660.000,00 a R$ 720.000,00/ ano. Também se previa a possibilidade de acréscimos percentuais em caso de convênios com Estados e Municípios para operação conjunta desse modelo. As empresas que eram contribuintes do IPI sofriam um acréscimo de 0,5% em qualquer das faixas. Era, de fato, um processo simplificado, ainda que limitado ao campo dos tributos federais, um primeiro passo na direção e no sentido de valer o mandamento constitucional e estimular a formalização das empresas de menor porte. Enfim, uma boa política. Os limites acima foram, já em 2005, ampliados para R$ 240.000,00 e R$ 2.400.000,00 respectivamente, pela Lei 11.196 de 21 de novembro de 2005.

Já estamos em 2003, quando a Emenda Constitucional 42 – que altera alguns pontos do Sistema Tributário Nacional - amplia o foco sobre as micro e pequenas empresas, possibilitando a instituição de um sistema único de arrecadação de tributos de competência da União, dos Estados, do Distrito Federal e dos Municípios. Estabelece também que o regime será opcional para o contribuinte; que os Estados poderão estabelecer condições diferenciadas de enquadramento; e que o recolhimento será único e centralizado e a distribuição da parcela de recursos pertencente aos Estados e Municípios, e ao Distrito Federal, terá de ser imediata. A EC 42 também trata da adoção de um "cadastro nacional único de contribuintes".

A LC 123 e o novo marco ("Início de um novo tempo para os pequenos negócios e o desenvolvimento do Brasil")

A promulgação da EC 42, de 19 de dezembro de 2003, deu início ao processo de mobilização visando a ampliar o que até então fora feito em matéria legislativa em favor das empresas de menor porte. A EC 42 incorpora novos conceitos ao art. 146 da C.F. que ditaram novo rumo ao tratamento diferenciando, ao estabelecer que a lei complementar poderá instituir um regime único de arrecadação dos impostos e contribuições da União, dos Estados, do Distrito Federal e dos Municípios, destacando-se ainda: o caráter opcional para o contribuinte; a possibilidade de os Estados estabelecerem condições (teto de faturamento) diferenciadas; a unificação e a centralização do recolhimento com repasse imediato das parcelas pertencentes às unidades federadas; a compartilhamento entre os entes federados, uma vez adotado o cadastro nacional único de contribuintes, da arrecadação, fiscalização e cobrança.

Passando uma borracha em tudo o que tinha sido feito até então, a "Frente Empresarial pela aprovação da Lei Geral da Micro e Pequena Empresa", criada em 2005, estimulou e ao mesmo tempo conduziu – sem exagero - o Poder Executivo e o Congresso Nacional na aprovação da Lei Complementar 123, de 14 de dezembro de 2006, que: "Institui o Estatuto Nacional da Microempresa e da Empresa de Pequeno Porte; altera dispositivos das Leis nos 8.212 e 8.213, ambas de 24 de julho de 1991, da Consolidação das Leis do Trabalho – CLT, aprovada pelo Decreto-Lei nº 5.452, de 1º de maio de 1943, da Lei nº 10.189, de 14 de fevereiro de 2001, da Lei Complementar nº 63, de 11 de janeiro de 1990; e revoga as Leis nos 9.317, de 5 de dezembro de 1996, e 9.841, de 5 de outubro de 1999."

A LC 123, de 2006, é um avanço, mas perdeu-se a oportunidade, naquele momento, de se derrotar a burocracia tributária ao impedir, por exemplo, que ela trouxesse uma seção inteira de vedações ao ingresso no Simples Nacional – para 14 atividades – quando a Constituição Federal especifica tão somente que ao micro e pequeno negócio há de se conceder tratamento diferenciado, inclusive no campo tributário. Ou seja, a única restrição deveria ser o porte da empresa e não sua atividade. Os parlamentares entenderam, e os representantes empresariais também, que era melhor ganhar na essência e buscar alterações modernizantes mais à frente.

A LC 123, de 2006, inova em relação ao modelo anterior (já com base na EC 42, de 2003) especialmente ao estabelecer normas gerais ao tratamento diferenciado e favorecido a ser dispensado às microempresas e empresas de pequeno porte "no âmbito dos Poderes da União, dos Estados, do Distrito Federal e dos Municípios", especialmente no que se refere a: "I - à apuração e recolhimento dos impostos e contribuições da União, dos Estados, do Distrito Federal e dos Municípios, mediante regime único de arrecadação, inclusive obrigações acessórias; II - ao cumprimento de obrigações trabalhistas e previdenciárias, inclusive obrigações acessórias; III - ao acesso a crédito e ao mercado, inclusive quanto à preferência nas aquisições de bens e serviços pelos Poderes Públicos, à tecnologia, ao associativismo e às regras de inclusão".

Uma das consequências previsíveis da mobilização que resultou na Lei Complementar 123, de 2006, a elevação do "teto" das empresas beneficiadas também não se confirmou, mantendo os limites já existentes, quais sejam: a microempresa é a que auferir em cada ano-calendário, receita bruta igual ou inferior a R$ 240.000,00 (Duzentos e quarenta mil reais); e a empresa de pequeno porte é a que auferir em cada ano-calendário, receita bruta superior a R$ 240.000,00 (Duzentos e quarenta mil reais) e igual ou inferior a R$ 2.400.000,00 (Dois milhões e quatrocentos mil reais).

O SIMPLES NACIONAL, criado pela LC 123, de 2006, unifica oito tributos em uma única guia de recolhimento, a saber: Federais: IRPJ, CSLL, PIS, COFINS, IPI. Previdência: INSS patronal. Estaduais: ICMS. Municipais: ISS. Os tetos de faturamento estabelecid0s pela LC 123, para fins de enquadramento, são os mesmos fixados em 1996: **Microempresa: até R$ 240.000,00; Empresa de Pequeno Porte: de R$ 240.000,00 até R$ 2.400.000,00;**

A vez do Micro Empreendedor Individual

Em sequência, importante inovação vem com a Lei Complementar 128, de 2008, que cria o Microempreendedor Individual (MEI). O objetivo é formalizar e estimular a ação empreendedora daquele cidadão ou cidadã que opera individualmente ainda que na informalidade, sem nenhum amparo do seguro social estatal.

O MEI (Micro empreendedor Individual) é o primeiro degrau na escala do SIMPLES NACIONAL.[45] Em pouco tempo mais de 5 milhões de registros de CNPJ de Micro Empreendedor Individual foram concedidos, limitando-se o teto de faturamento (inicialmente em R$ 36.000,00/ano) em R$ 60.000,00/ano. A contribuição do empreendedor individual limita-se, mensalmente, a: R$ 39,40 de Contribuição Patronal Previdenciária (5% do salário-mínimo); R$ 5,00 de ICMS caso seja contribuinte desse imposto; R$ 1,00 de ISS – Imposto Sobre Serviços de Qualquer Natureza. O MEI pode contratar apenas um funcionário (para manter-se na condição de MEI) recolhendo – sobre o respectivo salário – apenas 8% de FGTS e 3% de Previdência Social.

O Brasil demorou, a partir da Constituição de 1988, oito anos para começar a tributar em modo SIMPLES; dezoito anos para ampliar o sistema e instituir uma Lei Geral da Micro e Pequena Empresa implantando o SIMPLES NACIONAL. E 508 anos para descobrir como seria simples e humano retirar o cidadão e a cidadã da condição de informal e conceder um passaporte para a cidadania empresarial e a dignidade da assistência previdenciária.

O desafio – a ser enfrentado pela sociedade brasileira e pelo SEBRAE – Serviço Brasileiro de Apoio ao Micro e Pequeno Empresário é fazer do Empreendedor Individual (EI) uma Microempresa e em sequência transformá-lo em Pequena Empresa, isto é, sair do primeiro e chegar ao último degrau do SIMPLES NACIONAL.[46]

LC 139, de 2011, e a elevação do teto

O grande objetivo da mobilização empresarial junto ao Congresso Nacional – que resultou na Lei Complementar 139, de 10 de novembro de 2011 – era elevar o teto de enquadramento no SIMPLES NACIONAL.

E o objetivo foi alcançado; Após intensos debates estabeleceu-se que no caso de microempresa o limite passaria a ser a receita bruta

---

[45] Para o Senador José Pimentel (PT-CE), que presidiu a Frente Parlamentar da Micro e Pequena Empresa, "Pela primeira vez o Brasil conseguiu enxergar esse segmento. Eles conquistaram dignidade para o exercício de suas atividades, respeito perante a família e maior tranquilidade para trabalhar".

[46] Para Bruno Quick, Gerente da Unidade de Políticas Públicas do SEBRAE Nacional, um dos maiores especialistas em tributação dos pequenos negócios: "Seria natural imaginar que os milhões de MEIs estivessem satisfeitos só com o ingresso no mundo formal dos negócios, com segurança previdenciária e cidadania empresarial, mas não, 84% deles sonham tornar-se uma microempresa".

auferida no ano-calendário de valor igual ou inferior a R$ 360.000,00 (Trezentos e sessenta mil reais). No caso da empresa de pequeno porte, é a receita bruta superior a R$ 360.000,00 (Trezentos e sessenta mil reais) e igual ou inferior a R$ 3.600.000,00 (Três milhões e seiscentos mil reais).

A LC 139, de 2011, atualiza as tabelas de enquadramento. Para tributação do "comércio", a alíquota inicial é de 4% e a final é de 11,61%. Para a atividade industrial, a alíquota começa em 4,5% e chega a 12,11%. Para serviços há duas tabelas. Uma com alíquotas entre 6% e 17,42% e outra de 4,5% a 16,85%.

Durante o debate sobre a elevação do teto de faturamento, no âmbito do Conselho Deliberativo do SEBRAE Nacional, o Conselheiro Roberto Nogueira Ferreira levantou a tese de que sucessivos aumentos no teto, sob o argumento de que a MPE não consegue sobreviver ao ultrapassá-lo e cair no mundo real, seria negar a atuação do próprio SEBRAE, que tem como objetivo fim de sua atuação a preparação da empresa para, ao atingir a maioridade empresarial, medida pelo teto de faturamento, esteja apta ao enfrentamento do duro jogo do mercado concorrencial.

Apesar de entender, naquele momento, que as empresas brasileiras estavam mudando de patamar (com as grandes ficando cada vez maiores), o Conselheiro entendia que ainda não se podia afirmar que o crescimento viera para ficar, ou se seria apenas fruto da conjuntura.[47]

---

[47] Como Conselheiro representante da CNC – Confederação Nacional do Comércio de Bens, Serviços e Turismo, Roberto Nogueira Ferreira seguiu a recomendação da Entidade – a favor da elevação do teto – conforme já se manifestara publicamente o presidente Antonio Oliveira Santos, que defende a tese de que o primeiro dever do líder empresarial é atuar para que os representados paguem, legalmente, menos tributos. A elevação do teto tem um efeito perverso para o meio sindical patronal e para todo o Sistema S (incluindo O SEBRAE), pois as empresas enquadradas no Simples Nacional estão isentas do pagamento da "contribuição sindical " e da "contribuição ao Sistema S".

Para apimentar ainda mais o debate, o Conselheiro Roberto Nogueira Ferreira publicou em redes sociais a **Crônica da pequena empresa. (Ou narrativas nada acadêmicas sobre Peter Pan),** abaixo, inserindo após sua identificação: "No exercício do sagrado direito de livre pensar".

> O Diário Oficial da União veiculou a Lei Complementar 139, de 10 de novembro de 2011, elevando o teto que define o acesso das pequenas empresas à sistemática de tributação que atende pelo nem sempre verdadeiro nome de SIMPLES NACIONAL.
>
> Pela nova Lei, pequena empresa é aquela que fatura até R$ 3.600.000,00/ano. Quando se inscreveram no SIMPLES todas sabiam que seriam consideradas grandes quando ultrapassassem o limite de R$ 2.400.000,00/ano.
>
> No mundo real, a geringonça deveria funcionar mais ou menos assim:
>
> A empresa sabia que se tornaria grande ao atingir a "idade" de R$ 2.400.000,00/ano. Também sabia que nesse período de infância, puberdade e adolescência ela seria protegida por benesses do Estado pagas por alguém. Teria também o "colo" sempre quente do SEBRAE, oferecendo-lhe cursos, colocando à sua disposição consultores de nível supostamente elevado, e direito a participações subsidiadas em feiras de negócios nacionais e internacionais. Sonhava com o dia em que as benesses e o colo resultariam em torná-la grande. Até que chegou o momento, o grande dia de abandonar o hebiatra e se dirigir ao clínico geral, por conta própria, e ver com anda a saúde.
>
> Adeus benesses, adeus colo quente do SEBRAE, adeus créditos fáceis e juros acessíveis. Adeus Simples Nacional. Entrou em depressão e recorreu a psicólogos e psiquiatras. Diagnóstico rápido: Complexo de Peter Pan. Não quer ser grande. Crises.
>
> Recusa-se ao novo status. Como sobreviver sem essas benesses? Como caminhar sem as muletas do Estado, sem-

pre corretamente tão generoso em favores aos pequenos e aos pobres e necessitados? *Enfermeiros* de plantão estão aí sempre disponíveis e o Congresso logo se movimentou. É preciso dar um jeito para continuar levando o "garoto" ao hebiatra. E a empresa, que já é grande, renovada em sua "grandeza" vai acessar o sistema de crédito que deveria ser acessado apenas pelas pequenas empresas. Vai se tributar pelo sistema que deveria ser reservado apenas às pequenas empresas. Como o bolo não cresce na proporção dos favorecidos faltaram fatias paras os "mais necessitados", os que realmente ainda precisam do hebiatra.

A Lei Complementar 139, de 10 de novembro de 2011, promoveu o milagre de fazer adulto voltar a ser criança, mais um milagre exclusivamente brasileiro. Não satisfeita, a pajelança ainda dá, a alguns burocratas, poder de decidir – daqui a três anos - se esse novo tamanho de R$ 3.600.000,00 será ampliado uma vez mais. Síntese: Os "pequenos" nunca serão "grandes".

Quando aceito que o governo gasta pior que o cidadão e a empresa, a elevação do teto faz sentido, mas não deixa de ser uma aceitação meio anárquica. O que mata a pequena empresa não é passar a ser tributada como adulta quando se torna adulta. O que mata é a arrogância tributária e burocrática do Estado, leia-se seus representantes federais, estaduais e municipais. Mata também a incapacidade de andar pelas próprias pernas, não por necessidade, mas por vício e uma boa dose do espírito de Macunaíma.

No início da década de 1980, em texto, propus: "Um imposto único para a pequena empresa". Imaginei tributação exclusivamente municipal. Não só a tributação como o relacionamento com a burocracia do Estado. Tudo no município. Se crescer, vai falar com o Estado e com a União, não por castigo, mas reconhecimento de justa ascensão. Aconteceu o inverso, o "imposto único", ironicamente chamado de Simples, depois de SuperSimples, e futuramente de Mega Simples, é dirigido pela nada simples burocracia federal, esteja a empresa em

Manicoré ou em Rio Pomba.

E tudo vem parar na capital federal. Tudo se dirige ao Congresso Nacional. Há um Comitê Gestor cuja sede é no Planalto Central. Tudo muito simples e complexo, tudo muito ágil e lerdo, tão burocrático que não consigo contar no sítio eletrônico da Receita Federal do Brasil, nome pomposo que assusta o pequeno em vez de acolhê-lo, quantas complexas normas a burocracia produziu para administrar o Simples. Simples, não!

Ainda na década de 1980 fazia referência - com certa frequência - a um conceito que hoje deve ser visto como politicamente incorreto (novo nome da falsa moralidade). Não existem pequenas empresas. Existem empresas bebê, pigmeu e anão. Isso mesmo: bebê, pigmeu e anão. O conceito deveria ser usado por gerentes de banco e formuladores de políticas públicas, ambos na condição de psicólogos empresariais. Imagine a cena: O empresário senta-se à frente do gerente e confessa seu desejo de acessar uma linha de crédito para capital de giro das pequenas empresas. O empresário vê o gerente como um pediatra, talvez um hebiatra. O gerente olha para ele atentamente e com base na sua psicologia financeira o enrola por tempo suficiente para descobrir se está diante de um bebê, um pigmeu ou anão.

Se bebê, a tendência é o negócio evoluir. O gerente e o formulador de políticas públicas estão ali para ajudá-lo a crescer, com uma condição: o bebê precisa ter vontade de crescer. Mas se o gerente olha e vê um pigmeu, deve encaminhá-lo a outro departamento, propondo atendimento de um clínico geral. Apesar do pequeno porte, ele está diante de adulto pronto para enfrentar o duro jogo do mercado, sem muletas oficiais e colos quentes, sem créditos subsidiados, que são reservados para os pequenos, assim como as aspirinas infantis e o leite Ninho.

Se for caso de anão, todo cuidado é bom. Pisando em ovos, figurativamente, há de explicá-lo, convenientemente, que é zero a possibilidade de crescimento, porque política pública para pequenos é para promover o crescimento. O gerente deve saber disso e o formulador de políticas públicas também. Mas não se deve abandoná-lo, pois, o porte não limita idade e ele preserva alguns requisitos necessários ao acesso, sabendo-se de antemão que o apoio é assistencialista, não é, como deveria ser, indutor de desenvolvimento e crescimento físico. Ele pode se desenvolver em qualquer atividade, mantido o mesmo porte, consciente de sua característica de vida, não de morte.

Esta é mais ou menos uma fábula quase real, como se isso fosse possível dirão os fanáticos de sempre. Uma narração brevemente alegórica que não encerra nenhuma lição de moral, como as fábulas. É apenas um exercício narrativo de um tempo. Uma visão exclusiva não necessariamente aproveitável, reflexo de uma independência incomodativa, ausente de compromissos políticos. Também pode ser uma narrativa do nada. Dependerá sempre do lado da ponte que você estiver, quando for atravessá-la.

A LC 147, de 2014 – A universalização do SIMPLES NACIONAL

Ainda em 2012, chega à Câmara dos Deputados, pelas mãos do então deputado federal Pedro Eugênio, do PT de Pernambuco, que sempre atuou a favor da causa do micro e pequeno empresário – na condição de presidente da Frente Parlamentar da Micro e Pequena Empresa, a proposta de universalização do Simples Nacional. A proposta resultou na Lei Complementar 147, de 02 de agosto de 2014, que tem como mérito maior justamente a universalização do acesso, ou seja, fez o que a LC 123, de 2006, deveria ter feito, ao estabelecer que a definição sobre enquadrar ou não no Simples Nacional se dá unicamente em função do porte da empresa e não da atividade a que ela se dedica. A LC 147, de 2014, também dá melhor tratamento à questão da Substituição Tributária e protege o Empreendedor Individual contra a cobrança de taxas públicas e contribuições de entidades.

Mas a nova tabela de enquadramento da atividade de serviços não é bem recebida – a alíquota começa em 16,93% e vai a 22,45%, perdendo, em muitos casos, para a concorrência com a sistemática de recolhimento pelo Lucro Presumido, a depender da relação folha de salários versus faturamento.

A alternativa foi fazer um novo estudo e apresentar uma nova proposta de tabelas ao Congresso Nacional, que chega ao final de 2015 ainda sem decisão definitiva na tramitação na Câmara dos Deputados.

A LC 147, de 2014, entrou vigência no dia 1º de janeiro de 2015, permitindo, com a universalização, que uma centena e meia de atividades passassem a ter o direito de aderir ou não ao Simples Nacional, por exemplo: as empresas prestadoras de serviços de atividade intelectual, de natureza técnica, científica, desportiva, artística ou cultural, as que prestam serviços de instrutor, de corretor, de despachante ou de qualquer tipo de intermediação de negócios, e as que realizam atividade de consultoria. As novas regras de Universalização passam a incluir, por exemplo, dentistas, jornalistas, fisioterapeutas e advogados.

Estima-se que cerca de 450.000 novas empresas puderam participar do Simples Nacional em 2015 em função da LC 147, de 2014.

É evidente que há quem não possa aderir ao Simples Nacional. São exceções salutares, além das empresas que ultrapassem o teto de faturamento de R$ 3.600.000,00, quais sejam, por exemplo: que tenha outra pessoa jurídica como acionista; que participe do capital de outra pessoa jurídica; que seja filial, sucursal, agência ou representação, no País, de pessoa jurídica com sede no exterior; que tenha um dos acionistas com participação em qualquer outra empresa de fins lucrativos, considerando que a soma da receita bruta dessas empresas ultrapasse R$3,6 milhões; que tenha sócio que more no exterior; constituída sob a forma de cooperativas, salvo as de consumo; que exerça atividades relacionadas a energia elétrica, importação de combustíveis, automóveis e motocicletas, transporte intermunicipal e interestadual de passageiros, crédito, financiamento, corretagem, câmbio, investimento, cigarros, cigarrilhas, charutos, filtros para cigarros, armas de fogo, munições e pólvoras, explosivos e detonantes, bebidas alcoólicas e cervejas sem álcool, cessão ou locação de mão de obra, loteamento e incorporação de imóveis, locação de imóveis próprios; que possua débito, ainda exigido, com o Instituto Nacional do Seguro Social (INSS), ou com as Fazendas Públicas Federal, Estadual ou Municipal; sem inscrição ou com irregularidade em cadastro fiscal federal, municipal ou estadual, quando exigível.

A questão do teto ainda é mal resolvida e deve ser enfrentada, pois, assim como no mundo dos seres humanos há um momento em que não se pode desviar da maioridade, com suas novas obrigações e seus novos direitos, o mesmo deve ocorrer no mundo das empresas. Desde 2014, tramita no Congresso Nacional um novo Projeto de Lei Complementar que propõe novos tetos (R$ 7,7 milhões e R$ 14,4 milhões). Um teto de R$ 14,4 milhões, em uma unidade federativa que não tem grande empresa, acaba com o Sistema S regional, incluindo o próprio SEBRAE. Também não faz sentido uma empresa que fatura, por exemplo, R$ 7,7 milhões/ano, ser isenta do pagamento de (por exemplo) R$ 300,00/ano de contribuição sindical e com isso deixar de ter o apoio do sindicato patronal em negociações coletivas de trabalho. É só tratá-la diferencialmente, como diz a Constituição, e oferecer uma contribuição reduzida.

Leve-se em conta, ainda, que mais essa tentativa de elevação se dá no momento em que as empresas brasileiras estão perdendo tamanho (com as grandes, ao contrário de 2011, ficando menores).

A tributação das micro e pequenas empresas no Brasil representa um avanço, mas sua regulamentação não é nada simples, e esse aspecto é uma contradição em relação ao modelo. Mas ela não pode ser confundida com a "reforma tributária que o empresariado requer.

E também não me parece adequado sugerir que sempre haverá a possibilidade de elevar-se o teto e desviar-se da maioridade. Afinal, em analogia com a vida real, sempre chega o dia de fazer 18 anos e assumir novas responsabilidade e adquirir novos direitos, com as dores e as delícias que isso representa.

"Do ponto de vista de seu objetivo original como política de manutenção de emprego, e a despeito de seus objetivos desejáveis de aumento da competitividade, a política de Desoneração da Folha mostrou ter baixa eficiência, uma vez que devido ao seu desenho, custa mais aos cofres públicos do que os empregos mantidos ou criados."
Ministro da Fazenda – Abril de 2015

Reforma Tributária: Esqueçam a Reforma Tributária
CAPITULO X
A opção equivocada: Desonerações ao invés de Reforma

No contexto das políticas públicas equivocadas o destaque dos anos recentes é a chamada "Desoneração da Folha de Pagamento"[48], iniciada em 2011. Esse breve texto crítico, como derradeiro capítulo, se justifica porque a desoneração da folha de pagamento ocupou indevidamente o espaço político e empresarial antes preenchido pelo desejo de uma ampla reforma no Sistema Tributário Nacional.

A política de desoneração da folha surgiu como mais uma panaceia capaz de preservar emprego e ampliar a competitividade de alguns setores da economia favorecendo a exportação. O que era tido inicialmente como uma medida anticíclica, conceitualmente temporária, destinada a alguns segmentos, foi se ampliando e chegou ao final

---

[48] A desoneração se efetiva (melhor seria, se efetivaria), quando a empresa deixa de recolher a contribuição patronal ao INSS de 20% (total ou parcialmente) incidente sobre o valor da folha de pagamento e passa a recolher um dado percentual (alíquota ad valorem) aplicado sobre o seu faturamento total, excluído o faturamento decorrente de exportações, o valor das vendas canceladas, etc. O primeiro anúncio governamental da "desoneração da folha de pagamentos" se deu em agosto de 2011, por meio da Medida Provisória 540, convertida na Lei 12.546, de 14 de dezembro de 2011. Apenas três segmentos foram incluídos nessa primeira alteração: Confecções e Calçados (que passaram a contribuir com a aplicação da alíquota de 1,5% sobre o faturamento; e Software, com alíquota de 2,5%.
[49] Segundo o Ministério da Fazenda, 0,39% do PIB.

de 2014 representando uma perda de receita da ordem de R$ 21,6 bilhões.[49] Com a sombria perspectiva de a renúncia ultrapassar R$ 25 bilhões em 2015.

A aplicação de alíquotas *ad valorem* de 1% ou 2% sobre o valor do faturamento, para representar uma desoneração efetiva teria de resultar em pagamento, pela empresa, de valor menor que a do sistema anterior. O resultante é renúncia fiscal a ser suportada por toda a sociedade. Se o benefício social – aumento de emprego e da competitividade industrial se efetivar, assimilar os gastos com as renúncias pode ser uma boa política, desde que temporária. Mas há perguntas sem respostas no âmbito dessa política: Teria sido maior o custo que o benefício social? Quem se apropriou da renúncia fiscal? As renúncias resultaram em emprego e ganhos de competitividade ou se estacionaram no balanço das empresas? O certo é que de repente – na impossibilidade de avançar em uma mudança tributária estruturante ou por equívoco gerencial – a desoneração ganhou status nunca visto no governo da presidente Dilma. Apesar de críticas internas, inclusive em relação aos efeitos e contrapartidas nunca exigidas, prevaleceu o pensamento dos defensores das desonerações (não só a que incide sobre a Folha de Pagamentos) e dos subsídios. A opção de redução da meta de superávit primário para suportar desonerações revelou-se em curto espaço de tempo um equívoco que poderia ter sido evitado. O jornalista Ribamar Oliveira, colunista do jornal VALOR, ao tratar dessa matéria por ocasião do encaminhamento da proposta orçamentária de 2013 é taxativo: "A opção pelo caminho da desoneração tributária está clara na proposta orçamentária deste ano". Para o jornalista a presidente "foi convencida dessa estratégia, cujo objetivo é reduzir o custo de produção e estimular investimentos". A análise se refere a todas as espécies de desoneração e não somente à desoneração da folha de pagamentos que é o carro-chefe das "novas e importantes medidas para que o Brasil tenha uma política tributária mais justa para os cidadãos e mais favorável ao investimento", afirmação contida no texto de encaminhamento da proposta orçamentária mencionada. Ingenuidade ou o quê?

O marco zero da Desoneração da Folha de Pagamento é a Medida Provisória 540, de 02 de agosto de 2011,[50] convertida na Lei

12.546, de 14 de dezembro de 2011. A partir daí novas propostas foram levadas ao Congresso Nacional e significativamente ampliadas pelos parlamentares até chegar ao expressivo número de 56 segmentos "beneficiados". A primeira estimativa do governo federal revelava uma renúncia fiscal de R$ 1,3 bilhão (para confecções, calçados e software). Em três de abril de 2012, nova Medida Provisória (MP 563) foi submetida ao Congresso Nacional, ampliando os segmentos (Têxtil; Móveis; Plásticos; Material Elétrico; Autopeças; Ônibus; Naval; Aéreo; Mecânico; com alíquota de 1% e Hotéis e Chips com alíquota de 2%) e os efeitos fiscais no Tesouro. O governo, ao enviar a MP 563, estimou em R$ 4,9 bilhões a desoneração tributária em 2012 e R$ 7,2 bilhões em 2013. A entrada desse conjunto de novos segmentos evidencia o fim do conceito da proposta original e a vitória de uma das tradicionais e longevas lógicas da política brasileira,[51] e o melhor exemplo é a entrada do setor de hotelaria, que não padecia de concorrência externa e vivia demanda em êxtase pela proximidade da Copa do Mundo de Futebol. Nesse momento muitos líderes empresariais clamavam pela ampliação da desoneração. Um mês antes da remesa da MP 563, de 2012 ao Congresso Nacional, a CNI – Confederação Nacional da Indústria avaliou os resultados de "Um ano do Plano Brasil Maior" e um de seus pleitos era exatamente a "Ampliação do número de setores contemplados pela medida de desoneração da folha e transformação em não compulsório, permitindo que a empresa faça a opção em ser tributada pelo regime antigo (na folha) ou pelo novo (faturamento)".As duas propostas serão assumidas pelo Congresso Nacional e mantidas pelo governo federal.[52]

---

[50] O primeiro anúncio governamental da "desoneração da folha de pagamentos" se deu em agosto de 2011, por meio da Medida Provisória 540, convertida na Lei 12.546, de 14 de dezembro de 2011. Apenas três segmentos foram incluídos nessa primeira alteração: Confecções e Calçados (que passaram a contribuir com a aplicação da alíquota de 1,5% sobre o faturamento; e Software, com alíquota de 2,5%

[51] "É dando que se recebe".

[52] Neste mesmo documento, a CNI faz a síntese industrial de um ano de PBM (Plano Brasil Maior) e registra um quadro preocupante: Produção em queda; Ociosidade crescente; Aumento de custos; Produtividade estagnada; Tendência de redução do emprego; Impacto Setorial diferenciado. Apesar do desarranjo evidente, o debate em torno de um novo modelo tributário não é retomado.

Em 02 de agosto de 2011 a redução do IPI sobre bens de capital e materiais de construção, via Decreto Presidencial, cuja vigência se esgotaria em 31 de dezembro daquele ano, foi estendida para até 31.12.2012, com permissão para estender a desoneração até julho de 2016.

Na esteira desse delírio conjuntural as desonerações do IPI foram se estendendo para fabricantes de fogões de cozinha, refrigerantes e congeladores, lavadoras de roupa, tanquinhos, móveis, laminados PET, papel de parede, luminárias e lustres. E assim, de desoneração em desoneração a governança da política tributária nacional foi se assumindo casuística, demagógica, política, imediatista, sem conexão com o futuro tributário e das contas públicas. Enfim, transformou-se em uma política "tanquinho".[53] Alguns dos mentores dessa política saíram da cena política nacional, outros nela se encontram e se confrontam com um passado à sua frente.

Tudo isso se deu com o silente apoio e incentivo de boa parte do empresariado nacional, alguns em posição de liderança, que fizeram a opção do ganho casuístico de alguns segmentos, ao invés da defesa de um sistema tributário estruturante. Entende-se que um empresário, atuando livre e individualmente, movido pelo espírito capitalista, atue em busca de benefícios e desonerações pontuais, ainda que temporá-

---

[53] Em fevereiro de 2013, em pronunciamento no Conselho Desenvolvimento Econômico e Social, o Secretário Executivo do Ministério da Fazenda, Nelson Barbosa, anuncia como um dos instrumentos para a continuação da Agenda de Competitividade e do Investimento, justo a entrada de mais segmentos na Desoneração da Folha de Pagamento. O Secretário deixou o governo meses após essa exposição e retornou ao governo em janeiro de 2015 na condição de Ministro do Planejamento, tendo de enfrentar um brutal desequilíbrio das contas públicas, que tem como um de seus fatores a excessiva desoneração tributária posta em prática de 2011 a 2014. Mais ainda: ao final de 2015 deixa o Planejamento e é nomeado Ministro da Fazenda.
[54] Pesquisa da CNI, divulgada em 22 de novembro de 2012, mostra que "70% da indústria acha que a desoneração da folha reativa a economia".
[55] Roberto Nogueira Ferreira, em Audiências Públicas na Câmara dos Deputados e no Senado Federal.

rias, sem olhar para os macros efeitos nas contas públicas, sobretudo os perversos. Esse procedimento até certo ponto pode ser considerado normal. Mas é preocupante quando o setor empresarial abandona o sempre necessário discurso de defesa e instituição de um sistema tributário moderno focado na competitividade do produto nacional. Muitos chegaram a crer que a desoneração da folha reativaria a economia, quando ela já começava a dar sinais de fragilidade.[54]

Voltando à desoneração da folha de pagamento, a Confederação Nacional do Comércio (CNC) sempre defendeu – em "Audiências Públicas" no Congresso Nacional – que a racionalidade da cobrança da Contribuição Patronal ao INSS está na incidência sobre a folha de pagamento. Um dos Consultores da Presidência da CNC,[55] numas dessas audiências, justificou esse entendimento de modo simples e direto. Quando a empresa contrata um trabalhador e ele automaticamente se insere no mundo da seguridade social, gerando pressões presentes e futuras nas contas públicas, é justo que a empresa seja chamada para contribuir com as expectativas de gastos criadas a partir da contratação e o faça tendo como base o gasto total com esse trabalhador. Em contrapartida, quando a empresa emite uma Nota Fiscal ela é apenas e tão somente, naquele ato, uma geradora de recursos fiscais para o gestor público. Ainda assim, o presidente da CNC, em artigo no Jornal do Commercio, RJ, em 2011, mesmo reconhecendo que a medida é "desprovida de base técnica e jurídica e contraria os fundamentos da Previdência Social" e afirmando que "a base de cálculo tem de ser o salário, pois seria um absurdo onerar as empresas de alta tecnologia e as prestadoras de serviços profissionais de engenharia, advocacia, arquitetura, contabilidade, consultorias econômicas e outras", chega a admitir a desoneração da folha de pagamento "mas desde que isso não ocorra com a transferência para o faturamento das empresas".

A opção brasileira de tirar a contribuição patronal à previdência social da folha de pagamento e transferir para o faturamento veio acompanhada da adoção de um critério que paradoxalmente atua em desfavor da competitividade. Abra-se um parêntese para lembrar que ganhos de competitividade justificaram a primeira proposta de desoneração da folha de pagamento. A referência ao paradoxo é pela adoção de incidência cumulativa sobre o faturamento, um atraso conceitual. Outro paradoxo, também justificativa da primeira proposta, é que quando se editou a Medida Provisória 540, em 2011, o nível de emprego no Brasil justificava a euforia com o pleno-emprego, ganho social logo transformado em moeda política. As ideias, como disse o poeta, não correspondiam aos fatos.

Na experiência europeia, que certamente serviu de fonte e motivação para as autoridades econômicas brasileiras, a ideia de desoneração se aplicou para estancar o desemprego, utilizando-se para isso a ampliação da alíquota do Imposto Sobre o Valor Agregado, que é não cumulativo. Lá, também, a ideia sempre foi a de manter a mesma arrecadação do ponto de partida. Aqui ninguém se preocupou com a expansão fiscal e a renúncia foi demagógica e irresponsavelmente crescente e sem controle, como se políticos distribuíssem bônus antecipados aos seus potenciais financiadores de campanha. Como agravante, ninguém tampouco se preocupou – nem o governo, nem as empresas – quanto ao fato da troca (folha por faturamento) ser feita com a adoção de uma incidência "em cascata", cumulativa. Como nem os políticos nem os empresários se preocupam com esses detalhes acadêmicos, a incidência "em cascata" ficou fora do debate, pois o pagamento dos setores beneficiados à previdência, via faturamento, ao ficar abaixo do que pagavam antes via folha de pagamento, não trouxe à tona o debate conceitual cumulatividade x não cumulatividade, deteriorando ainda mais a qualidade do sistema tributário nacional.

Enquanto isso, lobbies de toda espécie disputavam espaço para inserir o setor A ou o setor B nas Medidas Provisórias que o governo federal enviava ao Congresso Nacional. A desoneração da folha de pagamento se transformou em festival de benesses a alguns segmentos custeados pela sociedade, enfim, por todos os brasileiros. Dado importante, pelo pitoresco, é encontrado em documento do Ministério da Fazenda, já em 2015, ao analisar a eficiência da desoneração nos setores em que houve aumento de emprego. Cada emprego gerado ou preservado no conjunto dos segmentos beneficiados pela desoneração da folha, segundo análise daquele Ministério, teria custado

R$ 63.000,00/ano. Comparado com o salário médio de admissão que segundo o CAGED (Cadastro Geral de Emprego e Desligamentos) do Ministério do Trabalho teria um custo estimado de R$ 20.400,00/ano, fica evidente que no período de concessão das desonerações o Ministério da Fazenda não se preocupou com o custo da desoneração. Só podia dar no que deu: nenhum efeito econômico e social duradouro e uma extraordinária contribuição ao déficit fiscal.

O custo da desoneração da folha chegou a 0,5% do PIB, segundo o Ministério da Fazenda, muito elevado em comparação com a trajetória declinante da meta de superávit primário, a qual, quando o Ministério fez o estudo era estimado em 1,2% em 2015.

De volta ao começo, não há como não classificar a desoneração da folha de pagamento como "não política", algo que veio para mascarar e sepultar o necessário debate sobre a qualidade da tributação brasileira e em sentido mais amplo a reforma fiscal. A ideia original de 2011, ainda que equivocada por vários fatores, veio embalada em algum conceito bom para debate. O benefício destinava-se aos segmentos industriais de couro, calçados e confecções e alguns setores de TI/TIC, para elevar a competitividade em relação à concorrência externa. O festival de benesses elevou as atividades "beneficiadas" para 56, sem nexo com o objetivo maior inicial. E como sempre há espaço para o ruim piorar, a desoneração "evoluiu" de benefício setorial para benefício por produto, especificado segundo a NCM – Nomenclatura Brasileira de Mercadoria, com todos os efeitos perversos que isso significa para a avaliação da política e para o controle das empresas.

A tabela a seguir retirei de estudo do Ministério da Fazenda. Ela retrata, como diz o texto, "o efeito da escalada legislativa que reflete na crescente renúncia fiscal e do número de empresas desoneradas à medida que a abrangência da desoneração foi se ampliando". Afirma o Ministério da Fazenda: "Após a sexta MP tratando do assunto, mais de 80 mil empresas já estavam sendo beneficiadas, com um custo mensal de R$ 1,8 bilhão." A história começa com uma renúncia anual de R$ 2,4 bilhões e chega à última MP custando R$ 22,3 bilhões/ano.

Desoneração da Folha: Data da MP e Setores Beneficiados

Legislação	Data	Alíquota Sobre o Faturamento	
		1%	2%
MP 540	02/08/2011	Couro, Calçados e Confecções.	TI/TIC
Lei 12.715/2012	03/04/2012 (MP 563) (Proposta original do Executivo)	BK mecânico, Material Elétrico, Autopeças, Fabricação de Aviões, d e navios e de ônibus, Plásticos, Móveis, Têxtil.	Call Center, Design Houses, Hotéis.
	17/09/2012 (PLV 18) (A relação ao lado foi acrescentada no Congresso Nacional)	Aves, suínos e derivados, Pães e massas, Medicamentos e fármacos, Manutenção e reparação de aviões, Outros (Núcleo de pó ferromagnético, gabinetes, microfones, autofalantes, e outras partes de acessórios de máquinas e aparelhos de escritório), Pedras e rochas ornamentais, Brinquedos, Transporte aéreo, Transporte marítimo, fluvial e navegação de apoio.	Transporte Rodoviário Coletivo.
MP 582 (Lei 12.794)	20/09/2012	Pescado, Equipamentos médicos e odontológicos, Bicicletas, Equipamento ferroviário, Pneus e câmaras de ar, Papel e celulose, Vidros, Fogões, refrigeradores, e lavadoras, Cerâmicas, Tintas e vernizes, Construção metálica, Fabricação de ferramentas, Fabricação de forjados de aço, Parafusos, porcas e trefilados, Instrumentos Óticos.	
MP 602, 610 e 612 (Lei 12.844)	28/12/2012	Borracha, Obras de ferro fundido, ferro ou aço, Cobre e suas obras, Alumínio e suas obras, Obras diversas de metais comuns, Reatores nucleares, caldeiras, máquinas e instrumentos mecânicos e suas partes, Comércio Varejista, Manutenção e reparação de embarcações, Transporte Rodoviário de Cargas (a partir de 01/01/201 4), Transporte Ferroviário de Cargas (Idem), Carga, Descarga e Armazenagem de Contêineres (Idem), Empresas Jornalísticas (Idem)	Suporte técnico de informática, Construção Civil, Transporte Ferroviário e Metroferroviário de Passageiros (a partir de 01/01/2014), Empresas de construção e de obras de Infraestrutura (idem).

(Tabela extraída de estudo do Ministério da Fazenda.
As observações entre parênteses foram acrescidas pelo autor.)

Depois de tantos acréscimos setoriais e de produtos, alguns estudos mostram que a renúncia se distribuiu setorialmente da seguinte forma: 45% na indústria; 43% em comércio e serviços e 12% na construção civil. Estudos recentes do Ministério da Fazenda (em 2015) mostram além da renúncia a complexidade operacional inclusive para as próprias empresas. Cita-se como um dos exemplos o fato da renúncia contemplar seis produtos da NCM 82 e não contemplar outros seis. Conclui-se que a desoneração da folha saiu dos trilhos e – num quadro de restrição orçamentária – deve-se redimensionar essa política. Em outras palavras ela é causa e consequência, ainda que parcial, da tragédia fiscal de 2015.

E seus efeitos na competitividade? Deles não há notícia cientificamente confirmada. O Relatório Executivo 2011 – 2014 do Plano Brasil Maior (Inovar para Competir. Competir para Crescer) do Governo Federal dedica breve capítulo à desoneração da folha de pagamento, tratada como um dos itens do esforço de "Redução dos Custos de Trabalho".

A redução da contribuição previdenciária incidente sobre a folha de pagamento chegou a ser tida pelo governo como "um dos eixos fundamentais do Programa Brasil Maior", conforme se vê no Relatório Executivo elaborado pela ABDI – Agência Brasileira de Desenvolvimento Industrial. O texto destaca que o objetivo inicial era reduzir os custos da mão de obra de setores "sensíveis ao câmbio e à concorrência internacional". De um lado o governo reduzia o custo da mão de obra e de outro retirava parte do faturamento da empresa sem compensar integralmente essa redução. Na Europa o mesmo procedimento observava a neutralidade – tirar de um lado e acrescer de outro na mesma proporção – para não haver impacto nas receitas públicas. No Brasil a experiência parece não ter levado em consideração esses aspectos. A partir da primeira concessão a porta se abriu até se chegar a 56 setores "beneficiados" muitos sem nenhum apelo no mercado externo. O relatório da ABDI afirma que "a gradual expansão da medida resultou não apenas de estudos e cálculos efetuados pelo governo, mas também pelo interesse manifesto de diversos segmentos produtivos em aderir à nova sistemática." Parece não haver dúvida quanto à segunda parte – o interesse empresarial – mas o que se viu no Congresso Nacional foi a ação pouco responsável de parlamentares emendando as propostas originais, inchando a renúncia tributária. A tabela anterior evidencia esse fenômeno. A MP 563, de 2012, por exemplo, previa na origem 12 segmentos. Depois de passar no Congresso Nacional e se transformar no PLV 18[56]e resultar na Lei 12.715, de 2012, outros tantos setores foram inseridos na desoneração. A cada Medida Provisória, novo contingente de desonerados aumentava a conta a ser cobrada no futuro. Parecia um sucesso, ao menos na visão de parte do governo e do setor privado, até se consagrar por meio de mais uma Medida Provisória o caráter de desoneração permanente a partir de julho de 2014, poucos meses antes da eleição presidencial. A realidade fiscal, entretanto, que está a exigir enorme esforço da sociedade brasileira, pelo menos terá o mérito de sepultar o delírio *"desonerativo"* e o *FEBEAPÁ* tributário em breve espaço de tempo.

A tabela abaixo, extraída do Relatório Executivo da ABDI, mostra a trajetória da desoneração segundo o Ministério da Fazenda, com projeção de renúncias até 2017.

Ano	Renúncia Fiscal Estimada
2011	R$ 154 milhões
2012	R$ 3,8 bilhões
2013	R$ 16,5 bilhões
2014	R$ 21,6 bilhões
2015	R$ 23,8 bilhões
2016	R$ 27,4 bilhões
2017	R$ 31,7 bilhões

No mundo acadêmico, no universo dos especialistas que há anos debatem a questão tributária e fiscal, e seus reflexos na competitividade, mas sem perder de vista os efeitos nas contas públicas, a

---

[56]A MP - Medida Provisória após examinada pelo Congresso Nacional adquire o nome de PLV - Projeto de Lei de Conversão, que é o instrumento a ser enviado à Presidência da República para, ao ser sancionado, se transformar em Lei. A MP é de iniciativa do Poder Executivo. O PLV é a MP após sofrer um processo de conversão segundo os parlamentares.

política de desoneração previdenciária sem medição de resultados e renúncia crescente sempre foi motivo de preocupação. Desprovidos de compromissos políticos – no Executivo e no Parlamento –, movidos apenas por conhecimento e honestidade profissional, alguns estudos apontam em direção oposta aos delírios de algumas autoridades governamentais.

Vem do IBRE-FGV, Instituto Brasileiro de Economia da Fundação Getulio Vargas, os estudos mais críticos da desoneração da folha já a partir do primeiro ano de sua instituição, liderados pelo economista José Roberto Afonso, um dos mais qualificados críticos das contas públicas brasileiras e do modelo tributário nacional. Uma das primeiras críticas de José Roberto Afonso, quando as bases foram trocadas, centra-se na então expectativa do ritmo de queda do faturamento ser mais rápido que eventual queda na base salário nos momentos em que a economia deixar de crescer ou crescer modestamente. Seu alerta faz sentido, vez que a legislação trabalhista brasileira é inibidora da demissão sem justa causa, apesar da recessão ser uma causa senão justa pelo menos ponderável. A tese do economista veio se confirmar em 2015 quando a economia entrou em ritmo de queda acentuada. Análise do IBRE, feita por José Roberto Afonso, Bernardo Fajardo e Vilma Pinto, pesquisadores daquela Instituição, mostrou que ao final do primeiro semestre de 2015 (mês de março) a arrecadação previdenciária calculada sobre o faturamento cai 10,1% em termos reais (março de 2015 contra março de 2014), enquanto a arrecadação sobre a base folha de salários cresceu em termos reais 1,7%. No geral, naquele mês de 2015 a arrecadação previdenciária patronal caiu 1,2%, contaminada pela queda do faturamento decorrente na economia em baixa.

Revelando-se correta a tese de José Roberto Afonso, a tendência é acentuar a queda da arrecadação destinada à previdência social nos setores desonerados já que não há sinais de curto prazo de recuperação da economia. A massa salarial cai junto com a queda da economia, mas as análises do economista evidenciam que a queda é proporcionalmente maior no lado do faturamento. As constantes alterações somadas à ampliação do número de segmentos desonerados é fator que dificulta a análise de resultados quando o objetivo é apenas analisar o nível de arrecadação e o que isso significa em termos de preservação de emprego e melhoria de competitividade. Certo é, sem análises profundas, que a desoneração da folha de pagamento resulta em renúncia fiscal crescente a ser suportada pelo Tesouro, ou seja, por toda a sociedade brasileira.

Em palestra no Seminário: "Governança e renúncias tributárias", promovido pelo TCU – Tribunal de Constas da União, em 22 de agosto de 2013, sob título "Papel da renúncia na competitividade da economia", José Roberto Afonso, falando para Auditores e Ministros do TCU, ensina: "A RENÚNCIA por princípio deve ser tratada pela ótica mais abrangente; como uma forma de despesa, aplicada mesmo quando antes inexistia receita; não se limite a tributo, compute também subsídios e crédito favorecido; seja estimada *ex-ante* e medida *ex-post* com o observado". A aula continuou com a explicação de que a TRANSPARÊNCIA não deve se limitar a apenas mensurar e a publicar (de forma objetiva e aberta), como ainda exige avaliar – em particular, comparar os resultados efetivamente constatados em relação aos objetivos propostos e, se possível, também apurar o custo por unidade. Por fim, ele aborda o terceiro pilar desta estrutura de avaliação e controle; a RESPONSABILIDADE FISCAL exige tratar uma renúncia exatamente como um gasto e aplicar as mesmas regras de controle – em particular, prever compensação no caso de criação de um objetivo permanente.

O encaminhamento simples, didático e objetivo de como se deve olhar todo e qualquer ato da RENÚNCIA e como ela deve se submeter ao conceito legal de RESPONSABILIDADE FISCAL e a TRANSPARÊNCIA além do ato de mostrar, evidencia que no Brasil, nos anos recentes, em especial no caso específico objeto desse estudo – a DESONERAÇÃO DA FOLHA DE PAGAMENTO – nada disso foi observado. As desonerações tributárias (incluindo algumas além da desoneração da folha de pagamento) foram atos políticos do Poder Executivo agravados pela parceria indevida dos políticos propriamente ditos que parecem desconhecer conceitos primários de responsabilidade fiscal.

De 2012 a 2014 a desoneração da folha de pagamentos evoluiu de R$ 3,8 bilhões para 24,7 bilhões. Em percentuais do PIB, saiu de 0,09% para 0,46%, passando a representar 28% do total das desonerações anunciadas como políticas necessárias para resolver o problema da competitividade nacional e fomentar a economia.

Você já leu José Roberto Afonso? [57]

É a pergunta que deixei de fazer a uma autoridade econômica ao ouvi-lo falar em desoneração da folha como se fora a salvação da economia brasileira. Em quatro parágrafos aparentemente simples, José Roberto Afonso sintetiza "riscos & contradições" econômicas, fiscais e políticas que se observadas, em 2013, mitigariam a tragédia fiscal de 2015. Reproduzi-los é, pois, necessário:

"Desoneração da folha pode se constituir em um dos maiores riscos fiscais do curto prazo (já abalou o desempenho da receita de melhor desempenho da União) e contradiz estratégica de longo prazo (contraria princípio proposto para a reforma tributária de adotar o IVA e das mudanças PIS-COFINS não-cumulativo)."

"O impacto (da desoneração) ainda não foi adequadamente percebido devido a: ampliação intensa e rápida da lista de atividades beneficiadas (66 em 2014) e sua entrada em vigor em datas diferentes; a Receita não tem o 13% recolhimento como folha; ilusão orçamentária por retardo e redução do Tesouro para previdência social".

"RFB detalhou dados até abril de 2013 (32 mil contribuintes) e passou a divulgar estimativa mensal (pós junho): renúncia certamente será muito superior as previstas nas LDOS e em cálculos oficiais. Projeções do IBRE: R$ 29 bilhões em 2013 e R$ 34,4 bilhões em 2014."

"Questões: se o novo objetivo é gerar renda por que não desonerar todos? Se o desemprego seguiu em taxa mínima histórica, se a massa salarial seguiu crescendo, se a balança comercial seguiu deteriorando, quem se beneficiou da desoneração? Será revista ao final de 2014 (coincidindo com fim de mandato e eleição)?"

A pergunta: QUEM SE BENEFICIOU DA DESONERAÇÃO?, ainda não foi respondida e provavelmente nunca o será. Sua vinculação com a indagação sobre eventual revisão dessa política ao final de 2014 talvez a responda. O poder executivo federal seguiu fazendo desonerações além de torná-la permanente e a revisão da política se deu em prazo um pouco além da eleição, não só porque a reeleição estava garantida, mas pela força da tragédia fiscal decorrente de renúncias fiscais sem fim. Em nenhum momento, mesmo ante todas as

---

[57] Visite o site: WWW.joserobertoafonso.ecn.br

dívidas em relação aos resultados, o governo federal se motivou para retomar a intenção original de beneficiar setores intensivos de mão de obra e expostos a concorrência externa e até mesmo deixar de incidir sobre o faturamento e incidir sobre a contribuição COFINS no regime não-cumulativo mitigando os efeitos "em cascata".

> A desoneração da folha de salários tem a complexidade de uma mudança na estrutura tributária, agravada com a reintrodução de um tributo de natureza cumulativa sobre a renda bruta. Estudos comprovam que muitas empresas foram oneradas em vez de desoneradas, já que a mudança de base era compulsória. Mesmo quando passou a ser opcional, em 2014, já era tarde, o estrago estava feito. A desoneração era para ser temporária, como a CMPF, mas ao final de 2014, quando o caos já estava instalado, tornou-se permanente. Era destinada a setores intensivos de mão de obra expostos à concorrência externa, mas acabou incluindo hotéis, comércio varejista e até *Call Center* e outras atividades. Deixou de ter princípios e passou a atender a interesses. A desoneração foi incapaz e inútil para segurar o desabamento do emprego. Ingênuos acreditaram que ela teria essa capacidade. A desoneração seguiu gerando buracos fiscais, impávida. Como diria Drumonnd, havia uma eleição no meio do caminho.

O vício das renúncias - Exemplos

O Brasil se viciou em renúncias tributárias sem medir os resultados e os efeitos de cada uma delas sobre a competitividade, a economia e o nível de emprego. No mesmo estudo em que José Roberto Afonso ensina lições importantes em palestra no seminário do TCU, em 2013, ele se utiliza de dados da Receita Federal do Brasil, a SUFRAMA (Superintendência da Zona Franca de Manaus) e do SEBRAE – Serviço Brasileiro de Apoio às Micro e Pequenas Empresas para evidenciar duas renúncias crescentes ao longo dos anos.

A primeira tabela apresenta os valores das renunciais fiscais na Zona Franca de Manaus e do SIMPLES de 2003 a 2012. Faz sentido usar os dois exemplos, pois, somados, representam 40% dos "gastos tributários" de 2012, segundo a Receita Federal do Brasil.

Anos	Renúncia em R$ correntes	
	Zona Franca de Manaus	SIMPLES
2003	3.643.134.440.	2.995.982.594
2004	3.671.012.985	6.260.861.649
2005	4.507.601.008	6.628.652.078
2006	6.624.408.144	8.027.178.145
2007	7.481.448.684	11.165.048.349
2008	11.161.837.287	19.570.463.946
2009	17.432.023.787	25.704.798.271
2010	15.230.627.448	31.032.580.387
2011	17.763.409.297	23.359.148.321
2012	21.224.288.293	30.026.016.672

A segunda tabela insere um item importante de avaliação, qual seja, quantos trabalhadores foram beneficiados em ambas as renúncias e a que custo (renúncia por trabalhador).

Anos	Trabalhadores Beneficiados		Renúncia por Trabalhador	
	Zona Franca de Manaus	SIMPLES Nacional	Zona Franca de Manaus	SIMPLES Nacional
2003	57.524	5.459.510	63.332	541
2004	70.013	5.818.025	52.433	1.076
2005	81.868	6.089.934	55.059	1.088
2006	89.259	7.060.443	74.216	1.137
2007	89.024	7.087.476	84.039	1.575
2008	96.906	7.833.544	115.182	2.498
2009	84.931	8.218.928	205249	3.128
2010	92.863	9.160.989	164.012	3.387
2011	11.588	9.780.261	160.627	2.388
2012	110.738	10.581.393	191.662	2.838

Embora o objeto desse capítulo que trata das desonerações seja focar a desoneração da folha de pagamento – e ressaltá-la como equívoco da governança fiscal – a inserção dessas duas grandes renúncias evidencia que do ponto de fiscal o país terá de conviver com renúncias que não se esgotam. Os incentivos fiscais da Zona Franca de Manaus, além de gerar um elevado custo por trabalhador quando comparado com o gasto tributário relativo ao SIMPLES, já não pode mais ser chamado de "incentivo fiscal para promover o desenvolvimento", pois se tornou permanente e agora é uma política definitiva em benefício de uma determinada região financiada por todas as outras. E também não pode ser chamada de "Zona Franca" no conceito clássico de produção voltada para a exportação, pois menos de 3% de sua produção destina-se ao exterior. O resto, mais de 97% concorre em condições mais favoráveis com as indústrias do resto do país. Ao examinar as duas tabelas, em especial a segunda, a lógica fiscal encaminharia qualquer um a propor o fim dos incentivos da Zona Franca de Manaus que se arrastam há anos. Em sentido contrário, a lógica política já o prorrogou até o ano de 2073. Isso mesmo: 2073! E o Congresso Nacional examina mais uma proposta de elevação do teto[58] do SIMPLES.

As renúncias sem contrapartida e não mensuradas são um "calo político" na gestão fiscal do país e, ao que tudo indica, o serão ainda por muitos anos.

A Lei de Responsabilidade Fiscal – um avanço na gestão pública – estabelece que renúncia é gasto e, portanto, a decisão de conceder renúncias sob os mais diferentes objetivos e pretextos, deve ser mensurada com "responsabilidade", afastando do debate a demagogia (e porque não dizer a irresponsabilidade política) e os oportunismos empresariais, sob risco, caso contrário, da renúncia voltar-se contra as empresas, travestida de arrocho fiscal, como um bumerangue maldito.

A tabela abaixo[59] evidencia o conjunto de renúncias e seu o valor total estimado para 2016: nada menos que R$ 264,27 bilhões. Há 10 anos somavam R$ 102,67 bilhões. Entrar no mérito de cada uma delas é um debate penoso e necessário, mas não é objetivo deste es-

---

[58]Limite anual de faturamento que permite optar pelo regime do SIMPLES.
[59]Tabela publicada no jornal VALOR, edição de 30, 31 de janeiro e 1º de fevereiro de 2016.

tudo fazê-lo. Breves comentários: Parece-me exagerada a estimativa de renúncia decorrente do Simples Nacional (R$ 72,96 bilhões em 2016). Menos crível, ainda, é a estimativa para o MEI (Micro Empreendedor Individual), mas, ambos, repito, devem ter tetos duradouros e serem estimulados a alcançar a maioridade, pois esse é ou deveria ser o objetivo de qualquer medida estimuladora. Passar um pente fino nas renúncias de "Entidades filantrópicas/sem fins lucrativos", por exemplo, seria um laboratório para atestar a relação custo x benefício desse gasto público. Estender o exame a outras renúncias seria mera decorrência do primeiro exame.

RENÚNCIAS TRIBUTÁRIAS EM 2016 - Estimativa Por programas selecionados da União	Em R$ BILHÕES
Simples Nacional	72,86
Zona Franca de Manaus/áreas de livre comércio	26,02
Entidades filantrópicas sem fins lucrativos	22,16
Inovação tecnológica/pesquisa	7,14
Inventivos ao mercado de trabalho	26,77
-Desonerações da folha	14,92
-Outros	6,31
Indústria	3,75
Combustíveis	2,88
Desconto de IR com despesas médicas	11,49
Incentivos para produção de medicamentos/outros	4,99
Transporte e telecomunicações	5,43
Educação	12,87
-Desconto no IR de despesas em educação	4,09
-PROUNI	1,22
-Outros	7,57
Desoneração da cesta básica	17,71
Exportação de produtos agrícolas, fertilizantes e seguro rural	6,43
Minha Casa/Minha Vida/habitação	2,40
Fundos constitucionais	7,11
Cultura e entretenimento	4,30
Descontos especiais de IR a aposentados	19,92
Declarantes de 65 ou mais	5,65
Invalidez	9,56
Planos de previdência individual/outros	4,71
Micro Empreendedor Individual	1,09
Outros	8,95
Total	**264,27**
Fonte: Elaboração do *Credit Suisse*, com dados do Ministério do Planejamento e da Fazenda	
Publicada no VALOR edição de 30/31 de janeiro e 1º de fevereiro.	

Os recentes lances da "desoneração da folha de pagamento"

Confrontado pela tragédia fiscal, o novo comando da economia brasileira em 2015 viu-se na condição inadiável de propor alterações na desastrosa política de desoneração da folha de pagamento, mas encontrou resistências políticas ao desejar alterações urgentes via Medida Provisória. Teve de se contentar com o envio de um Projeto de Lei (PL 863, de 20 de março de 2015) com tramitação lenta e resultado imprevisível. Ao expor suas razões o Ministério da Fazenda depois de afirmar que a renúncia fiscal em 2014 foi de R$ 21,6 bilhões, completa: "Para 2015, a estimativa é de que a renúncia, sem alteração na legislação deve chegar a R$ 25,2 bilhões. O PL 863/2015 visa a atenuar as distorções geradas pela política de desoneração num novo contexto da economia brasileira e mundial, com redução da renúncia anual da ordem de R$ 12 bilhões".

A proposta insere a possibilidade do contribuinte optar por um dos modelos, pois, ao contrário do senso comum, há quem, ao mudar para a base faturamento, passou a recolher mais do que recolhia quando a incidência se dava sobre a folha de pagamentos. Nesse mesmo estudo do Ministério da Fazenda fica-se sabendo que os setores com o maior número de contribuintes "beneficiados" são: construção civil (22.601); comércio varejista (10.831)e Tecnologia de Informação (10.781) que juntos são 53% do número de contribuintes beneficiados.

A conclusão da equipe do Ministério da Fazenda em relação á desoneração da folha de pagamentos, em abril de 2015, sob a liderança de Joaquim Levy, é a seguinte: "Do ponto de vista de seu objetivo original como política de manutenção de emprego, e a despeito de seus objetivos desejáveis de aumento da competitividade, a política de Desoneração da Folha mostrou ter baixa eficiência, uma vez que devido ao seu desenho, custa mais aos cofres públicos do que os empregos mantidos ou criados. Em outras palavras, o Estado poderia usar os mesmos recursos de forma mais eficiente, em políticas mais focadas na manutenção do emprego e da competitividade dos setores exportadores. A incapacidade de manter a neutralidade tributária passou a ser mais gravosa".

A equipe econômica do primeiro mandato de Dilma – liderada por Mantega, secundada por Nelson Barbosa - seria capaz de fazer igual diagnóstico, mesmo sendo de sua autoria a política classificada como de "baixa eficiência" pela equipe liderada por Joaquim Levy. Todavia, reconhecer equívocos no ambiente político é uma das situações humanas mais complexas e constrangedoras para alguns. Leve-se ainda em conta o calendário político-eleitoral, que no Brasil é motor de atitudes dissimuladas e insinceras.

A ironia é que a equipe econômica que em abril de 2015 produziu a análise acima, repito, liderada por Joaquim Levy, deixou o Ministério da Fazenda em dezembro do mesmo ano, e o comando da nova equipe recaiu sobre Nelson Barbosa, um dos principais mentores e defensores da política de desonerações. Em relação à reforma tributária, o atual Ministro da Fazenda, ainda na condição de Secretário-Executivo do Ministério da Fazenda, sempre fez, em diferentes Audiências Públicas no Congresso Nacional, contundentes defesas da opção por ajustes tributários pontuais, com ênfase, repito, em quatro eixos: ampliação do SIMPLES e do MEI; unificação de PIS e COFINS; desoneração da folha de pagamentos e reforma do ICMS. Dos quatro itens, o que mais se aproxima do conceito de reforma é o que trata do ICMS, justo o de viabilização política mais complexa.

Conclui-se que a Reforma Tributária, ampla e modernizante, segue desprovida de qualquer sentido de prioridade no universo político nacional. O desajuste da economia - em meio a uma crise ética, moral e política - desenha um cenário imprevisível em 2016, e vai empurrar o calendário da Reforma Tributária para as calendas gregas.

BIBLIOGRAFIA

AFONSO, José Roberto Rodrigues; SOARES, Júlia Maria e CASTRO, Kleber Pacheco de. BID – Banco Interamericano de Desenvolvimento. Avaliação da estrutura e do desempenho Sistema Tributário Brasileiro – Livro branco da tributação brasileira. Documento para discussão. 2013.

AFONSO, José Roberto Rodrigues. Papel da renúncia na competitividade da economia. Apresentação no Seminário "Governança e Renúncias Tributárias", no TCU – Tribunal de Contas da União. Brasília. Agosto de 2013.

_____ Por um Novo Sistema Tributário. Apresentação na Comissão Especial de Reforma Tributária. Câmara dos Deputados. Brasília. Setembro de 2015.

AFONSO, José Roberto Rodrigues, PINTO, Vilma da Conceição e BARROS, Gabriel Leal de Barros. FGV – IBRE - NOTA TÉCNICA. Avaliação Setorial da Desoneração da Folha de Salários. Fevereiro de 2014.

ANFIP - Fundação ANFIP de Estudos de Seguridade Social. O SIMPLES NACIONAL. Brasília. Janeiro de 2013.

BRANCO, Flávio Castelo. "Tributação e Competitividade: a visão da indústria." Apresentação, em nome da CNI – Confederação Nacional da Indústria, no Ciclo de Palestras para debater a Reforma Tributária, na Comissão de Finanças e Tributação da Câmara dos Deputados. Maio de 2011.

CAMARA DOS DEPUTADOS. Comissão de Finanças e Tributação. Anais do Ciclo de Conferências: REFORMA TRIBUTÁRIA – Competitividade, equidade e equilíbrio federativo. 2011.

_____ Comissão de Desenvolvimento Econômico, Indústria e Comércio. Anais do "Seminário Panorama da Economia Brasileira". 26 de março de 2014.

_____ Comissão de Finanças e Tributação; Comissão de Constituição e Justiça e da Cidadania; Comissão de Desenvolvimento Econômico, Indústria e Comércio. Comissão Especial do Código Comercial. "Seminário BRASIL NOVO." Abril de 2014.

CENTRAL ÚNICA DE TRABALHADORES (CUT). Tributos e Desenvolvimento. Propostas. Maio de 2011.

CDES – Conselho de Desenvolvimento Econômico e Social. Indicadores de Iniquidade do Sistema Tributário Nacional. Dezembro de 2010. Anais do Seminário sobre Reforma Tributária. Março de 2010.

COMISSÃO EXECUTIVA DE REFORMA FISCAL. Coletânea de Estudos Técnicos da Comissão "Ary Oswaldo Mattos Filho". Volumes I e II. Brasília, 1993.

CONFEDERAÇÃO NACIONAL DO COMÉRCIO DE BENS, SERVIÇOS E TURISMO. Acervo técnico sobre estudos tributários, incluindo o tema "Reforma Tributária".

FEDERAÇÃO DO COMÉRCIO DE SANTA CATARINA. Propostas para alteração do Estado das Micro e Pequenas Empresas. Coordenador: Marcos Arzua. 2014.

FENACON - Federação Nacional das Empresas de Serviços Contábeis e das Empresas de Assessoramento, Perícias, Informações e Pesquisas. Estudo do IBPT – Instituto Brasileiro de Planejamento Tributário. REFLEXOS da MUDANÇA do CÁLCULO do PIS e da COFINS com a sua UNIFICAÇÃO: Risco de aumento da carga tributária para o setor de serviços. 2015.

FGV – Fundação Getúlio Vargas. Estudo para Subsidiar a Formulação de Projeto de Lei para Aprimoramento do Simples Nacional. Coordenação: Nelson Barbosa (FGV), Bruno Quick (SEBRAE Nacional) e Nelson Harvey (Secretaria da Micro e Pequena Empresa). 2014.

GOVERNO FEDERAL. I Plano Nacional de Desenvolvimento (PND) – 1972/74. Idem, II PND (1975-1979). Idem, III PND (1980-1985).

IEDI – Instituto de Estudos para o Desenvolvimento Industrial: O CÚMULO DA CUMULATIVIDADE TRIBUTÁRIA. Texto: Janeiro de 2015.

LUKIC, Melina de Souza Rocha. REFORMA TRIBUTÁRIA NO BRASIL – Ideias, Interesses e Instituições. Editora Juruá – FGV – Direito Rio – 2014.

MANTEGA, Guido. Ministro da Fazenda, Reforma do ICMS Interestadual e Mudança do Indexador das Dívidas Estaduais e Municipais. Apresentação no Congresso Nacional. Outubro de 2013.

_____ Desoneração do IPI. Dezembro de 2012.

MINISTÉRIO DA FAZENDA. Consultas no site eletrônico: textos, memorandos técnicos, nota à imprensa, sobre política econômica e questões tributárias, além de dados de arrecadação da Receita Federal do Brasil. www.fazenda.gov.br. Brasília, 2003 a 2015.

_____ Considerações sobre o Projeto de Lei 863/2015. "Desoneração da Folha de Pagamento". Abril de 2016.

_____ Reequilíbrio Fiscal e Retomada da Economia. 2015.

_____ Agenda de Cooperação Legislativa para o Crescimento. Apresentado ao Senado Federal. Brasília, 2015.

_____ Proposta de Reforma Tributária. Apresentada na Comissão de Finanças e Tributação da Câmara dos Deputados. Maio de 2011.

_____ NOVA CONTRIBUIÇÃO PARA O PIS/PASEP. Não cumulatividade plena. Apresentação ao Congresso Nacional. Brasília. Dezembro de 2015.

MIRANDA, Ricardo Nunes de. Texto para Discussão. Senado Federal. "Zona Franca de Manaus: desafios e vulnerabilidades". Brasília. 2015.

OLIVEIRA, José Teófilo. Texto: "A tributação sobre vendas de bens e serviços no Brasil: Problemas e Possíveis Soluções". Rio de Janeiro, 2015.

PLANO BRASIL MAIOR (Governo Federal) – Balanço Executivo – 2 anos, e Balanço Executivo 2011-2014.

QUEIROZ, Cid Heráclito de. A REFORMA TRIVBUTÁRIA POSSÍVEL. Conferência no Congresso: A Reforma Tributária Possível: a busca do Consenso. Na Academia Internacional de Direito e Economia. São Paulo. Maio de 2012.

REVISTA CARTA CAPITAL. A verdade sobre os Impostos. Capa. Edição 766. Fevereiro de 2014.

REZENDE, Fernando. (Organizador). O Federalismo em seu Labirinto. Crise e Necessidades de Reformas. FGV – Editora. Rio de Janeiro. 2013.

SANTOS, Antonio Oliveira. EXPECTATIVAS E DESAFIOS. Edição: CNC. Dezembro de 2014.

SINDIFISCO NACIONAL – Sindicato Nacional dos Auditores Fiscais da Receita Federal do Brasil. SISTEMA TRIBUTÁRIO: DIAGNÓSTICO E ELEMENTOS PARA MUDANÇAS. Como reduzir a carga tributária sobre o consumo e a produção, investindo no crescimento do país. Brasília. Agosto de 2010.

SIMONSEN, Mário Henrique e CAMPOS, Roberto de Oliveira. A Nova Economia Brasileira. CROWN Editores Internacionais. 1978.

TESOURO NACIONAL E SECRETÁRIA DE ORÇAMENTO FEDERAL. Texto: Cenário Fiscal. Outubro de 2015.

VALOR. Jornal. Artigos diversos. Colunistas. 2003 a 2015.

PARTE II - CAPITULOS BÔNUS

CAPÍTULO BÔNUS (I)

A BUROCRACIA[60]

Por Cid Heráclito de Queiroz (Advogado, Foi Procurador da Fazenda Nacional, Consultor da CNC). Conferência pronunciada no Conselho Técnico da Confederação Nacional do Comércio de Bens, Serviços e Turismo em 10 de dezembro de 2013

SUMÁRIO

I   - O significado de *burocracia* e de administração
II - As fontes da burocracia no Brasil
III - A burocracia no Poder Legislativo
IV - A burocracia no Poder Judiciário
V   - A burocracia no Poder Executivo
VI - A burocracia no Sistema Tributário Nacional
VII - A burocracia noutras atividades
VIII - As ações contra a burocracia no Brasil
IX - As conclusões

A BUROCRACIA

I - O significado de burocracia e de administração

Burocracia é um galicismo proveniente de *bureaucratie,* entendida tal expressão no seu verdadeiro significado. O vocábulo *bure-*

---

[60]Com a autorização do autor, a inserção de A BUROCRACIA como um Capítulo Bônus resulta da intimidade e da afinidade de ambos – tributação e burocracia – como tormentos na vida dos cidadãos e das empresas brasileiras. Há relações de causa e efeito entre ambos.

aucratie tem origem em bureau, ou seja, a escrivaninha, a mesa de trabalho dos funcionários. Na sua acepção original, **burocracia** é um modelo de organização administrativa fundada na hierarquia e que funciona segundo regulamentos, normas e padrões expressos, por intermédio dos ocupantes de cargos ou funções, com atribuições e responsabilidades definidas e conforme uma escala fundada na hierarquia.

Esse modelo de organização, considerado como ideal por MAX WEBER *(Theory of social and economic organizations, American Review,* 1947), funciona ou deve funcionar independentemente da substituição dos ocupantes dos cargos e funções. Demitido ou dispensado o titular do cargo ou função, outro ocupará o seu lugar, para dar continuidade ao funcionamento do serviço.

Segundo THOMAS BATEMAN e SCOTT SNELL, professores norte-americanos, "uma vantagem da burocracia - sua permanência - pode também ser um problema", porque "uma vez que uma burocracia é estabelecida, é muito difícil desmantelá-la". E indicam, entre as limitações do modelo burocrático, as de que o "acúmulo de poder pode levar a uma administração autoritária" e "as regras podem tornar-se fins em si mesmas" *("Management: building competitive advantage", Times,* 1990, trad. de Celso A. Rimoli, Atlas, 1998, p.53).

A grande crítica ao modelo da burocracia é a de que ele não se coaduna com a rapidez e a flexibilidade necessárias, nos dias atuais, para a tomada das decisões e respectiva execução. Mas não haveria outro melhor e as deficiências tidas como sendo do modelo são devidas, na realidade, às distorções na sua prática: estruturas gigantescas; muitos chefes; encargos repetitivos; muitos níveis hierárquicos; e nomeação, para os cargos de direção e chefia, de pessoas despreparadas, sobretudo quando a escolha recai em estranhos às carreiras da entidade.

Diante das falhas do modelo em foco, particularmente no Brasil, o vocábulo *burocracia* passou a ter um **novo significado,** a configurar um **neologismo**, qual seja uma palavra antiga com significado novo ou, conforme a observação do Acadêmico Evanildo Bechara, "por mudança do significado" ("Moderna Gramática Portuguesa", Ed. Lucerna, Rio, 1999, p.351).

Dessa forma, a expressão **burocracia** passou a significar, na administração, as exigências, as condições, os procedimentos desnecessários, morosos, inoportunos ou repetitivos, as filas, a sucessão de pareceres, as diligências, o exagero de níveis hierárquicos, os atendentes despreparados e lentos, as licenças e autorizações, a falta de informações visuais nos locais de atendimento público, os prazos longos ou sem limite predeterminado, bem assim as barreiras intransponíveis e os entraves inexplicáveis, sempre onerosos aos cidadãos, às entidades e ao Estado. A burocracia consagra a prevalência da forma sobre a finalidade ou o objetivo. São cognatos de burocracia, em sua nova acepção, o verbo *burocratizar*, o adjetivo *burocrático* e o substantivo *burocrata*.

A burocracia torna improdutivos e inoperantes os entes públicos e muitas entidades privadas, com aumento imoderado de custos, perda de competitividade, ineficácia das ações, desestímulo aos investidores.

No Brasil, a organização administrativa, nos três Poderes – Legislativo, Executivo e Judiciário -, nos planos federal, estadual e municipal, segue o modelo da burocracia. Muitas entidades privadas, sobretudo associações, e mesmo grandes empresas também adotam o modelo burocrático.

Como a burocracia nasce, cresce e se agiganta sobretudo no âmbito da Administração Pública, parece necessário definir o que seja **administração**.

Entretanto, a tarefa não é fácil. O renomado Peter Drucker registrou que "a palavra administração é extraordinariamente difícil de definir. Em primeiro lugar, ela é tipicamente um termo norte-americano e dificilmente pode ser traduzido para qualquer outra língua, nem mesmo para o inglês britânico. Indica uma função, mas também as pessoas que a desempenham. Indica uma posição e classes sociais, mas também uma matéria e um campo de estudo." ("A Arte da Administração Total", Liv. Pioneira, S.Paulo, 1974, vol. I, p.5).

Na lição do consagrado Hans Kelsen, *"definese la administración como aquella actividad del Estado encaminada al cumplimiento de los fines y tareas del mismo, especialmente los fines de poder y de cultura"* ("Teoria General del Estado", trad. Luiz Legaz Lacambra, Ed. Nacional, México, 1979. Por sua vez, o erudito Themístocles Cavalcanti ensina, ex cathedra, que "a administração pública, em seu sentido formal, é constituída pelos órgãos do Estado que preenchem as funções administrativas." ("Tratado de Direito Administrativo", vol. I, Liv. F. Bastos, p.48). E para J. Cretella Júnior, administração "é a atividade que o Estado desenvolve mediante atos concretos e executórios para a consecução direta, ininterrupta e imediata dos diferentes fins públicos." ("Dicionário de Direito Administrativo", Forense, 1978, p.21).

Por conseguinte, a **administração** diz respeito à gestão e execução dos encargos afetos a todos os entes públicos e privados. No âmbito dos entes públicos, excluiria apenas os atos de caráter estritamente **legislativo** (a apresentação e votação dos projetos) ou **jurisdicional** (as decisões dos tribunais e as sentenças e despachos dos juízes).

II - As fontes da burocracia no Brasil

Em nosso País, as fontes da burocracia são encontradas nos três Poderes da União e dos Estados e Distrito Federal, bem assim nos poderes municipais, tanto na administração direta, como na administração indireta: agências, outras autarquias e empresas estatais. Também são encontradas em empresas privadas, notadamente nas concessionárias de serviços públicos (transportes, telefonia etc.) e, ainda, nas seguradoras de planos de saúde, instituições bancárias e outras.

Mesmo nos atos de caráter estritamente **legislativo** ou **jurisdicional,** a burocracia se faz presente.

Outras grandes fontes da burocracia situam-se no Sistema Tributário Nacional, estruturado em leis complementares e ordinárias, afinal produtos do Poder Legislativo, conforme propostas do Poder Executivo, e, ainda, na sistemática da Previdência Social.

III - A burocracia no Poder Legislativo

No Legislativo federal, ocorre uma fantástica acumulação de projetos de emendas constitucionais e projetos de leis complementares e ordinárias, que, de modo geral, tramitam nas diversas comissões. Os vetos opostos, pelo Presidente da República, aos projetos de lei nunca são apreciados, apesar do prazo constitucional de 30 dias. As sessões não são produtivas. No Plenário, predomina, como é público e notório, a desordem, com os parlamentares fora de seus assentos, agrupados nos corredores e na área fronteira à Mesa. Tudo bem diferente das sessões dos Parlamentos de outros países.

A Constituição preceitua que uma "lei complementar disporá sobre a elaboração, redação, alteração e consolidação das leis." (art. 59, parágrafo único). Trata-se da Lei Complementar nº 95, de 26/2/98, que, excepcionalmente, é modelar, perfeita, completa, mas não é observada. Entre outras normas, essa Lei dispõe que "excetuadas as codificações, cada lei tratará de um único objeto" (art.7º, I) e que "a lei não conterá matéria estranha a seu objeto ou a este não vinculada por afinidade, pertinência ou conexão" (art. 7º, II). Na realidade, isso nem sempre acontece. Existem leis que constituem verdadeiros "bazares", dispondo sobre as mais diferentes matérias.

O art. 13, da Constituição, de inspiração anti-burocrática, preceitua que "as leis federais serão reunidas em codificações e em coletâneas por volumes contendo matérias conexas ou afins ..." (art. 13). Essa norma nunca foi obedecida. A sociedade brasileira vive num emaranhado de leis, o que dificulta o trabalho de magistrados, advogados e consultores. Afeta a segurança jurídica. E desanima os investidores.

Afora isso, o Congresso tolera o abuso do Executivo, na expedição de medidas provisórias, limitadas, pela nossa Carta, aos casos de **relevância** e **urgência.** Todavia, nestes 25 anos da promulgação da Carta de 1988, já foram expedidas **2.858 medidas provisórias** (média de duas a três por semana) – além das reedições de medidas não votadas no prazo constitucional -, o que, afora a significativa contribuição à burocracia, constitui uma invasão da principal missão do Congresso, qual seja a votação das leis.

É necessário reconhecer que as duas Casas do Congresso Nacional trabalham intensamente. O Senado Federal, de fevereiro a outubro deste ano, apreciou 16.958 proposições, e votou – Plenário e Comissões – 723 matérias. Suas Comissões Permanentes emitiram 944 pareceres.

Por outro lado, na produção legislativa do Congresso, são encontradas muitas "pérolas" burocráticas, como, por exemplo:

- a Lei nº 12.026, de 9/9/09, que "institui o Dia Nacional da Luta contra as Queimaduras";

- a Lei nº 12.285, de 6/710, que "confere ao Município de Apucarana, no Estado do Paraná, o título de Capital Nacional do Boné";

- a Lei nº 12.077, de 29/10/09, que "institui o Dia Nacional da Alimentação";

- a Lei nº 12.080, de 29/10/09, que "institui o Dia da Legalidade" - 25 de agosto;

- a Lei nº 12.325, de 15/9/10, que "institui o dia nacional de respeito ao contribuinte" (25 de maio);

- a Lei nº 12.389, de 3/3/11, que "institui o dia nacional do calcário agrícola".

O saudoso Jornal do Brasil publicou, há tempos, matéria sobre "pérolas do Legislativo", citando projetos de lei: para obrigar as lojas de departamento e demais casas comerciais a empacotarem as mercadorias para presentes em papel apropriado; obrigar as Secretarias de Educação a "manter cursos durante a madrugada para os que sofrem distúrbios do sono; "proibir as crianças de utilizarem brinquedos sonoros em salas de aula"; "criar macumbódromos, de modo a organizar os cultos de umbanda que têm deixado suas marcas nas árvores e matas da cidade"; autorizar os policiais militares a assistir de graça a todo e qualquer evento artístico ou cultural, mesmo estando de folga e sem uniforme, sob a justificativa de oferecer segurança aos demais participantes (JB de 24/5/98).

O eminente Senador e ex-Presidente da República JOSÉ SARNEY já em 1957 - referindo-se à meta do Governo Chirac, na França, de acabar com a multiplicidade de leis -, criticava a quantidade exagerada de leis, no Brasil, enfatizando que: "diz-se que o Estado de Direito é o governo das leis e não dos homens. Que Estado de Direito pode existir, com tantas leis que significam não ter nenhuma, em que todas podem ser modificadas a qualquer hora do dia ou da noite, sem conhecimento do cidadão, nem do Congresso ?" E adiante: "temos projetos para tudo, até mesmo um que proíbe *dar troco em bombons.* Temos lei do imposto de renda anual, lei eleitoral para cada eleição e lei que regula a composição do sal na alimentação bovina. Nada há de mais subdesenvolvido do que o pandemônio da Legislação brasileira." (Folha de S.Paulo de 21/2/97).

A **redução da burocracia,** no âmbito do Poder Legislativo, dependeria: de melhor ordem nos trabalhos legislativos; na votação, em tempo razoável, dos vetos presidenciais, das medidas provisórias e dos projetos de emenda constitucional e de leis complementares e ordinárias; na recusa liminar a medidas provisórias, que não versem sobre matéria relevante e urgente; no arquivamento sumário de projetos que não tratem de matéria própria para a lei.

IV - A burocracia no Poder Judiciário

No Judiciário federal e no de vários Estados, a quantidade de processos cresce imoderadamente.

O eminente Ministro Nelson Jobim, ao tomar posse do elevado cargo de Presidente do Supremo Tribunal Federal, em 2004, destacou, enfaticamente que "a Nação quer e precisa de um Judiciário que responda a três exigências: acessibilidade a todos; previsibilidade de suas decisões; e decisões em tempo social e economicamente tolerável."

Na presidência do Supremo Tribunal, Nelson Jobim instituiu, em 2004, a metodologia para o **primeiro grande levantamento estrutural** do Poder Judiciário, declarando que "os dados a serem apurados por todos os Tribunais – a começar pelos da área federal – vão identificar, com precisão matemática, os verdadeiros gargalos e necessidades do sistema de prestação de justiça, e responder a questões até hoje discutidas na base do *achismo,* como a de se é preciso aumentar ou não o número de juízes em todas as regiões do País". O projeto de Jobim tornou-se uma realidade.

Presentemente, o Conselho Nacional de Justiça (CNJ) dispõe de um Departamento de Pesquisas Judiciárias, que vem elaborando excelentes estatísticas, com base em dados fornecidos por todos os tribunais. Essas estatísticas fornecem valiosos subsídios, não só para os ajustes estruturais do Judiciário, como também para iniciativas do Executivo e do Legislativo, no sentido de eliminar os motivos de grande quantidade de processos.

O "Relatório Justiça em Números" 2013 - Ano-base 2012, do Conselho Nacional de Justiça, com 339 págs. disponíveis na *internet,* indica os seguintes dados sobre processos em todo o Judiciário brasileiro, referentes a 2012:

Quadro I - A justiça em números 2012	
Nº de casos pendentes de julgamento	64 milhões
Novos processos em 2012	28,2 milhões
Nº de processos em tramitação em 2012	92,2 milhões

Quadro II – A justiça em números 2012	
Nº de processos encerrados	27,8 milhões
Nº de decisões e sentenças	24,7 milhões
Nº de Execuções Fiscais (União, Estados e Municípios)	29,2 milhões
Nº de processos na Justiça Federal	8.122.277

Conforme o Relatório do CNJ, o crescimento de casos novos desde 2009 (14,8%) foi superior à quantidade de processos encerrados (10%) e de sentenças proferidas (4,7%). É justo destacar que os melhores índices de produtividade foram os registrados nos Tribunais de Justiça dos Estados do Rio Grande do Sul e do Rio de Janeiro.

Raramente as fontes desse quadro são atacadas, ou seja, as leis inconstitucionais, as leis obscuras, as leis contraditórias, as leis antissociais, que geram processos aos milhares e milhares, dando margem, inclusive a, divergências jurisprudenciais, que somente são vencidas com as decisões finais do Supremo Tribunal Federal. Essa situação seria evitável se o Legislativo aprovasse projetos de lei revogatórios ou modificadores dos dispositivos legais geradores dos litígios judiciais.

Uma interessante iniciativa para a desburocratização da Justiça foi objeto da Lei nº 9.099, de 26/9/95, que dispôs sobre os Juizados Especiais Cíveis e Criminais criados pela União, no Distrito Federal e nos Territórios, e pelos Estados, "para conciliação, processo e julgamento das causas cíveis de menor complexidade", com a participação de conciliadores e de juízes leigos, ambos Bacharéis em Direito.

Recentemente, foi realizada a 8ª Semana Nacional de Conciliação, e na qual o Ministro Joaquim Barbosa, Presidente do Supremo Tribunal Federal, lembrou, conforme matéria publicada pelo Jornal do Commercio de 3 de dezembro corrente, que esses eventos, de verdadeira mobilização nacional, "proporcionaram a realização de 1,9 milhão de audiências que resultaram em 916 mil acordos, índice de quase 50% de solução de conflito." Trata-se, pois, de inovação que contribui para a redução dos litígios judiciais.

Sendo a nossa Constituição universalista, no sentido de tratar de todos os temas, e muito detalhista, no sentido de dispor sobre matérias próprias para a lei, em **todos os processos judiciais sempre podem ser alegados aspectos constitucionais.** Isso ocorre, sobretudo, nas questões de natureza tributária, previdenciária, financeira, econômica e social. E, ainda, nas questões relacionadas com a educação, a cultura, o desporto, a ciência e a tecnologia, a saúde, a família, a criança, o adolescente, os índios e outras matérias disciplinadas pela Carta de 1988.

A propósito, o Ministro Cesar Peluso, quando exercia a presidência do STF, declarou, em entrevista à revista Veja, de 7/7/10, que "temos uma Constituição extremamente analítica, com mais de duzentos artigos e mais de cinquenta emendas (hoje já são 76). Praticamente qualquer causa pode ser levada ao Supremo, que é uma corte constitucional. Nos Estados Unidos, a Constituição tem sete – sete! – artigos e 27 emendas. Eles julgam de noventa a cem casos por ano. Nós julgamos mais de 120.000."

De acordo com pesquisa efetuada pela Fundação Getúlio Vargas, os maiores litigantes, nos processos submetidos ao STF, são, pela ordem, a Caixa Econômica Federal, a União Federal, o Banco Central e o INSS. Entre os dez maiores, figura uma empresa privada, a Telemar Norte Leste. É evidente que as razões desses litígios devem ser estudadas, com vistas à adoção de soluções legislativas ou administrativas.

No Estado do Rio de Janeiro, o Tribunal de Justiça divulgou a lista dos 100 maiores litigantes, no período de 2005 a 2011:

Quadro III – Maiores Litigantes no RJ	
TELEMAR/OI	235.704
AMPLA	141.823
LIGHT	140.313
VIVO	111.413
BANCO ITAÚ	98.894

Recentemente – em 29/8/13 -, o Tribunal de Justiça do Rio de Janeiro divulgou a denominada lista "TOP 30", na qual relacionou as 30 empresas mais acionadas nos Juizados Especiais Cíveis (JECs). As 10 primeiras são:

QUADRO IV – As mais acionadas no TJ - RJ	
Empresas	Ações nos últimos 12 meses
Telemar Norte Leste	65.564
Banco Santander	34.281
Telecom Leste	30.450
Cedae	28.652
Itaú-Unibanco	27.204
Light	25.164
Bradesco	22.703
Itaucard	21.506
Oi Telefonia Celular	20.337
Ampla	17.878

Esses dados estatísticos demonstram a **ineficiência das agências reguladoras** das atividades dessas empresas: ANATEL e ANAE, bem assim do Banco Central. Cabe-lhes investigar as razões de tantas ações judiciais propostas contra as citadas empresas e atuar no sentido de eliminar as causas da insatisfação dos respectivos consumidores e clientes.

Com relação à exagerada quantidade de litígios envolvendo grandes empresas privadas e submetidos ao Supremo Tribunal, o então Presidente Ministro Cesar Peluso destacou que "há um volume desnecessário de trabalho no sistema judiciário, provocado sobretudo pelas grandes empresas – especialmente nos casos em que elas são processadas por seus clientes. Mesmo quando não têm razão, elas apresentam inúmeros recursos para adiar a definição dos processos. Fazem isso para postergar o pagamento das dívidas, quando poderiam identificar os pontos litigiosos, chegar a uma solução razoável com os consumidores e, assim, as causas com que ficam nos entulhando. Outro problema é a administração pública., o maior cliente do Judiciário. A exemplo das grandes empresas, os órgãos públicos recorrem em todos os casos em que se envolvem. De novo, não há

porque ser assim. Eles também poderiam abrir mão dos recursos."
(Veja de 7/7/10)

A esse quadro acrescente-se a nossa lei processual, que faculta às partes a interposição de sucessivos recursos. O atual Código de Processo Civil possui 1.220 artigos. Anuncia-se a próxima aprovação, pelo Congresso, de um novo Código de Processo Civil, o terceiro em nosso País, elaborado por renomados processualistas, quando deveria ser produto, principalmente, da experiência de magistrados, procuradores e advogados. Fundamental em nosso Direito, o atual Código Civil, o segundo de nossa história, foi instituído pela Lei nº 10.406, de 10/1/02, que entrou em vigor em 2003, compõe-se de **2.046 artigos**. Não obstante, ainda em 2003, o Dep. Ricardo Fiuza apresentou o projeto de lei nº 6.960, para alterar 188 artigos do Código Civil.

A respeito desse tema, o Ministro Nelson Jobim, no precitado discurso de posse, afirmou: "aqueles que pensam o processo de forma só acadêmica preocupam-se com a consistência sistêmica do modelo e não com sua funcionalidade. Transformam o processo em tese de mestrado e não algo que está a serviço do povo e da Nação. Colocam em segundo plano a função real do processo: a produção de decisões em tempo eficaz".

O novo Código de Processo Civil, ao que se anuncia, terá 1.085 artigos, afora parágrafos, incisos, alíneas e itens, o que pode contribuir para a burocracia na realização da Justiça. Asseguram, no entanto, os seus ilustres autores que o projeto envolve medidas de simplificação, atacando a burocracia judicial.

No Fórum Nacional Especial realizado no Rio de Janeiro, em setembro de 2011, sob a presidência do ex-Ministro Reis Velloso, o eminente ex-Ministro da Justiça e ex-Ministro do STF Célio Borja defendeu "a desburocratização da Justiça e a diminuição dos tipos de recursos, para reduzir a morosidade no julgamento de processos".

Todavia, a burocracia, no Judiciário, tem sido enfrentada com a ampliação de nossos Tribunais, a criação de novas Varas Judiciárias e o aumento constante da quantidade de Juízes e de funcionários. Na realidade, a solução estaria na **redução de número de processos**. Nessa linha, o ilustre Ministro Gilmar Mendes, quando presidia o Supremo Tribunal Federal, declarou que "é preciso acabar com essa visão de que, quanto mais os processos surgirem, mais juízes são necessários para julgá-los. Precisamos é de mais racionalidade." (Valor de 1/9/08)

A Emenda Constitucional nº 45, de 2004, dispôs sobre a **repercussão geral** e a **súmula com efeito vinculante** (Constituição, art. 102, § 3º, e art. 103-A, respectivamente), assim contribuindo, sobremodo, para a redução dos processos submetidos ao Supremo Tribunal Federal.

O **efeito vinculante** das decisões do Supremo Tribunal Federal, nas ações diretas de inconstitucionalidade e nas ações declaratórias de constitucionalidade, é outra inovação que contribui para a redução do número de processos no STF. Todavia, tais ações vêm sobrecarregando a Suprema Corte, uma vez que podem ser propostas por numerosas autoridades, por qualquer partido político e por diversas entidades privadas.

Outra medida simplificadora e, assim, anti-burocracia foi adotada pelo Conselho Nacional de Justiça, mediante a Resolução nº 65, de 16/12/08, que "dispõe sobre **uniformização do número** nos órgãos do Poder Judiciário", ou seja, institui a "numeração única de processos" em todas as unidades da Federação e em todos os tribunais e juízos. São seis campos e vinte algarismos, que indicam todos os dados necessários para identificar a origem e a natureza de cada processo.

Citamos, neste passo, algumas experiências no período em que estivemos à frente da Procuradoria-Geral da Fazenda Nacional (PGFN). A primeira foi o cancelamento, por lei, de **débitos fiscais de pequeno valor,** inferior ao custo da cobrança judicial, conforme cálculos efetuados pelo SERPRO (Decreto-lei nº 1.687, de 18/7/89). Essa medida foi adotada, inicialmente, no contexto do Programa Nacional de Desburocratização. Dela resultou o arquivamento ou o não ajuizamento de dezenas de milhares de execuções fiscais. Presentemente, a lei veda à Fazenda Nacional o ajuizamento de execuções fiscais de pequeno valor. Ainda no contexto daquele Programa, expedimos, na PGFN, a Portaria nº 183, de 18/11/80, que instituiu o **"Programa Especial de Cobrança Amigável** dos débitos inscritos como Dívida Ativa da União", o que possibilitou a redução das cobranças judiciais.

Mesmo assim, a mentalidade burocrática de cobrança de débitos de pequeno valor sobrevive. Matéria publicada pelo Jornal do Brasil de 8/5/05 transcreve uma notificação expedida pela ANVISA a 200 servidores, para que estes, em cumprimento a decisão do Tribunal de Contas, recolhessem quantias correspondentes a pagamentos feitos a maior, no valor de R$ 6,86, sendo que a despesa de cobrança, em cada caso, já era superior a R$10,00.

Outra medida foi tomada às vésperas da promulgação da Constituição de 1988, que viria a estabelecer a transferência, da Procuradoria-Geral da República para a Procuradoria-Geral da Fazenda Nacional (PGFN), da **representação judicial** da União. Em consequência, a PGFN assumiria, no próprio dia da promulgação da nova Carta, o encargo de representar a União em quantidade desconhecida de processos (inexistiam estatísticas).

Um estudo rápido sobre o objeto dessas ações tornou claro que milhares delas objetivavam a declaração de inconstitucionalidade de determinados dispositivos legais que possibilitavam à Receita Federal a cobrança de tributos indevidos e a aplicação de penalidades pelo descumprimento de tais normas, relativas a Imposto de Importação, IOF, FINSOCIAL, empréstimo compulsório, IPI e IR arbitrado com base exclusivamente em valores constantes de extratos ou de comprovantes de depósitos bancários. Eram questões já decididas pelo Supremo Tribunal, contrariamente à Fazenda Nacional. Foi então elaborado o projeto que se converteu no Decreto-lei nº 2.471, de 1º/9/88, o qual cancelou as respectivas cobranças judiciais e administrativas, tornando, por consequência, sem objeto cerca da metade das ações judiciais então em curso, movidas por contribuintes contra a Fazenda Nacional, as quais foram sumariamente arquivadas.

Um terceiro exemplo ocorreu no início do Governo Collor, quando o então Secretário Antonio Kandir observou que as locações residenciais não haviam sido objeto de qualquer medida de reajuste antes do "congelamento" de preços e que isso não era justo, além de continuar a estimular a propositura de ações de despejo, promovidas pelos locadores, prática que abarrotava o Judiciário, nas grandes Capitais, com uma quantidade absurda de ações.

Inspirado em artigo do então Juiz de Direito do Rio de Janeiro Hamilton de Barros, filho do Desembargador e nosso professor de Direito Comercial Hamilton de Moraes e Barros, tivemos a oportunidade de propor a adoção de ação própria para a **revisão** e o **arbitramento judicial de aluguéis,** medida que, recebendo o apoio e os aperfeiçoamentos sugeridos pelo então Ministro da Justiça, Bernardo Cabral, se converteu na Lei nº 8.157, de 3/1/91, cujo art. 3º estabeleceu que, "na ação de revisão de aluguel residencial, o locador ou o locatário poderá pedir que o juiz, ao despachar a petição inicial e sem audiência do requerido, lhe **arbitre,** desde logo, à vista dos documentos indispensáveis à comprovação do valor locativo no mercado da situação do imóvel, o **aluguel provisório"**. Essa medida pôs fim, literalmente, a milhares e milhares de ações de despejo.

Medidas como essa são constantemente sugeridas por Magistrados, Advogados, Procuradores, Auditores da Receita Federal, mas, infelizmente, não encontram ressonância no Executivo, nem no Legislativo.

Uma decisão do Supremo Tribunal Federal sobre a correção monetária dos depósitos de poupança, nos Planos Bresser, Verão e Collor, pode encerrar cerca de um milhão de processos. Pena que venha depois de mais de vinte anos do último desses Planos.

No que tange à quantidade exagerada de **execuções fiscais – 25.553.495 -**, segundo o Relatório "Justiça em Números" do CNJ, é oportuno assinalar que os débitos fiscais decorrem não só da sonegação ou da simples inadimplência, mas, sobretudo: a) da nossa elevada **carga tributária,** que sufoca os contribuintes, notadamente as pessoas jurídicas, induzindo-as à inadimplência; b) da **burocracia fiscal** que cria "armadilhas" para os contribuintes; c) da ausência de uma **cobrança amigável** adequada. É oportuno registrar que a Justiça federal e a Justiça estadual não poderiam ser transformadas em órgãos de realização da receita de tributos e contribuições, como se fossem coletorias. A própria Justiça deveria reagir e não usar esses dados para justificar a ampliação das suas estruturas.

Também se revelam indispensáveis, conforme indicam as estatísticas, medidas para reduzir a quantidade de litígios envolvendo as empresas prestadoras de serviços públicos (transportadoras, empresas de telefonia, distribuidoras de energia elétrica e gás, aeroportos), seguradoras de planos de saúde, instituições bancárias etc. A par do aprimoramento da legislação, as agências reguladoras (ANT, ANATEL, ANSS, ANAC, ANAE etc.), o Banco Central e a SUSEP têm de ser mais eficientes no atendimento às reclamações dos usuários. Destarte, poderiam ser criados órgãos semelhantes ao Conselho Administrativo de Recursos Fiscais, para resolver, com base em lei específica e força vinculatória, a maior parte das controvérsias.

No que se refere à morosidade no funcionamento do Judiciário, cabem medidas dos próprios Tribunais e Juízes. O Tribunal de Justiça do Rio de Janeiro é considerado um dos mais eficientes do País. Portanto, caberia um intercâmbio de informações. A Revista Veja, em matéria publicada em 2/9/09, declarou que "o Tribunal do Rio é considerado o mais rápido do País". Já a primeira instância, no Rio de Janeiro é considerada morosa. Informou a Veja que o processo mais antigo em andamento era o inventário nº 1911.111.00122-1, em curso na 11ª Vara de Órfãos e Sucessões há mais de cem anos.

Em suma, urgem medidas para identificar a quantidade de processos em curso, segundo o **objeto das ações,** de modo a possibilitar a adoção de medidas legislativas e administrativas para eliminar as razões de muitas delas.

V - a burocracia no Poder Executivo da União

Inquestionavelmente, as maiores fontes da burocracia encontram-se, nos dias atuais, no Poder Executivo da União.

Quando exercia o cargo de Ministro da Fazenda, Mailson da Nóbrega, em entrevista ao Globo de 24/4/88, "irritado, segundo o jornal, com o boicote da própria máquina administrativa, principalmente das empresas estatais, ao combate ao déficit público", atribuiu à **burocracia estatal** o boicote à política econômica, declarando que "a burocracia que se formou em torno desses programas se agigantou e hoje é um empecilho ao próprio funcionamento do Estado", acrescentando que "a burocracia cria seus próprios objetivos, acima dos objetivos do País".

A primeira fonte da burocracia diz respeito ao **tamanho gigantesco** da Administração federal. Além da grande estrutura da Presidência da República, a Administração federal compõe-se de 39 Ministérios e 128 autarquias, todos desdobrados em centenas de Conselhos, Comissões, Secretarias, Subsecretarias, Assessorias, Coordenadorias, Divisões, Seções, Superintendências, Delegacias e Seções, afora 34 Fundações e 141 empresas estatais, algumas gigantescas, como a Petrobrás, o Banco do Brasil, a Caixa Econômica Federal e os Correios e Telégrafos. A quantidade exagerada de Ministérios, em lugar de contribuir para facilitar a atuação da Presidente da República, dificulta-lhe a ação. Ora, ensinam os teóricos da Ciência Administrativa que "o número de departamentos subordinados deve ser tal que ele possa dispensar a cada um suficiente atenção" *(Pfiffner e Sherwood,*

Administration Organizacion, trad. Jacy Monteiro, Bestseller, S.Paulo, p. 65).

Os 39 Ministérios – sobretudo Fazenda, Previdência Social, Planejamento, Educação e Saúde –, as autarquias – sobretudo o Banco Central, a SUSEP e as diversas Agências (ANP, ANS, ANAE, ANATEL, ANA, ANTT etc.) - e as unidades (repartições) dos Ministérios e das autarquias – cerca de 400 - são fontes inesgotáveis de propostas de leis e decretos, além de abusarem da competência para baixar portarias e expedir Circulares e Ordens de Serviço sobre as matérias as mais diferentes.

Toda essa gigantesca organização troca diariamente avisos, ofícios e pedidos de pareceres e outras manifestações acerca das matérias incluídas nas respectivas competências. Se um determinado estudo diz respeito à área de competência de três ou quatro Ministérios, a burocracia se encarrega de impedir o êxito de qualquer proposta, por melhor que seja, exceto se houver uma ordem direta da Presidente da República. Nesse caso, os estudos, ainda que complexos, são concluídos em 24 horas.

A **administração gigantesca** é a melhor "vitamina" para a burocracia, porque cria etapas intransponíveis para todas as ações, estende a tramitação de projetos e processos, exige licenças e autorizações, inventa taxas e indenizações, estimula atritos e controvérsias, explora vaidades e mesquinharias e, sobretudo, atrasa e, às vezes, impede a conclusão de qualquer ação administrativa, ainda que determinada pelo próprio (a) Presidente(a) da República.

Outro abuso do modelo administrativo brasileiro é a quantidade extravagante de conselhos, comissões e comitês, para todos os fins, o que, aliás, não se ajusta às características do brasileiro, que é individualista. A propósito, o ex-Ministro Mailson da Nóbrega indaga, em artigo publicado pelo Estado de S.Paulo de 7/8/08: "Cadê o CDES ?", o Conselho do Desenvolvimento Econômico e Social, criado no primeiro dia do Governo Lula, inspirado em modelo de outros países nos quais prevalece o costume dos trabalhos em grupos e comissões. O CDES tornou-se inútil no atual do Governo, mas a ninguém ocorre extingui-lo.

Em 1990, promovemos uma pesquisa para identificar as competências do Conselho Monetário Nacional, espalhadas em numerosas leis: **725** ! Hoje, esse número deve ser ainda maior. Aliás, a inoperância dos colegiados entre nós é antiga. O talentoso José Maria Alkmim, ex-Ministro da Fazenda e Deputado Federal, aconselhava: "primeiro tome a decisão, depois convoque a reunião". Os conselhos e comissões encontram-se em todos os Ministérios e autarquias, mas nada decidem, nem aconselham, com raríssimas exceções.

A criatividade dos burocratas é apurada quando se trata de enfrentar "abacaxis" ou "pepinos", isto é, processos complexos ou sem precedentes, casos de interesse de grandes empresários, grandes empresas, parlamentares de destaque, pessoas famosas ou poderosas, parentes de altas autoridades, questões de elevadíssimo valor etc. Na França, segundo o sociólogo Henri Déroche *(Les Mythes Administratifs",* Paris, 1966), essa mesma circunstância é chamada de pepin, que pode ser traduzida como grainha ou semente. Nesses casos, a solução do burocrata francês, tal como o brasileiro, é recorrer à técnica do *parapluie* (guarda-chuva), ou seja, submeter o caso ao superior hierárquico imediato, sob a justificativa da relevância, da imprevisibilidade, do elevado valor etc. Este, por sua vez, poderá submeter o assunto ao Diretor, daí ao Secretário Geral e deste ao Ministro, que poderá pedir o parecer de um outro Ministro. E assim nunca é tomada.

Um estudo do Instituto Brasileiro de Planejamento Tributário (IBPT), divulgado em 2006, concluiu que, a partir da Constituição de 1988 e até aquele ano, os Executivos federal, estadual e municipal editaram, em conjunto, mais de **3,5 milhões de normas**, representando a média de 783 em cada dia útil. Na matéria tributária, a União editou, no referido período, 141.000 normas, os Estados 79.000 normas e os Municípios 134.000 normas. O estudo concluiu que o sistema tributário brasileiro "é um dos mais caros e um dos mais complexos do mundo".

O Mestre Ives Gandra da Silva Martins, em artigo publicado no Estado de S.Paulo de 16/11/08, menciona pesquisa realizada pelo Banco Mundial, segundo a qual "o Brasil é aquele em que uma empresa gasta maior tempo para cumprir suas obrigações tributárias. É campeão absoluto. Gastam-se aqui, em média 2.600 horas por ano, ante 2.185 na Ucrânia e 1.300 na Nigéria. Entre os países desenvolvidos, gastam-se 325 horas nos Estados Unidos, 185 na Dinamarca, 122 na Suécia, 105 no Reino Unido e na Alemanha, 70 na Nova Zelândia e 68 na Suíça".

Por sua vez, o velho "Diário Oficial da União" vem publicando, ao longo do tempo, verdadeiras "pérolas" da burocracia e, até mesmo de surpreendente humorismo. Na edição de 22 de novembro último, por exemplo, publica uma longa (14 páginas) portaria do Ministro da Agricultura, Pecuária e Abastecimento, regulando a expedição e aprovando um modelo de passaporte. A portaria invadiria a competência do Itamaraty ? Não é o caso. A portaria trata de passaporte para cães e gatos ! Ainda o Ministro da Agricultura expediu a Instrução Normativa nº 10, de 10/5/06 (D.O. de 16/506), para aprovar o Regulamento da Pimenta do Reino, com 101 normas.

VI - o "tsunami" normativo e a burocracia no Sistema Tributário Nacional

O Instituto Brasileiro de Planejamento e Tributação (IBPT) concluiu, em outubro último, uma excelente pesquisa denominada "Quantidade de normas editadas no Brasil: 25 anos da Constituição de 1988". "Normas", na pesquisa, são as emendas constitucionais, as leis complementares e ordinárias, as medidas provisórias, os decretos e as normas complementares. A pesquisa indica:

Quadro V – Normas Editadas entre 05/10/88 e 31/08/2013	
Federais	158.663
Estaduais	1.219.569
Municipais	3.406.962
Total	4.785.194
Média por dia útil	784
Total de palavras	14 bilhões

Quadro VI – Normas Tributárias pós C.F. 1988	
Federais	29.939
Estaduais	93.062
Municipais	186.146
Total	309.147
Média por dia útil	46

A pesquisa do IBPT também indica os totais de normas (aqui na acepção de preceitos) tributárias estão em vigor:

Quadro VII – Preceitos tributários em vigor	
Artigos	262.705
Parágrafos	612.103
Incisos	1.957.154
Alíneas	257.451
Total	3.089.413

"Como a média das empresas não realiza negócios em todos os Estados brasileiros – esclarece o IBPT -, a estimativa de normas que cada uma deve seguir é de 3.512 ou 39.406 artigos, 91.815 parágrafos, 293.573 incisos e 38.618 alíneas", isto é, mais do que suficiente para apavorar os empresários e desestimular os investidores.

A conceituada Consultoria Deloitte divulgou uma excelente pesquisa, sob o título *"Compliance* tributário no Brasil - As estruturas das empresas para atuar em um ambiente complexo", na qual, entre diversos outros dados, indica que as empresas de pequeno porte dispendem 3,53% do respectivo faturamento, com a estrutura fiscal interna (1,72%) e a consultoria tributária (1,81%) necessárias para enfrentar o cipoal da legislação tributária e a burocracia fiscal, o que, evidentemente, prejudica a competitividade.

Tais dados demonstram, sem dúvida, que o País está sendo "varrido" por um "tsunami" normativo-burocrático, que escapa ao domínio, não só dos contribuintes e dos cidadãos em geral, mas também dos próprios contadores e advogados especialistas na matéria tributária.

Entretanto, é forçoso reconhecer que um notáveis avanços na área fiscal e comercial ocorreram com o advento do "das normas integrantes do **Estatuto da Microempresa** relativas ao Tratamento Diferenciado, Simplificado e Favorecido, nos campos Administrativo, Tributário, Previdenciário, Trabalhista, Creditício e de Desenvolvimento empresarial" instituídas pela Lei nº 7.256, de 27/11/84, sancionada pelo Presidente João Figueiredo, com o *referendum* dos Ministros Ernane Galvêas, Murilo Badaró e Delfim Netto. Presentemente, essa matéria, em razão do disposto no art. 170, inciso IX, da Constituição, passou a ser disciplinada pela Lei Complementar nº 123, 14/12/06, sancionada pelo Presidente Luís Inácio Lula da Silva e que regula, em extensos 89 artigos, o chamado **Simples Nacional,** assim denominado porque passou a abranger 8 tributos e contribuições, entre eles o ICMS-estadual e o ISS-municipal.

Esse Sistema favorece empresas com receita bruta anual de até R$3.600.000,00, as quais efetuam um recolhimento unificado, de acordo com alíquotas que variam de 4% a 22,90 %, em função da receita bruta. Tais alíquotas estão enumeradas em 5 tabelas anexas à lei, em função da natureza da atividade empresarial. Na verdade, o Simples nacional não é tão simples. O governo poderia fazer um esforço para reduzir a quantidade de tabelas e alíquotas. Destaque-se que cerca de oito milhões de empresas já se encontram no SIMPLES, das quais 3,4 milhões são microempreendedores individuais.

Todavia, o avanço da burocracia fiscal não se cessa. Recentemente, a Receita Federal divulgou o Ato Declaratório Executivo SUFIS nº 05, de 17/07/13, do Subsecretário de Fiscalização, com **obrigações acessórias dispostas em 207 páginas,** e com o qual pretende impor aos empregadores em geral um "Sistema de Escrituração Fiscal Digital das Obrigações Fiscais, Previdenciárias e Trabalhistas", já conhecido pela sigla **"eSocial"**, que "será exigido para os eventos ocorridos a partir da competência de janeiro de 2014", sem excluir dessa nova obrigação acessória sequer as pequenas e microempresas, os microempreendedores e os empregadores pessoas físicas, nem tampouco as empresas sediadas nos mais afastados rincões do País, nos quais inexiste sequer a *internet.*

Esse ato está provocando intensa reação do empresariado, especialmente o do comércio de bens, serviços e turismo. Segundo levantamento do Instituto Brasileiro de Planejamento e Tributação (IBPT), noticiado pelo Valor Econômico de 18/11/13, "o **eSocial** elevará em 10% o custo da consultoria especializada na área jurídica e contábil." E, ainda, "o impacto adicional de elevação de 7% no custo com o sistema de informatização, parametrização e acompanhamento, incluindo o treinamento de funcionários." Conforme declarações do Presidente do IBPT, Gilberto Luiz do Amaral, no citado jornal, "o levantamento foi feito com 325 empresas e 12 escritórios contábeis. Os primeiros resultados apontam que para cada mil pessoas do quadro de pessoal, serão contratadas, em média, duas novas pessoas para abastecer e controlar o **eSocial.** Em média, cada grande empresa necessitará de sete novos profissionais. E as médias empresas deverão contratar três novos funcionários."

A mesma Subsecretaria de Fiscalização da Coordenação-Geral de Fiscalização da Secretaria da Receita Federal já havia ocupado

88 páginas do Diário Oficial de 8/9/11 com o Ato Declaratório Executivo nº 31, que "dispõe sobre normas operacionais para entrega dos dados por meio do Programa Validador e Assinador da Entrada de Dados para o Controle Fiscal Contábil de Transição **(PCONT)**, para o ano-calendário de 2010." Evidentemente, só um especialista altamente qualificado pôde auxiliar o empresário a cumprir essas normas, naturalmente com elevação de custos.

Antes disso, o Secretário Executivo do Conselho Nacional de Política Fazendária, expediu o Ato COTEPE/ICMS nº 14, de 19/3/09, que "aprova o **Manual da NF-e** em contingência que dispõe sobre as especificações técnicas dos processos de emissão de NF-e em contingência", ocupando **64 páginas** do Diário Oficial de 14/9/09. Note-se que a nota fiscal eletrônica é considerada como um avanço contra a burocracia e a sonegação fiscal

O jurista João Geraldo Piquet Carneiro, que assessorou diretamente o Ministro Hélio Beltrão, na elaboração do Programa Nacional de Desburocratização, e hoje preside o Instituto Hélio Beltrão, adverte, em primoroso artigo, que "a justiça fiscal, outro valor republicano, foi desprezada em favor do aumento contínuo de arrecadação (federal, estadual e municipal). O administrador fiscal, cujo desempenho é avaliado por sua capacidade de aumentar a receita, terminou por render-se ao imediatismo, criando novas formas de tributação cada vez mais complexas e herméticas. Sempre mais imposto, mais controles, mais certidão negativa e, portanto, mais burocracia." ("Mais imposto, mais controle, mais burocracia", no Globo de 29/9/04).

Nesse "oceano normativo", o **Sistema Tributário Nacional** está estruturado em 191 dispositivos constitucionais, no Código Tributário Nacional e em milhares de leis complementares, leis ordinárias, medidas provisórias, decretos, portarias e circulares, nos planos federal, estadual e municipal. Esse pesado arcabouço impede, de certa forma, a própria "oxigenação" do sistema.

Em estudo publicado pela Revista Jurídica Consulex nº 132, de 15/9/06, defendemos "A Desconstitucionalização do Sistema Tributário", acentuando que "o texto de nossa Carta não pode continuar albergando normas relativas aos diversos tributos federais, estaduais e municipais, sob pena de inviabilizar as modificações necessárias para ajustar o sistema tributário aos anseios da coletividade – menor carga tributária, simplificação e desburocratização das obrigações fiscais, justiça fiscal -, bem assim à crescente globalização da economia e às necessidades do comércio exterior.

Em tais condições, uma emenda constitucional pode dar à matéria o devido tratamento jurídico-constitucional, retirando do texto da Constituição os preceitos concernentes a princípios, condições e outras normas relativas aos impostos federais, estaduais e municipais, para transferi-las à lei complementar relativa ao Código Tributário Nacional, sem prejuízo do campo próprio das leis ordinárias da União, dos Estados e dos Municípios.

De acordo com tal proposta, os 191 dispositivos constitucionais em matéria tributária – quase a mesma extensão de toda a Constituição norte-americana -, seriam reduzidos, para 110 disposições. Com mais um pouco de arrojo, poderiam ser suprimidas as esdrúxulas contribuições sociais de intervenção econômica (dez dispositivos) e a contribuição municipal de iluminação pública (dois dispositivos). Permaneceriam os dispositivos relativos aos "princípios gerais", "às limitações ao poder de tributar" e à "repartição das receitas tributárias", todos muito bem redigidos.

Essa proposta – ponto de partida para uma verdadeira reforma tributária -, como toda e qualquer outra, que seja elaborada por estudiosos, especialistas, professores e entidades, até mesmo a Fundação Getúlio Vargas, não encontram guarida entre os governantes e seus técnicos, porque, afinal, eles são pagos para isso mesmo. De modo geral, são "engavetadas" ou submetidas à Receita Federal, que, na verdade, é a maior responsável pela permanência de toda a burocracia fiscal e na qual nem sempre a posição dos melhores técnicos prevalece.

Na palestra que proferimos, neste Conselho, em 2012, alongamo-nos sobre "as pré-condições de uma boa reforma" tributária, as "deficiências de nosso sistema tributário", "a carga tributária", "a arrecadação de tributos e contribuições" e os projetos de reforma tributária. Descabe repeti-los. São indicações para a desburocratização do sistema.

Afora isso, merecem registro algumas excelentes inovações anti-burocráticas adotadas ao longo do tempo: a) o desconto do **imposto de renda na fonte** (que deveria ser definitivo em todos os casos); b) a tributação da pessoa jurídica pelo **lucro presumido** (que deveria ser ampliada); c) a declaração anual de rendimentos e bens **via *internet*** (que ainda pode ser simplificada).

O atual governo chegou a divulgar a intenção de relevantes medidas para reduzir a burocracia fiscal e simplificar o sistema: 1ª) substituir o ICMS (estadual) e o ISS (municipal) por imposto sobre valor agregado estadual, com a cobrança no Estado de destino; 2ª) substituir o IPI, a COFINS, a Contribuição ao PIS/PASEP e a Contribuição de Intervenção Econômica sobre Combustíveis por um IVA federal; e 3ª) incorporar ao IR a Contribuição Social sobre o Lucro Líquido. Essa proposta, no entanto, foi abandonada e nenhuma outra foi divulgada objetivando, efetivamente, a redução da carga tributária e a burocracia fiscal.

O ICMS, o imposto sobre a renda, o imposto sobre a propriedade territorial rural (ITR) e os impostos sobre a transmissão de bens continuam à frente da **tributação altamente burocrática**. O ICMS, inclusive, provocou uma "guerra fiscal" entre os Estados. Esses impostos exigem ações diversas dos contribuintes, que têm de atuar sob as normas de milhares de leis e atos normativos alterados constantemente.

Inúmeras medidas anti-burocráticas têm sido sugeridas por entidades de classe e especialistas, mas não encontram guarida nos governos.

VII - a burocracia noutras atividades

A burocracia - como é evidente - está presente nas mais diversas atividades da Administração Pública – federal, estadual e municipal – e, também, em numerosas empresas privadas, notadamente as concessionárias de serviço público (transportes, telefonia), planos de saúde, instituições bancárias e outras.

Na Administração Pública, a Previdência Social merece destaque, pela imensa burocracia, nos procedimentos de concessão de benefícios e no serviço de atendimento público. Destaca-se, também, pela ausência de um serviço de ampla divulgação dos direitos dos sociais e da orientação para os beneficiários de aposentadorias e pensões. Tudo isso pode ser resolvido. Ou falta a chamada vontade política ou se trata de desinteresse e incompetência.

O Governo reluta em separar as contas da chamada **"previdência urbana"**, que é superavitária, e da **"previdência rural"**, vultuosamente deficitária e que, na verdade, constitui um programa de assistência social. Também reage a implementar os fundos de que tratam os arts. 249 e 250 da Constituição, para reunir os recursos provenientes das contribuições previdenciárias do Regime Geral e dos servidores públicos, os quais são mantidos na conta do Tesouro Nacional, sem nada render aos segurados da Previdência.

Na área da saúde, inobstante todos os avanços, a partir da implantação do Sistema Único de Saúde (SUS) e apesar dos esforços do Ministério e das Secretarias de Saúde, os serviços de atendimento ambulatorial e hospitalar ainda apresentam numerosas falhas e insuficiências – falta de clínicas e hospitais, de médicos, de enfermeiros, de equipamentos para exames, de medicamentos etc. -, como é divulgado constantemente pelos jornais e pelo noticiário das emissoras de televisão. A "importação" de médicos de Cuba, sem revalidação dos diplomas no Brasil e com remuneração paga por intermédio do Governo cubano, não foi a melhor das soluções e envolve inegáveis objetivos políticos, em detrimento da população.

As concessionárias de transportes públicos (trens, metrô, ônibus e barcas) e de telefonia, as empresas de seguro saúde e as instituições bancárias são as campeãs de reclamações no PROCON e pela imprensa e figuram nas listas das entidades mais acionadas perante a Justiça. Nesses casos, falta, de modo geral, vontade de aprimorar os serviços e eliminar a ineficiência das agências (ANTT e ANATEL) e órgãos fiscalizadores.

A burocracia também impera nos **portos e aeroportos,** sobretudo no respeitante à liberação de cargas. Segundo a 2º edição do "Diagnóstico do Comércio Exterior", elaborado pela FIRJAN, recentemente divulgado, "entre 118 países, o Brasil encontra-se na 106º lugar no *ranking* que avalia a burocracia dos portos" e que "o Brasil leva 5,5 dias para liberar uma mercadoria contra 3,5 dias na China e 3,4 na Índia; a média mundial é de 3 dias". Acrescenta o estudo que "são exigidas até 190 informações para a liberação de mercadorias nos portos e diferentes departamentos muitas vezes cobram a mesma informação". A propósito do programa "porto sem papel", o presidente da FENAVEGA, Meton Soares, esclarece: "em vez de simplificar, o PSP trouxe mais uma exigência: preencher um Duda, no valor de R$700,00".

No INCRA, a regularização de um área rural depende, agora, do georreferenciamento, que realmente indica, com precisão, o perímetro, áreas de preservação permanente e o curso de rios e riachos. A planta assim obtida deve ser acompanhada do relatório técnico de um engenheiro. Todavia, consta que, hoje, apenas 24.417 das 164 mil fazendas do país – menos de 15% - estão certificadas". Anualmente, o proprietário rural tem de obter, no INCRA, um Certificado de Cadastro de Imóvel Rural-CCIR e é obrigado a enviar, à Receita Federal, via *internet* - mesmo os situados no interior da Região Norte ou Centro Oeste -, uma declaração para apuração do Imposto Territorial Rural. Antes terá de obter o Ato Declaratório Ambiental-ADA, junto ao IBAMA, e, antes disso, obter uma senha, via *internet.*

O "Diário Oficial da União", de leitura ingrata, costuma publicar atos dignos do "Febeapa – Festival de Besteiras que assola o País", do saudoso e genial jornalista Sérgio Porto. É o caso da Instrução Normativa nº 29, de 21/5/08, do Ministro da Agricultura, Pecuária e Abastecimento, que **autoriza a inscrição** no Registro Nacional de Cultivares-RNC de 1.413 espécies florestais listadas em anexo, desde a graviola, a casuarina, a carnaubeira, o jenipapo, a mangabeira, a seringueira, o jatobá, o jacarandá, o guaraná, a jabuticaba, o ipê e o cacau até o pente-de-macaco, a unha-de-vaca-miúda, o pau-de-viola-de-espinho, a elizabeth duríssima, o gruá-mirim-reticulata, a embira-de-sapo-de-rabo-mole, a baga-de-macaco-laranja, o viraró-pele-de-velho etc. O trabalho científico é notável, mas por que apenas **autorizar** a inscrição dessas espécies num cadastro? Quem vai requerer a inscrição?

Da mesma natureza são:

a) a Instrução Normativa Conjunta nº 1, de 29/9/06, do Secretario Especial de Aquicultura e Pesca e da Ministra do Meio Ambiente, com 172 normas, que estabelecem diretrizes para a elaboração e condução do Programa Nacional dos Observadores de Bordo da Frota Pesqueira-PROBORDO, assim como os procedimentos para a atuação dos Observadores de Bordo nas embarcações de pesca integrantes do PROBORDO";

b) o Decreto nº 6.323, de 27/12/07, que, em 118 artigos, disciplina "as atividades pertinentes ao desenvolvimento da agricultura orgânica", com regras, entre outras, para a produção, a comercialização, a exportação, a rotulagem, a certificação por auditoria, a fiscalização e inspeção, as proibições, as penalidades (criadas por decreto ?), tudo, evidentemente, ao arrepio das possiblidades dos nossos produtores rurais;

c) o Decreto nº 6.393, de 12/3/08, que "estabelece o Compromisso Nacional pelo Desenvolvimento Social, a ser firmado entre a União, os Estados e o Distrito Federal";

d) o Decreto nº 6.505, de 4/7/08, que "aprova o Regulamento Simplificado para contratação de serviços e aquisição de bens pela Empresa Brasil de Comunicação S.A. – EBC"; "simplificado" em 80 artigos, 56 parágrafos e 111 incisos (247 normas) ?

e) o Decreto s/nº de 24/11/10, que "cria a Comissão Nacional de Diálogo e Avaliação do Compromisso Nacional para aperfeiçoar as Condições de Trabalho na Cana-de-Açúcar";

f) a Deliberação nº 665, de 4/8/11, da Comissão de Valores Mobiliários, que "aprova o Pronunciamento Técnico CPC 15 (R1) do Comitê de Pronunciamentos Contábeis, e trata de combinação de negócios", com mais de 300 normas.

g) a Resolução Normativa nº 12, de 30/9/13, do Conselho Nacional para o Cuidado e a Utilização de Animais para Fins Científicos e Didáticos – DBCA, de relevante finalidade, mas extensa e detalhista (mais de 300 normas);

h) as diversas Resoluções da Câmara de Comércio Exterior do Conselho de Governo, como, p.e., a de nº 56, de 24/7/13, que "prorroga direito antidumping definitivo, por um prazo de até 5 (cinco) anos, aplicado às importações brasileiras de pneus novos de borracha para automóveis de passageiros originárias da China", que se estende, por 12 páginas do Diário Oficial de 29/7/13, contendo 349 parágrafos e 30 quadros.

No Governo do Presidente Fernando Henrique Cardoso, a Lei nº 9.454, de 7/4/97, instituiu o "número único de Registro de Identidade Civil, pelo qual cada cidadão brasileiro, nato ou naturalizado, será identificado em suas relações com a sociedade e com os organismos governamentais e privados" Também criou o "Cadastro Nacional do Registro de Identificação Civil". O número único substituiria os do registro civil, identidade, CPF, título de eleitor etc., mas, conforme projeto do Ministério da Justiça, seria emitido, para cada cidadão, um cartão magnético, com *chip,* o qual, por seus objetivos muito ambiciosos, já foi questionado – conforme matéria publicada no Estado de São Paulo de 23/8/10 -, em temas relevantes, como segurança, cidadania e privacidade. O certo é que o projeto não se concretizou.

Para finalizar essa lista, parece indispensável uma referência à lei orçamentária anual. Trata-se, em relação ao Exercício de 2013, da Lei nº 12.798, de 4/4/13, publicada em **2.304 páginas** do Diário Oficial.

Sob o ângulo formal, a Lei do Orçamento é uma imensa lista de valores expressos em reais, isto é, as dotações orçamentárias consignadas a um enxame de órgãos dos três Poderes e a programas criados pela inesgotável imaginação dos técnicos. São cerca de **70.000 valores**. É claro que nenhuma autoridade, nenhum parlamentar, nenhum técnico lê toda essa lista. Cada um lê e confere o que lhe interessa. Assim, o projeto é elaborado, aprovado pelo Ministro do Planejamento, endossado pelas assessorias da Presidência e, afinal, remetido ao Congresso Nacional, no qual, de novo, cada parlamentar, cada técnico, lê, confere e emenda o que lhe interessa. Por fim, o projeto é aprovado e submetido à sanção do Presidente da República e depois numerado como lei ordinária e publicado no Diário Oficial. Quem for ler essa publicação, encontrará muitas finalidades inacreditáveis e valores surpreendentes. A sorte do Governo e do Congresso é que ninguém lê a Lei do Orçamento, na sua totalidade.

VIII - A ações contra a burocracia no Brasil

As ações mais destacadas contra a burocracia foram constituídas pelas **reformas da Administração federal** e, sobretudo, pelo **Programa Nacional de Desburocratização**, este desenvolvido, a partir de julho de 1989, no Governo do Presidente João Figueiredo, tendo à frente o ilustre e saudoso Ministro Hélio Beltrão, coadjuvado pelo jurista João Geraldo Piquet Carneiro.

Já escrevemos que, "no plano federal, o nosso País, a rigor, mereceu quatro reformas administrativas. A **primeira reforma**, no alvorecer da República, com a Lei nº 23, de 30/10/1891, que organizou os serviços da administração federal, os quais, até então, seguiam o modelo português. Os serviços foram distribuídos entre seis Ministérios: Fazenda; Justiça; Indústria, Viação e Obras; Relações Exteriores; Guerra; e Marinha. A **segunda reforma** pode ser visualizada com a criação do Departamento Administrativo do Serviço Público (DASP) pelo art. 67 da Constituição do Estado Novo (1937). Ao DASP o País deve, entre outras medidas relevantes, a introdução do sistema do mérito no serviço público. A **terceira reforma** concretizou-se no final do

Governo Castello Branco, mediante o Decreto-lei nº 200, de 25/2/67, que traçou numerosas regras programáticas para o serviço público." ("A segurança jurídica no Brasil"; Carta Mensal da CNC, fev/2013).

A **quarta reforma** administrativa foi desfechada no primeiro dia do Governo Fernando Collor, mediante diversas Medidas Provisórias, depois transformadas em leis, para: reduzir a doze o número de Ministérios; extinguir diversas empresas estatais, autarquias e fundações, como o IBC, o IAA, o BNCC, o DNOS, a CAEEB, a EBTU, a SUDECO, a SUDESUL, a EMBRAFILME, a INTERBRÁS, a PETROMISA, a INFAZ, a SIDERBRÁS e a PORTOBRÀS; autorizar a privatização ou dissolução do Lloyd Brasileiro; fundir a COBAL e a CIBRAZEM, na CONAB, e a FSESP e a SUCAM, na Fundação Nacional de Saúde (FNS) e promover a venda de mais de 10.000 imóveis residenciais em Brasília. Nesse mesmo dia, foi instituído o Programa Nacional de Desestatização (M.P. nº 155, de 15/3/90), que possibilitou a privatização de numerosas empresas, inclusive nos governos posteriores. Foi, sem dúvida, a mais ampla e corajosa reforma administrativa – coordenada pela Ministra Zélia Cardoso Mello - para reduzir, efetivamente, o tamanho da Administração federal e, assim, fazer cessar o desperdício de recursos públicos e eliminar poderosas fontes de burocracia. Com a renúncia do Presidente, todo esse esforço se perdeu. Os 12 Ministérios se transformaram nos 39 de hoje etc.

Objetivando, especificamente, o ataque à **burocracia**, o Governo federal, até o presente, só desenvolveu uma única ação de real envergadura, ou seja, o **Programa Nacional de Desburocratização,** instituído pelo Decreto nº 83.740, de 18/7/79, do Presidente João Figueiredo, referendado pelo Ministro Extraordinário para a Desburocratização, o competente, dinâmico e saudoso Doutor Hélio Beltrão, que cumpriu os seus árduos encargos com invulgar competência e total dedicação.

Em artigo publicado à época, Hélio Beltrão enfatizava, com notável síntese, que "a Reforma Administrativa é a **reforma das reformas,** visto que, nas circunstâncias do caso brasileiro, nenhuma outra reforma poderá alcançar seus objetivos sem que a máquina governamental apresente um desempenho satisfatório."

Numa avaliação quantitativa das medidas desburocratizantes então adotadas, entre elas a prática da delegação de competência, Beltrão informava que "já conseguimos nestes três anos, a expedição de cerca de vinte e cinco mil delegações de competência, envolvendo cerca de 20 milhões de decisões por ano em processos individuais. Somente as delegações efetuadas em 1967 pelo Presidente da República aos Ministros permitiram que cerca de cem mil processos por ano deixassem de subir à assinatura presidencial." Posteriormente, muitas dessas competências foram transferidas, por lei, para as autoridades destinatárias dos atos de delegação.

Lembrando, com precisão, que "o Brasil nasceu sob o signo do cartório, da ata, do registro e da certidão", Hélio Beltrão destacava o que hoje continua a ser verdadeiro e assustador: "a gigantesca máquina do Estado continuou a caminhar inexoravelmente no sentido da progressiva burocratização".

Na coletânea de atos relativos ao Programa Nacional de Desburocratização, editada pela antiga SEPLAN, em 1981, o primeiro deles é o Decreto-lei nº 1.687, de 18/7/79, proposto pela Procuradoria-Geral da Fazenda Nacional que cancelou débitos fiscais e outros de pequeno valor e determinou o arquivamento dos correspondentes execuções fiscais, assim reduzindo o número de processos na Justiça.

Entre os numerosos atos do Programa, podem ser citados: a dispensa do **reconhecimento de firmas** em documentos que transitem pela Administração Pública direta e indireta; a **delegação de competência** do Presidente da República aos Ministros de Estados, para a prática de numerosos atos, que assoberbavam a Presidência; a revogação da exigência da apresentação, em numerosas hipóteses, de **atestados de vida**, residência, pobreza, dependência econômica, idoneidade moral e bons antecedentes; a simplificação da **inscrição no CPF** e a limitação dos casos de inscrição obrigatória; a extinção do **registro obrigatório** de letras de câmbio e notas promissórias; a ampliação dos casos de pagamento do imposto de renda com base no **lucro presumido**; a simplificação do **Registro do Comércio**; a redução dos casos de apresentação obrigatória da **certidão de quitação de tributos**; a extinção da declaração de **devedor remisso**; a simplificação de diversos procedimentos perante o Fisco e o Sistema Financeiro da Habitação; a simplificação da **consulta** perante a Receita Federal; a simplificação do **Regulamento de passaportes;** a instituição da **cobrança amigável da Dívida Ativa da União** e numerosos outros atos, sobretudo na área fiscal.

Infelizmente, esse Programa não foi mantido em governos posteriores e a burocracia voltou a crescer em todos os setores, com é público e notório.

O consagrado Prof. Antonio Delfim Netto, ex-Ministro da Fazenda e do Planejamento, em artigo publicado no Jornal do Commercio de 6/8/10, sob o título "Veneno burocrático", cita diversos dados de um excelente relatório elaborado pela FIESP. Delfim Netto destaca que "o processo de desburocratização deve ser permanente, ter amplo alcance e facilitar o relacionamento do Estado com os cidadãos e as empresas. É preciso que o esforço ocorra nas três esferas da administração estatal e nos sistemas legislativos, judiciários e tributários, a fim de aumentar a eficiência do setor público, destravando o desenvolvimento econômico do País. Infelizmente não é isso que tem acontecido". Depois de citar "o grande ex-Ministro da Desburocratização Hélio Beltrão", Delfim Netto conclui: "lamentavelmente, tudo o que se fez nos anos 70/80 do século passado foi cuidadosamente desconstruído desde então."

No Governo do Presidente Luís Inácio Lula da Silva, foram feitas novas tentativas de combate à burocracia, com o Programa Nacional de Gestão Pública e Desburocratização (GESPÚBLICA), instituído pelo Decreto nº 5.378, de 23/2/05, e, ainda, com o Decreto nº 6.932, de 11/8/09, que "dispõe sobre a simplificação do atendimento público prestado ao cidadão, ratifica a dispensa de reconhecimento de firma em documentos produzidos no Brasil e institui a carta de serviços do cidadão", mas os resultados foram insignificantes. A burocracia foi mais forte.

Em tais condições, a redução da burocracia, no âmbito do Executivo, envolve a adoção de medidas firmes, para **reduzir as suas fontes,** ou seja:

a) reduzir, numa primeira etapa, o número de Ministérios e órgãos equiparados, de 39 para 20;

b) reduzir a estrutura básica dos Ministérios e das autarquias, extinguindo secretarias, comissões, coordenadorias e outras unidades e subunidades;

c) extinguir algumas autarquias e fundações, incorporando os respectivos encargos, quando necessário, aos Ministérios a que estejam vinculadas;

d) privatizar, fundir com outras empresas ou extinguir diversas empresas estatais.

e) reduzir a quantidade de cargos em comissão, em função da extinção de Ministérios e autarquias e suas unidades;

f) desocupar imóveis de propriedade da União ou alugados de particulares, para instalação de Ministérios, autarquias e órgãos extintos;

g) redistribuir, doar ou alienar os equipamentos e o material desnecessários, em função da extinção de Ministérios, autarquias e órgãos;

É indispensável rever os decretos de estrutura básica de Ministérios e autarquias e **extinguir competências e encargos desnecessários ou repetitivos,** que geram burocracia. . .

Finalmente, seria necessário alterar a Lei do Orçamento, para **cancelar as dotações** alocadas a Ministérios e autarquias extintos, bem assim ao custeio de encargos extintos ou desnecessários.

IX - As conclusões

A burocracia é, infelizmente, uma realidade, uma verdadeira praga, que ataca e prejudica as ações das entidades públicas e das entidades privadas que se relacionam diretamente com a população. É alentador verificar que nunca se houve falar em burocracia nas Forças Armadas, nem no Itamaraty. Em ambos, prevalecem a dedicação à pátria, a competência de militares e diplomatas, a hierarquia, a disciplina e a normatização eficaz e duradoura.

A burocracia existe também nas empresas privadas em geral, mas nesse caso o prejuízo é dos próprios empresários.

Não se deve imaginar que a burocracia possa ser completamente eliminada no âmbito da Administração Pública, mas pode ser eficazmente combatida e, mesmo, afastada em muitos e muitos setores.

A experiência, antes referida, do Programa desenvolvido por Hélio Beltrão – que mereceu à época amplo apoio da população - demonstra, indubitavelmente, que os governos podem e devem combater a burocracia, não só em função de razões sociais, mas também por força dos interesses econômicos nacionais. Esse dever cabe aos administradores públicos.

O ilustre Sen. Francisco Dornelles, na presidência da Comissão de Acompanhamento da Crise Financeira, em 2009, declarou enfaticamente: "precisava haver no país um choque Hélio Beltrão. A burocracia é muito grande e não somente da máquina estatal. Temos que fazer um apelo pela agilização do trabalho do Tribunal de Contas da União (TCU), do Ibama etc.. Seria preciso fazer um gabinete antiburocracia."

A burocracia não é invencível. As armas para combater a burocracia são conhecidas. Todavia, enfrentar a burocracia, nos dias atuais, em nosso País, exige competência, determinação, seriedade e, sobretudo, coragem e vontade política dos governantes, dos legisladores e dos magistrados, nos planos federal, estadual e municipal. Uma vontade política **de ferro**, uma **força de Hércules** e, como diria Erhard, o mago do milagre alemão, necessitará de **nervos de aço** para enfrentar as costumeiras reações.

Acima de tudo, depende da compreensão e do apoio do povo.

CAPÍTULO BÔNUS (II)

O Capítulo Bônus (II) contém diretrizes da Confederação Nacional do Comércio de Bens, Serviços e Turismo, em matéria fiscal e previdenciária, resumidas em artigos de autoria de seu presidente Antonio Oliveira Santos.

A CNC trabalha assim. Amadurece o tema em debates internos. O posicionamento institucional se consolida. O presidente – aleatoriamente e atento à atualidade dos temas – torna público por meio da imprensa o pensamento da Entidade.

São 22 temas de interesse empresarial, publicados em diferentes jornais do país, tratados com seriedade, competência técnica e visão política. Eventuais comentários após as publicações são de responsabilidade do autor. É importante deixar esses registros para as gerações vindouras.

Eis os temas:

Burocracia fiscal;
Compensação entre créditos e débitos tributários
Conselhos de Contribuintes
Contribuição ao PIS
Contribuição ao "Sistema S"
Contribuições previdenciárias
CPMF
Folha de pagamento de salários
FGTS
IPI, COFINS E PIS
Justo ordenamento fiscal
Multas fiscais
Notas fiscais
Penhora "on line"
Precatórios
Previdência Social e fator previdenciário
Refis
Reforma tributária

Reforma tributária fatiada
Terrorismo fiscal
Tratamento processual desigual
Tributação do setor de serviços

(1) Burocracia fiscal

Quando chegaram à Mesopotâmia, os descendentes de Noé, por orgulho, vaidade e grandeza, resolveram construir uma torre cujo topo deveria chegar ao céu. Para castigá-los e forçá-los a se espalhar e povoar a Terra, Deus introduziu, entre eles, as diversas línguas, de modo a que um não compreendesse o outro. Confusos e divididos, eles se espalharam por todas as regiões (Gênesis, 11). Desse modo, a Torre de Babel tornou-se símbolo da confusão e da divisão entre os homens. O comércio de bens, serviços e turismo só pode aplaudir a iniciativa do governo quanto à redução de tributos, mesmo limitada a alguns setores. Todavia, os redatores da MP nº 252 *(OBS: transformada na Lei nº 11.196, de 21/11/05, com 133 artigos)* devem ter se inspirado no tema bíblico da Torre de Babel, para lançar os contribuintes em estratosférica confusão e promover a divisão entre a minoria beneficiada e a maioria preterida. **Com 283 novas regras tributárias, tidas como urgentes e relevantes e dispostas em 74 artigos, 113 parágrafos, 65 incisos, 26 alíneas e 5 itens, a MP modifica 31 diplomas legais (27 leis, duas MPs e um decreto-lei,** assim dificultando, extremamente, a compreensão de suas normas, pelos contribuintes que deverão cumpri-las, advogados que deverão interpretá-las, juízes que deverão aplicá-las e parlamentares que deverão aprová-las ou rejeitá-las. É uma babel tributária. (**"A babel tributária"** - Jornal do Brasil de 26/06/05)

> A Medida Provisória 252, mencionada, converteu-se na Lei 11.196 de 21.11.2005. Ela instituiu o Regime Especial de Tributação para a Plataforma de Exportação de Serviços de Tecnologia da Informação - REPES, o Regime Especial de Aquisição de Bens de Capital para Empresas Exportadoras - RECAP e o Programa de Inclusão Digital; dispõe sobre incentivos fiscais para a inovação tecnológica. A síntese – nas linhas e entrelinhas do texto de Antonio Oliveira Santos - é que o vício e a força da burocracia se faz presente até mesmo em medidas necessárias e positivas.

O governo tomou algumas medidas no sentido de reduzir a **carga tributária e a burocracia fiscal,** que têm massacrado os contribuintes, pessoas físicas e jurídicas. Trata-se, portanto, de um **pacote azul**, diferente de medidas anteriores. O pacote é azul para os investidores do mercado financeiro e do mercado de ações e para o setor industrial em geral, especialmente a indústria de bens de capital e a indústria da construção civil. Todavia, **não beneficia, diretamente, o comércio de bens e serviços.** Enfim, o pacote é azul para alguns. Já é um avanço. Entretanto, a classe do comércio de bens e serviços, a classe média em geral e as classes de baixa renda continuarão aguardando que o Governo também lhes destine um pacote azul, que amenize as **cores pesadas da carga tributária e da burocracia fiscal.** ("O pacote azul" - Jornal do Commercio de 18/10/04)

A burocracia governamental, especialmente a fiscal, sufoca a atividade empresarial e desanima os investidores. **A maior concentração da burocracia no Brasil é encontrada na área tributária:** carga elevadíssima (36 % do PIB), multiplicidade de tributos, alguns incidindo sobre a mesma base, imensa quantidade de informações acessórias, penalidades elevadas etc. ("Burocracia Sufocante" - Jornal do Commercio de 10/01/14)

A Receita Federal expediu, sem fundamentação legal expressa, o Ato Declaratório Executivo SUFIS nº 5, de 17/7/13, assinado por um Subsecretário de Fiscalização, na verdade um Manual de 227 páginas, que adiciona, ao Sistema Público de Escrituração Digital (SEPD), um capítulo das obrigações trabalhistas, previdenciárias e fiscais **(eSocial), tornando o meio eletrônico a via única para a transmissão de dados ao Governo pelos empregadores brasileiros,** sem excluir sequer as pequenas e microempresas e as pessoas físicas, nem, tampouco, as que se encontrem em localidades distantes, nas quais é inexistente a disponibilidade da internet. ("Burocracia sufocante" - Jornal do Commercio de 10/01/14)

O **e-Social,** do jeito que está sendo conduzido, **implicará na reformulação de vários processos internos das empresas,** como a alteração do sistema de gestão, treinamento de pessoal e contratação de recursos humanos, o que oneraria excessivamente o custo operacional dos empreendimentos. Segundo estudos realizados pela CNC, os custos, somente para as empresas do setor do comércio de bens, serviços e turismo, podem chegar a mais de R$ 5 bilhões. Expressamos todas essas preocupações em carta enviada à Presidenta Dilma Housseff, na certeza de que a gravidade do assunto e as possíveis consequências para as empresas e para o País serão consideradas. ("Alerta sobre o e-Social" - Jornal do Commercio de 03/01/14)

> **Antonio Oliveira Santos pontua, de modo claro, preocupações que saem do campo das ilações e entram naquilo que realmente interessa: a vida dos cidadãos e das empresas. A burocracia, e sua capacidade de retroalimentação, tem sido capaz de desmoralizar projetos e programas instituídos para mitigá-la. Estaríamos, pois, diante de medusa real e imbatível?**

(2) Compensação entre créditos e débitos fiscais

O Ministério da Fazenda poderia tomar a iniciativa de oferecer ao Congresso projeto de lei, que facilite, de modo eficaz, a **compensação entre a Dívida Passiva e a Dívida Ativa da União, inclusive pela troca dos precatórios por certificados de crédito transferíveis,** que sejam utilizados exclusivamente na liquidação de débitos fiscais, inscritos ou não como Dívida Ativa e registrados na CETIP ou entidade similar. Merece apoio o Projeto de lei n° 709, de 2011, do Senador Aécio Neves, que tem por objetivo instituir e regular a compensação entre créditos e débitos de qualquer natureza das Fazendas Públicas. ("A redução do valor das multas" - Jornal do Commercio de 05/03/12)

Compensação tributária é tema recorrente. E o é porque os governos – União, Estados e Municípios – nunca se dispuseram a resolvê-lo. Além de ser um problema de lógica incontestável, solucioná-lo é de inteira justiça e ética perfeita. Há anos Antonio Oliveira Santos bate nesse tema. O uso do verbo bater é proposital, porque não há melhor figura que a sucessiva luta contra arbitrariedades que afrontam o senso comum. E o senso comum está presente nas proposições mencionadas.

---

(3) Conselhos de Contribuintes

Os Conselhos de Contribuintes, criados pelo Decreto n° 20.350, de 31/8/31, são compostos, paritariamente, por conselheiros indicados pela Receita Federal e pelos contribuintes, por intermédio das Confederações da classe empresarial, neles atuando ainda um Procurador da Fazenda, para zelar pelo respeito à lei. Ao longo do tempo, os Conselhos de Contribuintes, que sofreram numerosas transformações (hoje Conselho Superior de Recursos Fiscais - CARF), **têm atuado, destacadamente, para a realização da justiça fiscal, evitando a desnecessária sobrecarga do Poder Judiciário** com milhares e milhares de litígios, que encontram solução adequada na própria área administrativa, sobretudo nas **questões sobre matéria de fato e nas questões técnicas,** as quais, na via judicial, sempre dependem de demorados e onerosos laudos dos peritos ("Ditadura Fiscal", Correio Brasiliense e A Gazeta de Vitória, de 16/06/98)

Compostos por representantes da Fazenda Nacional e dos contribuintes, estes indicados, em listas tríplices pelas Confederações da classe empresarial, todos especialistas na matéria tributária, os Conselhos de Contribuintes (atualmente Conselho Superior de Recursos Fiscais - CARF), **são muito mais capacitados do que o Judiciário para decidir questões essencialmente técnicas,** como as que se referem a valoração aduaneira, classificação de mercadorias, vistoria aduaneira, dano ou avaria em mercadoria importada, lançamentos contábeis, escrituração mercantil e muitas outras nas áreas dos impostos de importação, produtos industrializados, renda, COFINS etc., uma vez que, nos litígios judiciais, em torno dessas matérias, os juízes, de modo geral, têm de louvar-se em laudos de peritos. ("Conselhos de Contribuintes" - A Gazeta de Vitória de 26/03/2000; "Obstáculos aos Conselhos de Contribuintes" - Jornal do Commercio de 26/5/2000)

Há várias décadas, vem sendo defendida a **descentralização e regionalização** dos Conselhos de Contribuintes, que **poderiam funcionar nas sedes das regiões fiscais** (Brasília, São Paulo, Rio de Janeiro, Porto Alegre e Recife), a exemplo da proveitosa descentralização operada pela Justiça Federal, com a instalação de Tribunais Regionais Federais nas aludidas cidades. ("Conselhos de Contribuintes" - A Gazeta de Vitória de 26/03/2000; "Obstáculos aos Conselhos de Contribuintes" - Jornal do Commercio de 26/5/2000)

A Confederação Nacional do Comércio (CNC) tem contribuído, ao longo de várias décadas, para o fortalecimento dos Conselhos de Contribuintes. **As decisões dos Conselhos de Contribuintes e da Câmara Superior de Recursos Fiscais expressam, na forma da lei, a posição final do Ministério da Fazenda,** nas controvérsias suscitadas entre o Fisco e os contribuintes. As decisões dos referidos colegiados têm sido acatadas pelas autoridades fazendárias, servindo-lhes como a melhor orientação na aplicação da legislação tributária. Por todas essas razões, causou surpresa à classe empresarial do comércio de bens e serviços e aos demais contribuintes a decisão proferida pelo Ministro da Fazenda aprovando o Parecer PGFN/CJ nº 1007/2004, da Procuradoria-Geral da Fazenda Nacional, que admitiu a possibilidade de as decisões dos Conselhos de Contribuintes "serem submetidas ao crivo do Poder Judiciário", mediante ação de conhecimento, mandado de segurança, ação civil pública ou ação popular. ("Violência contra os Conselhos de Contribuintes" - Jornal do Brasil de 19/10/04)

A **derrubada do denominado "trânsito em julgado" da decisão final no processo administrativo fiscal,** a par de constituir uma violência contra os Conselhos de Contribuintes, **atinge a segurança jurídica dos contribuintes,** que ficarão expostos ao arbítrio de outros órgãos, quanto à conveniência e oportunidade de recurso à via judicial. ("Violência contra os Conselhos de Contribuintes" - Jornal do Brasil de 19/10/04)

Em breves sínteses de alguns artigos veiculados na imprensa nacional, a CNC registra de modo indiscutível seu posicionamento sobre o papel e a importância do Conselho de Contribuintes (atual CARF – Conselho Administrativo de Recursos Fiscais). E, mais ainda, a importância de preservá-lo em suas competências e modelos. Não é infrequente autoridades públicas – do Ministério da Fazenda e até do Congresso Nacional – se insurgirem contra o talvez mais democrático dos Conselhos da República. Ameaças de fechamento, já houve. Tentativa de submissão de suas decisões ao judiciário quando a Fazenda é derrotada, sempre há. Antonio Oliveira Santos denuncia as ameaças e age para que essa pequena parte da democracia tributária continue à disposição do contribuinte brasileiro.

O Supremo Tribunal Federal é o guardião da Constituição e das leis do País. Ao longo de sua profícua história, desde que se reuniu, pela primeira vez em 1891, tem proferido memoráveis julgamentos para assegurar os direitos e garantias dos cidadãos brasileiros, sobretudo contra os excessos do Fisco. Uma dessas decisões, de fundamental importância para os contribuintes brasileiros, foi proferida em março último (de 2007), no julgamento da Ação Direta de Inconstitucionalidade (ADIN) nº 1976-DF, sendo relator o ilustre Ministro Joaquim Barbosa. Por unanimidade de votos, o **STF declarou a inconstitucionalidade do art. 32 da Lei nº 10.522/02,** que **exigia o prévio depósito ou o arrolamento de bens,** em valor correspondente a 30% da exigência fiscal, como **condição para a interposição de recurso ao Conselho de Contribuintes,** que é a última instância administrativa, a que pode recorrer o contribuinte contra a indevida cobrança de tributos ou imposição de multas. ("Memorável decisão do Supremo Tribunal" - Jornal do Brasil de 12/07/07)

O absurdo saiu do Executivo, teve o apoio do Legislativo, transformou-se em Lei. Antonio Oliveira Santos em um de seus artigos fez o registro da arbitrariedade, usou a prerrogativa da CNC no campo das ADI e o STF derrubou uma das muitas violências, a qual, no fundo, objetiva restringir o livre direito de defesa administrativa no antigo Conselho de Contribuintes, atual CARF.

---

(4)Contribuição ao PIS

A **providência ideal a ser tomada em relação ao PIS é a sua extinção,** uma vez que foram distorcidos, completamente, os motivos de sua criação à época do Governo militar, ou seja, a formação de um patrimônio dos trabalhadores, como modalidade de participação nos lucros das empresas. ("O PIS e comércio de bens e serviços" - Jornal do Commercio de 15/08/02)

Depois de vários anos de frustações e decepções, a prometida reforma tributária, considerada como indispensável ao ajuste fiscal e realmente necessária ao desenvolvimento econômico e social do País, acabou resumida a um modesto projeto de lei, com o **objetivo de alterar a base de cálculo da Contribuição ao PIS**, de forma a retirar-lhe o efeito cumulativo ou, como é mais conhecido, o "efeito cascata", e transformá-la numa espécie de imposto sobre o valor agregado. A classe comercial sente-se obrigada a manifestar suas restrições ao projeto, pelo fato de desconsiderar dois princípios basilares à reforma: redução da carga tributária e simplificação do sistema. ("A Reforma da Contribuição ao PIS" - Jornal do Commercio de 7/06/02)

(5)Contribuições ao "Sistema S"

No contexto de uma controvérsia sobre a PEC que objetiva a prorrogação da CPMF, afigura-se despropositada a redução, que chegou a ser anunciada, das **contribuições ao chamado "Sistema S"**, ou seja, as contribuições **pagas exclusivamente pelo empresariado**, desde o Governo Vargas, para a manutenção dos relevantes programas de aprendizagem, treinamento e formação de mão-de-obra e de serviço social para comerciários, industriários e outros trabalhadores, a cargo do SESC, SENAC, SESI, SENAI e SENAR, que se espalham por todo o País. **Essas contribuições,** que eram arrecadadas pelo INSS, passaram a ser arrecadadas pela Receita Federal, **nunca constituíram receita pública. Apenas transitam pelo Tesouro** (antes pelo caixa do INSS), mas **são constitucionalmente vinculadas à execução de programas de relevante interesse social,** para os comerciários de bens, serviços e turismo, industriários e trabalhadores da área dos transportes. ("A CPMF e os trabalhadores" - Jornal do Commercio de 09/11/07)

O sonho de governantes e burocratas autoritários é "Botar a mão" nos recursos do Sistema S. Propostas nesse sentido vão e vem. Mesmo desconhecendo os serviços que SESC e SENAC prestam à população brasileira, em cerca de 3.000 municípios, sempre há alguém disposto a voltar ao tema, como se os recursos fossem públicos e orçamentários.

---

(6)Contribuições previdenciárias

Ressurgiu, mais uma, nos meios de comunicação, a proposta de **desoneração da folha de pagamento de salários**, mediante a transferência, para o faturamento, da base de cálculo de incidência das contribuições previdenciárias devidas pelas empresas. **Essa proposta,** por não considerar todos os ângulos da questão, **é tecnicamente inadequada e segue direção oposta à do aperfeiçoamento do Sistema Previdenciário.** Sob o ângulo da tributação das empresas, a proposta não soluciona o problema. Apenas "muda o sofá de lugar", pois, evidentemente, não se pode admitir, neste momento, a redução da receita previdenciária. ("A base de cálculo das contribuições previdenciárias" - Jornal do Commercio de 14/11/06)

Logicamente, **tem de haver uma relação direta entre a incidência da contribuição e sua base de cálculo,** pelo simples fato de que a aposentadoria tem de ser proporcional aos salários recebidos pelo beneficiário do seguro social. Logo **é o salário a base de cálculo adequada para o cálculo das contribuições previdenciárias.** Já o faturamento das empresas pode ser base de cálculo para os tributos sobre a renda, a produção e as vendas (IR, CSLL, IPI, ICMS e ISS), mas nada tem a ver com o cálculo das contribuições previdenciárias. ("A base de cálculo das contribuições previdenciárias" - Jornal do Commercio de 14/11/06)

A propósito das propostas de reforma previdenciária, alguns técnicos, imaginando a descoberta de fórmula mágica para aumentar o nível de emprego em nosso País, defendem a **substituição da folha de salários pelo faturamento das empresas,** como base de cálculo da incidência das contribuições previdenciárias. Entretanto, **essa proposta é desprovida de base técnica e jurídica,** além de contrariar os fundamentos da Previdência Social adotados há várias décadas. ("Folha de salários x faturamento" - Jornal do Commercio de 03/04/07)

> A CNC sempre entendeu que a racionalidade da incidência da contribuição patronal ao INSS está na folha de pagamento e não no faturamento. Defendeu, também, em algumas oportunidades, que o ideal seria haver uma redução real (talvez de 6 pontos percentuais, caindo de 20% para 14%), para reduzir o custo do trabalho, mas sem substituir a "perda" por nova contribuição sobre o faturamento.

(7)CPMF

A CPMF - Contribuição Provisória sobre a Movimentação Financeira foi criada em 1993, com a finalidade precisa de fornecer recursos ao Ministério da Saúde, então sob o comando desse notável médico, Adib Jatene, cuja honorabilidade era um certificado de segurança de que essa arrecadação seria corretamente aplicada. Por sua natureza de tributo altamente regressivo e os reiterados desvios de finalidade de sua aplicação, **a CPMF é,** decididamente, **uma das piores formas de tributo, que compõem a nossa frondosa árvore do sistema tributário nacional.** ("O equacionamento da CPMF" - Jornal do Brasil de 10/10/07)

Os tributos encontram, em geral, forte resistência social, pelos reflexos nos rendimentos, nos bens e nas próprias vidas dos cidadãos, bem assim nos ativos e lucros das empresas, ainda que todos compreendam que a receita pública se destina a financiar os serviços essenciais a uma sociedade organizada. Mesmo assim, **os diferentes tributos encontram menor ou maior resistência social.** Entre os primeiros, podem ser citados o IPI e o ICMS, porque o consumidor final não os percebe embutidos nos preços dos produtos. Entre os mais detestados pelos contribuintes, encontram-se o imposto de renda, o IPTU e o IPVA, que afetam, de modo cristalino, o bolso do contribuinte. Sob esse último aspecto, todavia, a **Contribuição Provisória sobre Movimentações Financeiras (CPMF),** também conhecida como "imposto do cheque", **superou todos os impostos e contribuições já lançados no Brasil, em termos de rejeição social.** É que todo cidadão que dispusesse de uma conta corrente bancária, podia constatar, em cada extrato, um desconto no seu saldo: era a odiosa CPMF. ("O retorno da CPMF" - Jornal do Commercio de 14/09/09)

A volta da CPMF, como CSS (Contribuição Social para a Saúde) permanente, é uma agressão aos contribuintes brasileiros, que já suportam a COFINS (Contribuição para o Financiamento da Seguridade Social) e a CSLL (Contribuição Social sobre o Lucro Líquido), as quais, como determinam os arts. 195, I, "b" e "e", e o § 3º do art. 196 da Constituição, são destinadas, justamente, a financiar o sistema único de saúde, ao lado da previdência e da assistência sociais. Essas duas contribuições, pagas pelas pessoas jurídicas, são repassadas, é claro, aos consumidores finais. Inobstante o nobre propósito do citado PLC *(306-B, de 2008)* - gerar recursos para a área da saúde -, **o Sistema Único de Saúde já dispõe de recursos específicos provenientes das duas citadas contribuições,** sendo de notar-se que a receita da COFINS é superior a do IPI. Nessas condições e ao tempo em que apoia firmemente a alocação no Orçamento de maior parcela da COFINS e da CSLL, para as ações da área da saúde do Governo federal, **a Confederação Nacional do Comércio de Bens, Serviços e Turismo (CNC) manifesta, publicamente, a sua posição contrária à volta da CPMF.** ("Não à volta da CPMF" - Jornal do Commercio de 15/11/10)

Em 2008 tentou-se a volta da CPMF, com nova roupagem. Passaria a chamar CSS – Contribuição Social para a Saúde e seria permanente. A CNC foi contra e atuou ostensivamente no Congresso Nacional para a ideia não prosperar.

---

(8)Folha de pagamento de salários

Alguns técnicos alegam que **a soma dos chamados "encargos" incidentes sobre a folha de salários seria superior a esta em mais de 100%.** Não procede, de modo algum, tal afirmativa, que se baseia em sofismas que têm de ser afastados para que não se crie fricção no relacionamento entre os empregadores e os trabalhadores.

Na realidade, as **incidências efetivas sobre a folha de salários** (nela incluídos o décimo-terceiro e o terço das férias) resumem-se às contribuições à Previdência (20%), ao FGTS (8,5%), ao Salário-Educação (2,5%), ao Sesc/Senac ou Sesi/Senai ou Senat (2,5%), ao Sebrae (0,6%), ao INCRA (0,2%) e ao seguro contra acidentes de trabalho (em média 2%), **num total de 36,3%,** ou seja, muito inferior a 100%, o que não constitui absurdo, pelos padrões internacionais, considerados os notáveis benefícios para os trabalhadores e a paz social.

Para **somar 100% de encargos**, os **técnicos acrescentam**, indevidamente, percentuais que correspondem, em verdade, a **parcelas que compõem o próprio salário contratual,** ou seja, o décimo-terceiro e o abono de férias, que, a toda evidência, poderiam ser somados ao salário mensal, constituindo, desse modo, o salário efetivo do trabalhador. Além disso, esses técnicos **"engordam" a soma dos "encargos" com hipotéticos percentuais do salário, mas que correspondem a direitos sociais** constitucionalmente garantidos aos trabalhadores – como, aliás, em todo o mundo civilizado -, **concernentes não a valores pagos em dinheiro, mas há dias não trabalhados:** férias, repouso semanal, maternidade e enfermidades, estas vigorantes desde os tempos bíblicos. E ainda acrescentam como "encargos" mensais as despesas relativas à rescisão do contrato de trabalho, de caráter indenizatório e que não dizem respeito ao salário, mas ao fim da relação empregatícia. ("Folha de salários x faturamento - Jornal do Commercio de 03/04/07)

De tempos em tempos, ressurge, nos meios de comunicação, a simplória e **surrada proposta de desoneração da folha de pagamento de salários, mediante a transferência, para o faturamento, da base de cálculo de incidência das contribuições previdenciárias** devidas pelas empresas. Por não considerar todos os ângulos da questão, **tal proposta é tecnicamente inadequada e segue direção oposta a do aperfeiçoamento do nosso sistema previdenciário.** Sob o ângulo da tributação das empresas, a proposta não soluciona o problema. Apenas "muda o sofá de lugar", pois, evidentemente, não se poderia admitir, neste momento, a redução da receita previdenciária. A desoneração da folha de salários das empresas é um objetivo a ser atingido, mas pela efetiva redução da carga tributária e não pelo artifício da mudança da base de cálculo das contribuições previdenciárias. Com tal objetivo, **o Governo poderia,** desde logo, **promover a extinção da Contribuição Social ao Salário-Educação,** uma vez que a despesa pública da União, com a manutenção e o desenvolvimento do ensino, é atendida pela vinculação constitucional de 18% da receita proveniente dos impostos federais (Constituição, art. 212), e **extinguir, ainda, a Contribuição ao PIS,** que, desde a Carta de 1988 (art. 239), deixou de formar patrimônio dos trabalhadores, para financiar o seguro-desemprego, que pode ser custeado pela receita da COFINS. ("A folha de salários e a redução da carga tributária" - Jornal do Commercio de 21/06/10).

A CNC também apoia a **desoneração da folha de pagamento, mas nunca mediante a transferência, para o faturamento, da base de incidência** das contribuições previdenciárias. Primeiramente, porque essa medida importaria em manter **inalterada a carga tributária** sobre as empresas, mas **beneficiando umas e onerando outras,** com evidente desgaste político para o governo. Em segundo lugar, porque **essa proposta é desprovida de base técnica e contraria os fundamentos da Previdência** Social. Os benefícios previdenciários têm íntima relação com o valor do salário. No seguro social, o **benefício de cada segurado tem de guardar relação com os salários recebidos ao longo do tempo.** ("Fatias tributárias" - O Globo de 19/06/11)

A contribuição previdenciária paga pelo trabalhador não pode, evidentemente, ter por base o faturamento do respectivo empregador. Seria **um absurdo onerar as empresas que utilizam alta tecnologia e as prestadoras de serviços profissionais** (engenharia, arquitetura, advocacia, contabilidade, consultorias econômicas etc.). **A base de cálculo tem de ser o próprio salário.** Aliás, no caso do trabalhador doméstico remunerado por pessoa física e dos condomínios edilícios, inexiste faturamento. A incidência sobre a folha de salários é **condição essencial à implantação do sistema previdenciário de acumulação,** que só depende da implantação do fundo prescrito pelo art. 250 da Constituição ("Fatias tributárias" - O Globo de 19/06/11)

Medidas como **a desoneração da folha de pagamentos e a transferência da contribuição patronal para o faturamento pecam pela falta de racionalidade,** uma vez que a remuneração da aposentadoria tem que estar vinculada ao salário do trabalhador, para dar base atuarial às responsabilidades do INSS. E, pior ainda, prejudica a solução definitiva de criação do Fundo Previdenciário, como previsto pelo art. 250 da Constituição. ("Competitividade" - Jornal do Commercio de 30/10/12)

Vejam bem o que está escrito em um dos artigos anteriores: "A CNC apoia a desoneração da folha de pagamento, mas nunca mediante a transferência da base de incidência para o faturamento." Diz também não procede a afirmativa de que os encargos trabalhistas são superiores a 100%. Nessas afirmações há clara mistura entre o que são encargos e o que são direitos dos trabalhadores. Quando se consideram só os "encargos" o total não chega a 40%. É preciso ter coragem para dizer o que a CNC diz, sem nenhuma demagogia.

---

(9)FGTS

O Fundo de Garantia de Tempo de Serviço (FGTS) foi uma genial criação do governo do Presidente Castello Branco, em 1966, por proposta dos saudosos Ministros Roberto Campos, Octávio Bulhões e Nascimento Silva. Integra, ao lado da Consolidação das Leis do Trabalho e da Previdência Social, a trinca das **grandes conquistas dos trabalhadores brasileiros.** O FGTS não foi imposto aos trabalhadores. A estes foi facultada a adesão ao novo sistema, em troca de estabilidade no emprego, que havia se constituído num grande entrave no desenvolvimento e econômico e social do País, gerando o chamado "passivo trabalhista", que inviabilizava a saúde financeira das empresas em geral e impedia os investimentos, sobretudo estrangeiros, geradores de emprego e renda. ("O ataque ao FGTS" - Jornal do Commercio de 30/8/06).

Nos últimos anos, **as disponibilidades financeiras do FGTS têm sido desviadas do financiamento da construção de conjuntos habitacionais e obras de saneamento básico e infraestrutura,** para subsidiar (doação) o "Programa Minha Casa, Minha Vida". Segundo consta, cerca de R$10 bilhões já foram indevidamente retirados do FGTS e destinados àquele programa. Além disso, a Lei nº 11.491, de 20/06/07, agredindo a própria substância do FGTS e sua estrutura financeira, autorizou um novo desvio de recursos, a fim de compor um fundo de investimento para financiar "empreendimentos dos setores de energia, rodovia, porto e saneamento", que sempre foram custeados com verbas orçamentárias ou financiados pelo BNDES ou, ainda, objeto de privatizações ou parcerias público-privadas. Trata-se, evidentemente, de violações à essência do FGTS, um direito social dos trabalhadores previsto na Constituição (art. 7º, III) e, assim, uma das garantias fundamentais que constituem as cláusulas pétreas, as quais, por força do art. 60, § 4º, IV, não podem ser revogadas ou alteradas, nem mesmo por emenda constitucional Como **o FGTS é o resultado da soma dos depósitos nas contas vinculadas dos trabalhadores, pertencem a estes os lucros obtidos com a aplicação de tais recursos.** ("Os lucros do FGTS pertencem aos trabalhadores" - Jornal do Commercio de 12/12/11)

Tem de ser extinta a contribuição (chamada multa) de 10% sobre o saldo dos depósitos na conta vinculada do trabalhador no FGTS, no caso de despedida imotivada, cujos recursos seriam destinados à cobertura do passivo gerado por decisões do Judiciário, em face dos Planos Verão e Collor (passivo esse já eliminado), mas que foram incorporados à conta do Tesouro Nacional, com vista à obtenção do denominado superávit primário. ("FGTS: o fim da multa transitória de 10% - Jornal do Commercio de 16/07/12)

Os recursos do FGTS, garantidos pelo Tesouro Nacional, devem ser aplicados, tão-somente, no financiamento da construção de imóveis residenciais e, ainda, em obras municipais de saneamento básico necessárias para viabilizar a construção de conjuntos habitacionais destinados aos próprios trabalhadores. O **emprego de recursos do FGTS em outras finalidades constitui uma agressão à essência desse notável instrumento** de relevante interesse social. ("O fim da multa de 10% do FGTS" - Jornal do Commercio de 12/07/13)

O Governo deveria propor a necessária alteração legislativa para determinar que o **superávit do FGTS** (parcela superior ao valor necessário para atender ao resgate de todas as contas vinculadas) **seja creditado às contas dos trabalhadores,** proporcionalmente aos respectivos saldos. Afinal, o superávit decorre da aplicação dos depósitos pertencentes aos próprios trabalhadores. ("O fim da multa de 10% do FGTS" - Jornal do Commercio de 12/07/13)

As razões do Veto ao Projeto de Lei Complementar n° 200, de 2012 - que estabeleceria a extinção da chamada "multa de 10% do FGTS", calculada sobre o saldo da conta vinculada do trabalhador e devida pelo empregador, no caso de despedida sem justa causa -, revelam que tal medida "geraria um impacto superior a R$3.000.000.000,00 (três bilhões de reais) por ano, nas contas" do FGTS, assim evidenciando que a decisão presidencial foi proposta pela área financeira do Governo e importando na confissão de que **os recursos provenientes da referida "multa", há muito tempo, vem sendo utilizados em despesas que nada têm a ver com o passivo do FGTS,** mas "em investimentos em importantes programas sociais e em ações estratégicas de infraestrutura". ("O veto presidencial ao fim da multa de 10% do FGTS" - Jornal do Commercio de 05/08/13)

Antonio Oliveira Santos critica a permanência ad eternum da multa de 10% sobre o saldo dos depósitos na conta do trabalhador no FGTS em caso de demissão imotivada. Ele defende o fim da multa porque ela fora criada (em 2001)como uma contribuição do setor empresarial em momento delicado das contas do FGTS que enfrentava um déficit acima de R$ 20 bilhões. O déficit acabou, mas a multa permaneceu.

(10)IPI, COFINS e PIS

A Comissão de Assuntos Econômicos do Senado Federal aprovou, em decisão terminativa, o PLS nº 411, de 2009, de iniciativa da Comissão de Acompanhamento da Crise Financeira e da Empregabilidade, subscrito pelo Senador Francisco Dornelles. **Com referência ao IPI, o projeto ajusta a legislação ao princípio constitucional da não-cumulatividade,** cujo alcance se encontra limitado pela norma do art. 25 da Lei nº 4.502, de 30/11/64, anterior e incompatível com a Carta de 1988, mas que vem sendo indevidamente aplicada pela Receita Federal, com prejuízo para os contribuintes. E torna claro que **a isenção, a não-incidência e a alíquota zero, na saída dos produtos fabris, não acarretam a anulação do crédito relativo às operações anteriores.** Além disso, o PLS nº 411/09 **estende o direito ao crédito** - hoje restrito à entrada de matérias-primas, produtos intermediários e materiais de embalagem - **à entrada dos produtos destinados ao uso, ao consumo ou ao ativo permanente do estabelecimento industrial.**

Em relação à COFINS e à Contribuição ao PIS, o projeto **elimina a cumulatividade ainda existente,** ao estender o direito ao crédito a todos os bens e serviços adquiridos, inclusive os de uso e consumo necessários à atividade do estabelecimento comercial ou industrial. Para reduzir a acumulação de créditos, o **projeto admite, com toda a justiça,** a compensação não só com créditos da própria empresa contribuinte, mas também com créditos das empresas controladoras, controladas ou coligadas e, na falta destes, **com créditos de terceiros.** E, em boa hora, estabelece o acréscimo de juros, pela taxa Selic, aos créditos a serem ressarcidos aos contribuintes do IPI, da COFINS e do PIS.

Em suma, o PLS nº 411/09 constitui um avanço na legislação do IPI, COFINS e PIS e aperfeiçoa o Sistema Tributário Nacional, confirmando, por outro lado, a **procedência da posição desta Confederação, no sentido da realização da reforma tributária por etapas econômicas e politicamente viáveis.** ("Um avanço nas leis do IPI, COFINS e PIS" - Jornal do Brasil de 9/12/09)

> De fato o PLS 411, de 2009, é de qualidade e mereceria a aprovação e transformação em Lei. Mas o Congresso Nacional não funciona com base em merecimento, especialmente quanto a matéria é boa para as empresas e para o país. E a proposta, que vai na linha defendida por todos de fim da cumulatividade, ampliando as possibilidades de compensação de créditos, dorme em algum canto do Congresso Nacional.

(11) Justo ordenamento fiscal

Remonta à Magna Carta de 1215 a **primeira reação ao incontido furor da realeza na imposição e cobrança de tributos** para financiar as despesas reais, seja com os luxos palacianos, seja com as guerras de afirmação do poder. O fim do Antigo Regime Europeu e da Idade Moderna no Século XVIII, a independência dos Estados Unidos (1776), a Constituição norte-americana (1787), a Revolução Francesa e a Declaração dos Direitos do Homem, em 1789, puseram termo aos excessos do absolutismo monárquico e transformaram o mundo, assegurando ao homem direitos e garantias fundamentais inerentes à própria natureza. Entre os marcos que, nos dias atuais, caracterizam os países do chamado primeiro mundo, figuram a prevalência do regime democrático e a conquista de elevado nível de desenvolvimento e adequada distribuição de renda, mas também o **justo ordenamento fiscal, em que os orçamentos são limitados pela denominada "capacidade contributiva"** dos nacionais, ou seja, o limite máximo de tributos que a sociedade, numa determinada conjuntura, pode e concorda em transferir ao erário, para custeio dos serviços públicos e o aperfeiçoamento da ordem social. ("Terrorismo tributário" - Correio Brasiliense de 3/12/01)

(12) Multas fiscais

Seria justo **reduzir à metade o valor das multas fiscais,** sobretudo as de 50%, 100% e 150% sobre o valor do imposto devido, percentuais estabelecidos antes da relativa estabilidade da nossa moeda e que deram origem a uma gigantesca Dívida Ativa (cerca de R$1,5 bilhão em 2009) ("Reforma tributária inoportuna e ineficaz" - Jornal do Commercio de 31/03/09)

Merece apoio o Projeto de lei n° 721/2011, do Senador Francisco Dornelles, que tem por objetivo **reduzir as escorchantes multas estabelecidas na legislação do imposto de renda,** no caso de o sujeito passivo deixar de apresentar, nos prazos fixados, demonstrativo ou escrituração digital exigidos nos termos da lei ou apresentados com incorreções ou omissões. ("A redução do valor das multas" - Jornal do Commercio de 05/03/12)

> **Redução de multas aplicáveis ao contribuinte do Imposto Sobre a Renda é o tema. A lógica fazendária, todavia, é essencialmente punitiva.**

(13)Notas fiscais

As atividades empresariais no Brasil são sumariamente desestimuladas pela: carga tributária elevada (35,5% do PIB); multiplicidade de tributos (impostos, taxas e contribuições); complexidade das obrigações fiscais acessórias (declarações, formulários via internet e em papel etc.); burocracia na abertura de uma empresa; submissão a centenas de normas federais, estaduais e municipais; sujeição a diversas fiscalizações (Receita Federal, estadual, municipal, previdenciária; do trabalho, dos bombeiros etc.); peso e burocracia das obrigações previdenciárias; incertezas da ordem econômica e financeira; inflação e seus variados índices; tormentos da legislação trabalhista etc. Nesse quadro surrealista, surge, agora, como "meio de esclarecimento" ao consumidor quanto à fúria fiscal, um projeto de lei, aprovado pelas duas Casas do Congresso Nacional, que **atribui ao próprio contribuinte** – no caso, as empresas comerciais e prestadoras de serviços em geral – a **obrigação de informar, em cada nota fiscal que emitir, o "valor aproximado correspondente à totalidade dos**

tributos (impostos, taxas e contribuições) federais, estaduais e municipais cuja incidência influi na formação dos respectivos preços de venda". O projeto omite um aspecto fundamental, qual seja o dos **custos administrativos que essa medida criará,** mas uma coisa é certa: quem vai pagar realmente por essa aventura será sempre o indefeso consumidor final. *OBS: a matéria está regulada pela Lei nº 12.741, de 08/12/12* ("Notas fiscais com indicação dos tributos incidentes" - Jornal do Commercio de 07/12/12)

> **Antonio Oliveira Santos ataca a proposta de obrigar o comerciante e o prestador de serviços a discriminar o montante aproximado dos tributos inseridos na operação. É exigir do comerciante o que nem ele nem o mais competente especialista tem para informar. Na origem da proposta está a vã ilusão de que, quando todos os consumidores se dessem conta do peso dos impostos em cada produto e serviços, o "povo" iria às ruas clamar por reforma tributária.**

(14) Penhora *on line*

Além dos diversos direitos e garantias assegurados pelo Código Tributário Nacional e de dispor de ação especial para a cobrança de seus créditos, a execução fiscal, a Lei nº 11.382/06 introduziu, no Código de Processo Civil, o art. 655-A, a fim de criar a **penhora *on line*,** pela qual o Juiz, antes de qualquer julgamento sobre o mérito da cobrança, pode determinar ao sistema bancário, por meio eletrônico, a penhora do valor correspondente ao crédito da Fazenda Pública, instrumento esse que tem criado **imensos constrangimentos e prejuízos aos contribuintes em geral**, pessoas físicas ou jurídicas. ("Precatórios X penhora *on line*" - Jornal do Commercio de 31/05/12)

(15)Precatórios

O artigo 100 da Constituição determinou que os "pagamentos devidos pela Fazenda Pública Federal, Estadual ou Municipal, em virtude de sentença judiciária", devem ser efetuados na "ordem cronológica de apresentação dos **precatórios**", que são requisições da Justiça, atendidas por dotações orçamentárias específicas. Todavia, por pressão do Ministério da Fazenda e das secretarias de Fazenda de diversos estados, os constituintes incluíram, no Ato das Disposições Constitucionais Transitórias (ADCT), o artigo 33, para autorizar que "os precatórios judiciais pendentes de pagamento na data de promulgação da Constituição" **fossem pagos em prestações anuais pelo prazo de até oito anos**. Em outras palavras, um empréstimo compulsório em hipótese não prevista pela Constituição (artigo 148). **Foi o primeiro calote**.

Desrespeitando o direito dos credores protegido pela coisa julgada (garantia constitucional considerada como cláusula pétrea), a Emenda nº 30, de 2000, acrescentou ao ADCT, o artigo 78, que prescreveu, para os precatórios acumulados e não pagos até a data de sua promulgação (13/09/2000), um **novo parcelamento compulsório em até dez longos anos. Foi o segundo calote**.

Como se não bastassem essas violências contra os credores da Fazenda Pública, por força de decisões judiciais, a PEC nº 12/2006, além de determinar que os precatórios somente sejam pagos "**após prévia compensação com eventuais débitos inscritos como Dívida Ativa** da Fazenda Pública", acrescenta, ao ADCT, o artigo 95, com 16 parágrafos, para criar um grotesco "regime especial de pagamento dos precatórios" estruturado numa burocracia que pode ser sintetizada na expressão **calote fiscal e imoral, o terceiro**. Indo mais longe, a PEC **supera todas as barreiras da ética e da sensatez** ao estabelecer que 70% dos recursos (já contingenciados) serão destinados para "leilões de pagamento à vista dos precatórios", isto é, um leilão em que os credores mais necessitados serão coagidos a aceitar, por meio de lance, a redução de seu crédito, para obter "sucesso", isto é, receber, afinal, as quantias a que têm direito. **Em lugar do "quem dá mais? ", o leiloeiro apregoará "quem aceita menos? "**, isto é, uma **agressão ao princípio da moralidade**. ("A

PEC do terceiro calote" - Jornal do Brasil de 15/10/09)

Uma solução para os precatórios acumulados, que atormentam governadores e prefeitos, **seria a compensação autorizada por lei** estadual ou municipal, conforme o caso, **com os débitos fiscais dos próprios credores dos precatórios ou de terceiros**, inscritos como Dívida Ativa (em maior parte, incobrável), **por intermédio de uma câmara de compensação**, como já foi sugerido pelo então presidente do Supremo Tribunal Federal, Ministro Nelson Jobim. ("Calote imoral e inconstitucional" - Jornal do Brasil de 18/11/09)

Merece o aplauso da sociedade brasileira a recente **decisão** *(em 2011)* **do Supremo Tribunal Federal**, que considerou **inconstitucional o parcelamento, em até dez anos, imposto pela Emenda nº 30/2000**, tendo em vista que seu art. 2º "violou o direito adquirido do beneficiário do precatório, o ato jurídico perfeito e a coisa julgada" e "atentou contra a independência do Poder Judiciário". Os arts. 30 a 44 da Lei nº 12.431, de 27/06/11 (em que foi transformada a MP nº 517/2010), ao regular desnecessariamente a Emenda nº 62/2009, criou um novo, longo e burocrático processo para a audiência da Fazenda Pública e a concretização da compensação. São 16 artigos, 19 parágrafos e 2 incisos, ou seja, **37 normas a serem seguidas para viabilizar a compensação**. Portanto, a decisão do Supremo Tribunal foi, na verdade, uma vitória improfícua, uma **vitória de Pirro** dos titulares dos precatórios, pelo menos até que a Emenda nº 62 também seja declarada inconstitucional. ("Precatórios: uma vitória de Pirro dos credores" - Jornal do Commercio de 31/08/2011)

Como se não bastassem todas as violações aos direitos dos credores, próprias de um regime ditatorial, **uma Turma do Superior Tribunal de Justiça**, conforme noticiário da imprensa, decidiu que, na execução fiscal da Dívida Ativa, **os créditos representados pelos precatórios terão de ser considerados**, como se fossem títulos formais, **pelo valor de mercado**, o que, na verdade, **constitui um confisco de parte do crédito**, ou seja, um confisco de bens do credor. Em que pese o respeito que merece essa decisão judicial, **valor de mercado é o praticado nas operações entre os particulares** Já o chamado **valor de face do precatório é o valor legal estabelecido pela Justiça**. O princípio da moralidade impede aos governos "pechinchar"' com os particulares. Não obstante, os contribuintes em geral e os credores dos precatórios confiam na Justiça e esperam que o próprio Superior Tribunal de Justiça ou o Supremo Tribunal Federal reveja essa decisão, para restabelecer os direitos dos credores já violados, tantas vezes, por Emendas Constitucionais, na verdade Emendas inconstitucionais. No estado de Direito, os contribuintes têm o dever fiscal de pagar os tributos, mas o **Governo tem o dever ético e constitucional de honrar, integralmente, as suas obrigações, inclusive os precatórios**. ("Precatórios: depois de três calotes, o confisco" - Jornal do Commercio de 07/12/11)

Agora, noutra decisão magistral, o Supremo Tribunal, julgando procedente duas ADIN's, **considerou inconstitucional a parte nociva da Emenda nº 62/09**, por **violação aos princípios constitucionais que garantem a isonomia, o direito adquirido, o respeito à coisa julgada e a separação dos poderes**. O Relator, Ministro Ayres Brito, em outubro de 2011, já havia votado pela derrubada da Emenda 62/09, acentuando a inconstitucionalidade das normas referentes à compensação do valor dos precatórios com débitos perante a Fazenda Pública, por afrontar os princípios da separação dos poderes e da isonomia. Também considerou inconstitucional a regra da correção dos precatórios pelo "índice oficial de remuneração básica da caderneta de poupança", o que importaria na "deterioração ou perda de substância" do "bem público". Julgou inconstitucional e **taxou de "surrealismo jurídico" a possibilidade da prorrogação por até 15 anos, pelo ente público devedor, do prazo para o pagamento dos precatórios**. E **considerando adequada a qualificação da Emenda 62/09 como a "emenda do calote"**, o Ministro entendeu que **"fere o princípio da moralidade"** a regra do **"quem aceita menos"**, o grotesco leilão concebido pela Emenda. A **decisão do Supremo Tribunal fundamentou-se nos mesmos argumentos que embasaram nossos artigos, traduzindo a posição da Confederação Nacional do Comércio e Bens, serviços e Turismo**" ("Precatórios: a decisão do Supremo Tribunal" - Jornal do Commercio de 22/03/13)

> A série sobre os "precatórios" merece ser lida na integra. A CNC, por seu presidente, aborda diferentes aspectos dessa matéria. Mas destaco a insistência em destacar as violações aos direitos dos credores e os calotes oficiais. Antonio Oliveira Santos nunca se negou a dizer o precisa ser dito.

(16) Previdência Social e fator previdenciário

A **reforma do Regime Geral da Previdência Social** (RGPS), hoje estruturado na Constituição e nas Leis ns. 8.212/91 e 8.213/91, exige um **prévio diagnóstico**. O **RGPS não é praticamente deficitário**, conforme declarou o Presidente Luiz Inácio Lula da Silva: "precisamos ter em conta que esse déficit foi programado pela Constituição de 1988, quando incluiu seis milhões de trabalhadores rurais na Previdência. Foi programado quando a gente criou o Estatuto do Idoso, aprovou a LOAS. Essas pessoas passaram a ter um benefício que deveria ser do Tesouro Nacional e não da Previdência. Então isso é contabilizado como déficit da Previdência quando a responsabilidade é do Tesouro, porque são milhões e milhões de pessoas sendo beneficiadas. Acho isso muito importante porque é uma forma de fazer política de distribuição de renda." "Esse é um gasto - acrescentou - que o Brasil tem de assumir com recursos públicos. "Trata-se de política social, para ajudar pobres que de outra forma estariam dormindo na sarjeta." ("As propostas da CNC para a Previdência" - Jornal do Commercio de 3/9/07)

O **diagnóstico** aconselha a adoção de **medidas de curto prazo**, visando à sustentabilidade financeira do Sistema, e de **longo prazo**, quanto às questões de justiça e assistência social e incentivos previdenciários. **No curto prazo**, a primeira providência seria a **separação entre as contas do Tesouro Nacional e as da Previdência social e entre estas e as da Assistência Social**. Outra medida teria de **dar transparência à receita e à despesa** da Previdência Social, como determina o art. 50, II, da Lei de Responsabilidade Fiscal (LRF), com o adequado tratamento das chamadas "**renúncias previdenciárias**", ou seja, os subsídios concedidos a algumas classes e que, no exercício de 2006, atingiram o elevadíssimo montante de R$40,5 bilhões (produtores rurais; empresas do Simples; entidades filantrópicas; empresas rurais exportadoras; empregados domésticos; clubes de futebol). ("As propostas da CNC para a Previdência" - Jornal do Commercio de 3/9/07)

O Governo teria de **implementar o Fundo do Regime Geral da Previdência Social**, previsto no art. 250 da Constituição e art. 68 da LRF e que, à semelhança do FGTS, poderia ser gerido por um Comitê Gestor tripartite (Governo federal, segurados e empregadores), tendo a Caixa Econômica Federal como agente operador. Do mesmo modo que o FGTS e os Fundos de Previdência Complementar Privada, **as disponibilidades financeiras do Fundo da Previdência seriam aplicadas em títulos do Tesouro Nacional** ou outros, criando, assim, a fonte de receita prevista na LRF (art. 68, § 1º, V). O Fundo possibilitará a criação de **contas individualizadas**, para os segurados, condição essencial à implementação, no futuro, do **regime de capitalização**. ("As propostas da CNC para a Previdência" - Jornal do Commercio de 3/9/07)

A longo prazo, cabem algumas medidas para assegurar a **base atuarial da Previdência**; a alteração dos limites mínimos de idade ou tempo de contribuição para a aposentadoria, a equiparação entre homens e mulheres, a revogação do tratamento especial dispensado a algumas classes de trabalhadores e a fixação das pensões em valores inferiores aos das aposentadorias A questão relativa aos limites mínimos de idade e tempo de contribuição, para efeito de aposentadoria, já foi equacionada pela Lei nº 9.876/99, que introduziu o "**fator previdenciário**", no cálculo do benefício da aposentadoria e que leva em conta a tabela de "expectativa de vida" do IBGE, penaliza as aposentadorias precoces e premia os que se aposentem com mais idade e maior tempo de contribuição". ("As propostas da CNC para a Previdência" - Jornal do Commercio de 3/9/07)

O novo titular da pasta da Previdência Social, Ministro José Pimentel, em entrevista ao "Valor" de 3 de julho corrente *(2008)*, declarou que o governo deverá expedir ato para separar **"as contabilidades rural e urbana do Regime Geral da Previdência Social (RGPS)"**. O Ministro acrescentou que "a área rural é fortemente subsidiada, como acontece em muitos países", mas, "na área urbana a perspectiva é de chegar ao superávit". Essa medida vem ao encontro da **posição que sempre defendemos**, como consta de artigo publicado no Jornal do Commercio de 3/9/07. A sociedade brasileira tem de ser esclarecida quanto ao déficit real da previdência, que é inexpressivo, mas a atual contabilidade esconde o elevado volume (cerca de R$ 49 bilhões anuais) dos chamados **subsídios previdenciários**, isto é, o pagamento a menor das contribuições, por diversas classes de contribuintes: empresas e trabalhadores rurais, microempresas, entidades de assistência social, empregadores domésticos e clubes de futebol. Tais subsídios estão justificados em razões sociais e econômicas, mas a contabilidade da previdência tem de revelar à sociedade o montante deles e a respectiva discriminação. ("Boas notícias na área da Previdência" - Jornal do Commercio de 23/07/08) *(OBS: o ato anunciado pelo Ministro nunca foi expedido)*

O **fator previdenciário**, no futuro, será extinto, mas isso somente poderá ocorrer no contexto de uma ampla reestruturação do Regime Geral da Previdência Social, com a extinção dos privilégios de algumas classes de trabalhadores e das isenções e subsídios concedidos a alguns empregadores. ("O fator previdenciário" - Jornal do Commercio de 27/04/09)

A **separação das contas da previdência urbana e da previdência rural** permitirá, futuramente, ao Governo o aperfeiçoamento da previdência urbana, com a **implementação do fundo previsto no art. 250 da Constituição e art. 68 da Lei de Responsabilidade Fiscal** (Lei Complementar nº 101, de 04/05/2000), a ser gerido, tripartidamente, pelo governo, empregadores e trabalhadores. Esse fundo receberá as contribuições previdenciárias e financiará as despesas relativas aos benefícios concedidos aos segurados. Os recursos desse fundo poderão ser aplicados no mercado financeiro, como determina a lei, ao invés de permanecerem no caixa do Tesouro Nacional, **sem propiciar qualquer rendimento** à **Previdência Social**. ("O fator previdenciário" - Jornal do Commercio de 27/04/09)

Criado pela Lei nº 9.876, de 26/11/99, **o fator previdenciário é uma engenhosa fórmula algébrica para estimular os segurados do sistema geral da previdência a adiar os pedidos de aposentadoria, a fim de que possam obter proventos de maior valor**. O fator previdenciário penaliza as aposentadorias precoces e premia os que se aposentam com mais idade e maior tempo de contribuição. Muito embora a aposentadoria, de acordo com as atuais disposições constitucionais, possa ser obtida pelos homens, aos 65 anos de idade ou 35 anos de contribuição e, pelas mulheres, aos 60 anos de idade ou 30 anos de contribuição, os valores dos proventos poderão ser mais expressivos, se o segurado adiar, por alguns anos, o pedido de aposentadoria, evitando-se, em consequência, o aumento da despesa, ou seja, do déficit da Previdência. ("O fator previdenciário e o reajuste das aposentadorias" - Jornal do Commercio de 19/07/10

Impõe-se, de imediato, antes de qualquer proposta de mudança na estrutura do Sistema, uma **nítida separação entre trabalhadores urbanos e trabalhadores rurais**. Segundo os últimos dados divulgados pelo Ministro da Previdência Social, Carlos Eduardo Gabas, no primeiro semestre deste ano *(2010)*, o setor urbano registrou um superávit de R$3,1 bilhões, enquanto no setor rural houve um déficit de R$20,3 bilhões, resultado de uma arrecadação de R$2,2 bilhões, contra o pagamento de benefícios de R$22,5 bilhões. Assim, no curto prazo, a primeira medida a ser adotada tem de ser a separação das contas da **Previdência urbana, de caráter contributivo, e as da Previdência rural, de caráter assistencial**. A Previdência urbana tem de ser sustentada pelas contribuições de empregados e empregadores, enquanto a Previdência rural terá de ser custeada por verbas orçamentárias, integradas às despesas relativas à assistência social (benefícios a idosos e deficientes físicos, bolsa família etc.. Para esse fim, aliás, foram criadas em 1988 a Contribuição de Financiamento da Seguridade Social (COFINS) e a Contribuição Social sobre o Lucro Líquido (CSLL). ("Ideias para uma reforma" - O Globo de 23/08/10)

A utilidade do **fator previdenciário** tem de ser considerada no contexto da previdência social e, particularmente, no âmbito de suas receitas e despesas. Como se sabe, o sistema previdenciário apresenta um **desequilíbrio estrutural**, cuja correção depende de uma reforma que considere o crescimento da população idosa, em razão do aumento da expectativa de vida, no Brasil e em todo o mundo civilizado. Todavia, essa reforma encontra óbices políticos naturais e intransponíveis, no presente momento. A **previdência social brasileira é um dos maiores instrumentos de transferência de renda e redução das desigualdades sociais**, em todo o mundo. Por isso mesmo, é incompreensível que, até hoje, não tenha sido expedido o ato - anunciado por diversos ex-Ministros da Previdência - **separando as contas da Previdência Urbana**, que é superavitária há três anos, graças ao crescimento do emprego e da renda, e **as da Previdência Rural**, que é gravemente deficitária e tem de ser considerada como um Programa de **assistência social**, custeado com a receita da COFINS e da Contribuição Social sobre o Lucro Líquido (CSLL). De janeiro a junho deste ano *(2013)*, a previdência urbana apresentou um **superávit de R$7,9 bilhões**, enquanto a rural apresentou um **déficit de R$5,6 bilhões**. Nesse contexto, também é inexplicável que o Governo não haja promovido a **implementação do Fundo Geral da Previdência Social**, previsto no art. 250 da Constituição e criado pelo art. 68 da Lei de Responsabilidade Fiscal, fundo esse que, à semelhança dos Fundos de Previdência Privada, **poderá aplicar em Títulos do Tesouro Nacional ou no mercado financeiro, as suas disponibilidades** e, assim, criar uma nova fonte de receita. Além disso, a implementação do Fundo deverá **importar não só na extinção do regime de solidariedade e adoção do regime de capitalização**, como também na revogação de todas as isenções e tratamentos favorecidos concernentes à contribuição previdenciária. ("A utilidade do fator previdenciário" – Jornal do Commercio de 11/10/13)

> Outra série de artigos (financiamento da previdência social) a ser lida com atenção. Chega-se ao fim de 2015 e permanece ainda em debate a necessidade de uma profunda reforma estrutural da previdência social. Bem como outras teses esposadas pela CNC. Fica o registro.

(17)Refis

O Refis, o Simples e a tributação sobre o lucro presumido foram conquistas efetuadas na legislação tributária, nos últimos anos, para limitar a excessiva carga tributária e reduzir a massacrante burocracia fiscal. A finalidade central da criação do Refis, por iniciativa do Ministério da Fazenda, em conjunto com o INSS, no Governo Fernando Henrique, foi o da geração de renda e criação de empregos. Como concebido inicialmente, o Refis objetivava estimular as empresas devedoras à Fazenda - muitas delas com suas atividades paralisadas - a voltar a funcionar regularmente e a recolher os tributos e contribuições supervenientes, parcelando os débitos anteriores em condições excepcionais, ou seja, mediante **prestações mensais módicas, calculadas pela incidência mensal de um percentual sobre a receita bruta do mês anterior**. A grande vantagem do Refis, em relação ao parcelamento em número limitado de prestações mensais e iguais (24, 60, 100, 120 etc.), foi a de ajustar, em cada mês, os pagamentos referentes a débitos antigos à **efetiva capacidade contributiva da empresa**.("Um novo refis" - Jornal do Commercio de 24/01/06)

O governo, há mais de 50 anos, tem concedido, de tempos em tempos, estímulos aos contribuintes, para que liquidem os seus débitos fiscais, com o perdão de multas e juros moratórios ou mediante parcelamentos em condições especiais. Essa vasta experiência veio demonstrar que os parcelamentos tradicionais, em parcelas mensais iguais e sucessivas e sem prazo de carência, nem sempre resolvem os problemas de caixa ou de capital de giro das numerosas empresas, que não dispõem de recursos sequer para o pagamento da 1ª parcela, obrigadas, na prática, a dar prioridade a empregados, fornecedores e bancos. O **mérito da engenhosa solução do Refis foi o de estabelecer o valor da parcela mensal em percentual (0,3% a 1,5%) da receita bruta da empresa**. O objetivo do Refis é permitir que a empresa, com a regularização de seus débitos, volte a operar plenamente, daí resultando o aumento do faturamento e, por consequência, a elevação do valor das parcelas mensais e a redução do prazo inicial do parcelamento. ("As dificuldades no acesso do contribuinte ao Fisco no Brasil" - Jornal do Commercio de 26/06/06)

(18)Reforma Tributária

Falta, apenas a decisão política para a concretização de uma **verdadeira reforma tributária**, orientada pela **redução da carga tributária, do número de tributos e da burocracia fiscal** e adoção de um sistema de fácil compreensão e aplicação, que evite controvérsias e permita ao contribuinte planejar suas atividades e seus negócios e calcular seus custos. ("A reforma da Contribuição ao PIS" - Jornal do Commercio de 7/06/02)

A Confederação Nacional do Comércio (CNC), que representa, no plano nacional, os direitos e interesses do comércio de bens e serviços, através das diversas federações e numerosos sindicatos, vem, há longo tempo, propugnando por uma reforma tributária, que tenha por objetivos centrais: a) a **redução da exagerada carga tributária** (34% do PIB - 2002), de modo a estimular a atividade econômica; b) a **diminuição do número de tributos e a simplificação do sistema**, com o objetivo de reduzir os custos administrativos e tornar mais fácil sua aplicação; e c) a realização da **isonomia fiscal**, de maneira a que as importações sejam tributadas em igualdade de condições com a produção nacional. Nesse sentido, a CNC elaborou e submeteu ao Presidente da República, em 1995, um anteprojeto integral de reforma do Sistema Tributário Nacional, inclusive com uma proposta de emenda constitucional."("O PIS e o comércio de bens e serviços" - Jornal do Commercio de 15/08/02)

A Medida Provisória nº 66 foi anunciada como **minirreforma tributária** na direção da justiça fiscal. Não se trata, entretanto, de reforma, mas de um "testamento fiscal", desordenado pacote de medidas que aumenta a carga tributária, aprofunda a burocracia, amplia a desorganização do sistema e estimula recursos ao Judiciário. ("Reforma ou testamento fiscal" - Jornal do Commercio de 25/09/02 e Correio Braziliense de 30/09/02)

Na atual conjuntura política *(novembro de 2005),* parece improvável que o Congresso possa aprovar uma efetiva reforma do sistema tributário, sobretudo para **reduzir a carga tributária, simplificar as obrigações impostas aos contribuintes e estimular o desenvolvimento econômico e social do País**. Melhorar a competitividade do produto nacional, reduzir as incertezas do contribuinte, racionalizar e simplificar a tributação, impor carga justa e equilibrada são preocupações dos contribuintes, pessoas físicas e jurídicas. No setor público, a ordem é arrecadar o que gastar, o avesso do que o bom senso recomenda. Na realidade, o que interessa ao Ministério da Fazenda e às secretarias de Fazenda de estados e municípios é aumentar receita. O resto é retórica. ("Mais uma oportunidade perdida" - Jornal do Brasil de 11/11/05)

Os objetivos principais de uma reforma tributária devem ser: a) a **redução da escorchante carga tributária** - cerca de 38% do PIB *(em 2006)* -, a fim de assegurar competitividade aos nossos produtos, em face da produção estrangeira, e manter e ampliar os níveis de emprego e da renda nacional; b) a **desburocratização do sistema**, com a eliminação de numerosas obrigações impostas aos contribuintes e ampliação de instrumentos eficazes, como o lucro presumido e o Simples; c) a **harmonização do sistema** com os parâmetros da globalização, a que o País não pode fugir. ("Reforma Tributária: agora é tarde" - Jornal do Brasil de 22/05/06)

O Presidente Luiz Inácio Lula da Silva submeteu, ao Congresso nacional, no início deste ano *(2008),* uma Proposta de Emenda Constitucional *(PEC nº 233/08),* para efetuar uma **Reforma Tributária**, que, bem inspirada, tinha como **objetivos**: a) simplificar e desburocratizar o Sistema, com a redução do número de tributos: b) aumentar a formalidade da economia; c) eliminar distorções, para diminuir o custo dos investimentos e das exportações; d) eliminar a "guerra fiscal" entre os estados; e) ampliar a desoneração fiscal, reduzindo custos para as empresas e os consumidores; f) aperfeiçoar a política de desenvolvimento regional; g) melhorar a qualidade das relações federativas.

Entretanto, o projeto elaborado pelo Ministério da Fazenda não refletiu, fielmente, as recomendações presidenciais. **O projeto estende demasiadamente o texto constitucional**, transformando-o num regulamento. Em grande parte, as normas da PEC poderiam ser objeto de leis complementares e ordinárias. A PEC **não reduz, efetivamente, a carga tributária. Ao contrário, deve aumentá-la.** O novo ICMS elimina as 27 legislações estaduais, mas **não afasta as divergências entre os estados** quanto à tributação na origem ou no destino. E atribui excessiva soma de poderes ao CONFAZ.

Além disso, a PEC **implementa o Imposto sobre Grandes Fortunas**, de **natureza confiscatória**, mas a experiência mostra que, onde esse tributo chegou a vigorar, teve sobretudo o efeito de estimular a sonegação e a transferência de capitais e outros bens para o exterior, desestimular a poupança interna e criar dificuldades burocráticas que ensejam fraude e corrupção.

Nessas condições, merece o mais decidido apoio a sensata decisão dos Governadores de São Paulo, Minas Gerais, Rio de Janeiro e Espírito Santo, seguida de Governadores do Nordeste, **no sentido de suspender o andamento da Reforma Tributária**. A decisão dos Governadores está em linha com a prudência recomendada pela atual conjuntura, qual seja a de uma das maiores crises econômica mundiais. **A Confederação Nacional do Comércio de Bens, Serviços e Turismo manifesta-se totalmente de acordo com a opinião dos Srs. Governadores** ("Falta oportunidade à atual reforma tributária" - Jornal do Commercio de 28/11/08)

A Proposta de Emenda Constitucional da reforma Tributária revela-se **inoportuna e ineficaz**. É **inoportuna** porque, tempos depois de sua elaboração, **sobreveio a crise econômica**, que surgindo nos Estados Unidos, espalhou-se para a Europa e outros países e atingiu o Brasil, sob a forma de redução de investimentos, declínio da atividade econômica e desemprego.

É, também, **ineficaz. Acrescentando à Constituição Federal 381 novas regras** (a Emenda proposta é mais extensa do que toda a Constituição dos Estados Unidos), a proposta, além de extravagante, cria dois novos impostos. O primeiro é o imposto sobre operações onerosas com bens e prestação de serviços, que, na verdade, substitui algumas contribuições (COFINS, PIS e Salário-educação), com diferentes bases de cálculo. Ao mesmo tempo, a reforma cria um novo ICMS, substituindo a incidência na origem pela incidência no destino, o que é suficiente para lançar no escuro as receitas dos Estados e Municípios, num ano de crise econômica, provocando a reação dos Srs. Governadores e Prefeitos. Além disso, atribui ao CONFAZ poderes verdadeiramente legislativos.

Mais uma vez, **a Confederação Nacional de Bens, Serviços e Turismo manifesta-se pela inoportunidade e ineficácia, nos termos em que está redigida, da proposta de Reforma Tributária** em curso no Congresso Nacional e defende a adoção de medidas para reduzir a carga tributária, a regressividade e a burocracia do nosso sistema tributário. ("Reforma tributária é inoportuna e ineficaz" - Jornal do Commercio de 31/03/09)

Em pequenos registros a CNC vai consolidando seu pensamento oficial sobre a questão tributária, objeto desse amplo estudo, mas sempre presente nos artigos de Antonio Oliveira Santos.

---

(19)Reforma tributária "fatiada"

Nos governos dos Presidentes Fernando Henrique Cardoso e Luiz Inácio Lula da Silva, diversos projetos de reforma tributária foram apresentados ao Congresso Nacional, tendo por ponto central a **federalização das leis do ICMS**, com o objetivo de harmonizar as 27 legislações estaduais e que, por isso mesmo, geram a chamada "guerra fiscal" entre os Estados, os quais, à revelia de mandamentos constitucionais e normas aprovadas pelo Confaz, concedem numerosos favores e estímulos fiscais. **O grande óbice à reforma tributária é constituído pelos governos estaduais**, sob a improcedente alegação de defesa da autonomia financeira das unidades da Federação e manutenção dos poderes de fiscalização dos contribuintes e aplicação de penalidades. ("A reforma tributária fatiada" - Jornal do Commercio de 17/05/11)

Diante desse quadro, resta a solução da camada "**reforma fatiada**", isto é, por etapas, **a começar pelas questões em que o consenso se revele possível**. Segundo o noticiário da imprensa, é essa a diretriz adotada pelo Governo da Presidente Dilma Rousseff. Entre as medidas anunciadas, merecem irrestrito apoio da Confederação Nacional do Comércio de Bens, Serviços e Turismo a **ampliação do limite de faturamento para a inclusão no Simples, das micro e pequenas empresas** e a **desoneração dos investimentos, com a imediata devolução às empresas dos créditos referentes a máquinas e equipamentos**, bem assim **os decorrentes das exportações e os admitidos pela legislação do PIS/COFINS**. ("A reforma tributária fatiada" - Jornal do Commercio de 19/05/11)

A desoneração da folha de salários deve ser perseguida através da redução da contribuição previdenciária, a ser compensada, de modo transparente e em lei, à conta da receita proveniente da COFINS e da CSLL. O ex-presidente Luiz Inácio Lula da Silva lembrou, em mais de uma oportunidade, que essas contribuições sociais foram criadas precisamente para cobrir os benefícios concedidos aos trabalhadores rurais, aos empregados das entidades de assistência social e a outros grupos, como forma de realização da justiça social e redistribuição da renda nacional. ("A reforma tributária fatiada" - Jornal do Commercio de 19/05/11)

O Governo de Dilma Housseff vem anunciando o propósito de **reformar o Sistema Tributário Nacional**, segundo uma nova estratégia: realizá-la **em "fatias" ou etapas**, mediante leis complementares ou ordinárias. Afasta-se, assim, das tentativas fracassadas, nos governos Fernando Henrique e Lula, que pretenderam realizar a reforma por meio de emendas constitucionais, para alterar os diferentes tributos que compõem o nosso vasto Sistema. ("Fatias tributárias" - O Globo de 19/06/11)

Antes de tudo, revela-se politicamente aconselhável que o

governo atente para as aspirações dos contribuintes brasileiros: 1º) reduzir a **extravagante carga tributária;** 2º) diminuir a **quantidade exagerada de impostos, taxas e contribuições**; 3º) **simplificar o Sistema**, notadamente as obrigações fiscais concernentes a IR, COFINS, ICMS, impostos de transmissão e ao próprio Simples; 4º) **consolidar a legislação fiscal**, pois a sociedade não suporta mais de 240.210 normas em vigor, segundo o IBPT; 5º) **desonerar os investimentos**; e 6º) assegurar **competitividade aos produtos nacionais**. Outra diretriz reside na prioridade às propostas em que o **consenso** se revele possível. ("Fatias tributárias" - O Globo de 19/06/11)

A CNC manifesta irrestrito apoio às propostas de **ampliação do limite de faturamento para inclusão, no Simples**, das micro e pequenas empresas e a de**soneração dos investimentos**, com a **efetiva restituição às empresas dos créditos** concernentes a máquinas e equipamentos, os decorrentes das exportações e os admitidos pela legislação da COFINS e do PIS. ("Fatias tributárias" - O Globo de 19/06/11)

> **Convém destacar só o último dos comentários de Antonio Oliveira Santos: "a CNC manifesta irrestrito apoio às propostas de ampliação do limite de faturamento para inclusão no SIMPLES...". O faço porque há quem pense que a CNC foi (e ainda seria) contra a elevação do teto, por ele representar isenção do recolhimento ao Sistema S e da contribuição sindical obrigatória.**

(20) Terrorismo fiscal

Numa audácia que nem o Governo militar e o Estado Novo adotaram, inobstante os poderes de que dispunham, o pacotão quer instituir a chamada **penhora administrativa**, ou seja, substituir o exame prévio do débito fiscal por um Juiz, num processo de execução fiscal, pelo **arbítrio ilimitado de um funcionário fazendário**. Essa medida permitiria ao Fisco "inventar" um débito tributário, para, em seguida, penhorar os bens do contribuinte. Tal competência arbitrária pode dar origem, é claro, a "chicanas" e chantagens. Aliás, os próprios servidores fazendários deveriam reagir a esse aviltamento da classe. ("Terrorismo fiscal" - Jornal do Commercio de 29/03/10)

A criação do **Sistema Nacional de Informações Patrimoniais dos Contribuintes - SNIPC**, ou seja, informações sobre todos os contribuintes, devedores ou não constitui um **audacioso desrespeito à garantia constitucional à inviolabilidade da intimidade e da vida privada e do sigilo de dados**. O levantamento patrimonial do contribuinte só se justifica se, na execução fiscal, perante o Juiz, o devedor não pagar o seu débito, nem indicar bens à penhora. ("Terrorismo fiscal" - Jornal do Commercio de 29/03/10)

A **transação tributária**, mediante **reuniões fechadas, nas salas do Ministério da Fazenda**, entre procuradores e contribuintes, para negociação direta sobre redução e parcelamento dos débitos, **será um acentuado estímulo à corrupção ativa ou passiva**. ("Terrorismo fiscal" - Jornal do Commercio de 29/03/10)

É simplesmente extravagante o **dispositivo que atribui responsabilidade**, pelo débito fiscal da pessoa jurídica à **pessoa física que omitir ou retardar a prestação de informações sobre o paradeiro e o patrimônio do empresário devedor**. ("Terrorismo fiscal" - Jornal do Commercio de 29/03/10)

Supera o ridículo o **dever** - atribuído aos dirigentes, gerentes e outros funcionários das empresas privadas -, de atuar "diligentemente para o cumprimento das obrigações tributárias das entidades" a que pertençam, bem assim o **dever de diligência para "fazer todo o necessário para o cumprimento das obrigações tributárias, inclusive privilegiar o pagamento dos tributos em detrimento de outras despesas ou débitos"** tais como salários dos empregados, fornecedores, tarifas de energia, seguros etc. ("Terrorismo fiscal" - Jornal do Commercio de 29/03/10)

A imprensa noticiou que a Secretaria da Receita Federal iria criar um **serviço de acompanhamento especial** para os cinco mil maiores contribuintes do imposto de renda. Muitos contribuintes entenderam que seria uma espécie do programa de integração Fisco-Contribuinte, criado na gestão do ministro Delfim Netto, da pasta da Fazenda, na década de 1960, se bem que tal programa se destinou, como mais apropriado, a todos os contribuintes e não apenas aos maiores. Tratar-se-ia, agora, de criar, nas Delegacias da Receita, uma espécie de "sala VIP", com ar condicionado, água gelada e cafezinho, na qual **o grande contribuinte pudesse merecer um atendimento especial, para orientá-lo quanto ao cumprimento de seus deveres fiscais**, com obediência às leis tributárias, de modo a evitar não só falhas e omissões nas declarações de rendimentos e bens, como também as práticas denominadas por "evasão fiscal". Todavia, com a publicação da Portaria nº RFB 2.356/11, de 14/12/11, os contribuintes tomaram conhecimento dos **verdadeiros objetivos da nova medida**. Trata-se, ao contrário do que se esperava, de um serviço destinado a **conceber meios de verdadeira "tortura fiscal"** dos grandes contribuintes do imposto de renda, aqueles que respondem por expressiva parcela da receita desse tributo (78%). O que não se pode admitir, no entanto, é submeter uma expressiva parcela dos contribuintes do imposto de renda a **um tratamento desigual, vedado pela Constituição** e, pior do que isso, a uma **situação de constante ameaça e constrangimento**, como se todos fossem potenciais sonegadores. ("Sala vip ou da tortura fiscal ?" - Jornal do Commercio de 21/01/11)

> **Outra vez é preciso destacar a coragem, acobertada pela legitimidade, de denunciar o "terrorismo fiscal" que sempre ameaça os cidadãos e as empresas contribuintes do estado brasileiro.**

(21) Tratamento processual desigual

Inobstante a garantia constitucional à inviolabilidade do direito à igualdade (art. 5°, *caput*) e a igualdade de tratamento assegurado às partes pelo Código de Processo Civil (art. 125, I), a incidência de outras regras constitucionais e legais **tornam o princípio da igualdade ineficaz, quando o particular (pessoa física ou jurídica) defronta-se, em Juízo, com a União Federal**, para discutir a legalidade e legitimidade dos créditos entre eles, ou seja, o crédito do particular contra a União e os créditos deste contra o particular. ("Precatórios X penhora *on* line" - Jornal do Commercio de 31/05/12)

(22) Tributação do setor de serviços

No atual governo *(em 2006)*, que se empenha na redução das desigualdades sociais e na promoção da redistribuição da renda, fortaleceu-se, no Ministério da Fazenda, uma força invisível, mas de larga imaginação, dedicada a conceber **violências contra o setor de serviços**. A primeira violência foi praticada quando se proibiu às empresas de serviços optar pelo Simples; a segunda violência foi praticada na instituição da não-cumulatividade da contribuição ao PIS e a terceira ocorreu com a promulgação da Lei n° 10.833, de 29/12/03, que instituiu a não-cumulatividade do COFINS, impondo ao setor de serviços uma intolerável discriminação fiscal. **A nova sistemática, fundamentada no desconto de créditos** correspondentes aos insumos empregados pelo setor industrial e ao valor das mercadorias adquiridas para revenda pelos estabelecimentos do comércio atacadista e varejista, **não se ajusta ao setor de serviços, que não utiliza insumos, nem revende mercadorias**. Em verdade, a COFINS, no que se refere ao setor de serviços, foi aumentada bruscamente de 3% para 7,6% da totalidade das receitas de cada empresa, como uma espécie de bi-tributação pelo imposto de renda. O referido diploma legal envolveu uma quarta violência, ao **instituir o mecanismo de retenção na fonte da COFINS, da CSLL e do PIS**, descontados do preço dos serviços pagos por pessoas jurídicas a outras pessoas jurídicas. ("Violências fiscais sobre o setor de serviços" - Jornal do Brasil de 24/03/05; "Sanha tributária sobre o segmento de serviços" - Gazeta Mercantil de 24/03/05)

A Lei nº 10.833, de 29/12/03, **instituiu a incidência não-cumulativa da Contribuição para o Financiamento da Seguridade Social (COFINS)**, atendendo, assim, a um antigo pleito do empresariado. Todavia, esse avanço no nosso sistema tributário não foi bem recebido pelos empresários, em virtude da elevação da alíquota - de 3% para 7,6% - aplicada à base de cálculo da COFINS. Foi mantida a incidência cumulativa para diversos setores empresariais pela alíquota de 3% sobre o total das receitas aferidas pela pessoa jurídica. Em outras palavras, **a não-cumulatividade da COFINS, assim como do PIS, foi parcial e decepcionante**. As prestadoras de serviços estão recebendo um tratamento muito inferior ao dispensado pela lei às demais empresas, uma vez que não adquirem bens para revenda, nem insumos para industrialização. Os créditos que podem descontar da base de cálculo da COFINS são, a par de irrisórios, comuns a todos os setores da economia. A citada Lei nº 10.833/03 contraria não só o princípio constitucional da igualdade no tratamento tributário (art. 150, II), como também o preceito do art. 195, § 9º, da Constituição, segundo o qual as alíquotas diferenciadas podem ser utilizadas para resguardar as atividades econômicas e beneficiar a utilização intensiva da mão-de-obra e nunca para prejudicá-las seriamente. ("A injusta tributação das empresas prestadoras de serviços" - Jornal do Commercio de 16/06/10)

Os dois textos selecionados estão na ordem do dia. Ao final de 2015 discute-se como eliminar a cumulatividade das contribuições PIS e COFINS. Mas o objetivo não é só o de conceder qualidade ao sistema tributário nacional. Por trás está o sempre presente desejo de avançar sobre a tributação do setor de serviços.

CAPITULO BÔNUS (III)

ORÇAMENTO PERDULÁRIO
ADMINISTRAÇÃO GIGANTESCA

Texto do Doutor Cid Heráclito de Queiroz, Advogado, foi Procurador Geral da Fazenda Nacional e é Consultor da Confederação Nacional do Comércio. Palestra proferida no dia 13 de dezembro de 2011 no Conselho Técnico da CNC.

SUMÁRIO

I
ORÇAMENTO PERDULÁRIO

a) as origens históricas do Orçamento
b) o conceito do Orçamento
c) os princípios fundamentais do Orçamento
d) a importância política do Orçamento
e) o Orçamento na Constituição de 1988
f) a Lei de Responsabilidade Fiscal
g) o Orçamento federal para o exercício de 2011
h) as vinculações entre receitas e despesas
i) a DRU
j) a violação ao princípio da unicidade
k) as conclusões

II
ADMINISTRAÇÃO GIGANTESCA

a) as Reformas Administrativas efetuadas no Brasil
b) a "burocracia" como modelo administrativo
c) os Ministérios
d) a Administração federal indireta

e) a comparação Brasil x Estados Unidos
f) a privatização de atividades
g) a conclusão: um programa de austeridade e racionalidade administrativa

I - ORÇAMENTO PERDULÁRIO

a) as origens históricas do Orçamento

1. As origens mais remotas do Orçamento público são encontradas na Inglaterra.

2. Lord Macaulay, nos seus "Ensaios sobre a História da Inglaterra", de 1864, afirma que a máxima segundo a qual "todo imposto deve ser consentido pelo povo" era "tão antiga que ninguém pode precisar a origem".

3. Todavia, os historiadores da Ciência das Finanças fixam essa origem na memorável Magna Carta, salvaguarda das liberdades inglesas, outorgada ou, mais precisamente, aceita pelo célebre Rei João-sem-Terra (John Lackland) - corajoso e eficiente, mas despótico e cruel – em junho de 1215, após a confrontação nos prados de Runnymede. Isso antes mesmo da criação do regime parlamentar, eis que a Câmara dos Comuns reuniu-se, pela primeira vez, em 1265.

4. Na realidade, a Magna Carta foi aceita pelo Rei, que lhe apôs o selo real, mas por imposição dos barões, que a prepararam, rebelados contra os excessos tirânicos de João-sem-Terra, notadamente a elevação da "scutage" – um imposto pago pelos vassalos feudais para se eximirem do serviço militar, bem assim para atender às despesas do exército real com as guerras – e outras exações tirânicas.

5. No item 12 da Magna Carta, ficou estabelecido que:

> "nenhuma "scutage" ou taxa pode ser lançada no nosso reino sem o consentimento geral, a não ser para armar cavaleiro a nosso filho mais velho e para celebrar, mais uma vez, o casamento de nossa filha mais velha. E esses

tributos não excederão limites razoáveis. De igual maneira se procederá quanto aos impostos da cidade de Londres".

6. Portanto, a Magna Carta, também chamada Carta dos Barões, verdadeiro monumento às liberdades, ao estabelecer a limitação das despesas reais através da limitação à liberdade de o Rei lançar tributos, traçava os primeiros contornos do Orçamento.

7. Uma lei feita no reinado de Eduardo I, no Século XIII, estabeleceu que:

"nenhuma derrama ou tributo (tallage or aid) será lançado ou cobrado neste reino pelo rei ou seus herdeiros, sem o consentimento dos arcebispos, bispos, condes, barões, cavaleiros, burgueses e outros homens livres do povo deste reino".

8. Outra lei, no reinado de Eduardo III, no Século XIV, estabeleceu que:

"ninguém poderá ser compelido a fazer nenhum empréstimo ao rei contra a sua vontade, porque tal empréstimo ofenderia a razão e as franquias do país".

9. Na "Bill of Rights", de 7 de junho de 1628, a segunda Carta da Inglaterra, ficou estabelecido que:

"a partir de agora, ninguém será obrigado a contribuir com qualquer dádiva, empréstimo ou benefício e a pagar qualquer taxa ou imposto, sem o consentimento de todos, manifestado por ato do Parlamento; e que ninguém seja chamado a responder ou prestar juramento, ou a executar algum serviço, ou encarcerado, ou duma forma ou doutra, molestado ou inquietado, por causa desses tributos ou da recusa em pagá-los".

10. Na "Declaração de Direitos", no reinado de Guilherme III, o Príncipe de Orange (que destronara o Rei Jayme II, seu sogro), datada de 13 de fevereiro de 1689 – portanto, após a Revolução de 1688 – foi estabelecido que:

> "a cobrança de impostos **para uso da coroa**, a título de prerrogativa, sem autorização do Parlamento e por um período mais longo ou por modo diferente do que tinha sido autorizado pelo Parlamento, é ilegal".

11. Na França, a evolução foi mais lenta. No chamado período dos Estados Gerais, que se estendeu até 1614, surgiu, segundo René Stourm, "a ideia de que todo imposto deve ser consentido pela nação". Ela, acrescenta Stourm, "dominava constantemente os espíritos".

12. Reunidos em 1483, os Estados Gerais afirmavam solenemente ainda consoante narrativa de Stourm – "que eles entendem que, doravante, não se imporá qualquer taxa ao povo sem a convocação dos Estados e sem haver obtido o seu consentimento, na conformidade das liberdades e privilégios da realeza", mas a cláusula final restringiu o princípio.

13. Assim, foi somente após a Revolução de 1789 que se firmou, na França, o princípio da aprovação dos impostos pelo voto dos representantes da nação.

14. Na "Declaração de Direitos", a matéria foi afinal, objeto de três circunstanciados dispositivos:

> "Art.13 – Para manter o serviço público e as despesas de administração, uma contribuição comum é indispensável; ela deve ser igualmente repartida entre todos os cidadãos em razão de suas disponibilidades.
>
> Art. 14 – Todos os cidadãos têm o direito de constatar, por eles próprios ou por seus representantes, a necessidade da contribuição pública e de consenti-la livremente, de acompanhar a sua aplicação, de determinar a quantidade (alíquota), a base (de cálculo), o

reembolso e a duração.

Art. 15 – Nenhum imposto em natureza ou em dinheiro pode ser cobrado, nenhum empréstimo direto ou indireto pode ser feito, a não ser por um decreto expresso da Assembleia dos representantes da Nação."

15. Nos Estados Unidos da América, a questão tributária e orçamentária confunde-se com a própria história da Independência dessa grande nação.

16. O Parlamento Inglês governava as colônias da América do Norte. Em 1765, o Parlamento entendeu que seria justo obrigar as colônias a contribuir para as despesas da metrópole, por sua salvaguarda e proteção. Com esse objetivo, lançou um imposto do selo. Como até então as colônias estabeleciam as suas taxas, a Assembleia da Virgínia protestou energicamente, sob a alegação de que os colonos americanos não estavam representados no Parlamento inglês. O protesto da Virgínia inflamou a nação. Representantes das colônias reuniram-se em New York, em outubro de 1765, e declararam "que todo imposto pago à coroa era uma livre dádiva do povo e era desproposidato e contrário à Constituição inglesa que o Parlamento da Grã-Bretanha desse a Sua Majestade bens dos colonos".

17. Diante desses protestos, o Parlamento inglês recuou e, em 1766, revogou o imposto do selo. Mas, o orgulhoso governo inglês, pretendendo, um ano depois (1767), reafirmar os seus poderes sobre as colônias, substituiu o imposto do selo por taxas sobre vidro, papel, tintas e chá.

18. As taxas não eram elevadas. Toda a discussão versava sobre uma questão de princípio. Como lembra Stourm, os colonos exclamavam: "nossas bolsas estão prontas, mas nós queremos pagar como cidadãos e não como escravos". Por sua vez, o grande líder George Washington proclamava: "De que se trata? E qual a causa da discussão? É sobre o pagamento de uma pequena taxa incidente sobre o chá? Não! É somente o **direito** que nós contestamos".

19. No parlamento inglês, surgiram divergências. Alguns concordaram com os colonos americanos. O Parlamento, em 1770, recuou de novo, mas parcialmente, revogando as taxas sobre o vidro, o papel e as tintas, porém mantendo a taxa sobre o chá. Esses fatos empurraram as colônias para a insurreição e a guerra pela independência.

20. Em 1774, o Congresso reunido em Philadelfia, aprovou uma Declaração de Direitos: "nós excluímos toda ideia de imposto interior ou exterior que tenha por objeto arrecadar receitas de cidadãos da América sem o seu consentimento".

21. O desfecho desses fatos, todos sabemos, foi a Independência proclamada em 4 de julho de 1776.

22. Em Portugal, segundo João Pedro da Veiga Filho, no seu "Manual da Ciência das Finanças", de 1898, o marco inicial do Orçamento residiu numa proclamação das Cortes, em 1385, nos seguintes termos: "Que se lhes não imporiam tributos, sem serem ouvidos e sem que com sua decisão e conselho se buscassem os meios mais suaves para a sua execução".

23. No Brasil, a Constituição do Império (1824), no seu art.15, inciso X, atribuiu à Assembleia Geral a competência para fixar anualmente as despesas públicas e repartir a contribuição direta. E, no art. 172, prescreveu que "o Ministro do Estado da Fazenda, havendo recebido de outros Ministros os orçamentos relativos às despesas de suas repartições, apresentará na Câmara dos Deputados, anualmente logo que estiver reunida, um balanço geral da receita e despesa do Tesouro Nacional do ano antecedente e igualmente o orçamento geral de todas as despesas públicas do ano futuro e da importância de todas as contribuições e rendas públicas".

24. Contudo, a nossa primeira lei orçamentária somente adveio em 14 de novembro de 1827.

25. Enfim, "a história do orçamento, observa Alfred Buehler, professor de Finanças Públicas da Universidade da Pennsylvania ("Public Finance"), é a história de séculos de lutas pelo controle popular do tesouro público".

b) o conceito de Orçamento

26. Orçamento significa o ato ou efeito de orçar, de calcular, de avaliar, de estimar. Deriva do verbo orçar, que provém do italiano **orzare**.

27. Em 1871, Paul Leroy-Beaulieu deu início, na Escola das Ciências Políticas de Paris, ao curso de Finanças, sendo o primeiro titular da cadeira, que exerceu até 1880. Com base na sua experiência teórica e prática sobre impostos, orçamentos, empréstimos, crédito etc, editou, em 1876, a clássica obra "Traité de La Science des Finances", na qual registrou, com feliz precisão, que um orçamento, um "Budget", é "um rol de previsão das receitas e das despesas durante um período determinado; é um quadro estimativo e comparativo das receitas a realizar e das despesas a efetuar".

28. Ainda no Século XIX, René Stourm, um dos sucessores de Leroy Beaulieu, na cadeira de Finanças da citada Escola, e que também exercera o cargo de Inspetor-Geral das Finanças no Governo Francês, publicou, em 1889, uma obra prima: "Le Budget, son Histoire et son Mécanisme", na qual ponderava que o orçamento não é um rol, nem um quadro. Opondo restrições à definição de orçamento constante de um decreto de 1862 e a que foi adotada pelo Dicionário da Academia Francesa, Stourm sustentava que "o Orçamento do Estado é um ato contendo a aprovação prévia das receitas e das despesas públicas".

29. Desde então, os tratadistas das Ciências das Finanças e do Direito Orçamentário vem se esmerando em oferecer novas definições, as quais, na essência, não se afastam do texto de Stourm.

30. Em 1964, nas suas "Finances Publiques", Louis Trotabas, da Faculdade de Direito e Ciências Econômicas de Nice, destacou dois pontos essenciais na definição de orçamento: a **natureza legislativa** do ato orçamentário e o **caráter** de **previsão** e **autorização** desse ato.
31. Nos dias atuais, sobretudo depois do advento do Estado intervencionista e das modernas versões do neoliberalismo,

da socialdemocracia, do social-liberalismo e outras correntes assemelhadas, não se pode deixar de considerar a observação de Rossy, em 1959, quando chefiava o Corpo-Geral da Fazenda da Espanha, nas "Instituciones de Derecho Financieiro", editada em Barcelona: "o Orçamento é a expressão sintética da política financeira do Governo, em um determinado período de tempo".

32. Dadas as limitações de tempo, poderíamos resumir esta introdução, conceituando o orçamento, no Estado de Direito, como o ato jurídico, de natureza legislativa, pelo qual, num determinado período de tempo, a receita é estimada e a despesa é autorizada, em função dos objetivos da política econômico-financeira e social do Governo, observados os preceitos constitucionais pertinentes e os princípios fundamentais da Ciência das Finanças.

c) os princípios fundamentais do Orçamento

33. Desde o século passado, o direito orçamentário é informado por seis princípios fundamentais: **legalidade, anualidade, unicidade, universalidade, especificidade, publicidade** e, ainda, o da **não--afetação das receitas**.

34. O princípio mais relevante é o da **legalidade**, cuja origem confunde-se com a origem do próprio orçamento na Magna Carta da Inglaterra.

35. O princípio da legalidade impõe – conforme a lição de H. Rossy - que o orçamento "seja preparado, formado, discutido e aprovado pelos órgãos do ente público que tenham estas funções atribuídas pela lei constitucional ou fundamental que organize a vida da nação, estado ou município".

36. Pimenta Bueno, o emérito constitucionalista do Império, ao comentar esse preceito, assim justificou o princípio da legalidade: "ora se é o povo quem tem de pagar as despesas públicas, se é dele que se tem de exigir anualmente o sacrifício de uma parte do seu trabalho ou propriedade, é manifesto que ele deve ser ouvido para que

preste o seu consentimento. Quando não fosse um ato de soberania, seria dever de rigorosa justiça".

37. Em síntese, o Orçamento deve ser aprovado mediante lei.

38. Segundo o princípio da **anualidade**, que alguns, como Rossy, denominam, mais adequadamente, de **temporalidade**, o orçamento deve vigorar por um ano, ou um predeterminado período, que pode ser superior ou inferior a um ano.

39. Na vida privada, são comuns os orçamentos, de caráter informal, mensais, semanais e diários.

40. No que tange aos orçamentos públicos, o período anual tem sido justificado em razões da ordem natural, ou seja, coincidência com o ano civil, no fato de obrigar a convocação anual do Parlamento, ou, ainda, para coincidir com o período de uma sessão legislativa.

41. Pode-se acrescentar, como causa ou efeito do orçamento anual, a incidência, pelo mesmo período de tempo, de certos impostos, como o de renda e o da propriedade imobiliária.

42. Finalmente, um ano, na feliz observação de Maurice Duverger, é um período suficientemente breve para que as previsões tenham um certo valor e suficientemente longo para introduzir uma relativa continuidade à vida financeira ("Finances Publiques").

43. Segundo o princípio da **unicidade** ou **unidade**, o orçamento deve ser único, de modo a possibilitar uma visão efetiva de todas as ações do governo. A unicidade permite um melhor controle de equilíbrio orçamentário ou de seus **déficits** ou **superávits**.

44. De acordo com o princípio da **universalidade**, o orçamento deve compreender a totalidade da receita e da despesa, a fim de que não escape à prévia autorização legislativa, seja a cobrança de tributos ou outros ingressos, seja a realização de despesas.

45. Tal princípio, é claro, não exclui a abertura, no curso do orçamen-

to, de créditos extraordinários, para atender a despesas imprevisíveis, como guerra e calamidades públicas.

46. Consoante o princípio da **especificidade**, o orçamento deve especificar, indicar detalhadamente, a composição da receita e o desdobramento da despesa. A receita, segundo as diversas fontes: a tributária (impostos, taxas e contribuições), a patrimonial (aluguéis, foros e laudêmios), a agropecuária, a industrial, a comercial, a de serviços, as de capital (operações de crédito, alienação de bens). A despesa, com a especificação das verbas ou dotações destinadas a cada órgão, programa, subprograma etc.

47. Destarte, o princípio da **publicidade** diz respeito à necessidade de publicação do orçamento para que o povo possa conhecê-lo e acompanhá-lo e avaliar o desempenho de seus representantes e governantes. De resto, a lei orçamentária, como todas as leis, somente tem eficácia se publicada. A publicação, enfim, facilita o controle do orçamento.

48. Alguns autores, como, p.e., o Professor Pierre Lalumière, da Sorbonne ("Les Finances Publiques"), referem-se, ainda, ao princípio da **não-afetação** das receitas, ou seja, a não vinculação destas a determinadas despesas, princípio esse que decorre de outro, o da universalidade.

49. Lalumière lembra que, se um imposto é afetado a uma despesa e se a receita desse imposto for superior à despesa prevista, os serviços públicos tenderão a dispender integralmente essa receita pública, mesmo que as necessidades do serviço estejam amplamente atendidas.

d) a importância política do Orçamento

50. O Orçamento reflete as diretrizes, os princípios e as regras da Constituição, do Direito Público e do Direito Privado, as normas das leis de finanças públicas e, ao mesmo tempo, as diretrizes governamentais, as políticas econômica, financeira, monetária, fiscal, social e militar. Reflete mais, reflete a boa ordem ou a desordem da admi-

nistração e das finanças públicas.

51. Todos esses reflexos provêm das normas e cifras, tanto da receita, como da despesa pública. Provêm do sistema tributário, com o elenco de impostos, taxas e contribuições, as alíquotas, as imunidades, as isenções, os privilégios, os benefícios, os estímulos. Provêm da receita patrimonial, das receitas de capital (as operações de crédito, internas e externas). Provêm, ainda, da distribuição da despesa, pela natureza, e por órgãos, elementos, modalidades, funções, programas e subprogramas.

52. Sem dúvida, a análise percuciente desses dados do Orçamento, sobretudo se comparados em sucessivos exercícios, indica os objetivos, o grau de maturidade política e de desenvolvimento econômico e social, o nível educacional, a própria cultura de uma Nação.

53. Pode-se concluir que o Orçamento é o retrato de uma nação e uma coleção de Orçamentos é um verdadeiro álbum de retratos, prova da trajetória de uma nação ao longo do tempo.

e) o Orçamento na Constituição de 1988

54. A Constituição de 1988 tratou, no seu Título VI, "Da Tributação e do Orçamento". O Cap. I trata "Do Sistema Tributário Nacional" e o Cap. II trata "Das Finanças Públicas", dividido na Seção I – "Normas Gerais" e Seção II "Dos Orçamentos".

55. Na Seção I, o art. 163 prevê a edição de uma lei complementar para dispor sobre finanças públicas, dívida pública e outras matérias. Essa lei complementar tem o nº 101, de 04/05/2000, a denominada Lei de Responsabilidade Fiscal.

56. No art. 165, a Constituição prevê leis ordinárias para estabelecer o plano plurianual, as diretrizes orçamentárias e os orçamentos anuais.

57. O § 5º dispõe que "a lei orçamentária anual compreenderá:

I - o **orçamento fiscal** referente aos Poderes da União, seus fundos, órgãos e entidades da administração direta e indireta, inclusive fundações instituídas e mantidas pelo Poder Público;

II - o **orçamento de investimento** das empresas em que a União, direta ou indiretamente, detenha a maioria do capital social com direito a voto;

III - o **orçamento da seguridade social**, abrangendo todas as entidades e órgãos a ela vinculados, da administração direta ou indireta, bem como os fundos e fundações instituídos e mantidos pelo Poder Público."

58. No art. 167, a Constituição estabeleceu uma série de **proibições** às práticas anteriores incompatíveis com a própria essência do Orçamento, como, por exemplo:

"I - o início de programas ou projetos não incluídos na lei orçamentária anual;

II - a realização de despesas ou a assunção de obrigações diretas que excedam os créditos orçamentários ou adicionais;

III - a realização de operações de créditos que excedam o montante das despesas de capital, ressalvadas as autorizadas mediante créditos suplementares ou especiais com finalidade precisa, aprovados pelo Poder Legislativo por maioria absoluta;

V - a abertura de crédito suplementar ou especial sem prévia autorização legislativa e sem indicação dos recursos correspondentes;

VI - a transposição, o remanejamento ou a transferência de recursos de uma categoria de programação para outra ou de um órgão para outro, sem prévia autorização legislativa."

59. Ainda merece menção o art. 169 segundo o qual;

"Art. 169 A despesa com pessoal ativo e inativo da União, dos Estados, do Distrito Federal e dos Municípios não poderá exceder os limites estabelecidos em lei complementar."

60. Em tais condições, a Constituição dispensou, ao Orçamento, um tratamento adequado, à luz dos princípios fundamentais da Ciência das Finanças e leva em conta a experiência brasileira anterior, caracterizada por numerosos abusos.

f) a Lei de Responsabilidade Fiscal

61. A Lei da Responsabilidade na Gestão Fiscal (Lei Complementar n° 101, de 4 de maio deste ano) enviada ao Congresso pelo presidente Fernando Henrique Cardoso e que estabelece normas de finanças públicas voltadas para a responsabilidade na gestão fiscal, com amparo no Capítulo II do Título VI da Constituição, representa um avanço notável não só para o saneamento eficaz das finanças da União, dos Estados e dos Municípios, como também para a realização de um ajuste fiscal definitivo, indispensável ao crescimento econômico sustentável, à geração de renda e ao bem-estar social.

62. A responsabilidade na gestão fiscal significa a gestão financeira e patrimonial das entidades públicas nos três níveis de governo, nos três Poderes e no Ministério Público, com senso de responsabilidade e fiel observância dos preceitos constitucionais e legais: previnem os déficits nas contas públicas, interrompem o processo de endividamento público, impedem que se assumam obrigações e encargos sem a correspondente fonte de receita ou a redução da despesa e impõem a imediata correção dos desvios na conduta fiscal, de modo a assegurar o ajuste fiscal definitivo e a manutenção de finanças públicas equilibradas, como sonha a sociedade brasileira, como quer a Nação, como exige o processo de desenvolvimento econômico e social.

63. O projeto original da LRF foi elaborado por um grupo de especialistas do mais alto nível chefiados pelo competente economista José Roberto Afonso e inspirado em regras adotadas pela União Européia

(Tratado de Maastricht), pelos Estados Unidos (*Budget Enforcement Act*) e pela Nova Zelândia (*Fiscal Responsability Act*). Coube-nos, a convite do então Ministro do Planejamento, o ínclito Martus Tavares, o honroso encargo de dar forma jurídica a tal projeto. A nova lei, vem ao encontro das legítimas aspirações sociais, submetendo a uma austera disciplina fiscal o Presidente da República e seus Ministros, os Governadores e Prefeitos e respectivos Secretários, os Presidentes e demais membros da Mesa Diretora das duas Casas do Congresso Nacional, das Assembleias Legislativas e das Câmaras de Vereadores, os Presidentes dos Tribunais federais e estaduais e os chefes do Ministério Público. A lei também atinge a todos na administração pública direta ou indireta que tenham o encargo legal de gerir recursos ou administrar o patrimônio público ou contrair obrigações em seu nome, à conta do bolso do contribuinte, desta ou das futuras gerações.

64. A análise de todo o texto da Lei Complementar nº 101 permite extrair um sistema - originário do projeto do Executivo e que sobreviveu às alterações redacionais introduzidas na Câmara dos Deputados - composto de nove partes integradas, complementadas pela Lei nº 10.028, de 19/10/2000, que inclui, nas leis dos crimes de responsabilidade (Lei nº 1.079/50 e Decreto-lei nº 201/67), oito novos tipos de crimes contra as finanças públicas, além de dispor sobre quatro tipos de infrações administrativas contra as leis de finanças públicas.

65. As partes mencionadas podem ser enumeradas: 1ª) a obrigatória inclusão, nas Leis de Diretrizes Orçamentárias, de um Anexo de Metas Fiscais anuais para receitas, despesas, dívida pública e dados sobre patrimônio líquido, situação financeira e atuarial e regime de previdência, tudo para três exercícios; e um Anexo de Riscos Fiscais, para avaliar os passivos contingentes (garantias concedidas, indenizações previstas em lei, condenações judiciais) e outros capazes de alterar as contas públicas, com previsão de medidas corretivas; 2ª) a vedação à prática de determinados atos na gestão das finanças públicas; 3ª) os limites para despesas relativas a pessoal, dívida pública, operações de créditos e concessão de garantias; 4ª) as normas de procedimentos na gestão das finanças

públicas; 5ª) as sanções para desvios fiscais; 6ª) as medidas impositivas para a correção de desvios fiscais; 7ª) os Relatórios de Gestão Fiscal, para fixar as responsabilidades das altas autoridades dos três Poderes e do Ministério Público; 8ª) a fiscalização a cargo do Poder Legislativo, com o auxílio dos Tribunais de Contas e dos sistemas de controle interno; 9ª) a transparência fiscal, mediante amplo acesso da sociedade aos documentos relativos à gestão das finanças públicas; e 10ª) a responsabilização criminal nos termos da Lei nº 2.028/2000.

66. As despesas relativas a pessoal continuam submetidas a limites de **50% para a União**, e de **60% para os Estados, Distrito Federal e Municípios**, sempre em relação à respectiva receita corrente líquida (receitas correntes menos transferências constitucionais), mas a nova lei estabelece uma divisão do limite entre os três poderes e o Ministério Público, sendo, na esfera federal, 2,5% para o Legislativo (inclusive Tribunal de Contas), 6% para o Judiciário, 0,6% para o Ministério Público e 40,9% para o Executivo, dos quais 3% para o pessoal (privilegiado pela Constituição) do Distrito Federal e dos antigos Territórios do Amapá e de Roraima; na **esfera estadual**, 3% para o Legislativo (inclusive Tribunal de Contas), 6% para o Judiciário, 2% para o Ministério Público e 49% para o Executivo; e, na **esfera municipal**, 6% para o Legislativo(inclusive Tribunal de Contas, quando houver) e 54% para o Executivo.

67. A Lei Complementar nº 101 constitui um passo firme, inovador e revolucionário, um marco histórico para o aprimoramento das nossas finanças públicas para que o governo possa dedicar à gestão dos recursos e do patrimônio público sem os artifícios, os abusos, as pressões e os despautérios dos últimos tempos. Afinal, as finanças públicas são um retrato da capacidade de auto-organização de uma Nação.

g) o Orçamento federal para o exercício de 2011

68. Somente no dia 9 de fevereiro do corrente ano, o "Diário Oficial"

publicou a Lei do Orçamento para o exercício de 1992 (Lei nº 12.381, de 09/02/11), quando, logicamente, deveria ter sido aprovada, sancionada e publicada antes do encerramento do exercício anterior, ou seja, até 31.12.10.

69. Fernand Baudhuin, Professor belga, refere ("Precis de Finances Publiques") que, na França, entre 1919 a 1939, por dificuldades políticas, o Orçamento não pôde ser votado antes de 1º de janeiro que ele chama de "data fatídica", e acrescenta, como fato excepcionalíssimo, ter sido usado um artifício, qual seja o de paralisar os relógios da Câmara, certa vez até o dia 2 de janeiro.

70. Esse fato, por si só, revela a ineficiência do Congresso Nacional no seu encargo constitucional mais relevante: aprovação, em cada sessão legislativa, do Orçamento anual.

71. Diante de **2.408 páginas** do "Diário Oficial", a leitura do Orçamento, sem dúvida, não é ocupação atraente. É pena, porque o exame, ainda que superficial, de seu conteúdo revela distorções de toda a ordem, constituindo-se em verdadeiro **retrato da desordem orçamentária, financeira e administrativa** que assola o País. E também demonstra que antes da criação de novos tributos ou da elevação das alíquotas dos já existentes, o **superávit** fiscal, ou o equilíbrio orçamentário, indispensável na luta contra a inflação, pode ser alcançado com a moderação, a racionalidade e, mesmo, a constitucionalidade orçamentária.

72. De início, deve ser destacado que, apesar de a Constituição prescrever a separação entre o Orçamento Fiscal e o Orçamento da Seguridade Social, eles têm figurado, em conjunto, nas mesmas leis orçamentárias.

73. O Orçamento referente ao Exercício de 2011 foi estabelecido pela Lei nº 12.381, de 09/02/11. A **receita** e a **despesa**, assim foram discriminadas:

RECEITA

Orçamento Fiscal 811.533.502.347,00
Orçamento da Seguridade Social................... 475.967.715.602,00
Refinanciamento da Dívida Pública Federal ... <u>678.514.678.262,00</u>

TOTAL.. 1.966.015.896.211,00

DESPESA

Orçamento Fiscal 767.456.627.017,00
Orçamento da Seguridade Social.................520.044.590.932,00
Refinanciamento da Dívida Pública Federal ... <u>678.514.678.262,00</u>
TOTAL.. 1.966.015.896.211,00

74. Inobstante todas as normas da Constituição e da Lei de Responsabilidade Fiscal, o Orçamento federal continua, ano após ano, acentuadamente perdulário. Isso é claro, à conta do bolso dos contribuintes.

75. Nos limites do tempo disponível, alguns aspectos merecem destaque.

76. O Orçamento consigna dotações para Contribuições a **235 entidades e programas internacionais**, desde:

    a) ONU, OEA, UNESCO, MERCOSUL, OCDE, OIC, OMS, OMC, OIT e UNICEF etc., até:

    b) Comunidade Internacional da Pimenta do Reino, Org. Int. da Vinha e do Vinho, Assoc. de Supervisores de Seguros Lusofonos, National Fluid Power Association, Cooperação Européia de Acreditação, Cooperação de Acreditação Interamericana, Comissão Internacional de Iluminação, Assoc. Grupo Tordesilhas de Universidades, Acordo de Conservação de Albatroz e Petréis, Fundo Fiduciário Perez Guerreiro, Fundo de Agricultura Familiar do MERCOSUL, Aliança das Cidades, Fundo Temático Sul-Sul do Banco Africano de Desenvolvimento, etc.

77. Apesar da crise, o Orçamento consigna expressivos recursos destinados à **construção de edifícios-sedes** de órgãos públicos (não incluídos os de empresas estatais), sobretudo no Judiciário Eleitoral e do Trabalho e no Ministério Público:

6 TRE's: DF – CE – PE – RN – RS – AP

59 Cartórios eleitorais

4 TRT's: Recife (PE), Vitória (ES), Maceió (AL) e Terezina (PI)

19 Fóruns Trabalhistas

15 Procuradorias da República

2 Procuradorias da Justiça Militar

10 Procuradorias do Trabalho

1 Conselho Nacional do Ministério Público (R$ 60 milhões)

2 AGU – DF e ES

1 Instituto Nacional do Semiárido (INSA) do Nordeste

1 Instituto de Neurociências – RN

1 Secretaria da Receita Federal em Brasília (R$ 5.000 milhões)

7 Delegacias da Receita Federal

1 Banco Central – Delegacias na BA e ES

1 Banco Central – Edifício para o Meio-Circulante no RJ

1 Agência Nacional de Vigilância Sanitária (R$ 351 milhões)

4 TCU Secretarias de Controle Externo no AC-RR-RO

1 Instituto Serzedelo Correia

TOTAL: 140

78. No Orçamento do Ministério das Cidades, são destinados recursos para **obras de infraestrutura urbana** – necessárias para a implantação de conjuntos habitacionais – em **728 cidades**, mas entre elas figuram algumas que dispõem de expressivas fontes de

recursos, inclusive pela transferências federais do IR e do IPI, tais como: São Paulo, Salvador, Recife, Fortaleza, Florianópolis, Goiânia, Cuiabá, Curitiba, São Luiz, Maceió, João Pessoa, Campo Grande, Sorocaba, Ribeirão Preto, Bauru, Pelotas e até Filadélfia (mas na Bahia).

79. Alguns programas merecem destaque em face das próprias denominações:

R$ 1.000

Promoção da Ética Pública 500

Comunidades Tradicionais 4.168

Prevenção e Combate à Lavagem do Dinheiro 3.745

Turismo Social no Brasil – Uma Viagem de Inclusão 3.412

Brasil Quilombola 55.723

Identidade e Diversidade Cultural Brasil Plural 16.000

Paz no Campo 13.096

Governo Eletrônico 17.581

Vivência e Iniciação Esportiva Educacional 259.431

Segundo Tempo Erradicação da Mosca da Carambola 8.809

Radar Comercial 10

80. No Orçamento do Ministério da Justiça, consta uma curiosa dotação de R$ 500.000 para "Quebra de Sigilo Bancário no Exterior-Nacional", com a nota "Procedimento realizado (unidade) 252"!

81. No Orçamento do Ministério da Cultura, constam R$ 96.887 milhões para a Agência Nacional do Cinema (ANCINE), que é a EMBRAFILME, extinta no início do Governo Collor e que renasceu das cinzas, como a fênix.

82. Cada centavo gasto com educação é plenamente justificável, mas embora sem prescrição na Constituição, a União mantém, hoje; sob a forma de autarquia ou fundações, 55 Universidades federais:

a) 27 Universidades Federais em todas as unidades da Federação;

b) 19 nas Cidades de Alfenas, Lavras, Ouro Preto, Viçosa, Uberlândia, São João del Rey, Itabira, ABC, São Carlos, Rio de Janeiro (UNIRIO), Niterói, Pelotas, Santa Maria, Rio Grande, Pampa, Recôncavo da Bahia, Grandes Dourados, Oeste do Pará e Campina Grande (Qual o critério?);

c) 6 Universidades Rurais em Pernambuco, Rio de Janeiro, Amazonas, Triângulo Mineiro, Vale do Jequitinhonha e Mucuri e Semiárido;

d) 1 Universidade Tecnológica do Paraná.

e) 1 Universidade de Integração Latino-Americana;

f) 1 Universidade Federal de Ciência da Saúde de Porto Alegre.

83. O Distrito Federal é, hoje, uma unidade federada plena. Elege o Governador e uma Assembleia. Arrecada os tributos estaduais e municipais e participa da arrecadação federal. Brasília, construída com recursos do Tesouro Nacional, é uma cidade pronta, que se dá ao luxo europeu de substituir grama por flores, nas vias urbanas. Contudo, a União continua a suportar as despesas com o Judiciário, o Ministério Público, as Polícias Civil e Militar e o Corpo de Bombeiros e, ainda, presta assistência financeira ao Governo do Distrito Federal.

h) as vinculações entre receitas e despesas

84. A Constituição de 1988, na esteira da Carta anterior, agride o **princípio da não-afetação**, estabelecendo numerosas vinculações entre determinadas receitas e determinadas despesas.

85. Dessa forma, o Orçamento tornar-se-á desnecessário, porque todas as receitas estarão vinculadas a determinadas despesas. Por sua vez, todas as despesas serão custeadas por receitas a elas constitucionalmente vinculadas. Portanto, desnecessária será

a previsão das receitas em cada exercício e, do mesmo modo, as despesas não mais dependerão da autorização da Lei Orçamentária anual.

86. A Constituição, fiel ao **princípio da não-afetação**, veda, expressamente, "a vinculação de receita de imposto a órgãos, fundo ou despesa", mas contém tantas exceções que a vedação torna-se quase inócua.

87. Contrapondo-se ao **princípio da não-afetação**, a nossa Carta, com suas Emendas, contém um número exagerado de vinculações:

Divisão do Produto da Receita

1º) **48% do produto da arrecadação do imposto de renda e do IPI** estão vinculados da seguinte forma (art. 159, I):

a) 21,5% são entregues pela União ao Fundo de Participação dos Estados e Distrito Federal;

b) 22,5% são entregues pela União ao Fundo de Participação dos Municípios;

c) 3% são aplicados em programas de financiamento ao setor produtivo das Regiões Norte, Nordeste e Centro-Oeste, através de instituições financeiras de caráter regional, de acordo com os planos regionais de desenvolvimento, sendo assegurada ao semiárido do Nordeste a metade dos recursos destinados à Região;

d) 1% ao Fundo de Participação dos Municípios é entregue no primeiro decêndio de dezembro de cada ano;

2º) **10% do produto da arrecadação do IPI** são entregues pela União aos Estados e ao Distrito Federal, proporcionalmente ao valor das respectivas exportações de produtos industrializados (art. 159, II);

3º) **20% do produto da arrecadação da Contribuição de Intervenção Econômica** relativa às atividades de importação ou comercialização de petróleo e seus derivados, gás natural e seus derivados e álcool combustível são entregues pela União aos Estados e Distrito Federal, para financiamento de programas de infraestrutura de transportes (art. 159, III);

4º) **100% do produto da arrecadação do imposto de renda incidente na fonte sobre rendimentos pagos, a qualquer título, pelos Municípios** cabem a eles próprios (art. 158, I);

5º) **50% do produto da arrecadação do ITR** (federal) cabem aos Municípios, relativamente aos imóveis neles situados (art. 158, II);

6º) **50% do produto da arrecadação do IPVA** (estadual), relativamente aos veículos licenciados nos respectivos territórios cabem aos Municípios (art. 158, III);

7º) **25% do produto da arrecadação do imposto sobre circulação de mercadorias e prestação de serviços de transporte_interestadual e intermunicipal e de comunicação** cabem aos Municípios (art. 158, IV);

8º) **100% da contribuição** instituída pelos Estados, Distrito Federal e Municípios e cobrada de seus servidores são vinculados ao custeio do respectivo regime previdenciário (art. 149, § 1º);

9º) **100% da contribuição de iluminação pública** são vinculados ao custeio dos respectivos serviços (art. 149-A);

10º) **100%** do produto da arrecadação de

empréstimo compulsório são vinculados à despesa que fundamentar sua instituição (art. 148, par. único);

Vinculações

1º) "**recursos prioritários**" devem ser vinculados ao custeio das atividades das administrações tributárias (Secretaria da Receita Federal e congêneres) da União, Estados, Distrito Federal e Municípios (art. 37, XXII);

2º) os **percentuais da receita** das contribuições sociais da União (COFINS e CSLL) e dos impostos e outros recursos dos Estados e Municípios estabelecidos em lei complementar são vinculados ao financiamento do Sistema Único de Saúde -SUS (art. 198 e §§ 1º, 2º e 3º);

3º) **100% do produto da arrecadação da COFINS e da CSLL** são vinculados ao financiamento da seguridade social (Previdência Social, Assistência Social e SUS) (art. 195, I "b" e "c");

4º) **100% do produto da arrecadação das contribuições_previdenciárias** do trabalhador e do empregador são vinculados ao custeio dos benefícios do regime geral da previdência social (arts. 167, XI, 195, I, "a", e II, e 201);

5º) **18%, no mínimo, da receita de todos os impostos da União e 25%, no mínimo, da receita de todos os impostos dos Estados, Distrito Federal e Municípios** são vinculados à manutenção e desenvolvimento do ensino;

6º) **100% da receita proveniente da contribuição social do salário-educação** (paga pelas empresas) constituem fonte adicional de custeio da educação básica;

7º) **100% da receita proveniente de custas e emolumentos** são vinculados ao custeio dos serviços afetos às atividades específicas da Justiça (art. 98, § 2º); e

8º) **100% do produto da arrecadação da Contribuição para o Programa de Integração Social (PIS) e ao Programa de Formação do Patrimônio do Servidor Público (PASEP),** que eram destinadas a constituir patrimônios dos trabalhadores e dos servidores públicos e deles foram tomados, passaram a ser vinculados ao financiamento do seguro-desemprego e da despesa com o abono anual (o chamado 14º salário) ,no valor de um salário-mínimo para os trabalhadores que recebam até dois salários-mínimos de remuneração mensal.

88. Todas essas vinculações, com exceção da repartição da receita dos impostos, representam forte agressão ao princípio orçamentário da não-afetação.

89. Tais vinculações atingem o Orçamento na sua essência, pois vulneram tanto a estimativa da receita, como a autorização da despesa. A vinculação torna desnecessária a estimativa da receita, porque esta tem destino preestabelecido. E torna desnecessária a autorização da despesa, porque as receitas só podem ser empregadas nas despesas preestabelecidas.

90. A vinculação de receita a uma determinada despesa tem outro grave efeito. Se a receita revelar-se insuficiente, outros recursos serão buscados para suplementá-la. Se, ao contrário, sobejarem recursos, logo estes serão utilizados com ações, obras ou serviços desnecessários.

i) a DRU

91. Mas não é só. Foi criada pela Emenda nº 27/2000, alterada pela Emenda nº 42/2003 e Emenda nº 56/2007, a chamada **DRU – Desvinculação de Receitas da União**. Essas Emendas acrescentaram, ao Ato das Disposições Constitucionais Transitórias, o art. 76, segundo o qual, pela redação em vigor, "é desvinculada de órgão, fundo ou despesa, até 31 de dezembro de 2011 (e desde 2003), 20% (vinte por cento) da arrecadação de impostos, contribuições sociais e de intervenção no domínio econômico, já instituídos ou que venham a ser criados até a referida data, seus adicionais e respectivos acréscimos legais".

92. Essa foi uma forma bizarra de reduzir, transitoriamente, todas as vinculações, ensejando recursos ao Tesouro Nacional para custear as despesas com os juros da dívida pública ou gastar livremente. A falta de vontade política para reduzir as vinculações injustificáveis deu origem à DRU, sem paralelo no mundo civilizado.

j) a violação ao princípio da unicidade

93. A Constituição de 1988, ela própria, viola o princípio da **unicidade**, ao admitir, de modo expresso, a existência de **vários fundos**.

94. Em seu art. 165, § 9º, inciso I, admite a possibilidade da **instituição** e **funcionamento de fundos,** desde que obedecidas as condições fixadas em lei complementar. Também o art. 167, inciso IX, ao vedar "a instituição de fundos de qualquer natureza, sem prévia autorização legislativa", na verdade admite a criação deles. E, ainda, o art. 165, § 5º, incisos I e III, admite que a lei orçamentária anual compreende **fundos e fundações**, tanto no orçamento fiscal, como no de seguridade social.

95. Ora, os **fundos** são admissíveis para depósito de recursos de terceiros, como os Fundos da Previdência Social, formados pelas contribuições do Seguro Social (C.F., arts. 249 e 250), fundo partidário (C.F., art. 17, § 3º), Fundo de Garantia de Tempo de Serviço (C.F., art. 7º, III) Fundo de Compensação de Variações Salariais, Fundo de

Amparo ao Trabalhador etc.

96. Todavia, a própria Constituição estabeleceu a criação do:

> a) Fundo para a manutenção da polícia civil, polícia militar e corpo de bombeiros militar, bem para a assistência financeira ao Distrito Federal (art. 21, XIV), que hoje não mais se justifica;
>
> b) do Fundo Nacional de Saúde (ADCT, art. 74, § 3°);
>
> c) Fundo de Estabilização Fiscal (ADCT, art. 71, § 2°); e
>
> d) Fundo de Combate e Erradicação da Pobreza (ADCT, art. 7°).

97. Se não bastassem essas violações ao princípio da **unicidade**, a própria Lei do Orçamento prevê 33 (trinta e três) fundos, para os mais diversos fins, a saber:

1 - Presidência da República - Fundo Nacional Antidrogas - FUNAP
2 - Presidência da República - Fundo de Imprensa Nacional
3 - Presidência da República - Fundo Nacional para a Criança e o Adolescente - FNCA
4 - Presidência da República - Fundo Nacional do Idoso - FNI
5 - Ministério da Agricultura - Fundo de Defesa da Economia Cafeeira
6 - Min. Ciência Tecnologia - Fundo Nacional de Desenvolvimento Científico e Tecnológico
7 - Ministério da Fazenda - Fundo de Compensação de Variações Salariais - FCVS
8 - Ministério da Fazenda - Fundo de Estabilidade do Seguro Rural
9 - Ministério da Fazenda - Fundo Especial de Treinamento e Desenvolvimento
10 - Ministério da Fazenda - Fundo de Garantia à Exportação - FGE
11 - Min. Des. Ind. Com. Ext. - Fundo de Garantia para Promoção de Competitividade - FGPC
12 - Ministério da Justiça - Fundo de Defesa de Direitos Difusos

13 - Ministério da Justiça - Fundo Penitenciário Nacional - FUNDEN
14 - Ministério da Justiça - Fundo para Aparelh. e Oper. das Ativ. Fís. da Pol. Federal - FUNAPOL
15 - Ministério da Justiça - Fundo Nacional de Segurança Pública
16 - Min. Previdência Social - Fundo do Regime Geral de Previdência Social
17 - Min. Previdência Social - Fundo Nacional de Saúde (R$ 68.600,00 milhões)
18 - Ministério do Trabalho - Fundo de Amparo ao Trabalhador – FAT (R$ 43.800 milhões)
19 - Min. dos Transportes - Fundo da Marinha Mercante - FMM
20 - Min. das Comunicações - Fundo de Universalização dos Serv. de Telecomunicações - FUST
21 - Min. das Comunicações - Fundo para o Desenvolv. Tecnol. das Telecomunicações - FUNTTEL
22 - Ministério da Cultura - Fundo Nacional de Cultura (R$ 652 milhões / 181 programas vetados)
23 - Min. do Meio Ambiente - Fundo Nacional do Meio Ambiente - FNMA
24 - Min. do Meio Ambiente - Fundo Nacional sobre Mudança de Clima
25 - Ministério da Defesa - Fundo do Ministério da Defesa
26 - Ministério da Defesa - Fundo de Administração do Hospital das Forças Armadas
27 - Ministério da Defesa - Fundo do Serviço Militar
28 - Ministério da Defesa - Fundo Aeronáutico
29 - Ministério da Defesa - Fundo do Exército
30 - Ministério da Defesa - Fundo Naval
31 - Ministério da Defesa - Fundo de Desenvolvimento do Ensino Profissional Marítimo
32 - Fundo Nacional de Assistência Social
33 - Fundo Nacional de Segurança e Educação do Trânsito - FUNSET

98. Ocorre que o art. 36 do Ato das Disposições Constitucionais Transitórias prescreveu a extinção, no prazo de dois anos – isto é, até 5 de outubro de 1990 -, dos fundos existentes na data de promulgação da Carta de 1988, que não fossem ratificados pelo Congresso Nacional, excetuados os resultantes de isenções fiscais

que passem a integrar o patrimônio privado e os que interessem à defesa nacional.

99. Ora, a maior parte dos **fundos** mantidos pelo Orçamento não foram prévia e expressamente ratificados pelo Congresso Nacional, em votação específica. Sustentam alguns que esses fundos estariam implicitamente ratificados pelo Congresso em razão de terem sido mantidos pela Lei do Orçamento. Essa, no entanto, não parece ser a melhor tese, por importar em tornar inócuo um preceito, de natureza proibitiva, da Constituição.

100. Na realidade, os **fundos** são orçamentos paralelos, verdadeiros privilégios disfarçados sob a capa de um orçamento maior. São parcelas da receita vinculadas a determinadas despesas. Se a receita revela-se inferior à despesa, outros recursos são chamados a suplementar o fundo. Se, ao contrário, a receita for maior do que a despesa orçada, o gestor do fundo sentir-se-á estimulado a gastar o saldo.

101. Não se quer discutir a conveniência ou a oportunidade dessas despesas. O que não se justifica, porém, é a própria existência dos **fundos**, uma vez que as despesas respectivas podem ser atendidas por dotações orçamentárias específicas.

102. Outro defeito - e grave - dos fundos evidencia-se da supramencionada listagem. É que os fundos, de modo geral, têm **duração indeterminada,** no pressuposto de que, ao longo do tempo, as necessidades das respectivas despesas seriam inalteradas.

k) as conclusões

103. "Governar é gastar", disse Maurice Duverger. Todavia, um ponto delicado, pondera o Professor Bastable, da Universidade de Dublin, é a determinação dos precisos itens a serem incluídos num determinado orçamento ("*Public Finance*").

104. No nosso País, a observação de Duverger parece ser seguida

ao pé-da-letra. A leitura de "calhamaço" orçamentário confirma essa impressão.

105. Gasta-se, alucinadamente e, inobstante o exagerado sistema de "mega-controle" do Poder Executivo, que a Carta de 1988 implantou, não se conhecem, da parte de tantos órgãos, entidades e instrumentos de controle, providências concretas para conter o desperdício, exceto o tradicional e solitário esforço do Ministério da Fazenda, no sentido de conter a despesa pública, não liberando recursos autorizados pela lei orçamentária.

106. "Povos existem – disse Alexis de Tocqueville – que amam a ostentação, o alarido e a alegria e que não lamentam gastar um milhão em fumaça".

107. Se hoje estivesse entre nós, numa nova viagem de estudos, Tocqueville certamente ficaria estarrecido e, diante de nosso Orçamento, diria que o Brasil é um país que gasta o que não deve, o que não pode e o que não tem.

108. Dissemos, antes, que o Orçamento é um verdadeiro "retrato" do País.

109. Olhando essa monstruosa "fotografia", pensamos na responsabilidade da classe política.

110. Mas, para Jayme de Altavila ("Origem dos Direitos dos Povos"), "os artífices dos direitos dos povos não fizeram outra coisa senão olhar argutamente a sua sociedade e pintá-la".

111. Olhando esse "retrato" com mais cuidado, percebemos, na realidade, a sociedade brasileira dos dias atuais.

II
A ADMINISTRAÇÃO PÚBLICA

a) as Reformas Administrativas efetuadas no Brasil

112. O tema, é claro, exige uma **introdução histórica**, porque, como adverte VON IHERING, "se só chegarmos a compreender as lições da história, quando já é tarde, a culpa é nossa; não é por causa da história que não as percebemos em tempo, pois ela as ministra sem cessar, de forma clara e inconfundível" (*in* "A Luta pelo Direito", 4ª ed., Ed. Rio, pág. 93).

113. "Um exame de panorama histórico, à luz de nossos conhecimentos atuais, mostra – disse, por sua vez, TOYNBEE – que, até agora, a história se repetiu, cerca de vinte vezes ... Mas não estamos condenados a fazer a história repetir-se ... Nosso futuro depende, sobretudo, de nós próprios. Nós não estamos, simplesmente, à mercê de um destino inexorável" (*in* "Estudos de História Contemporânea", Cia. Ed. Nacional, S. Paulo, 1976).

114. Mesmo nos limites deste trabalho, é necessário registrar que, no plano federal, o nosso País, a rigor, conheceu **quatro reformas administrativas**.

115. A primeira, no **alvorecer da República**, após a promulgação da Constituição de 1891, foi realizada pela Lei nº 23, de 30/10/1891, que organizou os serviços da administração federal, os quais, até então, seguiam o modelo colonial português.

116. A segunda pode ser visualizada com a **criação da DASP**, o Departamento Administrativo do Serviço Público, pelo art. 67 da Constituição do Estado Novo (1937), para orientar não só a reorganização de "repartições, departamentos e estabelecimentos públicos", mas também "condições e processos de trabalho", e, ainda, reformular a proposta orçamentária do Governo. Ao DASP se deve, basicamente, a introdução do sistema do mérito, no serviço público brasileiro.

117. A terceira concretizou-se, ao final do Governo CASTELO BRANCO através do **Decreto-lei nº 200, de 25/2/67,** que deu nova organização a toda a Administração federal, elevou, a nível legal, como "princípios fundamentais", o planejamento, a coordenação, a descentralização, a delegação de competência e o controle e traçou numerosas regras de natureza programática.

118. Merece menção, neste passo, o excelente **Programa de Desburocratização**, conduzido, no Governo do Presidente JOÃO FIGUEIREDO, pelo Ministro HÉLIO BELTRÃO, mas depois abandonado.

119. A quarta e última foi desfechada no **primeiro dia do Governo COLLOR**, conforme a Medida Provisória nº 158, de 15/3/90, transformada na Lei nº 8.028, de 12/4/90, e que reorganizou toda a Administração federal, com o objetivo central de reduzi-la expressivamente. Esse trabalho foi coordenado, com invulgar competência e dedicação, por Carlos Roberto Guimarães Marcial, então Procurador-Geral-Adjunto da Fazenda Nacional, e, depois, chefe da Assessoria Jurídica da Presidência da República e Secretário da Receita Federal. A citada lei vem servindo de **modelo** para todas as modificações efetuadas até a presente data, na organização da Administração pública federal.

120. A referida lei reduziu a **doze o número de Ministérios** (Justiça; Marinha; Exército; Relações Exteriores; Educação; Aeronáutica; Saúde; Economia, Fazenda e Planejamento; Agricultura e Reforma Agrária; Trabalho e Previdência Social; Infra-Estrutura e Ação Social). Três Ministérios – Fazenda, Planejamento e Indústria e Comércio – foram reunidos num só, na linha defendida, em memoráveis artigos, pelo Prof. EUGÊNIO GUDIN. Outros três – Comunicações, Minas e Energia e Transportes - foram reunidos no Ministério da Infraestrutura.

121. Outro diploma legal (Lei nº 8.029, de 12/4/90) extinguiu diversas empresas estatais, autarquias e fundações, como o IBC, o IAA, o BNCC, o DNOS, a SUDECO, a SUDESUL, a EMBRAFILME, a SIDERBRÁS e a PORTOBRÁS. Outro mais criou (Lei nº 8.031, de

12/4/90) o Programa Nacional de Desestatização.

122. E as Leis ns. 8.011/90 e 8.025/90 determinaram a venda de mais de 10.000 imóveis residenciais oficiais, que haviam gerado, no DASP, a maior imobiliária do País. No âmbito do Executivo, o uso de automóvel oficial foi limitado aos Ministros de Estado e Secretários Executivos e aos Presidentes de empresas estatais e autarquias.

123. Infelizmente, esse conjunto de relevantes medidas perdeu-se, em grande parte, pela sucessão dos posteriores acontecimentos.

124. A Emenda Constitucional nº 19, de 1998, no Governo Fernando Henrique, não representou uma reforma, uma vez que se limitou a modificar o texto da Constituição de 1988 pertinente aos servidores públicos, para suprimir direitos e descaracterizar a **essência do cargo público**. Daí, inclusive, a deterioração do serviço público, nos últimos anos.

125. Até então, as denominadas carreiras de Estado mereciam destaque no Serviço Público. Uma lei, no Governo Costa e Silva, de iniciativa do então Consultor-Geral da República, Rafael Mayer da Silveira, mais tarde ilustre Ministro do Supremo Tribunal federal, enumerou, expressamente, as "Carreiras de Estado": Ministério Público, Diplomacia, Polícia Federal, Fisco e a Procuradoria da Fazenda Nacional.

126. Em função dessa "reforma", foram criadas dezenas e dezenas de "carreiras" no Serviço Público Federal, geralmente denominadas de Analistas, Especialistas e Gestores nos mais diversos assuntos, como meio de obtenção de expressivas melhorias salariais, através da substituição dos "vencimentos" por "subsídios".

127. Estabeleceu, ainda, a criação de "escolas de governo" (C.F., art. 39, § 2º), cuja frequência seria condição para as promoções. Obviamente, esse delírio nunca se tornou realidade.

128. Os vencimentos dos cargos de carreira foram substituídos por subsídio único, que desconhecendo direitos adquiridos a vantagens,

como o adicional de tempo de serviço e a incorporação da retribuição do cargo em comissão exercido por cinco anos ininterruptos ou dez anos com interrupções.

129. A rigor, no campo administrativo, a medida mais relevante, nas últimas décadas, foi a implantação do **processamento eletrônico de dados** e da *internet*, o que decorreu mais das imposições do progresso do que de planejamento governamental.

130. Depois disso, surgiu, em Brasília, o **telefone celular**, cujo uso imoderado, a nosso ver, constitui triste comprovação da ausência de um mínimo de austeridade administrativa. Surgiu, também, o **cartão de crédito** custeado pelo Tesouro Nacional, medida até hoje nunca explicada. A frota de automóveis oficiais aumentou expressivamente, sobretudo no Legislativo e no Judiciário.

131. Apesar de todas as reformas, tem-se a impressão de que é de hoje a imagem do VISCONDE DO OURO PRETO, em 1879: "imagine-se um maquinismo de rodas concêntricas ou superpostas, a executarem inutilmente o mesmo movimento e ter-se-á a ideia exata do que é a organização das estações oficiais" (*in* "O Ministério da Fazenda e sua Reforma", de Francisco Sá Filho, Rio, 1957).

b) a "burocracia" como modelo administrativo

132. A nossa organização administrativa, federal, estadual e municipal, como, de resto, a de quase todas as entidades de classe ou associativas brasileiras, segue o clássico modelo da **burocracia** (do francês *bureaucratie*), entendida tal expressão no seu verdadeiro significado, modelo esse considerado como ideal por MAX WEBER. Trata-se de uma organização fundada na hierarquia, que atua segundo regulamentos, normas e padrões expressos, por intermédio dos ocupantes de cargos ou funções, com atribuições definidas. Essa organização funciona independentemente da substituição dos ocupantes dos cargos e funções.

133. Segundo THOMAS BATEMAN e SCOTT SNELL, professores norte-americanos, "uma vantagem da burocracia – sua permanência – pode também ser um problema", porque "uma vez que uma

burocracia é estabelecida, é muito difícil desmantelá-la". (*in* "*Management building competitive advantage*", Times, 1990, trad. de Celso A. Rimoli, Atlas, 1998, pág. 55)

134. A grande crítica a esse modelo é a de que ele não se coaduna com a rapidez e a flexibilidade das decisões. Mas não há outro melhor e as deficiências tidas como sendo do modelo são devidas, na realidade, às distorções na sua prática (estruturas gigantescas; muitos chefes; encargos repetitivos; muitos níveis hierárquicos) e à nomeação para os cargos de direção e chefia de pessoas despreparadas ou corruptas.

135. O certo é que a Administração Pública federal em 2011 - com esta expressão referimo-nos tão-somente ao Poder Executivo - **alcançou um tamanho gigantesco**.

c) os Ministérios

136. O primeiro quadro demonstra que o número de Ministérios e órgãos a eles equiparados aumentou de 30 para 38!

MINISTÉRIOS E ÓRGÃOS CHEFIADOS POR MINISTROS

I

14 ÓRGÃOS INTEGRANTES DA PRESIDÊNCIA DA REPÚBLICA

Dotação

R$ /millhões

Presidência da República 7.376

1 – Casa Civil
2 – Secretaria-Geral
3 – Gabinete de Segurança Institucional

4 – Secretaria de Relações Institucionais
5 – Secretaria de Comunicação Social

Órgãos vinculados

1 – Advocacia-Geral da União 2.296
2 – Controladoria-Geral da União... 680
3 – Banco Central do Brasil..2.350
4 – Secretaria dos Direitos Humanos..228
5 – Secretaria de Políticas para as Mulheres (Obs. doações) 114
6 – Secretaria de Políticas de Promoção da Igualdade Social (Obs. doações)..94
7 – Secretaria de Portos..1.097
8 – Secretaria de Assuntos Estratégicos
9 – Secretaria de Aviação Civil

II
24 MINISTÉRIOS

GRUPO A – Funções Essenciais da Administração
1 – Justiça 11.235
2 – Fazenda..19.695
3 – Relações Exteriores 2.213
4 – Planejamento, Orçamento e Gestão 16.322
5 – Defesa 61.400

GRUPO B – Finalidades Sociais
1 – Cidades 22.081
2 – Cultura (Obs. doações) 2.096
3 – Educação..63.707
4 – Previdência Social...290.977
5 – Saúde 77.149
6 – Trabalho e Emprego 36.611

GRUPO C – Finalidades Econômicas
1 – Agricultura, Pecuária e Abastecimento.............................9.361
2 – Ciência e Tecnologia (Obs. 160 programas vetados)..........8.160
3 – Comunicações..4.379

4 – Desenvolvimento, Indústria e Comércio Exterior 1.962
5 – Minas e Energia 7.958
6 – Transportes 21.540

GRUPO D – Supérfluos
1 – Meio-Ambiente 3.338
2 – Desenvolvimento Agrário 4.453
3 – Desenvolvimento Social e Combate à Fome (Serviços de proteção social à adolescência/Obs: 216 programas vetado) 43.174
4 – Esporte (Obs: cerca de 500 Núcleos de Infraestrutura de Esporte e Lazer) 2.470
5- Turismo (Obs: mais de 400 doações a projetos de infraestrutura turística) 3.715
6 – Integração Nacional (Obs: obras / 150 doações) 3.341
7 – Pesca e Aquicultura 553

TOTAL: 38 MINISTROS[61]

137. O cargo de Ministro-Presidente do Banco Central é uma excrescência. Foi criado para assegurar as prerrogativas de função, perante o Judiciário.

d) a Administração federal indireta

138. Os quadros seguintes indicam a quantidade de **fundações, autarquias e empresas estatais;**

FUNDAÇÕES (34)

1 - Fundação Alexandre Gusmão
2 - Fundação Biblioteca Nacional
3 - Fundação Casa de Ruy Barbosa
4 - Fundação Coordenação do Aperfeiçoamento do Pessoal de Nível Superior (CAPES)
5 - Fundação Cultural Palmares
6 - Fundação Escola Nacional de Administração Pública
7 - Fundação Habitacional do Exército (FHE)

---
[61]Em 2015 foram reduzidos para 31.

8 - Fundação Instituto Brasileiro de Geografia e Estatística
9 - Fundação Joaquim Nabuco
10 - Fundação Jorge Duprat Figueiredo de Seg. e Medicina do Trabalho (FUNDACENTRO)
11 - Fundação Nacional de Artes (FUNARTE)
12 - Fundação Nacional de Saúde (FNS)
13 - Fundação Nacional do Índio (FUNAI)
14 - Fundação Osório
15 - Fundação Universitária do ABC
16 - Fundação Universidade Federal da Amazônia
17 - Fundação Universidade Federal de Brasília
18 - Fundação Universidade Federal de Ciências da Saúde de Porto Alegre
19 - Fundação Universidade Federal de Ouro Preto
20 - Fundação Universidade Federal de Pelotas
21 - Fundação Universidade Federal de Rondônia
22 - Fundação Universidade Federal de São Carlos
23 - Fundação Universidade Federal de São João Del Rey
24 - Fundação Universidade Federal de Sergipe
25 - Fundação Universidade Federal de Viçosa
26 - Fundação Universidade Federal do ABC
27 - Fundação Universidade Federal do Amapá
28 - Fundação Universidade Federal do Maranhão
29 - Fundação Universidade Federal do Mato Grosso
30 - Fundação Universidade Federal do Mato Grosso do Sul
31 - Fundação Universidade Federal do Pampa (UNIPAMPA)
32 - Fundação Universidade Federal do Piauí
33 - Fundação Universidade Federal do Rio de Janeiro (UNIRIO)
34 - Fundação Universidade Federal do Rio Grande (FURG)

AUTARQUIAS (128)

1 - Agência Espacial Brasileira – AEB
2 - Agência Nacional de Águas – ANA
3 - Agência Nacional de Aviação Civil – ANAC
4 - Agência Nacional de Energia Elétrica – ANEEL
5 - Agência Nacional de Saúde Suplementar – ANS
6 - Agência Nacional de Telecomunicações – ANATEL

7 - Agência Nacional de Transportes Aquaviários – ANTAQ
8 - Agência Nacional de Transportes Terrestres – ANTT
9 - Agência Nacional de Vigilância Sanitária – ANVISA
10 - Agência Nacional do Cinema – ANCINE
11 - Agência Nacional do Petróleo, Gás Natural e Biocombustíveis –
12 - Autoridade Pública Olímpica – APO
13 - Banco Central do Brasil – BACEN
14 - Caixa de Construção de Casas para o Pessoal da Marinha – CCCPM
15 - Caixa de Financiamento da Aeronáutica – CFIAe
16 - Centro Federal de Educação Tecnológica Celso Suckow da Fonseca
17 - Centro Federal de Educação Tecnológica de Minas Gerais
19 - Comissão de Valores Mobiliários – CVM
Conselho Administro de Defesa Econômica – CADE
Conselho Administro de Defesa Econômica – CADE
20 - Comissão Nacional de Energia Nuclear – CNEN
21 - Conselho Administrativo de Defesa Econômica – CADE
22 - Departamento Nacional da Infraestrutura dos Transportes - DNIT
22 - Departamento Nacional de Obras contra as Secas – DNOCS
23 - Departamento Nacional de Produção Mineral – DNPM
24 - Fundo Nacional de Desenvolvimento da Educação – FNDE
25 - Instituto Benjamim Constant – IBC
26 - Instituto Brasileiro do Cinema
27 - Instituto Brasileiro do Meio Ambiente e dos Recursos Naturais Renováveis - IBAMA
28 - Instituto Brasileiro do Turismo – EMBRATUR
30 - Instituto Chico Mendes de Conservação de Biodiversidade - ICMBio
31 - Instituto de Integração Nacional de Justiça de Paz – IINJP
32 - Instituto de Pesquisas Jardim Botânico do Rio de Janeiro - JBRJ
33 - Instituto do Patrimônio Histórico e Artístico Nacional - IPHAN
Instituto Federal Catarinense
34 - Instituto Nacional da Propriedade Industrial – INPI
35 - Instituto Nacional de Colonização e Reforma Agrária – INCRA
36 - Instituto Nacional de Metrologia, Normalização e Qualidade

Industrial – INMETRO
37 - Instituto Nacional de Pesquisa Econômica Aplicada - IPEA – (R$ 301 milhões)
38 - Instituto Nacional de Tecnologia de Informação – ITI
39 - Instituto Nacional do Seguro Social – INSS
40 - Serviço Florestal Brasileiro – SFB
41 - Superintendência da Zona Franca de Manaus - SUFRAMA
42 - Superintendência de Seguros Privados – SUSEP
43 - Superintendência Desenvolvimento da Amazônia – SUDAM
44 - Superintendência Desenvolvimento do Nordeste – SUDENE
45 - Superintendência Nacional da Previdência Complementar - PREVIC

ÁREA DA EDUCAÇÃO

46 - Colégio Pedro II
47 - Instituto Federal Baiano
48 - Instituto Federal Catarinense
49 - Instituto Federal da Bahia
50 - nstituto Federal da Paraíba
51 - Instituto Federal de Alagoas
52 - Instituto Federal de Brasília
53 - Instituto Federal de Goiás
54 - Instituto Federal de Minas Gerais
55 - Instituto Federal de Pernambuco
56 - Instituto Federal de Rondônia
57 - Instituto Federal de Roraima
58 - Instituto Federal de Santa Catarina
59 - Instituto Federal de São Paulo
60 - Instituto Federal de Sergipe
61 - Instituto Federal do Acre
62 - Instituto Federal do Amapá
63 - Instituto Federal do Amazonas
64 - Instituto Federal do Ceará
65 - Instituto Federal do Espírito Santo
66 - Instituto Federal do Maranhão
67 - Instituto Federal do Mato Grosso
68 - Instituto Federal do Mato Grosso do Sul

69 - Instituto Federal do Norte de Minas Gerais
70 - Instituto Federal do Pará
71 - Instituto Federal do Paraná
72 - Instituto Federal do Piauí
73 - Instituto Federal do Rio de Janeiro
74 - Instituto Federal do Rio Grande do Sul
75 - Instituto Federal do Sertão Pernambucano
76 - Instituto Federal do Sudeste de Minas Gerais
77 - Instituto Federal do Sul de Minas Gerais
78 - Instituto Federal do Sul Riograndense
79 - Instituto Federal do Tocantins
80 - Instituto Federal do Triângulo Mineiro
81 - Instituto Federal Farroupilha
82 - Instituto Federal Fluminense
83 - Instituto Federal Goiano
84 - Instituto Nacional de Educação dos Surdos - INES
85 - Instituto Nacional de Estudos e Pesquisas do Pessoal de Nível
86 - Instituto Nacional de Estudos e Pesquisas Educacionais - INEP
87 - Instituto Nacional de Estudos e Pesquisas Educacionais Anísio Teixeira
88 - Universidade Federal da Bahia
89 - Universidade Federal da Fronteira Sul – UFFS
90 - Universidade Federal da Grande Dourados
91 - Universidade Federal da Paraíba
92 - Universidade Federal de Alagoas
93 - Universidade Federal de Alfenas
94 - Universidade Federal de Campina Grande
95 - Universidade Federal de Goiás
96 - Universidade Federal de Integração Internacional de Lusofonia Afro-Brasileira - UNILAB
97 - Universidade Federal de Integração Latino-Americana
98 - Universidade Federal de Itajubá
99 - Universidade Federal de Juiz de Fora
100 - Universidade Federal de Lavras
101 - Universidade Federal de Minas Gerais
102 - Universidade Federal de Pernambuco
103 - Universidade Federal de Roraima
104 - Universidade Federal de Santa Catarina

105 - Universidade Federal de Santa Maria
106 - Universidade Federal de São Paulo
107 - Universidade Federal de Tocantins
108 - Universidade Federal de Uberlândia
109 - Iniversidade Federal do Acre
110 - Universidade Federal do Ceará
111 - Universidade Federal do Espírito Santo
112 - Universidade Federal do Oeste de Pará - UFOPA
113 - Universidade Federal do Oeste do Piauí - UFOBA
114 - Universidade Federal do Pará
115 - Universidade Federal do Paraná
116 - Universidade Federal do Recôncavo da Bahia
117 - Universidade Federal do Rio de Janeiro
118 - Universidade Federal do Rio Grande do Norte
119 - Universidade Federal do Rio Grande do Sul
120 - Universidade Federal do Triângulo Mineiro
121 - Universidade Federal do Vale do São Francisco
122 - Universidade Federal dos Vales do Jequitinhonha e Mucuri
123 - Universidade Federal Fluminense
124 - Universidade Federal Rural da Amazônia
125 - Universidade Federal Rural de Campina Grande
125 - Universidade Federal Rural de Pernambuco
126 - Universidade Federal Rural de Roraima
126 - Universidade Federal Rural do Rio de Janeiro
127 - Universidade Federal Rural do Semiárido
127 - Universidade Federal Rural do Tocantins
128 - Universidade Tecnológica do Paraná

EMPRESAS ESTATAIS (140)

1 - 5283 Participações Ltda.
2 - Agência Especial e Financiamento Industrial - FINAME
3 - Alberto Pasqualini - REFAP S. A.
4 - Alcantara Cyclone Space-Binacional Brasil/Ucrania - ACS
5 - Amazonas Destribuidora de Energia S. A. - AME
6 - ATIVOS S. A. - Securitizadora de Créditos Financeiros
7 - Baixada Santista Energia Ltda - BSE
8 - Banco da Amazônia S. A. - BASA

9 - Banco do Brasil S. A. - BB
10 - Banco do Estado de Santa Catarina S. A. - BESC
11 - Banco do Estado do Piauí S. A. - BEP
12 - Banco do Nordeste do Brasil S. A. - BNB
13 - Banco Nacional de Desenvolvimento Econômico e Social - BNDES
14 - BB Administração de Ativos – Distrib. de Tít. e Val. Mobil. S. A. - BB DTVM
15 - BB Administradora de Cartões de Crédito S.A. - BB CARTÕES
16 - BB Administradora de Consórcio S. A. - BB CONSÓRCIOS
17 - BB Banco de Investimento S. A. - BB INVESTIMENTOS
18 - BB Banco Popular do Brasil S. A - BPB
19 - BB Corretora de Seguros e Administradoras de Bens S. A. - BB CORRETORA
20 - BB Elo Cartões e Participações S. A.
21 - BB Leasing Company Limited - BB LEASING
22 - BB Seguros e Participações - S. A. - BB SEGUROS
23 - BB Leasing S. A. Arrendamento Mercantil - BB LAM
24 - BBTUR - Viagens e Turismo LTDA. - BB TURISMO
25 - BESC Distribuidora de Títulos e Valores Mobiliários S. A. - BESCVAL
26 - BESC Financeira S. A. - Crédito, Financiamento e Investimentos - BESCREDI
27 - BESC S. A. Arrendamento Mercantil - BESC LEASING
28 - BESC S. A. Crédito Imobiliário – BESCRI
29 - BIOCOMBUSTÍVEL S. A. – PETROBIO
30 - BNDES Limited
31 - BNDES Participações S. A. - BNDESPAR
32 - Boa Vista Energia S. A. – BVENERGIA
33 - Brasilian American Merchant Bank – BAMB
34 - Braspetro Oil Company – BOC
35 - Braspetro Oil Services Company – BRASOIL
36 - Breitener Energética S. A. - BREITENER
37 - Caixa Econômica Federal - CAIXA
38 - Caixa Participações S. A. - CAIXAPAR
39 - Casa da Moeda Do Brasil - CMB
40 - Centrais de Abastecimento de Minas Gerais S.A. - CEASAMINAS
41 - Centrais Elétricas Brasileiras S. A. - ELETROBRÁS

42 - Centrais Elétricas de Rodônia S. A. - CERON
43 - Centrais Elétricas do Norte do Brasil S. A. - ELETRONORTE
44 - Centro de Excelência em Tecnologia Eletrônica Avançada - CEITEC S. A.
45 - Centro de Pesquisas de Energia Elétrica - CEPEL
46 - Cobra Tecnologia S. A.
47 - Companhia Brasileira de Trens Urbanos - OBTU
48 - Companhia de Armazéns e Silos do Estado de Minas Gerais - CASEMG
49 - Companhia de Desenvolvimento de Barcarena - CODEBAR
50 - Companhia de Desenv. dos Vales do São Francisco e do Parnaíba - CODEVASF
51 - Companhia de Eletricidade do Acre - ELETROACRE
52 - Companhia de Entreportos e Armazéns Gerais de São Paulo - CEAGESP
53 - Companhia de Geração Térmica de Energia Elétrica - CGTEE
54 - Companhia de Navegação do São Francisco - FRANAVE
55 - Companhia de Pesquisa de Recursos Minerais - CPRM
56 - Companhia Docas do Ceará - CDC
57 - Companhia Docas do Espírito Santo - CODESA
58 - Companhia Docas do Estado da Bahia - CODEBA
59 - Companhia Docas do Estado de São Paulo - CODESP
60 - Companhia Docas do Maranhão - CODOMAR
61 - Companhia Docas do Pará - CDP
62 - Companhia Docas do Rio de Janeiro - CDRJ
63 - Companhia Docas do Rio Grande do Norte - CODERN
64 - Companhia Energética de Alagoas - CEAL
65 - Companhia Energética do Piauí - CEPISA
66 - Companhia Hidro Elétrica do São Francisco - CHESF
67 - Companhia Integrada Têxtil de Pernambuco - CITEPE
68 - Companhia Locadora de Equipamentos Petrolíferos - CLEP
69 - Companhia Nacional De Abastecimento - CONAB
70 - Companhia Petroquímica De Pernambuco - PETROQUÍMICASUAPE
71 - Comperj Estirênicos S. A. - CPRJEST
72 - Comperj Meg S. A. - CPRJMEG
73 - Comperj Participações S. A. - CPRJPAR
74 - Comperj Poliolefinas S. A. - CPRJPOL
75 - Cordoba Financial Services Gmbh - CFS

76 - Downstream Participações Ltda. - DOWNSTREAM
77 - Eletrobrás Participações S. A. - ELETROPAR
78 - Eletrobrás Termonuclear S. A. - ELETRONUCLEAR
79 - Eletrosul Centrais Elétricas S. A.
80 - Empresa Brasileira de Comunicação S. A. - RADIOBRÁS
81 - Empresa Brasileira de Comunicações - EBC
82 - Empresa Brasileira de Correios E Telégrafos - ECT
83 - Empresa Brasileira de Hemoderivados E Biotecnologia - HEMOBRÁS
84 - Empresa Brasileira de Infraestrutura Aeroportuária - INFRAERO
85 - Empresa Brasileira de Pesquisa Agropecuária - EMBRAPA
86 - Empresa de Pesquisa Energética - EPE
87 - Empresa de Tecnologia e Informações da Previdência Social - DATAPREV
88 - Empresa de Transmissão de Energia do Rio Grande do Sul S. A. - RS ENERGIA
89 - Empresa de Transporte Ferroviário de Alta Velocidade - ETAV
90 - Empresa de Trens Urbanos de Porto Alegre - TRENSCRP
91 - Empresa Gerencial de Projetos Navais - EMGEPRON
92 - Empresa Gestora de Ativos - EMGEA
93 - Eólica Mangue Seco 2 – Gerad. e Com. de Energia Elét. S. A. - MANGUE SECO 2
94 - Estação Transmissora de Energia S. A. - ETE
95 - Fafen Energia S. A.
96 - Financiadora de Estudos e Projetos - FINEP
97 - Fronape Internacional Company - FIC
98 - FURNAS - Centrais Elétricas S. A.
99 - Gás Brasiliano Destribuidora S. A. - GBD
100 - Hospital Cristo Redentor S. A.
101 - Hospital das Clínicas de Porto Alegre
102 - Hospital Fêmina S. A.
103 - Hospital N. Sra.da Conceição S. A.
104 - Indústria Carboquímica Catarinense S. A. - ICC (Em Liquidação)
105 - Indústria de Material Bélico do Brasil - IMBEL
106 - Indústria Nuclear do Brasil - INB
107 - Innova S. A.
108 - Ipiranga Asfaltos S. A. - IASA
109 - IRB - Brasil Resseguros S. A.

110 - Itaipu Binacional-Binacional Brasil/Paraguai - ITAIPU
111 - Liquigás Destribuidora S. A. - LIQUIGÁS
112 - Manaus Energia S. A. - MANAUS ENERGIA
113 - Nossa Caixa Capitalização S.A. - BNC CAPITALIZAÇÃO
114 - Nuclebrás Equipamentos Pesados S. A. - NUCLEP
115 - Petrobras Distribuidora S.A. - BR
116 - Petrobras Biocombustível S. A. - PBIO
117 - Petrobras Comercializadora de Energia Ltda - PCEL
118 - Petrobras Gás S. A. - GASPETRO
119 - Petrobras Internacional Braspetro Bv - PIB BV
120 - Petrobras Internacional Finance Company - PIFCO
121 - Petrobras Negócios Eletrônicos S. A. - E-PETRO
122 - Petrobras Netherlands B. V. - PNBV
123 - Petrobras Química S. A. - PETROQUISA
124 - Petrobras Transporte S. A. - TRANSPETRO
125 - Petróleo Brasileiro S.A. - PETROBRAS
126 - Petroquímica Triunfo S. A. - TRIUNFO
127 - Porto Velho Transmissora de Energia S. A. - PVTE
128 - Refinaria Abreu e Lima S.A. - RNEST
129 - Rio Branco Transmissora de Energia S. A. - RBTE
130 - Serviço Federal de Processamento de Dados - SERPRO
131 - Sociedade Fluminense de Energia Ltda. - SFE
132 - Telecomunicações Brasileiras S. A. - TELEBRÁS
133 - Termobahia S. A.
134 - Termoceará Ltda.
135 - Termomacaé Ltda.
136 - Termorio S. A.
137 - Transportadora Associada de Gás S. A. - TAG
138 - Transportadora Brasileira Gasoduto Bolívia-Brasil S. A. - TBG
139 - Usina Termelétrica de Juiz de Fora S. A. - UTEJF
140 - Valec - Engenharia, Construções e Ferrovias S. A.

e) a comparação Brasil x Estados Unidos

139. Em palestra proferida neste Conselho em 2005, apresentamos um quadro comparativo entre as **17 Secretarias e os 62 entes descentralizados** do Governo federal dos Estados Unidos, o país mais rico do Mundo, com imensas responsabilidades internas

e externas, e os **23 Ministérios e 30 Ministros e 169 entes descentralizados**, da Administração federal brasileira, afora as subsidiárias das empresas estatais.

PODER EXECUTIVO FEDERAL Organização Administrativa	USA	BRASIL			
		1991	1996	2005	2011
Ministérios/Secretarias Especiais	17	17	20	23	32
Ministros	17	17	20	30	38
Órgãos (repartições)	121	-	171	272	-
Entidades descentralizadas (autarquias/empresas/fundações)	62	-	173	169	302

140. Nos Estados Unidos, a Administração federal compõe-se de 5 *Offices* e 3 *Councils* integrados à Presidência, 17 *departaments* (Ministérios) e 62 entes descentralizados (8 *Administrations*, 7 *Agencies*, 2 *Authorities*, 3 *Offices* and 4 *Services*), além do *Export-Import Bank* (EXIMIBANK), do *Federal Reserve System* (FED) e do *Peace Corps*, num total de 87.

141. Com base na experiência adquirida na elaboração e revisão de numerosos anteprojetos de leis de organização administrativa, entendemos que se poderia reduzir os Ministérios a 17 (dezessete), no máximo 18 (dezoito), e os Ministros a 22 (vinte e dois) ou 23 (vinte e três), com o que o Presidente poderia ter à sua disposição **uma Administração mais ágil, operosa e produtiva**.

142. Ao mesmo tempo, essa medida importaria em notável redução da despesa, com a extinção de cargos em comissão, gabinetes, secretarias executivas e técnicas, consultorias jurídicas, assessorias de imprensa, parlamentares e internacionais e centenas de outros órgãos e suas unidades e subunidades, a desocupação de áreas imobiliárias, sobretudo as alugadas, a venda ou redistribuição de veículos, máquinas e equipamentos, a redução da concessão de diárias, passagens e ajudas de custo, a redução de contas de energia elétrica, serviços telefônicos e *internet*, o recolhimento de telefones

celulares e cartões de crédito, a redução no consumo de materiais de escritório.

143. As **autarquias federais**, criação do Estado Novo, podem ser extintas, com a incorporação ou reincorporação, aos respectivos Ministérios, uma vez que, hoje, não mais subsistem as razões de descentralização e flexibilização da atividade administrativa, nas áreas de orçamento, licitações e pessoal, que justificaram a criação desses entes autônomos.

144. Essa medida facilitaria o exercício da supervisão ministerial, aproximando a atividade e o Ministro. É o caso do DNER (nos Estados Unidos, país que dispõe de excelentes rodovias federais, as funções dessa autarquia cabem à Federal Highway Administration, órgão do Departamento dos Transportes) DNPM (que, nos Estados Unidos, corresponde ao *Mineral Management Service*, do Departamento do Interior), INCRA e IBAMA (cujas atividades, nos Estados Unidos, são desempenhadas pelo *National Park Service* e o *Fish and Wildlife Service*, do Departamento do Interior).

145. O INSS, apesar de sua gigantesca dimensão, poderia ser transformado em órgão do Ministério da Previdência e Assistência Social, dando a este o corpo que lhe falta.

146. A empresa pública FINEP, dadas as suas finalidades, poderia ser incorporada ao BNDES.

147. Muitas das autarquias e fundações da área educacional (Universidades, Faculdades, Institutos Federais etc.) poderiam ser transferidas aos Estados, de modo a se ajustarem aos interesses locais. Bastaria que a lei autorizasse a doação de todo o patrimônio (na linha da lei que autorizou a doação dos CEASAS) e a cessão de professores e funcionários, ainda que a União se obrigasse a custear a despesa, até que a gratuidade do ensino seja limitada aos alunos carentes e eliminados os atuais privilégios de uma maioria suportada por toda a coletividade, inclusive por milhões de contribuintes, que nunca chegaram, nem chegarão, à universidade, tudo de forma a liberar recursos para o custeio do ensino fundamental e médio.

148. Atividades presentemente afetas a **fundações públicas,** que são autarquias com outro nome, também poderiam ser incorporadas ou reincorporadas às estruturas básicas dos Ministérios a que estejam vinculadas, como, por exemplo, o IPEA (cujo excelente quadro de economistas poderia construir uma carreira de pesquisador ou consultor econômico, privativa do Ministério da Fazenda), a Fundação Nacional da Saúde etc.

149. No que concerne à redução do número de **empresas estatais,** o roteiro está estabelecido no Programa Nacional de Desestatização, regulado pela Lei n° 8.031/90, cujo anteprojeto tivemos a oportunidade de rever e reescrever numa só madrugada. No particular, o Programa avançou bastante, mas, no governo anterior, perdeu força.

150. Entretanto, no plano federal, a Administração voltou a crescer e, nos últimos oito anos, de maneira descontrolada e assustadora, como demonstram os quadros a seguir.

151. Ensinam os teóricos da Ciência Administrativa que o número de departamentos subordinados ao chefe deve ser tal que ele possa dispensar a cada um suficiente atenção. (Cfr. PFIFFNER e SHERWOOD, in *"Administrative Organization"*, trad. E. Jacy Monteiro, Bestseller, S.Paulo, pág. 65)

152. Diante desses dados, indicados de modo sintético, é fácil concluir que a Presidente da República é, por assim dizer, **prisioneira, no Palácio do Planalto, de uma estrutura gigantesca**, que, em lugar de assessorá-la para bem governar, na verdade tolhe os seus passos, dificulta as suas ações, burocratiza os seus projetos, toma o seu precioso tempo. "Cercado", no próprio Palácio, por 14 Ministros, obrigado a reunir-se com os outros 24 Ministros, afora as audiências a autoridades dos outros Poderes, governadores de Estado, embaixadores, empresários etc., a Presidente só se liberta quando viaja. Faz muito bem. Pelo menos, toma contato com a realidade brasileira e a externa.

153. O prof. NORTHCOTE PARKINSON, no clássico "A Lei de Parkinson", observou, com toda a perspicácia, que, na Administração

"os problemas só existiam pelo simples fato de existirem os funcionários". Parodiando Parkinson, podemos afirmar que, no Brasil, os problemas de Governo só existem pelo simples fatos de existirem tantos Ministérios, Ministros, autarquias, fundações públicas e empresas estatais.

f) a privatização de atividades

154. No contexto de um programa de redução do tamanho da Administração e da despesa pública, tão importante quanto extinguir órgãos e entidades é extinguir **atividades**, vale dizer, competência ou encargos que as leis ou os regulamentos atribuem aos órgãos públicos e que sejam reputados desnecessários.

155. Nos estados Unidos da América, o então Presidente RONALD REAGAN, em resposta a um forte movimento para a redução das atividades governamentais, designou, em 1987, uma Comissão de Privatização, de alto nível, que, no ano seguinte, concluiu os seus trabalhos, apresentando um relatório, com um profundo estudo da matéria e a formulação de diversas sugestões, as quais enfatizaram que as duas mais importantes formas de privatização eram a **desregulamentação** e a **redução de impostos**.

156. Objetivamente, o Relatório formulou algumas recomendações, representadas pela **desestatização de atividades**, como o financiamento habitacional e a concessão de financiamentos em geral, a **terceirização de serviços**, como a da administração de prisões, e a **venda de bens**, como os da AMTRAK e as reservas navais de petróleo.

157. A eliminação ou a **desestatização de atividades**, hoje afetas ao Governo, é inquestionavelmente, a proposta mais ambiciosa, mais árdua, pelas reações que provoca no próprio seio da Administração, mas também a que maiores e melhores resultados pode oferecer, a curto prazo e sem a necessidade de emendas constitucionais.

a) a conclusão: um programa de austeridade e racionalidade administrativa

158. Face ao exposto, impõe-se a adoção de um rigoroso programa de **austeridade fiscal** e **racionalidade administrativa**, de modo a propiciar a redução da despesa pública e o aperfeiçoamento do funcionamento da estrutura governamental. Mais do que uma reforma, a Administração Pública Federal necessita de uma **reconstrução**, uma **reengenharia**.

159. Um programa de austeridade fiscal e racionalidade administrativa tem de começar pela imediata extinção de ministérios, secretarias especiais, autarquias, fundações, colegiados e outros órgãos e respectivas unidades e subunidades, que se revelem desnecessários. E, ao mesmo tempo, pela extinção das **atividades desnecessárias** e pelo **bloqueio das dotações orçamentárias** consignadas a esses órgãos e a tais atividades. A Presidência da República tem de ser desocupada de todas as Secretarias Especiais e Conselhos.

160. Tal providência é a mais eficaz e de resultados mais imediatos, na consecução de meta de redução da despesa pública, porque importa na cessação da utilização de dotações orçamentárias, na extinção de cargos em comissão, na redistribuição de funcionários, instalações e equipamentos, na extinção de contratos com empresas prestadoras de serviços e na redução da burocracia (menos processos, ofícios, memorandos etc.)

161. Essa não é, todavia, uma empreitada fácil, em face do que HENRI DÉROCHE, na excelente *"Les Mythes Administratifs"* chama de *"les résistences à la destruction ou loi de persistence"*. Observando, com propriedade, que *"il n'est rien dans l'organization sociale de plus solide et de plus stable qu'un service administratif"*, DÉROCHE formula a **lei da persistência**:

(a) *"tout service bureaucratique est organisé pour fonctionner sans limitation de durée"*, ou seja, sob a perspectiva da perenidade (por exemplo, o prazo indeterminado do INCRA supõe que a reforma agrária nunca se concluirá);

(b) "*tout service bureaucratique oppose des forces actives et des forces d'inertie à sa disparation*", acrescentando o ilustre professor que "*la destruction d'un service n'est jamais totale, mais aboutit toujours à un transfert de fonctionnarisation*", "*il offre la résistance passive d'une sctruture sociologique stable*" e "*sous couvert de réforme un service est déclaré supprimé, mais un autre est appelé à prendre sa place.*" (*in* "*Les Mythes Administratifs*", Paris, 1966, pág.287)

162. Com efeito, sempre que se extingue um órgão ou entidade, o seu elenco de competências é transferido para um outro. Os órgãos extintos permanecem como hibernados em algum lugar e, na primeira oportunidade, ressurgem revitalizados, como a "fênix" das cinzas.

163. Basta lembrar que alguns Ministérios, antes extintos, ressurgiram mais fortes do que nunca. SUDENE e SUDAM, que haviam sido extintas, já foram restabelecidas no Governo Lula. A EMBRAFILME, fonte de imensos prejuízos ao Erário, já ressurgiu, como autarquia especial, sob a denominação de Agência Nacional de Cinemas – ANCINE, que ocupou, por inteiro, um prédio do INSS, em frente ao Palácio Capanema, no Rio de Janeiro. Já foi proposta a reativação da TELEBRÁS.

164. O ideal é extinguir o órgão e, se possível, as atividades a ele afetas. Se assim não for, os funcionários seguem, junto com as atividades, para um outro órgão, onde se forma a semente do ressurgimento. Enfim, não é fácil extinguir um órgão sequer, uma simples divisão ou seção.

165. Acima de tudo, o êxito de um **programa de austeridade fiscal e racionalidade administrativa** depende da **vontade política** e da **determinação** do Governo. Depende de o Governo "permanecer firme a todo custo", conforme a lição de LUDWIG ERHARD, para implantar, na Alemanha, a economia de mercado e realizar o famoso milagre (*in* "Bem-Estar para Todos", trad. de Ana de Freitas, Ed. Livros de Portugal, Rio, pág. 30).

166. Em artigo recente ("Incertezas"), no Jornal do Commercio de 18/11/11, o notável Prof. DELFIM NETTO observou, com toda a propriedade, que "a falta de estadistas na liderança das grandes nações do globo tem complicado fortemente a solução de alguns dos mais dramáticos problemas da humanidade".

167. Lamentavelmente, é o caso do Brasil.

Capítulo Bônus (IV)

Relatório Parcial da Comissão Especial do SENADO

O RELATÒRIO PARCIAL, de outubro de 2012, da "Comissão Externa do Senado Federal", criada pelo Requerimento 25, de 2012, com "a finalidade de analisar e propor soluções para questões relacionadas ao Sistema Federativo", não poderia ficar fora desse conjunto de ideias e propostas direta e indiretamente relacionadas à questão tributária, fiscal e federativa por um simples motivo: Trata-se de documento essencial para qualquer pretensão futura de alteração da legislação brasileira com foco nas relações derivadas do sistema federativo brasileiro.

A Comissão Especial foi composta por especialistas, personagens de destaque na vida pública e acadêmica brasileira, independente de ideologia, vinculação ou preferências políticas.

São eles: Nelson Jobim (Presidente); Everardo Maciel (Relator); Bernard Appy; Bolívar Lamounier; Fernando Rezende; Ives Gandra da Silva Martins; João Paulo dos Reis Velloso; Luís Roberto Barroso; Manoel Felipe do Rêgo Brandão; Marco Aurélio Marrafon; Michal Gartenkraut; Paulo de Barros Carvalho e Sérgio Roberto Rios do Prado.

O "Capítulo Bônus" começa com o ofício dirigido ao Presidente do Senador, José Sarney, subscrito por Nelson Jobim e Everardo Maciel, com notas explicativas da metodologia do trabalho desenvolvido.

Repito, é um documento histórico e essencial. Onze propostas prontas e acabadas, tecnicamente perfeitas, à espera de vontade ou oportunidade política!

Dentre todos os textos que compõem "A Reforma Essencial II" este é o único em que não há participação de dirigentes ou consultores da CNC. Mas a CNC, certamente, assinaria embaixo.

Senado Federal
Secretaria Geral da Mesa
Secretaria de Comissões
Subsecretaria de Apoio às Comissões Especiais e Parlamentares de Inquérito

RELATÓRIO PARCIAL

"Comissão Especial Externa do Senado Federal criada pelo RQS nº 25, de 2012, com a finalidade de analisar e propor soluções para questões relacionadas ao Sistema Federativo."

Nelson Jobim (Presidente)
Everardo Maciel (Relator)
Bernard Appy
Bolívar Lamounier
Fernando Rezende
Ives Gandra da Silva Martins
João Paulo dos Reis Velloso
Luís Roberto Barroso
Manoel Felipe do Rêgo Brandão
Marco Aurélio Marrafon
Michal Gartenkraut
Paulo de Barros Carvalho
Sérgio Roberto Rios do Prado

Outubro/2012

SENADO FEDERAL

Ofício nº 025/2012 – CEAQF

Brasília, 22 de outubro de 2012.

Excelentíssimo Senhor Senador José Sarney
Digníssimo Presidente do Senado Federal

Estamos encaminhando, para elevada apreciação de Vossa Excelência, relatório parcial dos trabalhos da Comissão, instituída pelo Ato nº 11, de 2012, do Presidente do Senado Federal, com a finalidade de analisar e propor soluções para questões relacionadas ao sistema federativo.

Referida Comissão é integrada por Bernard Appy, Fernando Rezende, Ives Gandra Martins da Silva, João Paulo dos Reis Velloso, Luís Roberto Barroso, Manoel Felipe Rêgo Brandão, Marco Aurélio Marrafon, Michal Gartenkraut, Paulo de Barros Carvalho, Sérgio Prado e por Nelson Jobim e Everardo Maciel, na condição, respectivamente, de Presidente e Relator.

Considerando o amplo espectro da temática federativa, a Comissão decidiu centrar sua atenção no federalismo fiscal brasileiro, dispensando especial atenção às questões mais relevantes e urgentes.

Desse modo, optou-se por uma pauta prioritária, integrada

pelos seguintes temas:

a) guerra fiscal do ICMS;

b) critérios de rateio do Fundo de Participação dos Estados e do Distrito Federal (FPE);

c) definição da parcela das receitas decorrentes da exploração de petróleo, gás natural e outros hidrocarbonetos fluidos a ser entregue, em virtude do disposto no art. 20, § 1º, da Constituição, ou transferida, por força de lei, para os Estados, Distrito Federal e Municípios, bem como os respectivos critérios de rateio entre as entidades beneficiárias e o disciplinamento da aplicação dos recursos;

d) revisão das regras para amortização da dívida contratada pelos Estados e Municípios com a União.

A Comissão decidiu, também, que as proposições deveriam ser:

a) apreciadas em conjunto, permitindo, assim, que eventuais perdas de uma entidade federativa, relativamente a uma determinada questão, possam ser mitigadas, mediante compensações cruzadas, com ganhos em outras;

b) acompanhadas, sempre que possível, dos correspondentes instrumentos normativos;

c) implementadas, quando necessário, por meio de regimes de transição entre a situação vigente e a decorrente de um novo modelo, evitando a ocorrência de repercussões abruptas nas finanças das entidades federativas;

d) informadas por critérios voltados para a desconcentração das receitas públicas, em favor das entidades federativas com menor capacidade fiscal;

e) orientadas para prevenir litígios fiscais entre as entidades federativas, notadamente os decorrentes de competição fiscal nociva.

A pauta prioritária foi objeto de debates presenciais, devidamente registrados, e pela internet, contando sempre com a valiosa assistência da Consultoria Legislativa do Senado Federal, sob a coordenação *ad hoc* do Consultor Marcos José Mendes.

No curso dos debates, a Comissão decidiu acrescentar, à pauta original, outras matérias que, sem prejuízo do prazo fixado para os trabalhos, irão robustecer o conjunto das proposições.

As proposições e respectivas justificações são apresentadas em Anexos, em conformidade com a seguinte estrutura:

a) Propostas de Emenda Constitucional:

i. Elevação da parcela do IPI transferida para os Estados e Municípios exportadores e alteração nos respectivos critérios de rateio (art. 159, II, e parágrafo único, da Constituição): Anexo I;

ii. Vedação ao estabelecimento de normas, de âmbito nacional, que repercutam sobre a remuneração de servidores estaduais e municipais (art. 37, XXIII, da Constituição): Anexo II;

iii. Alteração nos critérios de rateio da cota-parte municipal do ICMS (art. 158, parágrafo único, da Constituição): Anexo III.

b) Projetos de Lei Complementar:

i. Estabelecimento, em caráter excepcional em relação ao disposto no art. 35 da Lei de Responsabilidade Fiscal (LC nº 101, de 4 de maio de 2000), de condições para refinanciamento de dívidas contratadas com a

União pelos Estados, Distrito Federal e Municípios: Anexo IV;

ii. Regulamentação da forma como, mediante deliberação dos Estados e do Distrito Federal, isenções, incentivos e benefícios fiscais, no âmbito do ICMS, serão concedidos e revogados, em conformidade com o disposto na alínea g do inciso XII do § 2º do art. 155 da Constituição: Anexo V;

iii. Alteração da Lei Complementar nº 62, de 28 de dezembro de 1989, para dispor sobre os critérios de rateio do Fundo de Participação dos Estados e do Distrito Federal (FPE):Anexo VI;

iv. Alteração do Código Tributário Nacional (Lei nº 5.172, de 25 de outubro de 1966), para instituir cadastro único dos contribuintes, pessoas físicas e jurídicas: Anexo VII.

c) Outras proposições:

i. Instituição, no Código Penal (Decreto-Lei nº 2.848, de 7 de dezembro de 1940), do tipo penal relacionado com práticas da guerra fiscal por agentes públicos, no âmbito dos crimes conta as finanças públicas: Anexo VIII;

ii. Redução gradual, mediante Resolução do Senado Federal, das alíquotas do ICMS aplicáveis às operações e prestações interestaduais: Anexo IX.

Duas outras questões, de grande relevância, assumiram conotação especial: a repartição, critérios de rateio e destinação das receitas decorrentes da exploração de petróleo, gás natural e outros hidrocarbonetos fluídos, e a tributação pelo ICMS das operações e prestações interestaduais destinadas a consumidor final e realizadas de forma não presencial.

Em ambos os casos, as matérias já foram apreciadas pelo Senado Federal na atual sessão legislativa. Não haveria, pois, como submeter anteprojetos de normas a essa Casa Legislativa.

Tendo em vista o propósito de aperfeiçoar os projetos, ainda em tramitação no Congresso Nacional, a Comissão optou por sugerir a apresentação de emendas àquelas proposições, a serem encaminhadas, caso venham a ser acolhidas, de forma regimentalmente adequada.

Essas emendas constituem os Anexos X e XI, correspondendo, respectivamente, às proposições relativas às receitas decorrentes da exploração de petróleo, gás natural e outros hidrocarbonetos fluidos, e ao comércio interestadual não presencial tributado pelo ICMS.

No tocante à alteração do Código Penal, a Comissão propõe que o anteprojeto apresentado seja encaminhado à Comissão Especial que examina o projeto do novo Código Penal.

De ressaltar que a apresentação deste relatório parcial é facultar, a juízo de Vossa Excelência, o encaminhamento conjunto de matérias que demandam urgente apreciação legislativa.

Ficamos à disposição de Vossa Excelência para, se necessário, prestar quaisquer esclarecimentos adicionais.

Respeitosamente,

Nelson Jobim
Presidente

Everardo Maciel
Relator

SENADO FEDERAL
ANEXO I

PROPOSTA DE EMENDA À CONSTITUIÇÃO

Altera a parcela do produto da arrecadação do imposto sobre produtos industrializados a ser Entregue pela União aos Estados e ao Distrito Federal, bem como os respectivos critérios de rateio entre as entidades beneficiárias, de que tratam o inciso II e o § 2º do art. 159 da Constituição.

Art. 1º O inciso II e o § 2º do art. 159 da Constituição passam a ter a seguinte redação:

"Art. 159

II – do produto da arrecadação do imposto sobre produtos industrializados, doze por cento aos Estados e ao Distrito Federal, proporcionalmente ao valor de suas respectivas exportações de produtos.

§ 2º A nenhuma unidade federada poderá ser destinada parcela superior a dez por cento do montante a que se refere o inciso II, devendo o eventual excedente ser distribuído entre os demais participantes, mantido em relação a esses, o critério de partilha nele estabelecido."

Art. 2º Fica revogado o art. 91 do Ato das Disposições Constitucionais Transitórias.

Art. 3º Esta Emenda Constitucional entra em vigor no exercício financeiro subsequente ao da data de sua publicação.

JUSTIFICAÇÃO

No âmbito da repartição das receitas tributárias, a Constituição de 1988 destinou, aos Estados e ao Distrito Federal, na forma do inciso II do art. 159, 10% (dez por cento) do produto da arrecadação do Imposto sobre Produtos industrializados (IPI), com a pretensão, implicitamente, de mitigar os impactos na arrecadação daquelas entidades decorrentes da não incidência do Imposto sobre Operações relativas à Circulação de Mercadorias e sobre Prestações de Serviços de Transporte Interestadual e Intermunicipal e de Comunicação (ICMS) nas exportações de produtos industrializados, conforme estabelecido na redação original da alínea *a* do inciso X do § 2º do art. 155 da Constituição.

Daquele montante, os Estados entregam 25% (vinte e cinco por cento) aos respectivos Municípios, nos termos do § 3º do art. 155 da Constituição, obedecido, na partilha, o critério aplicável à cota-parte municipal do ICMS, de que trata o parágrafo único do art. 158.

Os recursos entregues aos Estados e ao Distrito Federal são distribuídos proporcionalmente à participação da entidade federativa na exportação de produtos industrializados, observado limite superior de participação individual de 20% (vinte por cento), conforme previsto no § 2º do mencionado art. 155.

O inciso I do art. 32 da Lei Complementar nº 87, de 13 de setembro de 1996, ampliou a não incidência (também tida, na doutrina, como imunidade) do ICMS nas exportações, para alcançar, além dos industrializados, os produtos primários e os semielaborados.

Como contrapartida a essa desoneração, a União assegurou, até o exercício financeiro de 2006, transferências de recursos para os Estados e o Distrito Federal, na forma do disposto nos arts. 31 e 32, inciso III, no Anexo e nas alterações posteriores da referida Lei Complementar nº 87, de 1996.

A despeito da limitação temporal, a verdade é que as leis orçamentárias dos exercícios subsequentes a 2006 têm admitido, invariavelmente, recursos com aquela finalidade, sempre no contexto de polêmicas e atritos federativos.

Registre-se, a propósito, que o art. 91 do Ato das Disposições Constitucionais Transitórias admitia a edição de lei complementar que iria especificar montante a ser entregue aos Estados e ao Distrito Federal e, por meio daquelas entidades, aos Municípios, tendo por base "as exportações para o Exterior de produtos primários e semielaborados, a relação entre as exportações e as importações, os créditos decorrentes de aquisições destinadas ao ativo permanente e a efetiva manutenção e aproveitamento do crédito do imposto a que se refere o art. 155, § 2º, X, *a*".

Independentemente da incongruência daquela norma, que pretendia fixar critérios, prazos e condições para a entrega de recursos aos Estados, ao Distrito Federal e aos Municípios – de forma presumidamente incondicional, conforme acepção fartamente utilizada no texto constitucional -, a verdade é que a mencionada lei complementar jamais foi editada, dentre outras razões, por ser extremamente complexa do ponto de vista técnico e de discutível fundamentação.

A não incidência do ICMS tratada no inciso I do art. 32 da Lei Complementar nº 87, de 1996, ganhou *status* constitucional com a promulgação da Emenda Constitucional nº 42, de 19 de dezembro de 2003, que deu nova redação à alínea *a* do inciso X do § 2º do art. 155 da Constituição, desonerando do ICMS todas as exportações.

À luz dessas alterações, gerou-se uma franca contradição: de um lado, foi estabelecida a não incidência do ICMS em relação a todos os produtos exportados (art. 155, § 2º, inciso X, *a*); de outro, o critério, em tese, concebido para mitigar a desoneração do ICMS, nas exportações, permaneceu vinculado tão somente à exportação de produtos industrializados (art. 159, inciso II, *in fine*).

Esta Proposta de Emenda Constitucional pretende elidir essas inconsistências e prevenir litígios federativos em torno da matéria, mediante:

    a) alteração do critério de rateio, previsto na parte final do inciso II do art. 159, para abranger todos os produtos exportados, tornando-o compatível com o disposto na alínea *a* do inciso X do § 2º do art. 155;

    b) elevação de 10 para 12% da parcela do IPI a ser entregue aos Estados, ao Distrito Federal e aos Municípios (art. 159, inciso II, e § 3º), visando tornar compulsórias as transferências orçamentárias concebidas com o propósito de mitigar os efeitos nas finanças daquelas entidades, em virtude da não incidência do ICMS nas exportações de produtos primários e semielaborados;

    c) redução de 20 para 10% no limite individual máximo de participação nos recursos entregues aos Estados e Distrito Federal (art. 159, § 2º), com o propósito de promover uma maior desconcentração de receitas entre as entidades beneficiárias;

    d) revogação do art. 91 do Ato das Disposições Constitucionais Transitórias, tendo em vista a elevação da parcela do IPI, na forma do inciso II do art. 159, com a redação dada por esta Emenda Constitucional.

SENADO FEDERAL
ANEXO II
PROPOSTA DE EMENDA À CONSTITUIÇÃO

> Veda a instituição de normas de âmbito nacional, que repercutam sobre a remuneração dos servidores estaduais e municipais, com as ressalvas que especifica.

Art. 1º É acrescentado ao art. 37 da Constituição o inciso XXIII, com a seguinte redação:

"Art. 37

XXIII – Sem prejuízo da observância dos limites de remuneração fixados nesta Constituição, é vedado o estabelecimento de normas de âmbito nacional, que repercutam sobre a remuneração dos servidores públicos dos Estados, do Distrito Federal e dos Municípios, ressalvada a fixação do salário-mínimo."

Art. 2º Esta Emenda Constitucional entra em vigor na data de sua publicação.

JUSTIFICAÇÃO

As desigualdades regionais de renda constituem persistente traço da realidade brasileira, reconhecido por uma miríade de estudos e políticas públicas.

    A Constituição de 1988 não apenas admite essa realidade (art. 3º, inciso III), como também prescreve a adoção de medidas para reduzir as desigualdades, especialmente por meio de incentivos, isenções, tratamento diferenciado de juros, tarifas, seguros e fretes, programas específicos de desenvolvimento regional, regionalização do gasto público, transferências intergovernamentais (art. 43 e seus §§ 1º a 3º; art. 151, inciso I, *in fine*; art. 161, inciso II, *in fine*; art. 165, § 1º; art. 170, inciso VII).

    Não é outra a razão pela qual as vinculações de gastos, como na educação (art. 212 da Constituição), ou os limites de despesas, como as relativas a pessoal (arts. 19 e 20 da Lei Complementar nº 101, de 4 de maio de 2000 – Lei de Responsabilidade Fiscal), tomam em conta a capacidade fiscal da entidade federativa.

    De outra parte, a Constituição, no art. 18, conferiu, observados os limites nela fixados, autonomia a todas as entidades federativas, inclusive os Municípios, o que torna a federação brasileira uma construção singular no plano internacional.

    Tendo em vista a diversidade nos níveis de desenvolvimento e a autonomia das entidades federativas, como assinalado, esta Proposta de Emenda Constitucional pretende acrescentar o inciso XXIII ao art. 37 da Constituição, que dispõe sobre os princípios e regras aplicáveis à administração pública, vedando a possibilidade de edição de normas de âmbito nacional que repercutam sobre a remuneração dos servidores estaduais e municipais, em absoluta consonância com padrões universalmente adotados nas federações. Essa vedação não alcança, todavia, os limites constitucionais de remuneração e a fixação do salário-mínimo.

SENADO FEDERAL
ANEXO III

PROPOSTA DE EMENDA À CONSTITUIÇÃO

Altera os critérios de rateio da cota-parte municipal do imposto sobre operações relativas à circulação de mercadorias e sobre prestações de serviços de transporte interestadual e intermunicipal e de comunicação, de que trata o parágrafo único do art. 158 da Constituição.

Art. 1º O parágrafo único do art. 158 da Constituição passa a viger com a seguinte redação:

"Art. 158

Parágrafo único. As parcelas de receitas pertencentes aos Municípios, mencionadas no inciso IV, serão entregues conforme os seguintes critérios:

I – 50% (cinquenta por cento), proporcionalmente ao valor adicionado nas operações relativas à circulação de mercadorias e nas prestações de serviço, realizadas em seus territórios;

II – 25% (vinte e cinco por cento), proporcionalmente à sua participação relativa na população do Estado;

III – 25% (vinte e cinco por cento), de acordo com o que dispuser lei estadual ou, no caso dos Territórios, lei federal."

Art. 2º Para fins do disposto no inciso II do parágrafo único do art. 158, com a redação dada por esta Emenda Constitucional, a fração relativa ao vigente inciso I do parágrafo único do art. 158 da Constituição será reduzida para 50% (cinquenta por cento), no prazo de quatro anos, contado a partir do exercício financeiro subsequente ao da data da publicação desta Emenda Constitucional, à razão de 6,25 (seis inteiros e vinte e cinco décimos) pontos percentuais ao ano.

Art. 3º A aplicação dos critérios de rateio de que trata o parágrafo único do art. 158, com a redação dada por esta Emenda Constitucional, não elide a obrigação de destinar, ao Fundo de Manutenção e Desenvolvimento da Educação Básica e de Valorização dos Profissionais da Educação – FUNDEB, de que trata o art. 60 do Ato das Disposições Constitucionais Transitórias, observado para esse efeito os critérios e o prazo nele estabelecidos, 20% (vinte por cento) do valor total a ser transferido para os Municípios.

Art. 4º Esta Emenda Constitucional entra em vigor no exercício financeiro subsequente ao da data de sua publicação.

JUSTIFICAÇÃO

A reforma tributária de 1965 é o divisor d'águas do federalismo fiscal brasileiro, especialmente porque levou à Constituição de 1967 (CF/1967) um bem estruturado sistema de transferências intergovernamentais: o Fundo de Participação dos Estados e do Distrito Federal (FPE), o Fundo de Participação dos

Municípios (FPM) e o já extinto Fundo Especial (FE), que consistiam em transferências federais para esses entes federativos, com base no produto da arrecadação do imposto de renda e imposto sobre produtos industrializados (art. 26); o compartilhamento do produto de arrecadação dos impostos únicos com os Estados, o Distrito Federal e os Municípios (art. 28); a destinação aos Municípios de 20% do produto da arrecadação do imposto sobre a circulação de mercadorias (ICM), de competência estadual (art. 24, § 7°).

Até a edição do Decreto-Lei n° 1.216, de 9 de maio de 1972, não existiam critérios bem definidos para rateio da cota-parte municipal do ICM, sendo usual, contudo, a partilha em conformidade com participação relativa da entidade na arrecadação estadual do imposto. Tal fato conferia ao repasse caráter estritamente devolutivo, especialmente quando se tem em conta que a arrecadação do imposto era fortemente concentrada na origem.

Referido Decreto-Lei elegeu como critério de rateio o valor adicionado das operações de circulação de mercadorias, tributadas ou isentas, realizadas no território do Município, o que ao menos serviu para uniformizar os critérios de partilha, prevenindo arbitrariedades.

O reconhecimento das operações isentas, no critério de rateio, partia da hipótese de que o poder de isentar era do Estado, não cabendo, pois, ao Município ser onerado por tal deliberação, o que ocorreria caso a partilha fosse informada pelo valor arrecadado.

O art. 11 do Decreto-Lei n° 1,216, de 1972, admitia que os Municípios, por decisão tomada à unanimidade, poderiam, por prazo certo, optar por um critério distinto do valor adicionado. Essa hipótese, como é óbvio, era de dificílima consecução, porquanto se tratava de um jogo de soma zero, onde os ganhos de entidades corriam a expensas das perdas de outras.

Já na década de 1970, existia um mal-estar oriundo da concentração de repasses dos Municípios que abrigavam grandes parques industriais, em contraste, sobretudo, com a relativa escassez nas denominadas cidades-dormitório, que, entretanto, ficavam oneradas com a responsabilidade pela prestação de serviços sociais básicos aos trabalhadores dos parques industriais.

Nesse contexto foi promulgada a Emenda Constitucional nº 17, de 2 de dezembro de 1980, que acrescentou o § 9º do art. 23 do texto constitucional de 1967, estabelecendo critérios para o rateio da cota-parte municipal do ICM: 3/4 (três quartos), no mínimo, com base no valor adicionado e 1/4 (um quarto), no máximo, conforme dispuser a lei estadual. Por conseguinte, a regra, antes fixada em lei ordinária, ganhou *status* constitucional.

Havia uma convicção de que o rateio deveria considerar, também, as necessidades fiscais dos Municípios, afastando-se, embora comedidamente, dos critérios devolutivos, dos quais resultava uma forte concentração horizontal nos repasses do ICMS àquelas entidades.

A Constituição de 1988, no parágrafo único do art. 158, manteve em relação à cota-parte municipal do ICM (agora, ICMS) o regramento introduzido pela Emenda Constitucional nº 17, de 1980.

Esses critérios foram parcialmente alterados com a Emenda Constitucional nº 14, de 12 de setembro de 1996, que deu nova redação ao art. 60 do Ato das Disposições Constitucionais Transitórias (ADCT), ao criar o Fundo de Manutenção e Desenvolvimento do Ensino Fundamental (FUNDEF) e, dentre outras providências, destinar 15% (quinze por cento) da cota-parte municipal do ICMS para seu financiamento. Esse fundo vigorou pelo prazo de dez anos, contado da promulgação da Emenda.

À luz da mudança estabelecida pela Emenda Constitucional nº 14, de 1996, os critérios de rateio da cota-parte municipal do ICMS assumiram a seguinte estrutura: 63,75% proporcionalmente ao valor adicionado; 21,25%, na forma que dispuser a lei estadual; e os 15% restantes destinados ao FUNDEF e distribuídos aos Municípios com base no número de alunos matriculados nas redes de ensino fundamental.

Posteriormente, o art. 60 do ADCT, em virtude de promulgação da Emenda Constitucional nº 53, de 19 de dezembro de 2006, sofreu nova alteração de redação para instituir o Fundo de Manutenção e Desenvolvimento da Educação Básica e de Valorização dos Profissionais da Educação (FUNDEB) e fixar em 20% parcela da cota-parte municipal do ICMS destinada a seu financiamento, correspondendo a uma elevação de percentual em relação ao que antes era destinado ao FUNDEF.

Com a instituição do FUNDEB, os critérios de rateio da cota-parte municipal do ICMS passaram a ser: 60% proporcionalmente ao valor adicional; 20%, na forma que dispuser a lei estadual; e os restantes 20% destinados ao FUNDEB, sendo rateados entre os Municípios com base no número de alunos matriculados, de forma presencial, nas redes de educação básica.

O FUNDEB, nos termos do art. 60 do ADCT, terá vigência pelo prazo de 14 anos, contado da promulgação da Emenda Constitucional nº 53, de 2006.

As mudanças nos critérios de rateio da cota-parte municipal do ICMS, introduzidas pelas Emendas Constitucionais nº 17, de 1980, nº 14, de 1996, e nº 53, de 2006, se alinham acertadamente em direção à valorização das necessidades fiscais dos Municípios, em desfavor do caráter devolutivo do imposto. Por via de consequência, prestigiam a desconcentração horizontal dos repasses.

Esta Proposta de Emenda à Constituição reforça a tendência de ampliação do peso das necessidades fiscais na construção dos critérios de rateio da cota-parte municipal do ICMS. Desse modo, objetiva incluir a população dentre os critérios que informa o rateio, que passaria a assumir a seguinte estrutura: 50% proporcionalmente ao valor agregado; 25% proporcionalmente à população e 25% na forma que dispuser a lei estadual.

Essa mudança se processará gradualmente, a partir do exercício subsequente ao da promulgação da Emenda, com base em redução da parcela hoje vinculada ao valor adicionado, à razão de 6,25 pontos percentuais anuais, para, no prazo de quatro anos, alcançar os limites propostos.

Independe ressaltar que, conforme prevê o art. 3º desta Emenda, a adoção dos novos critérios ocorrerá sem prejuízo da observância do disposto no art. 60 do ADCT, que trata do FUNDEB.

Assim, enquanto o FUNDEB estiver em vigor, os critérios de rateio da parcela do ICMS a ser repassada aos Municípios serão: 40% proporcionalmente ao valor agregado; 20% proporcionalmente à população; 20% na forma da lei estadual; e os restantes 20% destinados ao FUNDEB. Não é despiciendo assinalar que essa estrutura será consolidada, gradualmente, ao final do prazo de quatro anos, contado da data da promulgação desta Emenda.

SENADO FEDERAL
ANEXO IV
PROJETO DE LEI DO SENADO Nº, DE 2012 –
Complementar

> Estabelece, em caráter excepcional em relação ao disposto no art. 35 da Lei Complementar nº 101, de 4 de maio de 2000, condições para refinanciamento das dívidas que especifica, contratadas com a União pelos Estados, pelo Distrito Federal e pelos Municípios.

O CONGRESSO NACIONAL decreta:

Art. 1º Fica a União autorizada, em caráter excepcional em relação ao disposto no art. 35 da Lei Complementar nº 101, de 4 de maio de 2000, a aplicar as seguintes disposições aos saldos devedores, existentes na data da publicação desta Lei Complementar, relativos aos contratos celebrados com os Estados e o Distrito Federal, nos termos da Lei nº 9.496, de 11 de setembro de 1997, e com os Municípios, nos termos da Medida Provisória nº 2.185-35, de 24 de agosto de 2001:

I – atualização monetária: calculada e debitada mensalmente com base na variação do Índice Nacional de Preço ao Consumidor Amplo – IPCA ou outro índice que vier a substituí-lo;

II – juros: calculados e debitados, mensalmente, à taxa de 4% (quatro por cento) ao ano, sobre o saldo devedor;

III – comprometimento com o atendimento das obrigações correspondentes ao serviço da dívida refinanciada de, no máximo, 11% (onze por cento) da Receita Líquida Real, conforme definida no parágrafo único do art. 2º da Lei 9.496, de 1997, observado que a disponibilidade de recursos decorrente desse novo limite, em relação ao vigente em 31 de agosto de 2012, deverá, nos termos da lei orçamentária anual, ser destinada exclusivamente a investimentos.

Parágrafo único. O prazo para pagamento do saldo devedor será aquele necessário à sua quitação integral.

Art. 2º Os Estados, o Distrito Federal e os Municípios, que optarem pelas condições previstas no art. 1º, deverão, observada prévia autorização legislativa, manifestar-se, formalmente, em caráter irretratável e irrevogável, perante a Secretaria do Tesouro Nacional, no prazo de 180 (Cento e oitenta) dias, contado da data da publicação desta Lei Complementar.

§ 1º A vigência das condições estabelecidas por esta Lei Complementar dar-se-á a partir da data em que o Estado, o Distrito Federal ou o Município fizer a opção, nos termos do *caput*.

§ 2º Na aplicação do disposto na Lei Complementar, fica dispensada a celebração de novos contratos ou aditivos.

Art. 3º Ficam mantidas todas as condições e regras estabelecidas na Lei nº 9.496, de 1997, na Medida Provisória nº 2.185-35, de 2001 e nos contratos de refinanciamento delas decorrentes que não conflitem com o disposto nesta Lei Complementar.

Art. 4º Esta Lei Complementar entra em vigor na data de sua publicação

JUSTIFICAÇÃO

O passivo dos Estados e dos Municípios é, em geral, elevado. Por conseguinte, parte relevante de suas receitas é destinada ao pagamento de juros e amortizações, restringindo sua utilização, por exemplo, em investimentos, em desfavor da infraestrutura e dos serviços sociais básicos de sua competência.

Tendo em vista que a União é credora de grande parte da dívida dos Estados e Municípios, qualquer solução para o problema demanda uma renegociação da dívida contratada com aquela entidade, notadamente os passivos negociados a partir do final da década de noventa, por meio da Lei nº 9.496, de 1997, e da Medida Provisória nº 2.185-35, de 2001, respectivamente, com os Estados e com os Municípios.

Tome-se, por exemplo, o caso dos Estados. Ao final de junho de 2012, o passivo desses entes junto à União era de aproximadamente de R$ 400 bilhões, dos quais R$ 380 milhões correspondiam à dívida vinculada à Lei nº 9.496, de 1997. Em 20 Estados, essa parcela da dívida corresponde a mais de 80% do respectivo passivo junto à União. Em alguns deles, atinge quase 100%.

Os termos básicos constantes nos contratos celebrados ao amparo daquelas normas são: pagamento em 360 prestações; taxa de juros predominantemente de 6% ao ano (7,5% em três Estados e 9% no Município de São Paulo); correção pelo IGP-DI; e limite de comprometimento de 11% a 15,5% da receita líquida real, conceituada nos termos da legislação aplicável.

Ao final do prazo de amortização, são concedidos mais dez anos para o pagamento do resíduo, que consiste na parcela dos encargos da dívida, acumulados por conta do limite de comprometimento da receita.

O que se observa, ao longo dos aproximadamente quinze anos de vigência desses contratos, é que o saldo da dívida dos Estados junto à União vem caindo muito lentamente, a despeito dos elevados desembolsos realizados.

De acordo com dados divulgados pelo Banco Central,

a dívida dos Estados relativa à Lei nº 9.496, de 1997, caiu de 11,8% do PIB, em dezembro de 2001, para 8,9% do PIB, em dezembro de 2011. É, como se vê, uma queda muito pequena *vis-à-vis* o longo período de amortização.

Tal fato se deve principalmente aos termos da negociação feita notadamente a correção pelo IGP-DI e a taxa de juros de 6% a 7,5% ao ano, resultando, ao final, em um custo de dívida muito elevado, por vezes acima da taxa Selic.

É certo que a Lei nº 9.496, de 1997, e a Medida Provisória nº 2.185-35, de 2001, tiveram um importante papel para resgata o equilíbrio das contas públicas e garantir a sustentabilidade do Plano Real. Hoje, entretanto, a realidade é outra.

A alteração dos termos que regem os passivos dos Estados e Municípios junto à União, de outra parte, não representa risco para a estabilidade macroeconômica, mas possibilitará uma importante disponibilidade de recursos para que esses entes possam atender às suas demandas de investimentos.

Os termos propostos, no presente projeto de lei complementar, visam justamente garantir o atendimento da demanda dos Estados e Municípios, sem comprometer as finanças da União, ressaltado que as alterações não têm efeito retroativo.

Propõe-se, destarte, a substituição do IGP-DI pelo IPCA como índice de correção do passivo, porquanto que aquele indexador é sensível à taxa de câmbio, o que não tem adequada correspondência com o desempenho das receitas estaduais e municipais.

Já a taxa de juros de 6% a 9% ao ano é muito elevada, sobretudo quando se considera a trajetória declinante da Selic, daí porque se propõe uma taxa de juros de 4% ao ano, o que é bastante razoável do ponto de vista do credor.

Vale notar que em muitos países desenvolvidos a taxa

nominal de juros encontra-se próxima de zero. De mais a mais, a taxa proposta não se afasta do retorno dos demais ativos relevantes da União. Em verdade, com a recente queda na taxa Selic, a taxa de juros real da economia situa-se entre 2% e 3% ao ano. Os Estados, portanto, estão tendo de pagar à União juros reais mais elevados do que os praticados no mercado.

Quanto à redução do limite de comprometimento da receita para 11%, a sua inclusão na proposta tem por objetivo promover uma maior disponibilidade financeira nos Estados e Municípios, mormente quando se sabe que esses entes respondem pela parte mais expressiva dos investimentos públicos. Não é ocioso assinalar que o tamanho do resíduo da dívida junto à União resulta em desembolsos elevados, mesmo com as alterações propostas na taxa de juros e no índice de correção do passivo.

Por fim, este projeto pretende que, ao término das 360 prestações, o prazo de quitação do resíduo não seja preestabelecido, mas o necessário para a quitação integral da dívida, observados os limites de comprometimento da receita.

Nos termos contratuais vigentes, a prestação devida pelos Estados e Municípios aumentaria abruptamente na fase de quitação do resíduo, dado o provavelmente elevado tamanho desse resíduo. O conjunto dos termos aqui propostos se anteciparia a esse problema, garantindo a sustentabilidade dos compromissos firmados.

SENADO FEDERAL
ANEXO V
PROJETO DE LEI DO SENADO Nº, DE 2012 –
Complementar

> Regulamenta a forma como, mediante deliberação dos Estados e do Distrito Federal, isenções, incentivos e benefícios fiscais serão concedidos e revogados, no âmbito do Imposto sobre Operações relativas à Circulação de Mercadorias e sobre Prestações de Serviços de Transporte Interestadual e Intermunicipal e de Comunicação (ICMS), em conformidade com o disposto na alínea *g* do inciso XII do § 2º do art. 155 da Constituição, e dá outras providências.

O CONGRESSO NACIONAL decreta:

Art. 1º Esta Lei Complementar regula a forma como, mediante deliberação dos Estados, isenções, incentivos e benefícios fiscais serão concedidos e revogados, relativamente ao Imposto sobre operações relativas à circulação de mercadorias e sobre prestações de transporte interestadual e intermunicipal e de comunicação (ICMS).

Parágrafo único. Para os fins desta Lei Complementar:

I – isenções correspondem à dispensa total do pagamento do imposto, concedida:

    a) por prazo certo ou indeterminado;

    b) em caráter objetivo ou subjetivo;

    c) com ou sem exigências para fruição;

    d) exclusivamente nas saídas de bens ou prestações de serviços para consumidores finais, contribuintes ou não do imposto, assegurada a manutenção dos créditos relativos às operações e prestações anteriores;

II – incentivos fiscais correspondem à dispensa parcial do pagamento do imposto, concedida:

    a) exclusivamente mediante dedução do valor do imposto a pagar, sem prejuízo de aproveitamentos ou transferências de créditos;

    b) por prazo certo;

    c) por meio de contrato, com exigência de contrapartidas por parte do beneficiário;

III – benefícios fiscais serão concedidos mediante:

    a) remissão;
    b) anistia;
    c) redução da base de cálculo;
    d) crédito presumido ou outorgado;
    e) subsídio com fundamento no ICMS apurado;
    f) fixação de alíquota interna inferior à maior

alíquota prevista para a operação ou prestação interestadual;

g) instrumentos de natureza financeiro-fiscal, inclusive financiamento do valor do imposto por meio de órgão, entidade ou fundo da administração pública;

h) oratória;

i) parcelamento de débitos por prazo superior a 60 (sessenta) meses;

j) fixação de data de vencimento da obrigação tributária por prazo superior a 60 (sessenta) dias, contado da ocorrência do fato gerador;

k) quaisquer outros benefícios fiscais ou financeiro-fiscais, concedido com base no ICMS, dos quais resulte postergação, redução ou eliminação, direta ou indireta, do respectivo ônus.

Art. 2º A autorização para a concessão de isenções, incentivos e benefícios fiscais de que trata o art. 1º dar-se-á por meio de Convênio, aprovado em reunião para a qual tenham sido convocados representantes de todos os Estados, sob a presidência de representante do Ministério da Fazenda.

§ 1º A aprovação do convênio de que trata o caput dependerá de decisão tomada pela unanimidade dos Estados, salvo no caso de incentivos fiscais que satisfaçam, cumulativamente, os seguintes requisitos, hipótese na qual será observado o quórum de que trata o art. 8º:

I – localização do empreendimento incentivado em Estado, cuja média do Valor Adicionado Bruto da Indústria de Transformação *per capita*, nos últimos 10 (dez) anos, seja, por ocasião do ato concessivo, inferior à nacional, no mesmo período;

II – abrangência limitada à saída de produtos industrializados, efetuada pelo próprio estabelecimento fabricante;
III – redução de base de cálculo nas operações interestaduais, da qual resulte carga tributária efetiva equivalente à da aplicação da alíquota de 4% (quatro por cento), desde que não superior à alíquota interestadual aplicável, em virtude de Resolução do Senado Federal;
IV - prazo para fruição do incentivo não superior a 8 (oito) anos;
V – publicação, no Diário Oficial da União, por meio do órgão de que trata o art. 7º, do ato concessivo de cada empreendimento incentivado, especificando as condições da concessão.

§ 2º Para efeito do disposto no inciso I do § 1º, deverão ser utilizados os valores censitários ou as estimativas mais recentes da população e do valor adicionado bruto da indústria de transformação, publicados pela entidade federal competente.

§ 3º A exigência estabelecida no inciso I do § 1º não se aplica a empreendimentos localizados na Zona Franca de Manaus.

§ 4º Os convênios poderão dispor que a aplicação de quaisquer de suas cláusulas seja limitada a um ou a alguns Estados.

§ 5º Independem da autorização de que trata o *caput*:

I – parcelamento de débitos por prazo igual ou inferior a 60 (sessenta) meses;
II – fixação da data de vencimento da obrigação tributária em prazo igual ou inferior a 60 (sessenta) dias, contado da data de ocorrência do fato gerador;
III – dilação da data de pagamento da obrigação tributária, em casos de calamidade pública;
IV – anistias ou remissões de pequeno valor, definido em convênio;

V – transação;

VI – isenções, incentivos ou benefícios fiscais previstos em acordo ou tratado internacional.

Art. 3º As isenções, incentivos e benefícios fiscais de que trata o art. 1º poderão ser revogados total ou parcialmente, em virtude de:

I – convênio; ou

II – lei estadual específica, independentemente de previsão em convênio.

Parágrafo único. A revogação de que trata este artigo não produzirá efeitos antes do:

I – exercício seguinte ao da publicação da lei ou convênio;

II – decurso do prazo de 90 (noventa) dias da publicação da lei ou convênio;

III – decurso do prazo previsto no ato da concessão, quando a isenção, o incentivo ou benefício fiscal for concedido por prazo certo e em função de determinadas condições.

Art. 4º É vedado aos Municípios conceder isenções, incentivos e benefícios fiscais, relativamente à sua cota-parte no ICMS de que trata o inciso IV do art. 158 da Constituição.

Art. 5º A concessão de isenções, incentivos ou benefícios fiscais em desacordo com esta Lei Complementar implica, cumulativamente, ineficácia da lei e nulidade do ato concessivo, sujeitando:

I – o contribuinte beneficiário ao pagamento do imposto não pago e acréscimos legais;

II – a entidade federativa responsável pela concessão aos impedimentos previstos nos incisos I, II e III do § 3º do art.

23 da Lei Complementar nº 101, de 4 de maio de 2000 (Lei de Responsabilidade Fiscal), pelo prazo de 4 (quatro) anos;

III – os agentes públicos responsáveis pela concessão às penas previstas no inciso II do art. 12 da Lei nº 8.429, de 2 de junho de 1992 e demais cominações legais aplicáveis.

§ 1º A aplicação do disposto no inciso II fica condicionada ao acolhimento, pelo Ministro de Estado da Fazenda, de representação apresentada por:

I – Mesa de Assembleia Legislativa ou da Câmara Legislativa do Distrito Federal;

II – Governador do Estado ou do Distrito Federal;

III – Procurador-Geral dos Ministérios Públicos dos Estados;

IV – Procurador-Geral do Ministério Público do Distrito Federal e Territórios;

V – Conselho Federal da Ordem dos Advogados do Brasil;

VI – partido político com representação no Congresso Nacional;

VII – confederação sindical ou entidade de classe de âmbito nacional.

§ 2º Compete ao Tribunal de Contas da União verificar a aplicação pela União, quando for o caso, das sanções previstas no inciso II.

Art. 6º Em relação a sujeitos passivos para os quais tenham sido concedidos, até 31 de agosto de 2012, isenções, incentivos e benefícios fiscais sem amparo em convênio regularmente aprovado, nos termos da Lei Complementar nº 24, de 7 de janeiro de 1975, excepcionalmente, poderá ser celebrado convênio com o objetivo de autorizar os Estados a concederem:

I – remissão do imposto e acréscimos legais, relativos a fatos geradores ocorridos até 31 de dezembro de 2012, não pagos em virtude das concessões de que trata o *caput*, vedada a restituição de imposto e acréscimos legais já pagos;

II – incentivos fiscais a empreendimentos que satisfaçam, cumulativamente, os seguintes requisitos:

a) atendimento ao disposto nos incisos II, III e V do § 1º do art. 2º;

b) prazo para fruição do incentivo em conformidade com o estabelecido na concessão original, desde que não ultrapasse 31 de dezembro de 2023.

Parágrafo único. Na hipótese do inciso II, a carga tributária equivalente à da aplicação da alíquota de 4% (quatro por cento), de que trata o inciso III do § 1º do art. 2º, deverá ser alcançada no prazo de 8 (oito anos), contado de 2014, mediante gradual redução da carga tributária efetiva à razão de:

I – 1 (um) ponto percentual por ano, quando aplicável a alíquota interestadual de 12% (doze por cento);

II –0,375 (trezentos e setenta e cinco milésimos) de ponto percentual por ano, quando aplicável a alíquota interestadual de 7% (sete por cento).

Art. 7º O Conselho Nacional de Política Fazendária (CONFAZ), instituído por Convênio, celebrado com fundamento na Lei Complementar nº 24, de 1975, passa a denominar-se Conselho Nacional do ICMS (CONACI), sendo o fórum das reuniões de representantes dos Estados, com competência para deliberar sobre convênios que:

I – autorizem a concessão de isenções, incentivos e benefícios fiscais de que trata esta Lei Complementar ou a revoguem;

II – estabeleçam as regras de que trata o § 5º do art. 155 da Constituição;

III – instituam obrigações acessórias que aproveitem à administração do ICMS.

§ 1º O CONACI reger-se-á pelo vigente Regimento do CONFAZ.

§ 2º O Ministério da Fazenda assegurará ao CONACI o mesmo apoio administrativo dado ao CONFAZ.

§ 3º As reuniões do CONACI se realizarão com a presença de representantes da maioria dos Estados.

§ 4º Os convênios, aprovados no CONACI, serão publicados no Diário Oficial da União, no prazo de 10 (dez) dias, contado da data da deliberação.

Art. 8º Será exigido o quórum de 2/3 (dois terços) dos Estados para aprovação de convênios que disponham sobre as matérias de que tratam:

I – o § 1º do art. 2º, *in fine*;

II – o inciso IV do § 5º do art. 2º;

III – o inciso I do art. 3º;

IV – o art. 6º;

V – o inciso II do art. 7º.

Parágrafo único. Alterações no Regimento do CONACI e a instituição de obrigações acessórias, de que trata o inciso III do art. 7º, ficam condicionadas à aprovação de Convênio pela maioria absoluta dos Estados.

Art. 9º As isenções, os incentivos e os benefícios fiscais de que tratam os arts. 2º e 6º somente terão eficácia, no âmbito de cada Estado, após a ratificação do respectivo convênio autorizativo por lei estadual específica, que trate exclusivamente da matéria.

Parágrafo único. Os demais convênios aprovados, no CONACI, têm caráter impositivo, independendo de ratificação por lei estadual específica.

Art. 10. Fica mantida a redação dada pelo art. 13 da Lei Complementar nº 24, de 1975, ao art. 178 do Código Tributário Nacional.

Art. 11. A Lei Complementar nº 87, de 13 de setembro de 1996, passa a vigorar acrescida do seguinte art. 34-A:

> "**Art. 34-A**. Sairão com suspensão do imposto:
> I – as mercadorias remetidas pelo estabelecimento do produtor para estabelecimento da Cooperativa de que faça parte, situada no mesmo Estado;
> II – as mercadorias remetidas pelo estabelecimento de Cooperativa de Produtores para estabelecimento, no mesmo Estado, da própria Cooperativa, da Cooperativa Central ou de Federação de Cooperativas de que a Cooperativa remetente faça parte.
> *Parágrafo único*. O imposto devido pelas saídas mencionadas nos incisos I e II, será recolhido pelo destinatário quando da saída subsequente, esteja esta sujeita ou não ao pagamento do tributo." (NR)

Art. 12. As referências feitas a Estados, nesta Lei Complementar, incluem o Distrito Federal.

Art. 13. Esta Lei Complementar entra em vigor noventa dias após a data de sua publicação.

Art. 14. Fica revogada a Lei Complementar nº 24, de 1975.

JUSTIFICAÇÃO

A Reforma Tributária de 1965, ao instituir o Imposto sobre a Circulação de Mercados (ICM), pretendeu, dentre outros objetivos, eliminar os antagonismos entre os Estados, em decorrência da guerra fiscal praticada no âmbito do extinto Imposto sobre Vendas e Consignações (IVC).

Essa pretensão logrou ingressar no campo normativo pela edição da Lei Complementar nº 24, de 7 de janeiro de 1975, que condicionou a concessão de favores fiscais, relativamente ao ICM, à aprovação unânime dos Estados e do Distrito Federal.

A inobservância das regras estabelecidas na Lei Complementar nº 24, de 1975, implicaria a nulidade do ato concessivo e a ineficácia do crédito atribuído ao estabelecimento recebedor, a exigibilidade do imposto não pago ou devolvido, e a ineficácia da lei ou ato que concedeu remissão.

A essas sanções poderiam ser acrescidas a presunção de irregularidade nas contas governamentais a juízo do Tribunal de Contas da União, e a suspensão das transferências federais constitucionais.

A combinação da nulidade do ato com a ineficácia do crédito atribuído ao estabelecimento recebedor sempre foi objeto de grandes controvérsias doutrinárias e judiciais, ante a possibilidade de ofensa ao princípio da não cumulatividade do imposto. É inequívoco, contudo, que as sanções associadas à presunção de irregularidade nas contas e à suspensão das transferências federais perderam completamente a eficácia, em virtude de alterações constitucionais posteriores.

Até o final da década de 1980, não havia evidências claras quanto à existência da guerra fiscal do ICM (ICMS, após a

Constituição de 1988).

A partir da década subsequente, entretanto, a questão foi gradativamente assumindo grandes proporções, por várias razões:

(i) a incorporação de bases com elevado potencial arrecadatório (combustíveis, lubrificantes, energia elétrica e telecomunicações) e a possibilidade de fixação de alíquotas do imposto sem quaisquer limites abriram espaço para concessões na tributação das atividades industriais;

(ii) a União demitiu de si a responsabilidade pela coordenação do imposto, com a extinção da Secretaria de Economia e Finanças (SEF) do Ministério da Fazenda;

(iii) as sanções, como já salientado, aplicáveis às entidades concedentes e aos agentes públicos, se tornaram ineficazes;

(iv) por fim, difundiu-se uma espécie de dissimulação legislativa, em virtude da qual os Estados passaram a editar normas com efeitos equivalentes àquelas declaradas inconstitucionais pela Corte Suprema.

Na última década, a guerra fiscal do ICMS alastrou-se por todo o País, assumindo contornos jamais imaginados, ao alcançar, até mesmo, as importações e o comércio atacadista. Praticamente, nada ficou imune à competição fiscal nociva.

No caso das importações – a chamada "guerra dos portos" -, a prática nociva passou a ser atentatória à produção nacional, ao conceder um tratamento privilegiado aos produtos importados. Fez-se o que se denomina discriminação territorial inversa.

Em 1º de junho de 2011, todavia, o Supremo Tribunal Federal (STF), ao apreciar 14 Ações Indiretas de Inconstitucionalidade, alcançando 23 normas editadas por sete Unidades Federadas, decidiu, à unanimidade em todas elas, pela inconstitucionalidade dos favores fiscais concedidos em desacordo com a Lei Complementar nº 24, de 1975, recepcionada expressamente pela Constituição de 1988, no art. 34, § 8º, do Ato das Disposições Constitucionais Transitórias.

Essas decisões – que, aliás, tão somente reproduzem jurisprudência daquela Corte – ensejaram a proposição de Súmula Vinculante no STF, que, caso prospere, converterá em Reclamação, a ser apreciada monocraticamente, qualquer demanda relacionada com a guerra fiscal do ICMS.

Nesse contexto, cabem algumas observações:

(i) a guerra fiscal é inadmissível, por ser ilegal, afetar a livre concorrência das empresas, impor o financiamento da concessão de um Estado a outro, além de patrocinar a ineficiência econômica;

(ii) não se pode desconhecer a importância, especialmente para os Estados menos desenvolvidos, dos investimentos feitos por empresas com base em leis estaduais, ainda que em desacordo com a mencionada Lei Complementar nº 24;

(iii) a política de desenvolvimento regional, de responsabilidade da União, há muito se encontra debilitada, sem que se vislumbrem perspectivas reais de reabilitação, ao menos no curto ou médio prazo;

(iv) qualquer medida voltada para a cobrança de impostos não pagos, por força de atos concessivos fundados em leis estaduais, como já assinalado, revela-se irrealista e, em boa medida, desleal com os que presumiram a certeza da concessão;

(v) a Lei Complementar nº 24, de 1975, está obsoleta, inclusive em virtude de sua ineficácia punitiva.

Isto posto, este projeto de lei complementar pretende sanar os problemas apontados, mediante a construção de novo modelo para a concessão de isenções, incentivos e benefícios fiscais, no âmbito do ICMS, a teor do que estabelece o art. 155, § 2º, inciso XII, alínea g, da Constituição.

Um pressuposto central deste projeto é que a unanimidade é o quórum mais adequado para decisões que envolvam isenções, incentivos e benefícios fiscais do ICMS, tanto pelas repercussões financeiras interestaduais das concessões, quanto pela conveniência da adoção de soluções harmonizadas, em um imposto de vocação nacional.

A unanimidade, entretanto, deve admitir exceções, porquanto não se trata de uma regra absoluta, tanto que a própria Lei Complementar nº 24 previa quóruns distintos para revogação de favores ou para a convalidação dos que foram concedidos anteriormente à sua vigência.

No campo das exceções, o projeto prevê um quórum de 2/3, nas seguintes hipóteses:

(i) remissão do imposto devido por contribuintes, em virtude de concessões praticadas no contexto da guerra fiscal;

(ii) concessão de incentivos fiscais, mediante redução no imposto devido, desde que limitados às saídas de produtos industrializados no País, por prazo certo, com exigências de contrapartidas por parte do beneficiário, nas Unidades da

Federação com menor desenvolvimento industrial (ressalvada a Zona Franca de Manaus) e carga tributária efetiva de 4% nas operações interestaduais, observado que, no caso de concessões realizadas sob a égide da guerra fiscal, não haveria o requisito locacional e a carga tributária de 4% nas operações interestaduais seria alcançada, gradualmente, no prazo de oito anos, contado de 2014;

(iii) revogação de isenções, incentivos e benefícios fiscais;

(iv) fixação das regras relativas ao regime especial do ICMS aplicável a combustíveis e lubrificantes, derivados do petróleo, e a gás natural e seus derivados, de que trata ao art. 155, § 5º, da Constituição;

(v) estabelecimento do valor máximo para concessão de anistias e remissões, sem prévia autorização dos representantes dos Estados e do Distrito Federal.

Cabe ressaltar que, para fins desta lei complementar, procedeu-se à conceituação de isenções e incentivos fiscais, e, residualmente, a identificação em lista positiva dos benefícios fiscais, na estrita conformidade com as diferentes hipóteses de favores fiscais, elencados no referido art. 155, § 2º, inciso XII, alínea *g*, da Constituição.

Em virtude do disposto no art. 150, § 6º, da Constituição, este projeto de lei prevê caráter autorizativo para as concessões, que, dessa forma, ficam condicionadas à ratificação por lei estadual específica, que trate exclusivamente da matéria.

As sanções pelo descumprimento das regras estabelecidas, neste projeto de lei complementar, se dirigem: aos contribuintes beneficiários, que se obrigam ao recolhimento do imposto não pago, com acréscimos; às entidades federativas, que, pelo prazo de quatro anos, ficarão impedidas de receber transferências voluntárias, obter garantias e contratar operações de crédito; e aos agentes públicos, que se sujeitam ao enquadramento na Lei de Improbidade Administrativa e outras cominações legais.

No plano institucional, o projeto pretende oferecer um respaldo juridicamente mais sólido ao Conselho Nacional de Política Fazendária (CONFAZ), instituído por meio do Convênio n° 08/75, de 15 de abril de 1975, celebrado pelos Secretários de Fazenda e Finanças dos Estados e do Distrito Federal, em reunião realizada ao amparo da Lei Complementar n° 24, de 1975. Assim, o órgão passa ter previsão legal em lugar de fundamentação em norma infralegal. Ao mesmo tempo, o projeto cuida de alterar a denominação do CONFAZ para Conselho Nacional do ICMS (CONACI), para torná-la mais consentânea com a competência do órgão, em lugar da abrangente denominação atual.

SENADO FEDERAL
ANEXO VI
PROJETO DE LEI DO SENADO Nº, DE 2012 –
Complementar

Altera a Lei Complementar nº 62, de 28 de dezembro de 1989, para dispor sobre os critérios de rateio do Fundo de Participação dos Estados e do Distrito Federal – FPE.

O CONGRESSO NACIONAL decreta:

Art. 1º O art. 2º da Lei Complementar nº 62, de 28 de dezembro de 1989, passa a vigorar com a seguinte redação:

"Art. 2º Os recursos do Fundo de Participação dos Estados e do Distrito Federal – FPE, observado o disposto no art. 4º, serão entregues, em cada decêndio, da seguinte forma:

I – cada entidade beneficiária receberá valor igual ao que foi distribuído no correspondente decêndio do exercício de 2012, corrigido pela variação acumulada do Índice Nacional de Preços ao Consumidor Amplo – IPCA ou outro que vier a substituí-lo;

II – a parcela que superar a soma dos valores entregues, em conformidade com o inciso I, será distribuída proporcionalmente a coeficientes individuais de participação, obtidos a partir da combinação de fatores representativos da população e do inverso do Produto Interno Bruto – PIB per capita da entidade beneficiária, assim definidos:

a) o fator representativo da população corresponderá à participação relativa da população da entidade beneficiária na população do País, observado limite superior de 0,07 (sete centésimos);
b) o fator representativo do inverso do PIB *per capita* corresponderá à participação relativa do inverso do PIB *per capita* da entidade beneficiária na soma dos inversos do PIB *per capita* de todas as entidades.

§ 1º Em relação à parcela de que trata o inciso II, serão observados os seguintes procedimentos:

I – a soma dos fatores representativos da população e a dos fatores representativos do inverso do PIB *per capita* deverão ser ambas iguais a 0,5 (cinco décimos), ajustando-se proporcionalmente, para esse efeito, os fatores das entidades beneficiárias;

II – o coeficiente individual de participação será a soma dos fatores representativos da população e do inverso do PIB *per capita* da entidade beneficiária, observados os ajustes nos incisos III e IV;

III – os coeficientes individuais de participação das entidades beneficiárias, cujos PIB *per capita* excederem valor de referência correspondente a 75% (setenta e cinco por cento) do PIB *per capita* nacional, serão reduzidos proporcionalmente à razão entre o excesso do PIB *per capita* da entidade beneficiária e o valor de referência, observado que nenhuma entidade beneficiária poderá ter coeficiente individual de participação inferior a 0,005 (cinco milésimos);

IV – em virtude da aplicação do disposto no inciso III, os coeficientes individuais de participação de todas as entidades beneficiárias deverão ser ajustados proporcionalmente, de modo que resulte em soma igual a 1 (um).

§ 2º Caso a soma dos valores a serem distribuídos, nos termos do inciso I do *caput*, seja igual ou superior ao montante a ser distribuído, a partilha dos recursos será feita exclusivamente de acordo com o referido inciso, ajustando-se proporcionalmente os valores.

§ 3º Para efeito do disposto neste artigo, serão considerados os valores censitários ou as estimativas mais recentes da população e do PIB *per capita*, publicados pela entidade federal competente." (NR)

Art. 2º No cálculo de transferências da União para os Estados, o Distrito Federal e os Municípios, que tenham por base os critérios de rateio do FPE, observar-se-á tão somente o estabelecido no inciso II do *caput* do art. 2º da Lei Complementar nº 62, de 28 de dezembro de 1989, com a redação dada por esta Lei Complementar, sem considerar em relação a esse mesmo artigo:

I – o limite superior a que se refere a alínea *a* do inciso II do *caput*; e

II – os ajustes de que tratam os incisos III e IV do § 1º.

Art. 3º A partir do exercício de 2018, os recursos do FPE serão entregues em conformidade com critérios de equalização da capacidade fiscal *per capita* das entidades beneficiárias, observado, para esse efeito, lei complementar específica, que disponha sobre:

I – a definição e a forma de apuração e validação das receitas que serão consideradas com vistas à equalização da capacidade fiscal;

II – a metodologia de equalização.

Art. 4º Esta Lei Complementar entra em vigor na data da sua publicação, produzindo efeitos a partir de 1º de janeiro de 2013.

Art. 5º Ficam expressamente revogados os arts. 86 a 89 e 93 a 95 da Lei nº 5.172, de 25 de outubro de 1966 (Código Tributário Nacional).

JUSTIFICAÇÃO

A Constituição de 1967, no inciso I do art. 26, instituiu o Fundo de Participação dos Estados e do Distrito Federal (FPE), no contexto da Reforma Tributária de 1965, que tinha, entre seus objetivos, a estruturação de um sistema de transferências intergovernamentais em bases constitucionais.

O rateio dos recursos do FPE foi disciplinado nos arts. 88 a 90 do Código Tributário Nacional – CTN (Lei nº 5.172, de 25 de outubro de 1966), tendo como critérios a população, o inverso da renda *per capita* e, com menos peso relativo, a área territorial da entidade beneficiária.

Essa regra de partilha se manteve até a edição da Lei Complementar nº 62, de 28 de dezembro de 1989, que, pretensamente em caráter provisório, estabeleceu coeficientes fixos de rateio, de forma discricionária, embora favorecesse *grosso modo* as entidades mais pobres. A norma tida como provisória perdura até hoje, passados 22 anos de sua vigência.

Em 2010, o Supremo Tribunal Federal (STF), ao julgar Ação Direta de Inconstitucionalidade, decidiu, à unanimidade, que os critérios fixos de rateio estabelecidos na Lei Complementar nº 62, de 1989, eram inconstitucionais, por ofensa à parte final do art. 161, inciso II, da Constituição. Com efeito, essa norma determina que o rateio, no caso do FPE, tem como objetivo "promover o equilíbrio socioeconômico entre os Estados", o que, qualquer que seja o critério adotado tem natureza inequivocamente dinâmica, em contraste com modelos estruturados com coeficientes fixos.

O STF modulou os efeitos de sua decisão até 31 de dezembro de 2012, para que o Congresso Nacional pudesse construir, em prazo hábil, novas regras de rateio, sem os vícios de inconstitucionalidade que maculam a vigente legislação.

A decisão estabeleceu ainda que, caso não venha a ser aprovada nova legislação, em conformidade com a regra constitucional, serão suspensas as transferências à conta do FPE, o que, sem lugar a dúvidas, resultaria em transtornos de grande magnitude para a maioria dos Estados.

É nesse contexto que este projeto de lei complementar se inscreve, com a pretensão de oferecer solução de curto e longo prazos.

Transferências intergovernamentais de caráter não setorial, como o FPE em diferentes federações do mundo, seguem dois modelos básicos: o paramétrico, que se funda em distribuição com base em variáveis macroeconômicas, como população, PIB *per capita*, área territorial, indicadores de pobreza, IDH, etc.; e o de equalização, que consiste proceder a uma distribuição que logre igualar ou aproximar, tanto quanto possível, as receitas *per capita* das entidades beneficiárias.

Na América Latina, na Índia e em países africanos organizados como federações, são adotados modelos paramétricos; já na Alemanha, Canadá e Austrália, exemplos de federalismo fiscal mais elaborado, e até mesmo na Suécia e Dinamarca, países unitários, a opção foi por modelos de equalização, ainda que cada um deles seja informado pelas peculiaridades históricas, políticas e constitucionais do país.

Este projeto optou pela adoção, no curto prazo, de um modelo paramétrico, análogo ao que fora adotado no Código Tributário Nacional da década de 1960, com as seguintes características:

(i) parcela dos recursos a serem entregues, à conta do FPE, deve reproduzir, em termos reais, o que foi repassado às entidades beneficiárias, no exercício de 2012, visando assegurar uma transição suave, haja vista a importância crucial dessas transferências para as finanças da maioria dos Estados;

(ii) o montante que exceder àquela parcela, decorrente do crescimento real da arrecadação do imposto sobre a renda e do imposto sobre os produtos industrializados, será entregue às entidades beneficiárias, da seguinte forma: uma metade, proporcionalmente à sua participação relativa na população do País; e a outra, inversamente proporcional ao seu PIB *per capita vis-à-vis* o nacional;

(iii) com o objetivo de promover uma maior desconcentração horizontal dos repasses, na esteira do que preconiza a norma constitucional que disciplina o rateio, foram estabelecidos alguns ajustes nos critérios: o fator representativo da população da entidade beneficiária não poderá ser superior a 7%; as entidades cujo PIB *per capita* seja superior a um valor de referência igual a 75% do PIB *per capita* nacional terão uma redução no coeficiente individual de participação, correspondente à razão entre o excesso verificado e o valor de referência;

(iv)no rateio dos recursos, também se propõe que nenhuma entidade poderá ter participação inferior a 0,5% (cinco décimos por cento).

A recomendação do modelo paramétrico tomou em conta a simplicidade da solução, o que permite aplicação imediata sem demandar sistemas estatísticos mais elaborados, especialmente à vista da urgência na aprovação e uma nova legislação que discipline os critérios de rateio do FPE. Ademais disso e despeito da transição suave proposta, o modelo se alinha com o citado comando constitucional. Na exata medida que busca reduzir as desigualdades na capacidade fiscal das entidades beneficiárias.

As tabelas 1 a 3, produzidas pela Consultoria Legislativa do Senado Federal, apresentam simulações dos coeficientes das entidades beneficiárias, no período 2013 a 2017, tendo por fulcro o modelo proposto neste projeto de lei complementar e as seguintes hipóteses: PIB *per capita* de 2009, população de 2011 e taxas de crescimento real anual do imposto sobre renda e do imposto sobre os produtos industrializados de 7,4% (Tabela 1), o que corresponde ao crescimento real anual médio do FPE, observado no período 2004-2011, de 3,7% (Tabela 2) e de 1,85% (Tabela 3). Como se pode constatar nas tabelas, a transição seria bastante suave, especialmente em cenários de baixo crescimento real da base do FPE.

É importante salientar que a opção pelo modelo paramétrico não elide o propósito de, em médio prazo, transitar para um modelo de equalização, consabidamente mais eficiente no propósito de mitigar diretamente desigualdades na capacidade fiscal das entidades beneficiárias, à medida que cria um processo solidário de distribuição dos recursos, no qual os Estados que enfrentam dificuldades recebem mais transferências.

Por esse motivo, o projeto propõe a adoção daquele modelo, a partir de 2018, embora condicionado a uma edição de uma lei complementar específica, que disponha sobre a definição, a forma de apuração e a validação das receitas a serem equalizadas, e a metodologia de equalização.

Por último, cabe assinalar que o art. 2º deste projeto estabelece que, caso os critérios de rateio do FPE venham a ser utilizados no cálculo de qualquer outra transferência federal para as demais entidades federativas, não deverão ser utilizados os limites e ajustes nos fatores representativos da população e do inverso do PIB *per capita*, porque foram concebidos exclusivamente para uma solução *ad hoc*, que levou em consideração o propósito de promover uma transição suave em relação aos repasses do FPE efetivados no exercício de 2012.

TABELA 1 – EVOLUÇÃO DOS COEFICIENTES DO FPE COM A = 7,4% a.a.						
UF	Coeficiente Atual	2013	2014	2015	2016	2017
AC	0,0280	0,0342	0,0338	0,0334	0,0330	0,0327	0,0324
AL	0,0525	0,0416	0,0424	0,0431	0,0437	0,0443	0,0449
AM	0,0277	0,0279	0,0279	0,0279	0,0279	0,0278	0,0278
AP	0,0254	0,0341	0,0335	0,0330	0,0324	0,0320	0,0315
BA	0,0832	0,0940	0,0932	0,0925	0,0919	0,0913	0,0907
CE	0,0694	0,0734	0,0731	0,0728	0,0726	0,0724	0,0722
DF	0,0063	0,0069	0,0069	0,0068	0,0068	0,0067	0,0067
ES	0,0139	0,0150	0,0149	0,0149	0,0148	0,0147	0,0147
GO	0,0372	0,0284	0,0290	0,0296	0,0301	0,0306	0,0311
MA	0,0697	0,0722	0,0720	0,0718	0,0717	0,0716	0,0714
MG	0,0638	0,0445	0,0459	0,0471	0,0483	0,0793	0,0503
MS	0,0215	0,0133	0,0139	0,0144	0,0149	0,0154	0,0158
MT	0,0131	0,0231	0,0224	0,0218	0,0212	0,0206	0,0201
PA	0,0652	0,0611	0,0614	0,0617	0,0619	0,0621	0,0623
PB	0,0505	0,0479	0,0481	0,0482	0,0484	0,0485	0,0487
PE	0,0660	0,0690	0,0688	0,0686	0,0684	0,0683	0,0681
PI	0,0569	0,0432	0,0442	0,0450	0,0459	0,0466	0,0473
PR	0,0345	0,0288	0,0292	0,0296	0,0299	0,0302	0,0305
RJ	0,0172	0,0153	0,0154	0,0155	0,0157	0,0158	0,0159
RN	0,0430	0,0418	0,0419	0,0419	0,0420	0,0421	0,0422
RO	0,0247	0,0282	0,0279	0,0277	0,0275	0,0273	0,0271
RR	0,0210	0,0248	0,0245	0,0243	0,0241	0,0239	0,0237
RS	0,0252	0,0235	0,0237	0,0238	0,0239	0,0240	0,0240
SC	0,0125	0,0128	0,0128	0,0128	0,0127	0,0127	0,0127
SE	0,0358	0,0416	0,0412	0,0408	0,0404	0,0401	0,0398
SP	0,0063	0,0100	0,0097	0,0095	0,0093	0,0091	0,0089
TO	0,0294	0,0434	0,0424	0,0415	0,0407	0,0399	0,0392
Total	1,000	1,000	1,000	1,000	1,000	1,000	1,000
Correlação: Coeficiente x Ano			0,9471	0,9541	0,9602	0,9655	0,9701

Fonte: Consultoria Legislativa do Senado Federal.

TABELA 2 – EVOLUÇÃO DOS COEFICIENTES DO FPE COM A = 3,7% a.a.							
UF	Coeficiente	Atual	2013	2014	2015	2016	2017
AC	0,0280	0,0342	0,0340	0,0338	0,0336	0,0334	0,0332
AL	0,0525	0,0416	0,0420	0,0424	0,0427	0,0431	0,0434
AM	0,0277	0,0279	0,0279	0,0279	0,0279	0,0279	0,0279
AP	0,0254	0,0341	0,0338	0,0335	0,0332	0,0329	0,0327
BA	0,0832	0,0940	0,0936	0,0932	0,0928	0,0925	0,0922
CE	0,0694	0,0734	0,0732	0,0731	0,0730	0,0728	0,0727
DF	0,0063	0,0069	0,0069	0,0069	0,0068	0,0068	0,0068
ES	0,0139	0,0150	0,0150	0,0149	0,0149	0,0149	0,0148
GO	0,0372	0,0284	0,0287	0,0290	0,0293	0,0296	0,0299
MA	0,0697	0,0722	0,0721	0,0720	0,0719	0,0718	0,0718
MG	0,0638	0,0445	0,0452	0,0459	0,0465	0,0472	0,0477
MS	0,0215	0,0133	0,0136	0,0139	0,0142	0,0144	0,0147
MT	0,0131	0,0231	0,0227	0,0224	0,0221	0,0217	0,0214
PA	0,0652	0,0611	0,0613	0,0614	0,0615	0,0617	0,0618
PB	0,0505	0,0479	0,0480	0,0481	0,0482	0,0482	0,0483
PE	0,0660	0,0690	0,0689	0,0688	0,0687	0,0686	0,0685
PI	0,0569	0,0432	0,0437	0,0442	0,0446	0,0451	0,0455
PR	0,0345	0,0288	0,0290	0,0292	0,0294	0,0296	0,0298
RJ	0,0172	0,0153	0,0153	0,0154	0,0155	0,0155	0,0156
RN	0,0430	0,0418	0,0418	0,0419	0,0419	0,0419	0,0420
RO	0,0247	0,0282	0,0280	0,0279	0,0278	0,0277	0,0276
RR	0,0210	0,0248	0,0247	0,0245	0,0244	0,0243	0,0242
RS	0,0252	0,0235	0,236	0,0237	0,0237	0,0238	0,0238
SC	0,0125	0,0128	0,0128	0,0128	0,0128	0,0128	0,0128
SE	0,0358	0,0416	0,0413	0,0411	0,0410	0,0408	0,0406
SP	0,0063	0,0100	0,0099	0,0097	0,0096	0,0095	0,0094
TO	0,0294	0,0434	0,0429	0,0424	0,0420	0,0415	0,0411
Total	1,000	1,000	1,000	1,000	1,000	1,000	1,000
Correlação: Coeficiente x Ano			0,9433	0,9472	0,9509	0,9543	0,9575

Fonte: Consultoria Legislativa do Senado Federal.

TABELA 3 – EVOLUÇÃO DOS COEFICIENTES DO FPE COM A = 1,85% a.a.							
UF	Coeficiente	Atual	2013	2014	2015	2016	2017
AC	0,0280	0,0342	0,0341	0,0340	0,0339	0,0338	0,0337
AL	0,0525	0,0416	0,0418	0,0420	0,0422	0,0424	0,0426
AM	0,0277	0,0279	0,0279	0,0279	0,0279	0,0279	0,0279
AP	0,0254	0,0341	0,0340	0,0338	0,0337	0,0335	0,0334
BA	0,0832	0,0940	0,0938	0,0936	0,0934	0,0932	0,0930
CE	0,0694	0,0734	0,0733	0,0732	0,0732	0,0731	0,0730
DF	0,0063	0,0069	0,0069	0,0069	0,0069	0,0069	0,0068
ES	0,0139	0,0150	0,0150	0,0150	0,0149	0,0149	0,0149
GO	0,0372	0,0284	0,0286	0,0287	0,0289	0,0291	0,0292
MA	0,0697	0,0722	0,0721	0,0721	0,0720	0,0720	0,0720
MG	0,0638	0,0445	0,0449	0,0452	0,0456	0,0459	0,0462
MS	0,0215	0,0133	0,0135	0,0136	0,0138	0,0139	0,0140
MT	0,0131	0,0231	0,0229	0,0227	0,0225	0,0224	0,0222
PA	0,0652	0,0611	0,0612	0,0613	0,0613	0,0614	0,0615
PB	0,0505	0,0479	0,0479	0,0480	0,0480	0,0481	0,0481
PE	0,0660	0,0690	0,0689	0,0689	0,0688	0,0688	0,0687
PI	0,0569	0,0432	0,0435	0,0437	0,0439	0,0442	0,0444
PR	0,0345	0,0288	0,0289	0,0290	0,0291	0,0292	0,0293
RJ	0,0172	0,0153	0,0153	0,0153	0,0154	0,0154	0,0154
RN	0,0430	0,0418	0,0418	0,0418	0,0418	0,0419	0,0419
RO	0,0247	0,0282	0,0281	0,0280	0,0280	0,0279	0,0279
RR	0,0210	0,0248	0,0247	0,0247	0,0246	0,0245	0,0245
RS	0,0252	0,0235	0,0236	0,0236	0,0236	0,0237	0,0237
SC	0,0125	0,0128	0,0128	0,0128	0,0128	0,0128	0,0128
SE	0,0358	0,0416	0,0414	0,0413	0,0412	0,0411	0,0410
SP	0,0063	0,0100	0,0099	0,0099	0,0098	0,0097	0,0097
TO	0,0294	0,0434	0,0431	0,0429	0,0427	0,0424	0,0422
Total	1,000	1,000	1,000	1,000	1,000	1,000	1,000
Correlação: Coeficiente x Ano			0,9413	0,9433	0,9454	0,9473	0,9492

Fonte: Consultoria Legislativa do Senado Federal.

SENADO FEDERAL
ANEXO VII
PROJETO DE LEI DO SENADO Nº , DE 2012 –
Complementar

> Altera a Lei nº 5.172, de 25 de outubro de 1966 (Código Tributário Nacional), para instituir cadastro único dos contribuintes, pessoas físicas e jurídicas, e dá outras providências.

Art. 1º O art. 213 da Lei Complementar nº 5.172, de 25 de outubro de 1966 (Código Tributário Nacional) passa a vigorar com a seguinte redação:

> "Art. 213. O Cadastro Nacional das Pessoas Jurídicas (CNPJ), de que trata o inciso II do art. 37 da Lei federal nº 9.250, de 26 de dezembro de 1995, é o cadastro único das pessoas jurídicas e de outros contribuintes a elas equiparados, sendo vedada a exigência de inscrição, para fins fiscais, em qualquer outro cadastro.

> § 1º Para fins do disposto no *caput*, lei federal disporá sobre:

> I – as entidades obrigadas à inscrição no CNPJ:

> II – a administração do cadastro, especialmente a composição e competência do Comitê Gestor Intergovernamental;

III – o compartilhamento de informações cadastrais entre as administrações tributárias da União, dos Estados, do Distrito Federal e dos Municípios;

IV – as exigências para inscrição e para suspensão ou cancelamento da inscrição.

§ 2º O cadastro de que trata o *caput* observará as seguintes regras:

I – qualquer pedido de cancelamento da inscrição será obrigatoriamente deferido, sem prejuízo da responsabilidade pelo cumprimento das obrigações tributárias remanescentes;

II – é vedada a exigência de documento ou de formalidade restritiva ou condicionante que exceda os requisitos indispensáveis à inscrição ou ao cancelamento, como autorizações ou registros em órgãos estranhos à administração tributária;

III – a inscrição não afasta outras exigências, estabelecidas em lei, necessárias ao funcionamento da atividade econômica a ser explorada.

§ 3º Nos cadastros de contribuintes, pessoas físicas, o número de inscrição será o do Cadastro de Pessoas Físicas (CPF), instituído pelo Decreto-lei nº 401, de 30 de dezembro de 1968, cuja gestão é de responsabilidade da administração tributária federal.

§ 4º O disposto neste artigo não se aplica a cadastros fiscais de bens móveis e imóveis." (NR)

Art. 2º Esta lei entrará em vigor na data de sua publicação produzindo efeitos no exercício subsequente ao da sua aprovação, observado prazo não inferior a 365 (trezentos e sessenta e cinco) dias.

JUSTIFICAÇÃO

O Brasil é, hoje, seguramente, o último país do mundo a manter distintos cadastros fiscais pelas entidades federativas, impondo um ônus desnecessário ao contribuinte, de natureza estritamente burocrática, ademais de dificultar as atividades de cooperação entre as administrações tributárias.

Essa peculiar situação contrasta com o avançado estágio de desenvolvimento da administração fiscal brasileira, fato reconhecido mundialmente, em virtude especialmente da intensa utilização das novas tecnologias de informação e comunicação. Não existe, portanto, razão para justificar os múltiplos cadastros incidentes sobre um mesmo contribuinte.

Inúmeras soluções já foram tentadas para enfrentar o mencionado problema, a exemplo de reunião das entidades cadastradoras em um mesmo ambiente físico e os chamados cadastros sincronizados. Todas elas são, entretanto, soluções paliativas, que não afastam a insólita circunstância dos cadastros múltiplos. A inscrição de um contribuinte corresponde a uma inútil peregrinação burocrática.

Ao dar nova redação ao art. 213, que integra as Disposições Finais e Transitórias do Código Tributário Nacional (CTN), este projeto de lei complementar pretende, no contexto da modernização da administração tributária brasileira, prover uma solução definitiva para o assunto, ao estabelecer um cadastro único para as pessoas jurídicas e contribuintes a elas equiparadas.

Impede ressaltar que o inciso IV do parágrafo único do art. 146 da Constituição já prescrevia um "cadastro nacional único dos contribuintes", na hipótese de instituição de um regime tributário, de âmbito nacional, para as microempresas e empresas de pequeno porte.

O art. 4º da Lei Complementar nº 123, de 14 de dezembro de 2006, que instituiu o Simples Nacional, não desfruta de suficiente densidade normativa para dar concretude àquela norma constitucional, de sorte que, até mesmo para microempresas e as empresas de pequeno porte, inexiste cadastro único, malgrado a prescrição constitucional.

Não se pode, de resto, cogitar de um cadastro único para as microempresas e para as empresas de pequeno porte e de cadastros diversos para os contribuintes de maior porte, mormente porque um contribuinte pode migrar de uma condição para outra. Desse modo, não é desarrazoado entender que a instituição de um regime nacional para os contribuintes de menor porte e, por consequência, de um cadastro único, na forma do assinalado parágrafo único do art. 146 da Constituição, implicaria sua extensão para os demais contribuintes, sob pena de gerar inconsistência de natureza operacional.

No tocante às pessoas físicas, embora seja algo já sancionado pela prática, o projeto de lei complementar prevê que o número de inscrição no CPF deverá ser a chave para todos os cadastros, acrescentando ainda que as normas não se aplicam aos cadastros fiscais de bens móveis e imóveis.

Este projeto de lei complementar pretende, também, por meio da nova redação que se oferece para o § 2º do art. 213 do CTN, simplificar os procedimentos de inscrição e baixa dos contribuintes no CNPJ.

De fato, o tempo necessário para a abertura e o fechamento de empresas são itens fundamentais para a aferição das características do ambiente de negócio em um país. A *Doing Business* 2011 – pesquisa anualmente realizada pelo Banco Mundial, no âmbito de 183 países, com o objetivo de avaliar a facilidade para fazer negócios – posiciona o Brasil em 127º lugar contra o 124º, em 2010, na avaliação geral que envolve nove áreas: a) abertura de empresas; b) permissão para construir; c) registro de propriedade; d) obtenção de crédito; e) proteção a investidores; f) pagamento de tributos; g) comércio exterior; h) cumprimento dos contratos; e i) fechamento de empresas.

Infelizmente, conforme a mencionada pesquisa, no item relativo à facilidade para a abertura de empresas o Brasil ocupa o 128° lugar e o 132°, no que concerne ao fechamento. São ambos, portanto, resultados medíocres.

Por fim, visando a permitir ajustes de sistema e definição, em lei federal, das regras de negócio apropriadas para o efetivo funcionamento do CNPJ por toda administração tributária brasileira, é que se propõe que a eficácia da norma seja postergada por prazo não inferior a 365 dias.

SENADO FEDERAL
ANEXO VIII
PROJETO DE LEI Nº ,DO SENADO

> Altera o Código Penal (Decreto-Lei nº 2.848, de 7 de dezembro de 1940), para tipificar como crime a concessão, em desacordo com a legislação de regência, de isenções, incentivos e benefícios fiscais, no âmbito do imposto sobre as operações relativas à circulação de mercadorias e sobre prestações de serviços de transporte interestadual e intermunicipal e de comunicação e do imposto sobre serviços de qualquer natureza.

Art. 1º O Código Penal (Decreto-Lei nº 2.848, de 7 de dezembro de 1940) passa a vigorar com o acréscimo do seguinte art. 359-I:

> "Art. 359 –I.Conceder isenção, incentivo ou benefício fiscal, no âmbito do Imposto sobre as Operações Relativas à Circulação de Mercadorias e sobre Prestações de Serviços de Transporte Interestadual e Intermunicipal e de Comunicação (ICMS), sem a observância do que dispõe a lei complementar de que trata a alínea *g*, do Inciso XII do § 2º do art. 155 da Constituição.
>
> Pena – reclusão de 1 (um) a 4 (quatro)

anos.

Parágrafo único. Incide na mesma pena quem, no âmbito do Imposto sobre Serviços de Qualquer Natureza (ISS), conceder isenção, incentivo ou benefício fiscal, sem a observância do que dispõe a lei complementar de que trata o inciso III do § 3º do art. 156 da Constituição."

Art. 2º Esta Lei entra em vigor na data de sua publicação.

JUSTIFICAÇÃO

A Lei de Responsabilidade Fiscal (Lei Complementar nº 101, de 4 de maio de 2000), em harmonia com a Lei de Improbidade Administrativa (Lei nº 8.429, de 2 de junho de 1992), criou ilícitos administrativos, que se articulam com os princípios da legalidade, impessoalidade, moralidade, publicidade e eficiência – bases sobre as quais se assentam a administração pública, na forma do art. 37 da Constituição.

Vários desses ilícitos, porquanto graves, foram tipificados como crime, a exemplo da contratação de operações de crédito sem prévia autorização legislativa, a inscrição de despesas não empenhadas em restos a pagar, a assunção de obrigações ou aumento de gastos com pessoal em final de mandato ou legislatura, a ordenação de despesas não autorizadas por lei, a prestação de garantia graciosa, o não cancelamento de restos a pagar quando a lei assim exigir e a oferta pública ou colocação de títulos em mercado sem previsão legal.

Esse rol de situações se inscreve no Capítulo IV do Código Penal, que trata dos crimes contra as finanças públicas. Sua extensão revela os cuidados que o legislador penal conferiu à boa gestão da coisa pública, pela importância que ela tem para consecução dos direitos sociais, preconizados no texto constitucional.

Evidentemente que a previsão normativa penal presume condutas intencionais ou dolosas, excluindo desse âmbito normativo as modalidades culposas.

A guerra fiscal, consistindo na concessão de isenções, incentivos e benefícios fiscais em desacordo com a legislação de regência, não bastasse ser uma ilegalidade, o que desde logo é causa para punição dos agentes públicos por ela responsáveis, também responde por conflitos federativos, por desequilíbrios concorrenciais e – não menos importante – por danos ao erário da entidade concedente. Em tudo, portanto, se compadece com os crimes tipificados no mencionado Capítulo IV do Código Penal.

No tocante ao ICMS, a guerra fiscal remete ao disciplinamento estabelecido na Lei Complementar n° 24, de 7 de janeiro de 1975. Ocorre, todavia, que as sanções aplicáveis às entidades concedentes e aos agentes públicos responsáveis, previstas no parágrafo único do art. 8° da mencionada lei complementar (presunção de irregularidade na prestação de contas, a juízo do Tribunal de Contas da União, e suspensão das transferências federais constitucionais), sucumbiram em virtude de alterações constitucionais posteriores. Tem-se, destarte, uma norma efetivamente sem sanção, o que favorece sua inobservância.

É certo que a assinalada Lei Complementar n° 24, de 1975, malgrado recepcionada expressamente pela Constituição de 1988, se encontra obsoleta, cabendo a construção de um novo arcabouço normativo para disciplinar a concessão de isenções, incentivos e benefícios fiscais, como previsto na alínea *g* do inciso XII do § 2° do art. 155 da Constituição.

No campo das sanções aplicáveis aos agentes públicos pela prática da guerra fiscal, não se pode afastar sua tipificação como crime, a exemplo do que se fez em relação a situações análogas inspiradas pela Lei de Responsabilidade Fiscal, sem prejuízo do enquadramento da conduta dolosa na Lei de Improbidade Administrativa e das sanções aplicáveis às entidades concedentes e aos contribuintes beneficiados pela guerra fiscal.

É o que pretende este projeto de lei, ao qualificar como crime, sujeito à reclusão de um a quatro anos, a concessão daqueles favores fiscais em desacordo com a legislação de regência. O tipo proposto abrange tanto o ICMS, quanto o ISS.

SENADO FEDERAL
ANEXO IX
PROJETO DE RESOLUÇÃO Nº, DO SENADO

> Estabelece alíquotas do Imposto sobre Operações Relativas à Circulação de Mercadorias e sobre Prestação de Serviços de Transporte Interestadual e Intermunicipal e de Comunicação (ICMS), nas operações e prestações interestaduais.

O SENADO FEDERAL resolve:

Art. 1º As alíquotas do imposto de que trata o inciso II do art. 155 da Constituição, nas operações e prestações interestaduais, estabelecidas no art. 1º da Resolução do Senado Federal nº 22, de 19 de maio de 1989, convergirão para 4% (quatro por cento), mediante redução gradual, à razão de:

I – 1 (um) ponto percentual ao ano, quando aplicável a alíquota de 12% (doze por cento);

II – 0,375 (trezentos e setenta e cinco milésimos) de ponto percentual ao ano, quando aplicável a alíquota de 7% (sete por cento).

Art. 2º Fica revogado o art. 2º da Resolução nº 22 do Senado Federal, de 1989.

Art. 3º Esta resolução entra em vigor na data de sua publicação, produzindo efeitos a partir de 1º de janeiro de 2014.

JUSTIFICAÇÃO

A atribuição dos Estados da competência para instituir um imposto sobre o valor adicionado na circulação de mercadorias, promovida pela reforma tributária de 1965, foi um ato de grande ousadia.

Essa iniciativa foi objeto de críticas dos que entendiam que um imposto de tal natureza deveria ter aplicação uniforme em todo território nacional e, por isso mesmo, deveria ser incluído na competência da União.

A opção pela titularidade estadual se amparava em dois argumentos: o fortalecimento dos Estados, pela ampliação de sua competência tributária, e o enfrentamento da competição fiscal nociva, praticada mediante (IVC), da qual resultavam conflitos entre os Estados.

A proposta técnica original postulava alíquotas uniformes aplicáveis às operações internas e interestaduais, mas as autoridades responsáveis pelo encaminhamento do projeto de reforma reconheceram que as disparidades regionais impunham a adoção de uma alíquota menor nas vendas interestaduais, tendo em vista a concentração da atividade industrial na porção meridional do território brasileiro. Dessa forma, os Estados não industrializados poderiam captar uma parcela maior das receitas derivadas do consumo local de produtos oriundos de outras regiões.

À luz desse entendimento, foram fixadas, no âmbito do imposto criado, alíquotas de 18% e 15%, respectivamente, para as saídas internas e interestaduais.

Desde o final da década de 1970, a crise econômica

repercutiu fortemente na arrecadação estadual, provocando uma nova rodada de reinvindicações dos Estados menos desenvolvidos, com o objetivo de ampliar sua participação no imposto cobrado nas operações interestaduais.

A resposta a essa demanda resultou no estabelecimento de alíquotas mais baixas nas saídas de mercadorias das regiões Sul e Sudeste (exclusive Espírito Santo) para os Estados do Norte, Nordeste e Centro-Oeste, as quais passavam, assim, a arrecadar uma fatia maior de imposto nos produtos industriais importados do resto do país.

A redução de alíquotas ganhou concretude com a Resolução nº 7, de 22 de abril de 1980, do Senado Federal, que fixou as alíquotas de 9%, na mencionada hipótese, e de 11%, nas demais operações interestaduais.

A reforma de 1988 propiciou a incorporação de novas bases tributárias ao imposto estadual, diminuindo em muito a dependência dos Estados menos desenvolvidos do imposto cobrado sobre a venda de produtos industriais, em virtude do elevado potencial arrecadatório das novas bases (combustíveis, lubrificantes, energia elétrica e telecomunicações).

A despeito disso, a Resolução nº 22, de 19 de maio de 1989, do Senado Federal, ampliou o diferencial de alíquotas interestaduais, de modo que a alíquota de 9% foi reduzida para 7% e a alíquota de 11% foi aumentada para 12%.

No contexto das mudanças adotadas em 1988, da abertura da economia e da incorporação de tecnologias modernas ao processo produtivo, a preservação do diferencial nas alíquotas interestaduais findou concorrendo para recrudescer antagonismos gerados pela competição fiscal, que a adoção do ICM, na década de 1960, pretendia enfrentar.

O acirramento desses conflitos federativos ofuscou a construção de uma visão comum de interesses coletivos dos

Estados na Federação, contribuindo para a perda de posição relativa na repartição dos recursos fiscais.

Com efeito, apesar da forte ampliação da base do imposto de sua competência, o total hoje arrecadado pelos Estados, como proporção do PIB brasileiro, está no mesmo nível do que se observava no início da década de 1970.

Por diferentes motivos, agravados pelo clima de antagonismos reinante, um importante componente da base tributária do ICMS – a atividade industrial – vem sendo corroída.

É certo que a redução da arrecadação sobre a produção doméstica pode ser substituída, no curto prazo, pelo imposto arrecadado nas importações, mas, no médio e longo prazos, essa situação não se sustenta.

Ademais, alíquotas proibitivas aplicadas a insumos básicos, somadas com novas tecnologias aplicadas à prestação de serviços de comunicações, também ameaçam a preservação da receita extraída das novas bases incorporadas ao ICMS em 1988.

Nesse quadro, a manutenção do diferencial de alíquotas interestaduais compromete o futuro do ICMS.

Este Projeto de Resolução propõe a redução gradual das alíquotas interestaduais e sua convergência, no prazo de oito anos, para um percentual uniforme de 4%. Pretende, assim, recuperar a eficiência arrecadatória do imposto e, ao mitigar os antagonismos federativos – notadamente os que se associam à competição fiscal nociva -, robustecer os interesses comuns dos Estados.

Cuida ainda este Projeto de revogar o art. 2º da Resolução nº 22, de 1989, do Senado Federal, que fixa em 13% a alíquota do ICMS nas operações de exportação, tendo em vista que a alínea *a* do inciso X do § 2º do art. 155 da Constituição, com a redação dada pela Emenda Constitucional nº 42, de 19 de dezembro de 2003, estabelece que não há incidência daquele imposto "sobre operações que destinem mercadorias para o exterior, nem sobre serviços prestados a destinatários no exterior".

**SENADO FEDERAL
ANEXO X
SUGESTÃO DE EMENDAS À PEC Nº 197/2012 DA CÂMARA,
ORIGINALMENTE PEC Nº 103/2011, DO SENADO.**

> Altera o § 2º do art. 155 da Constituição, para modificar a sistemática de cobrança do imposto sobre operações relativas à circulação de mercadorias e sobre prestações de serviços de transporte interestadual e intermunicipal e de comunicação incidente sobre as operações e prestações realizadas de forma não presencial e que destinem bens e serviços a consumidor final localizado em outro Estado.

Art. 1º O inciso VII do § 2º do art. 155 da Constituição Federal passa a vigorar com a seguinte redação:

"Art. 155

§ 2º

VII – nas operações e prestações que destinem bens e serviços, por via não presencial, a consumidor final, contribuinte ou não do imposto, localizado em outro Estado, aplicar-se-á a alíquota interestadual e caberá ao Estado de localização do destinatário o imposto correspondente à diferença entre a alíquota interna do Estado destinatário e a alíquota interestadual;

JUSTIFICAÇÃO

A aprovação, no Senado Federal, da Proposta de Emenda Constitucional nº 103/2011 representou um ajustamento na sistemática do ICMS, que na sua formulação original não considerou a crescente relevância das operações interestaduais não presenciais, notadamente aquelas que se operam por meio do comércio eletrônico.

Nessa modalidade de operação interestadual, as vendas efetivadas a não contribuintes são consideradas como se fossem operações internas, implicando, portanto, uma concentração de receitas nos Estados onde se localizam os grandes centros atacadistas de comércio não presencial.

As perdas atingem, sobretudo, os Estados com menor capacidade fiscal, na direção oposta, por conseguinte, à pretensão constitucional de mitigar as disparidades inter-regionais de renda.

O texto aprovado no Senado Federal contém, infelizmente, uma impropriedade técnica, consistindo em distinguir duas situações: nas operações entre contribuintes, caberia ao Estado destinatário a diferença entre a alíquota interna desse Estado e a alíquota interestadual; ao passo que, nas operações com não contribuintes, essa diferença dar-se-ia entre a alíquota interestadual e a alíquota interna do Estado remetente.

Tal construção é totalmente estranha à sistemática do ICMS ou de qualquer outro imposto sobre valor adicionado. Significaria dizer a carga tributária do não contribuinte seria definida pelo Estado remetente.

De mais a mais, estabeleceria uma diferenciação marcante entre a tributação do comércio presencial e a do não presencial, em relação a uma mercadoria ou serviço: no primeiro caso, a carga tributária seria definida pelo Estado de localização do não contribuinte; no outro, pelo Estado remetente.

Esse dualismo tributário leva, em tese, à preferência por uma modalidade de comércio, contrariando o princípio da neutralidade que deve fundamentar a política fiscal e ensejando, quiçá, uma nova e peculiar modalidade de guerra fiscal. A propósito, não é outra a dicção do art. 146-A da Constituição que, justamente em linha oposta, preconiza a adoção de critérios especiais de tributação para prevenir desvios tributário-concorrenciais.

Em favor da diferenciação prevista no texto aprovado não se alegue a dificuldade de conhecer a alíquota do Estado de destino. Essa situação em nada se diferencia da prática largamente difundida da substituição tributária incidente nas operações interestaduais, sem que se conheçam dificuldades para o fisco ou para os contribuintes.

De outra parte, não é razoável pretender que se conceda tratamento de operação interestadual às vendas, por via presencial, a não contribuinte que resida em outro Estado, por ser completamente inviável do ponto de vista operacional.

Com efeito, essa regra, nas operações de vendas a varejo, implicaria: consulta sobre o Estado de residência do consumidor final (não é desarrazoado imaginar, considerada a vetusta tradição burocrática, que se peça comprovante de residência); escolha de uma localização, se o consumidor tiver residências em mais de um Estado; insólita adoção, em todos os estabelecimentos varejistas, de um regime análogo à substituição tributária.

Esta emenda pretende, pelas razões expostas, aperfeiçoar o texto aprovado pelo Senado, pela eliminação do tratamento diferenciado entre contribuintes e não contribuintes, nas operações interestaduais não presenciais tributadas pelo ICMS.

SENADO FEDERAL
ANEXO XI

SUGESTÕES DE EMENDAS AO SUBSTITUTIVO DO PROJETO DE LEI DO SENADO Nº 448, DE 2011

Art. 1º

Parágrafo único. Os *royalties* e a participação especial, decorrentes de contratos de concessão, partilha de produção ou qualquer outra modalidade de outorga de exploração, entregues aos Estados, ao Distrito Federal e Municípios na condição de produtores, confrontantes ou afetados por operações de embarque e desembarque de petróleo, gás natural ou outro hidrocarboneto fluido correspondem à participação no resultado da exploração de petróleo, de gás natural e de outros hidrocarbonetos fluidos, de que trata o § 1º do art. 20 da Constituição.

Art. 2º A Lei nº 12.351, de 22 de dezembro de 2010, passa a vigorar com a seguinte redação para o art. 42, acrescida dos seguintes novos arts. 42-A e 42-B:

"Art. 42

§ 1º A alíquota dos *royalties* será de 15% (quinze por cento) do valor da produção, sendo vedada, em qualquer hipótese, sua inclusão no cálculo do custo em óleo.

§ 2º ....
....

§ 3º Os *royalties*, no regime de que trata esta Lei, entregues aos Estados, ao Distrito Federal e aos Municípios na condição de

produtores, confrontantes ou afetados por operações de embarque e desembarque de petróleo, gás natural ou outro hidrocarboneto fluido correspondem à participação no resultado da exploração de petróleo, de gás natural e de outros hidrocarbonetos fluidos de que trata o § 1º do art. 20 da Constituição.
"Art. 42-A ....
................".

"Art. 42-B Os *royalties* decorrentes da exploração de petróleo, de gás natural e de outros hidrocarbonetos fluidos, sob o regime de partilha de produção, serão distribuídos da seguinte forma:

I – quando a produção ocorrer em terra, rios, lagos, ilha lacustres ou fluviais:

a) 20% (cinte por cento) serão entregues aos Estados produtores ou ao Distrito Federal, se for produtor;

b) 10% (dez por cento) serão entregues aos Municípios produtores;

c) 5% (cinco por cento) serão entregues aos Municípios afetados por operações de embarque e desembarque de petróleo, gás natural e outro hidrocarboneto fluido, na forma e critérios estabelecidos pela Agência Nacional do Petróleo, Gás Natural e Biocombustíveis (ANP);

d) 65% (sessenta e cinco por cento) para a União, observados os seguintes percentuais sobre o montante a ser distribuído a que se refere o caput:

1. 50% (cinquenta por cento) para o Fundo Especial, de natureza contábil, a ser distribuído aos Estados, ao Distrito Federal e aos Municípios;

2. 15% (quinze por cento) para o Fundo Social, instituído por esta Lei, deduzidas as parcelas destinadas a órgãos da Administração Direta da União, nos termos

do Regulamento.

II – quando a produção ocorrer na plataforma continental, no mar territorial ou na zona econômica exclusiva:

a) 22% (vinte e dois por cento) serão entregues aos Estados confrontantes:

b) 4% (quatro por cento) serão entregues aos Municípios confrontantes:

c) 2% (dois por cento) serão entregues aos Municípios afetados por operações de embarque e desembarque de petróleo, gás natural ou outro hidrocarboneto fluido, na forma e critérios estabelecidos pela ANP;

d) 72% (setenta e dois por cento) para a União, observados os seguintes percentuais sobre o montante a ser distribuído a que se refere o caput:

1. 50% (cinquenta por cento) para o Fundo Especial, de natureza contábil, a ser distribuído aos Estados, ao Distrito Federal e aos Municípios;

2. 22% (vinte e dois por cento) para o Fundo Social, instituído por esta Lei, deduzidas as parcelas destinadas a órgãos da Administração Direta da União, nos termos do Regulamento."

Art. 3º Os arts. 48 e 50 da Lei nº 9.478, de 6 de agosto de 1997, passam a vigorar com as seguintes redações:

"**Art. 48.**Os*royalties* decorrentes da exploração de petróleo, de gás natural e de outros hidrocarbonetos fluídos, nos contratos de que tratam esta Lei e a Lei nº 12.276, de 30 de junho de 2010, terão a seguinte distribuição:

I – quando a lavra ocorrer em terra ou em lagos, rios, ilhas fluviais e lacustres:

61,25% (sessenta e um inteiros e vinte e cinco centésimos por cento) serão entregues aos Estados produtores;

17,5% (dezessete inteiros e cinco décimos por cento) serão entregues aos Municípios produtores;

8,75% (oito inteiros e setenta e cinco centésimos por cento) serão entregues aos Municípios afetados por operações de embarque e desembarque de petróleo, gás natural ou outro hidrocarboneto fluido, na forma e critérios estabelecidos pela ANP;

d) 12,5% (doze inteiros e cinco décimos por cento) para a União, a ser destinado ao Fundo Social, instituído pela Lei nº 12.351, de 22 de dezembro de 2010, deduzidas as parcelas destinadas aos órgãos da Administração Direta da União, nos termos do Regulamento;

II – quando a lavra ocorrer na plataforma continental, no mar territorial ou na zona econômica exclusiva observar-se-á a distribuição aplicável aos contratos sob regime de partilha, de que trata o art. 42-B da Lei nº 12.351, de 22 de dezembro de 2010." (NR)

Art. 49-A suprimido.
Art. 49-B suprimido.
Art. 49-C suprimido.

"**Art. 50** ....
....
....
....

§ 2º Os recursos da participação especial serão distribuídos da seguinte forma:

I – 23% (vinte e três por cento) para os Estados produtores ou confrontantes;

II – 5% (cinco por cento) para os Municípios

produtores ou confrontes:

III – 72% (setenta e dois por cento) para a União, observados os seguintes percentuais sobre o montante a ser distribuído a que se refere o caput:

a) 30% (trinta por cento) para o Fundo Especial, de natureza contábil, a ser distribuído com os Estados, o Distrito Federal e os Municípios;

b) 42% (quarenta e dois por cento) para o Fundo Social, instituído pela Lei nº 12.531, de 2010, deduzidas as parcelas destinadas a órgãos da Administração Direta Federal, nos termos do Regulamento." (NR)

Art. 50-A suprimido.
Art. 50-B suprimido.
Art. 50-C suprimido.
Art. 50-D suprimido
Art. 50-E suprimido.
Art. 50-F suprimido.

Art. 4º (com renumeração dos atuais arts. 4º e 5º do Substitutivo) Os recursos destinados ao Fundo Especial, de que tratam a alínea *a* do inciso III do § 2º do art. 50 da Lei nº 9.478, de 6 de agosto de 1997, bem como o item 1 da alínea *d* do inciso I e o item 1 da alínea *d* do inciso II, ambos do art. 42-B da Lei nº 12.351, de 22 de dezembro de 2010, serão repartidos da seguinte forma:

I – 50% (cinquenta por cento) para os Estados e o Distrito Federal;

II – 50% (cinquenta por cento) para os Municípios.

§ 1º Os recursos transferidos à conta do Fundo Especial serão aplicados exclusivamente em:

I – investimentos em saneamento básico e ambiental;

II – investimentos em transporte público;

III – investimentos em infraestrutura de transportes.

§ 2º Os investimentos a que se refere o § 1º serão realizados, preferencialmente, no âmbito de programas de cooperação intergovernamental, a que se refere o parágrafo único do art. 23 da Constituição.

§ 3º O disposto nos §§ 1º e 2º não se aplica aos recursos entregues aos Estados, ao Distrito Federal e aos Municípios, em decorrência de participação no resultado da exploração de petróleo, de gás natural e de outros hidrocarbonetos fluidos, de que trata o § 1º do art. 20 da Constituição.

§ 4º Observada a repartição estabelecida nos incisos I e II do *caput*, as transferências à conta do Fundo Especial serão realizadas da seguinte forma:

I – parcela dos recursos será destinada aos Estados, ao Distrito Federal e aos Municípios produtores, confrontantes ou afetados por operações de embarque e desembarque de petróleo, gás natural ou outro hidrocarboneto fluido, com o objetivo, se for o caso, de complementar, em cada mês, o valor entregue à entidade beneficiária, no correspondente mês do exercício financeiro de 2012, corrigido pela variação acumulada, nos 12 (doze) meses imediatamente anteriores, do Índice Nacional de Preços ao Consumidor Amplo (IPCA) ou outro índice que vier a sucedê-lo;

II – o montante que exceder os recursos transferidos em conformidade com o inciso I será transferido para as demais entidades federativas.

§ 5º Os valores a serem transferidos, na hipótese do inciso I do § 4º:

I – não poderão ser inferiores ao que a entidade beneficiária receberia, se aplicado o disposto no inciso II do § 4º;

II – observarão o disposto nos §§ 1º e 2º.

§ 6º Os critérios de rateio dos recursos transferidos na forma do inciso II do § 4º serão aplicáveis ao Fundo de Participação dos Estados e do Distrito Federal (FPE) e ao Fundo de Participação dos Municípios (FPM), conforme se trate de transferências à conta, respectivamente, do inciso I e do inciso II do *caput*.

§ 7º A partir do exercício de 2018, os critérios de rateio a que se refere o § 6º serão substituídos por critério específico, estabelecido em lei, que tenha por base, em relação à entidade beneficiária, a capacidade fiscal e as carências nas áreas a que se refere o § 1º.

Art. 5º Ficam revogados:

I – o art. 49 e os §§ 3º e 4º do art. 50, todos da Lei nº 9.478, de 6 de agosto de 1997;

II – o inciso IV e o § 1º do art. 49 da Lei nº 12.351, de 22 de dezembro de 2010.

Art. 6º (repete o conteúdo do art. 5º do Substitutivo)

JUSTIFICAÇÃO

Estas sugestões de emendas têm por propósito aperfeiçoar a redação do Substitutivo ao Projeto de Lei nº 448, de 2011, já aprovado no Senado Federal e em apreciação na Câmara dos Deputados, especificamente nos seguintes aspectos:

a) proceder, com clareza, à distinção entre os recursos, oriundos de *royalties* ou participações especiais vinculados à exploração de petróleo, gás natural ou outro hidrocarboneto fluido, entregues aos Estados, ao Distrito Federal e aos Municípios, em virtude de sua condição de produtores, confrontantes ou afetados por operações de embarque e desembarque daqueles produtos, por força do § 1º do art. 20º da Constituição, daqueles que são transferidos àquelas entidades em virtude de norma infraconstitucional;

b) simplificar as regras e procedimentos associados às mencionadas transferências;

c) reduzir a grande heterogeneidade dos critérios de distribuição das receitas de *royalties* e participações especiais associadas à exploração de petróleo, gás natural e outros hidrocarbonetos fluidos;

d) promover uma transição gradual para os novos critérios, à medida que se asseguram transferências para as entidades beneficiárias, que sejam produtoras, confrontantes ou afetadas por operações de embarque e desembarque, recursos que, somados aos entregues no próprio exercício sejam iguais, em termos reais, aos que foram entregues no exercício de 2012;

e) vincular as transferências a investimentos em saneamento básico e ambiental, transportes públicos e infraestrutura de transportes – áreas sabidamente carentes de recursos, para consecução de níveis mínimos de qualidade compatíveis com o padrão de desenvolvimento brasileiro, ademais de evitar que recursos sujeitos à grande incerteza sejam canalizados para gastos de custeio que usualmente se tornam incompressíveis;

f) esclarecer que os recursos entregues, por força do art. 20, § 1º, da Constituição não se sujeitam a vinculações de despesa, em conformidade com entendimento já firmado no âmbito do Supremo Tribunal Federal (Mandado de Segurança nº 24.132-1 – Distrito Federal);

g) estabelecer que, a partir de 2018, o rateio das transferências, que não observem o critério de complementaridade da entrega efetivada em 2012, em lugar dos critérios aplicáveis ao FPE e ao FPM, deverá obedecer a critério específico, estabelecido em lei, que tenha por base, em relação à entidade beneficiária, a capacidade fiscal e as carências em relação às áreas de aplicação vinculada.

A anexa tabela estabelece apresenta os coeficientes de distribuição das receitas provenientes da exploração de petróleo, gás natural e outros carbonetos fluidos, confrontando-se a situação atual, a constante no substitutivo do Projeto de Lei do Senado nº 448, de 2011, e a que decorria em virtude do acolhimento dessas emendas. De ressaltar que a distribuição não dispensa a observância da transição gradual, assinalada no item d dessa Justificação.

Tabela
Distribuição das Receitas provenientes da exploração de Petróleo, Gás e outros Hidrocarbonetos Fluídos (em %)

Regime de Concessão	Situação Atual (Lei 9.478, de 1997). Concessão Royalties			PLS 448/2011 (PL 2.565, de 2011). Concessão Royalties			Proposta da Comissão Concessão Royalties		
	Terra	Mar	Partic. Especial	Terra	Mar	Partic. Especial	Terra	Mar	Partic. Especial
Estados Produtores	61,25	26,25	40,00	61,25	20,00	20,00	61,25	22,00	23,00
Munic. Produtores	17,50	26,25	10,00	17,50	4,00	4,00	17,50	4,00	5,00
Munic. Afetados	8,75	8,75		8,75	2,00	0,00	8,75	2,00	0,00
União	12,50	30,00	50,00	12,50	20,00	46,00	12,50	22,00	42,00
Fundo Especial		8,75			54,00	30,00		50,00	30,00
Estados		1,75			27,00	15,00		25,00	15,00
Municípios		7,00			27,00	15,00		25,00	15,00

Regime de Partilha	Situação Atual (lei 12.351, de 2011). Partilha			PLS 448/2011 (PL 2.565, de 2011). Partilha			Proposta da Comissão Partilha		
	Royalties Terra	Mar	Óleo Excedente	Royalties Terra	Mar	Óleo Excedente	Royalties Terra	Mar	Óleo Excedente
Estados Produtores				20,00	22,00		20,00	22,00	
Munic. Produtores	Não dispõe			10,00	5,00		10,00	4,00	Não
Munic. Afetados	sobre			5,00	2,00		5,00	2,00	dispõe
União	a distribuição de		100,00	15,00	20,00	100,00	15,00	22,00	sobre
Fundo Especial	royalties			50,00	51,00		o 50,00	50,00	tema.
Estados				25,00	25,50		25,00	25,00	Implica
Municípios				25,00	125,50		25,00	25,00	a mesma distrib.do PLS448/11

Obs: i) As distribuições do PLS 448/2011 referem-se às alíquotas que irão prevalecer após o término da tramitação. Ii) No regime de partilha não existe Participação Especial, e sim a Parcela do Óleo Excedente, que a União destina ao Fundo Social.

PARTE III - ANEXOS

Anexo I
Texto integral do SUBSTITUTIVO da PEC 31-A/2008 (PEC 233/2008) aprovado na Comissão Especial da Câmara dos Deputados

Depois de reproduzir na íntegra o parecer e voto do relator da Comissão Especial destinada a proferir parecer à PEC 31-A, de 2007, que liderava a lista de Propostas em exame, à qual foi anexada a PEC 233, de 2008, última oferta do governo Lula ao Congresso Nacional, juntar o texto integral do SUBSTITUTO elaborado pelo relator deputado Sandro Mabel **é providência necessária**.

Depois desse SUBSTITUTIVO nada se fez de substancial no debate sobre a necessária reforma do Sistema Tributário Nacional, apesar da análise crítica no capítulo VII da Parte I.

SUBSTITUTIVO DO RELATOR - Aprovado na **Comissão Especial**

Altera o Sistema Tributário Nacional e dá outras providências.

AS MESAS DA CÂMARA DOS DEPUTADOS E DO SENADO FEDERAL, nos termos do art. 60 da Constituição Federal, promulgam a seguinte Emenda ao texto constitucional:

Art. 1º A Constituição Federal passa a vigorar com os seguintes artigos alterados ou acrescidos:

"Art. 20. ....

§ 1º É assegurada, nos termos da lei, aos Estados, ao Distrito Federal e aos Municípios, bem como a órgãos da administração direta da União, participação no resultado da exploração de petróleo ou gás natural, de recursos hídricos para fins de geração de energia elétrica e de outros recursos minerais no respectivo território, plataforma continental, mar territorial ou zona econômica exclusiva, ou compensação financeira por essa exploração, cobrada, no caso de outros recursos minerais, sobre o faturamento bruto.

...."(NR)

"Art. 34..

V - ....

c) retiver parcela do imposto previsto no art. 155, II, devida a outro Estado ou ao Distrito Federal;

...."(NR)

"Art. 36..

V - no caso do art. 34, V, 'c', de solicitação do Poder Executivo de qualquer Estado ou do Distrito Federal;

...."(NR)

"Art. 37...

§ 13. Lei complementar estabelecerá as normas gerais aplicáveis às administrações tributárias da União, dos Estados, do Distrito Federal e dos Municípios, dispondo inclusive sobre direitos, deveres, garantias e prerrogativas de seus servidores, titulares das carreiras específicas mencionadas no inciso XXII."(NR)

"Art. 61...

§ 3º Os projetos de lei complementar que tratem de matéria relativa ao imposto previsto no art. 155, II, terão sua discussão e votação iniciadas no Senado Federal e a iniciativa para sua apresentação caberá exclusivamente:

I - a qualquer membro ou comissão da Câmara dos Deputados, do Senado Federal ou do Congresso Nacional;

II - a um terço dos Governadores de Estado e Distrito Federal ou das Assembleias Legislativas, manifestando-se, cada uma delas, pela maioria relativa de seus membros, desde que estejam representadas, em ambos os casos, todas as Regiões do País.

§ 4º Quando proposição de que trata o § 3º deste artigo tiver como autor membro ou comissão da Câmara dos Deputados, ela será protocolada perante a Presidência do Congresso Nacional, que a encaminhará ao Senado Federal para o início da tramitação."(NR)

"Art. 105...
.... III - ....
d) contrariar a lei complementar e as resoluções do Senado Federal relativas ao imposto a que se refere o art. 155, II, bem como a regulamentação de que trata o art. 155, § 2º, XIII, negar-lhes vigência ou lhes der interpretação divergente da que lhes tenha atribuído outro tribunal.

...."(NR)

"Art. 114...

VIII - a execução, de ofício, das contribuições sociais previstas no art. 195, I e II, e seus acréscimos legais, decorrentes das sentenças que proferir;

...."(NR)

"Art. 129. ....

§ 6º A ação penal pública, relativa aos crimes contra a ordem tributária, somente será promovida após proferida a decisão final na esfera administrativa."(NR)

"Art. 145. ....
§ 3º Na instituição e na gradação de tributos, poderá ser considerado o princípio do poluidor-pagador."(NR)

"Art. 146...
.... III - ....

d) definição de tratamento diferenciado e favorecido para as microempresas e para as empresas de pequeno porte, inclusive regimes especiais ou simplificados no caso dos impostos previstos nos arts. 153, IV e VIII, 155, II, 156, III, e da contribuição prevista no art. 195, I;

IV - estabelecer código de defesa do contribuinte, dispondo sobre seus direitos e garantias.

...."(NR)

"Art. 150..

.... VI - ....

e) operações de reciclagem obrigatórias por força de legislação aplicável em todo o território nacional.

§ 6º-A. A anistia ou remissão poderá ser concedida mediante transação, nos limites e condições autorizados em lei federal, estadual, distrital ou municipal, sem prejuízo do disposto no art. 155, § 2º, XII, 'g'.

...."(NR)

"Art. 151..
Parágrafo único. A vedação do inciso III não se aplica aos tratados internacionais, quando aprovados na forma do art. 49,

I, por maioria de votos equivalente à exigida para aprovação de lei complementar."(NR)

"Art. 153..

VIII - operações onerosas com bens ou serviços, ainda que se iniciem no exterior;

....

§ 6º O imposto de que trata o inciso VIII:

I - será não-cumulativo, compensando-se o que for devido em cada operação com o montante cobrado nas anteriores, nos termos da lei, observado o seguinte:

a) será assegurado o crédito relativo às operações com bens e serviços empregados, usados ou consumidos na atividade econômica, ressalvadas as exceções previstas em lei relativas a bens ou serviços caracterizados como de uso ou consumo pessoal;

b) relativamente a operações sujeitas a alíquota zero, isenção ou não-incidência, não implicará crédito para compensação com o montante devido nas operações seguintes, salvo determinação em contrário em lei;

c) relativamente a operações sujeitas a isenção ou não-incidência, acarretará anulação do crédito relativo às operações anteriores, salvo determinação em contrário em lei;

d) terá assegurado o aproveitamento de saldos credores, nos termos de lei;

II - incidirá:

a) nas importações, a qualquer título;

b) nas operações não-onerosas previstas em lei;

III - não incidirá:

a) nas exportações, garantida a manutenção e o aproveitamento do imposto cobrado nas operações anteriores;

b) na mera movimentação financeira;

IV - poderá integrar sua própria base de cálculo.

§ 7º Para efeito do imposto previsto no inciso VIII, as operações com direitos são consideradas operações com serviços.

§ 8º Do produto da arrecadação do imposto sobre exportação, previsto no inciso II do caput, será assegurada a transferência da parcela correspondente à alíquota de dois por cento ao Estado ou Distrito Federal, consideradas as respectivas exportações, nos seguintes termos:

I - setenta e cinco por cento para o próprio Estado;

II - vinte e cinco por cento para os seus Municípios, observados os critérios estabelecidos no art. 158, parágrafo único.

§ 9º A transferência de que trata o § 8º corresponderá ao total do imposto sobre a respectiva exportação, no caso de a alíquota ser igual ou inferior a dois por cento."(NR)

"Art.155. ....

§ 2º O imposto previsto no inciso II, uniforme em todo o território nacional, será instituído por lei complementar, observado o disposto no art. 61, §§ 3º e 4º, e atenderá o seguinte:

II - ....

b) não acarretará a anulação do crédito relativo às operações ou prestações anteriores;

....

IV - as alíquotas do imposto serão definidas da seguinte forma:

a) lei complementar estabelecerá as alíquotas do imposto, definindo, dentre elas, a alíquota padrão aplicável a todas as hipóteses não sujeitas a outra alíquota;

b) resolução do Senado Federal, aprovada pela maioria de seus membros, definirá o enquadramento de mercadorias e serviços nas alíquotas diferentes da alíquota padrão, exclusivamente mediante aprovação ou rejeição de proposição de iniciativa:

1. de um terço dos Governadores de Estado e Distrito Federal ou das Assembleias Legislativas, manifestando-se, cada uma delas, pela maioria relativa de seus membros, desde que estejam representadas, em ambos os casos, todas as Regiões do País;

2. do órgão de que trata o inciso XV, desde que estejam representadas todas as Regiões do País;

V - lei complementar definirá as mercadorias e serviços que poderão ter sua alíquota aumentada ou reduzida por lei estadual, bem como os limites e condições para essas alterações, não se aplicando nesse caso o disposto no inciso IV;

....

VII - relativamente a operações e prestações interestaduais, nos termos de lei complementar:

a) o imposto pertencerá ao Estado de destino da mercadoria ou serviço, salvo em relação à parcela de que trata a alínea 'b';

b) a parcela do imposto equivalente à incidência de dois por cento sobre o valor da base de cálculo do imposto pertencerá ao Estado de origem da mercadoria ou serviço, salvo nos casos de operações e prestações sujeitas a uma incidência inferior à prevista nesta alínea, hipótese na qual o imposto pertencerá integralmente ao Estado de origem;

c) poderá ser estabelecida a exigência integral do imposto pelo Estado de origem da mercadoria ou serviço, hipótese na qual:

1. o imposto será exigido com aplicação das alíquotas vigentes no Estado de destino;

2. o Estado de origem ficará obrigado a transferir montante equivalente ao valor do imposto de que trata a alínea 'a' ao Estado de destino, independentemente de apuração de saldo credor ou de pagamento de imposto por parte do sujeito passivo, podendo ser utilizada câmara de compensação entre todas as unidades federadas;

3. o montante de que trata o item 2 integrará as receitas do Estado de destino e não será computado nas receitas do Estado de origem, inclusive para fins de apuração da base de cálculo das repartições de receitas e vinculações constitucionais e legais;

4. na hipótese de utilização de câmara de compensação, será destinado percentual da arrecadação total do imposto do Estado para assegurar a liquidação das suas obrigações junto à câmara;

5. a câmara de compensação poderá ser implementada por tipo de mercadoria ou serviço ou por setor de atividade econômica;

6. as receitas do imposto de que trata este parágrafo

e das transferências previstas no art. 159, I, dos Estados e do Distrito Federal garantirão a liquidação de suas respectivas obrigações relativas às operações e prestações interestaduais, inclusive junto à câmara de compensação, mediante execução pela União, autorizado o sequestro de recursos em conta do ente inadimplente;

.... IX - ....

b) sobre o valor total da operação ou prestação, quando as mercadorias forem fornecidas ou os serviços forem prestados de forma conexa, adicionada ou conjunta, com serviços não compreendidos na competência tributária dos Municípios;

c) sobre operações com arquivos eletrônicos não elaborados por encomenda, inclusive os que contenham imagem, som ou programas de computador, ainda que transmitidos eletronicamente;

d) sobre transferências de mercadorias entre estabelecimentos do mesmo titular e de bens em operações interestaduais entre estabelecimentos do mesmo titular;

.... XII - ....

a) definir fatos geradores e contribuintes;

d) fixar, inclusive para efeito de sua cobrança e

definição do estabelecimento responsável, o local das operações e prestações;

....

g) dispor sobre competências, atribuições e funcionamento do órgão de que trata o inciso XV, definindo o regime de aprovação das matérias;

....

j) assegurar o aproveitamento dos saldos credores do imposto;

l) dispor sobre regimes especiais ou simplificados de tributação, inclusive para atendimento ao disposto no art. 146, III, 'd';

m) disciplinar o processo administrativo fiscal;

n) dispor sobre a retenção de transferências constitucionais e voluntárias a Estados e ao Distrito Federal, na hipótese de descumprimento das normas que disciplinam o exercício da competência do imposto, especialmente do disposto nos incisos VII, XIII e XIV, bem como sobre o respectivo processo administrativo de apuração do descumprimento dessas normas;

XIII - terá regulamentação única, vedada a adoção de norma estadual autônoma, ressalvadas as hipóteses previstas neste artigo;

XIV - as isenções ou quaisquer incentivos ou benefícios fiscais vinculados ao imposto serão definidos:

a) pelo órgão de que trata o inciso XV, que, salvo nas situações excepcionais permitidas na lei complementar, serão uniformes em todo território nacional;

b) na lei complementar, para atendimento ao disposto no art. 146, III, 'd', e para hipóteses relacionadas a regimes aduaneiros não compreendidos no regime geral;

XV - compete a órgão colegiado, presidido por representante da União, sem direito a voto, e integrado por representante de cada Estado e do Distrito Federal:

a) editar a regulamentação de que trata o inciso XIII;

b) autorizar a edição de lei estadual ou distrital que regule a transação e a concessão de anistia, remissão e moratória, observado o disposto no art. 150, §§ 6o e 6o-A;

c) estabelecer critérios para a concessão de parcelamento de débitos fiscais;

d) fixar as formas e os prazos de recolhimento do imposto;

e) estabelecer critérios e procedimentos de controle e fiscalização extraterritorial;

f) exercer outras competências definidas em lei complementar.

§ 3º À exceção dos impostos de que tratam o inciso II do caput deste artigo e o art. 153, I, II e VIII, nenhum outro imposto poderá incidir sobre operações relativas a energia elétrica, serviços de telecomunicações, derivados de petróleo, combustíveis e minerais do País.

....

§ 7º A incidência do imposto de que trata o inciso II do caput, em relação à energia elétrica, ocorre também em todas as etapas anteriores à operação final, inclusive nas de importação, de produção, de transmissão, de distribuição, de conexão e de conversão."(NR)

"Art. 156. ....

§ 3º ....

IV - fixar o local de incidência do imposto e definir estabelecimento prestador, para os fins de fiscalização, cobrança e arrecadação;

V - prever a incidência sobre serviços provenientes do exterior do País ou cuja prestação se tenha iniciado no exterior do País.

§ 5º Não integrará a base de cálculo do imposto previsto no inciso III o valor dos materiais fornecidos pelo prestador nos serviços relacionados à execução de obras de engenharia e suas reformas."(NR)

'Seção VI

Da Repartição e Destinação de Receitas Tributárias

"Art. 157. Pertencem aos Estados e ao Distrito Federal o produto da arrecadação do imposto da União sobre renda e proventos de qualquer natureza, incidente na fonte, sobre rendimentos pagos, a qualquer título, por eles, suas autarquias e pelas fundações que instituírem e mantiverem."(NR)

"Art. 158...

Parágrafo único. ....

I - três quartos, no mínimo, na proporção do valor adicionado nas operações relativas à circulação de mercadorias e nas prestações de serviços, realizadas em seus territórios, dos quais a nenhum Município será entregue proporção maior que quatro vezes a correspondente à de sua população na população do Estado;

...."(NR)

"Art. 159. A União:

I - entregará, do produto da arrecadação dos impostos a que se refere o art. 153, III, IV e VIII, e dos instituídos nos termos do art. 154, I:

a) onze inteiros e um décimo por cento, ao Fundo de Participação dos Estados e do Distrito Federal;

b) ao Fundo de Participação dos Municípios:

1. onze inteiros e seis décimos por cento;

2. cinco décimos por cento, no primeiro decêndio do mês de dezembro de cada ano;

c) os seguintes percentuais ao Fundo Nacional de Desenvolvimento Regional, segundo diretrizes da Política Nacional de Desenvolvimento Regional:

1. um inteiro e cinco décimos por cento para aplicação em programas de financiamento ao setor produtivo das Regiões Norte, Nordeste e Centro-Oeste, por meio de suas instituições financeiras de caráter regional, de acordo com os planos regionais de desenvolvimento, ficando assegurada ao semi-árido do Nordeste a metade dos recursos destinados à região, na forma que a lei estabelecer;

2. cinco décimos por cento para aplicação em programas de desenvolvimento econômico e social, segundo diretrizes estabelecidas pelos organismos regionais a que se refere art. 43, § 1º, II, nas regiões onde houver, assegurados,

no mínimo, noventa por cento nas Regiões Norte, Nordeste e Centro-Oeste;

3. onze centésimos por cento para transferência a fundos estaduais, para aplicação em investimentos voltados ao desenvolvimento econômico das áreas menos desenvolvidas do País nas Regiões Sul e Sudeste;

4. oito décimos por cento para transferência a fundos estaduais e distrital de desenvolvimento das Regiões Norte, Nordeste e Centro-Oeste, para aplicação em investimentos em infraestrutura voltados para a manutenção e atração de empreendimentos do setor produtivo, incluindo subvenções econômicas e financeiras, na forma da lei estadual ou distrital;

d) nove décimos por cento ao Fundo de Equalização de Receitas, para entrega aos Estados e ao Distrito Federal;

II - destinará, do produto da arrecadação dos impostos a que se refere o art. 153, III, IV e VIII:

a) trinta e nove inteiros e sete décimos por cento, ao financiamento da seguridade social;

b) seis inteiros e cinco décimos por cento, nos termos do art. 239;

c) dois inteiros e três décimos por cento, ao financiamento de investimentos em infra-estrutura de transportes;

d) o percentual fixado em lei complementar, ao financiamento da educação básica, nos termos do art. 212, §§ 5o e 6o;

§ 1º Para efeito de cálculo das entregas e destinações estabelecidas neste artigo, excluir-se-á a parcela da arrecadação do imposto de renda e proventos de qualquer natureza pertencente aos Estados, ao Distrito Federal e aos Municípios, nos termos do disposto nos arts. 157 e 158, I.

§ 2º Do montante de recursos de que trata o inciso I, 'd', que cabe a cada Estado, setenta e cinco por cento serão entregues diretamente ao próprio Estado e vinte e cinco por cento aos respectivos Municípios, observados os critérios a que se refere o art. 158, parágrafo único.

§ 3º A União entregará vinte e nove por cento da destinação de que trata o inciso II, 'c', a Estados, Distrito Federal e Municípios, para aplicação em investimento na infraestrutura de transportes, distribuindo-se, na forma da lei, setenta e cinco por cento aos Estados e Distrito Federal e vinte e cinco por cento aos Municípios.

§ 4º A destinação de que trata o inciso II, 'c', será reduzida no montante de recursos destinado ao cumprimento do disposto no art. 177, § 4º, II, 'c'.

§ 5º Os recursos entregues aos fundos estaduais e distrital, nos termos do inciso I, 'c', 3 e 4, não serão considerados na apuração das bases de cálculo das vinculações constitucionais dos respectivos Estados e Distrito Federal."(NR)

"Art. 160...

§ 1º A vedação prevista neste artigo não impede a União e os Estados de condicionarem a entrega de recursos:

I - ao pagamento de seus créditos, inclusive de suas autarquias;

II - ao cumprimento do disposto no art. 198, § 2º, incisos II e III.

§ 2º A vedação prevista neste artigo não impede a União de efetuar a retenção de transferência:

I - na hipótese de que trata o art. 155, § 2o, XII, 'n';

II - para liquidação de obrigações entre Estados e Distrito Federal relativas ao imposto de que trata o art. 155, II, decorrentes de operações e prestações interestaduais, inclusive junto à câmara de compensação de que trata o art. 155, § 2º, VII, 'c', 2."(NR)

"Art. 161...

I - definir valor adicionado e dispor sobre a aplicação dos critérios de repartição das receitas, para fins do disposto no art. 158, parágrafo único, I;

II - estabelecer normas sobre a entrega dos recursos de que trata o art. 159, I, 'a' e 'b', especialmente sobre seus critérios de rateio, objetivando promover o equilíbrio sócio-econômico entre Estados e entre Municípios;

....

IV - estabelecer normas para a aplicação e distribuição dos recursos do Fundo Nacional de Desenvolvimento Regional;

V - estabelecer normas sobre a entrega dos recursos de que trata o art. 159, I, 'd', especialmente sobre seus critérios de rateio, objetivando a recomposição e equalização de receitas de Estados e Distrito Federal, e definir fontes e montante adicionais de recursos, caso necessário.

§ 1º O Tribunal de Contas da União efetuará o cálculo das quotas referentes aos fundos a que alude o inciso II e verificará o cumprimento do disposto no § 2º.

§ 2º Os fundos previstos no art. 159, I, 'c', 3 e 4, poderão ter aportes adicionais com dotação dos orçamentos estaduais ou distrital, sendo que os respectivos aportes, até os limites abaixo, calculados sobre a receita do imposto previsto no art. 155, II, não serão considerados na apuração das bases de cálculo das vinculações constitucionais:

I - cinco décimos por cento, no caso de o produto interno bruto estadual ou distrital corresponder a mais de vinte e cinco por cento do nacional;

II - um inteiro e quatro décimos por cento, no caso de o produto interno bruto estadual ou distrital situar-se entre mais de nove por cento e vinte e cinco por cento do nacional;

III - dois por cento, no caso de o produto interno bruto estadual ou distrital situar-se entre mais de cinco por cento e nove por cento do nacional;

IV - três inteiros e cinco décimos por cento, no caso de o produto interno bruto estadual ou distrital situar-se entre mais de dois por cento e cinco por cento do nacional;

V - cinco por cento, no caso de o produto interno bruto estadual ou distrital situar-se entre mais de um inteiro e cinco décimos por cento e dois por cento do nacional;

VI - doze por cento, nos demais casos."(NR)

"Art. 161-A. A repartição de receitas tributárias poderá contemplar critérios que considerem a proteção ambiental."(NR)

"Art. 167..

XI - a utilização dos recursos provenientes das contribuições sociais de que trata o art. 195, I e II, e seus §§ 8º e 12, e da destinação de que trata o seu § 13, I, para a realização de despesas distintas do pagamento de benefícios do regime geral de previdência social de que trata o art. 201.

....

§ 4º É permitida a vinculação de receitas próprias geradas pelos impostos a que se referem os arts. 155 e 156, e dos recursos de que tratam os arts. 157, 158 e 159, I, 'a', 'b', 'c', 3 e 4, e 'd', para a prestação de garantia ou contragarantia à União e para pagamento de débitos para com esta.

§ 5º É permitida a vinculação de receitas do imposto a que se refere o art. 155, II, e dos recursos de que trata o art. 159, I, 'a', 'c', 3 e 4, e 'd', para garantia de obrigações entre Estados e Distrito Federal relativas ao citado imposto, decorrentes de operações e prestações interestaduais, e para entrega à câmara de compensação a que se refere o art. 155, § 2º, VII, 'c', 2."(NR)

"Art. 195. A seguridade social será financiada por toda a sociedade, de forma direta e indireta, nos termos da lei, mediante recursos provenientes dos orçamentos da União, dos Estados, do Distrito Federal e dos Municípios, da destinação estabelecida no art. 159, II, 'a', e das seguintes contribuições sociais:

I - do empregador, da empresa e da entidade a ela equiparada na forma da lei, incidentes sobre a folha de salários e demais rendimentos do trabalho pagos ou creditados, a qualquer título, à pessoa física que lhe preste serviço, mesmo sem vínculo empregatício;

....

V - sobre as grandes fortunas.

....

§ 4º Poderão ser instituídas, mediante lei complementar, outras contribuições destinadas a manutenção ou expansão da seguridade social, desde que não tenham fato gerador ou base de cálculo próprios dos impostos ou contribuições discriminados nesta Constituição, bem como, mediante lei, outras fontes de financiamento.

....

§ 11. É vedada a concessão de remissão ou anistia das contribuições sociais de que tratam os incisos I e II deste artigo, para débitos em montante superior ao fixado em lei complementar.

§ 12. Nos termos de lei, a agroindústria, as cerealistas, o produtor rural pessoa física ou jurídica, o consórcio simplificado de produtores rurais, a cooperativa de produção rural e a associação desportiva podem ficar sujeitos a contribuição sobre a receita, o faturamento ou o resultado de seus negócios, em substituição à contribuição de que trata o inciso I do caput, hipótese na qual não se aplica o disposto no art. 149, § 2o, I.

§ 13. Lei poderá estabelecer a substituição parcial da contribuição incidente na forma do inciso I do caput deste artigo por um aumento de alíquota do imposto a que se refere o art. 153, VIII, hipótese na qual:

I - percentual do produto da arrecadação do imposto a que se refere o art. 153, VIII, será destinado ao financiamento da previdência social;

II - os recursos destinados nos termos do inciso I:

a) não se sujeitarão ao disposto no art. 159;

b) serão deduzidos da arrecadação dos impostos da União para fins da aplicação do disposto no art. 212."(NR)

"Art. 198...

§ 2º...

II - no caso dos Estados e do Distrito Federal, o produto da arrecadação dos impostos a que se referem os art. 155 e dos recursos de que tratam os arts. 157 e 159, I, 'a' e 'd', deduzidas as parcelas que forem transferidas aos respectivos Municípios;

III - no caso dos Municípios e do Distrito Federal, o produto da arrecadação dos impostos a que se refere o art. 156 e dos recursos de que tratam os arts. 158 e 159, I, 'b', 1, e 'd', e § 2o.

...."(NR)

"Art. 212..

§ 1º Para efeito do cálculo previsto neste artigo:

I - a parcela da arrecadação de impostos transferida pela União aos Estados, ao Distrito Federal e aos Municípios, ou pelos Estados aos respectivos Municípios, não é considerada receita do governo que a transferir;

II - são deduzidas da arrecadação dos impostos da União a que se refere o art. 159, II, as destinações de que trata o referido inciso.

....

§ 5º A educação básica pública terá como fonte adicional de financiamento a destinação de que trata o art. 159, II, 'd'.

§ 6º As cotas estaduais e municipais da destinação a que se refere o § 5o serão distribuídas proporcionalmente ao número de alunos matriculados na educação básica nas respectivas redes públicas de ensino."(NR)

"Art. 239. A arrecadação decorrente da contribuição das pessoas jurídicas de direito público, de que trata a Lei Complementar nº 8, de 3 de dezembro de 1970, e a destinação estabelecida no art. 159, II, 'b', financiarão, nos termos que a lei dispuser, o programa do seguro-desemprego e o abono de que trata o § 3o deste artigo.

...."(NR)

Art. 2º Os artigos do Ato das Disposições Constitucionais Transitórias a seguir enumerados passam a vigorar com a seguinte redação:

"Art. 60..

II - os Fundos referidos no inciso I do caput deste artigo serão constituídos por vinte por cento dos recursos a que se referem os incisos I, II e III do art. 155; os incisos II, III e IV do caput do art. 158; e as alíneas 'a', 'b', 1, e 'd', do inciso I do caput do art. 159, todos da Constituição, e distribuídos entre cada Estado e seus Municípios, proporcionalmente ao número de alunos das diversas etapas e modalidades da educação básica presencial, matriculados nas respectivas redes, nos respectivos ambitos de atuação prioritária estabelecidos nos §§ 2o e 3o do art. 211 da Constituição Federal;

§ 5º..

I - no caso do imposto e das transferências constantes do inciso II do caput do art. 155; do inciso IV do caput do art. 158; e das alíneas 'a', 'b', 1, e 'd', do inciso I do caput do art. 159 da Constituição Federal:

....

II - no caso dos impostos e transferências constantes dos incisos I e III do caput do art. 155; e dos incisos II e III do caput do art. 158 da Constituição Federal:

...."(NR)

"Art. 76...

§ 1º O disposto no caput deste artigo não alterará a base de cálculo das destinações a que se referem os arts. 153, § 5o; 157; 158, I e II; 159, I; e 159, II, 'd', da Constituição Federal.

§ 2º Para efeito do cálculo das deduções de que trata o art. 212, § 1o, II, da Constituição, considerar-se-ão, durante a vigência deste artigo, oitenta por cento da destinação a que se refere o art. 159, II, 'd', da Constituição Federal."(NR)

"Art. 77. ....

II - no caso dos Estados e do Distrito Federal, doze por cento do produto da arrecadação dos impostos a que se refere o art. 155 e dos recursos de que tratam os arts. 157 e 159, I, 'a' e 'd', deduzidas as parcelas que forem transferidas aos respectivos Municípios; e

III - no caso dos Municípios e do Distrito Federal, quinze por cento do produto da arrecadação dos impostos a que se refere o art. 156 e dos recursos de que tratam os arts. 158 e 159, I, b, 1, e § 2º.

...."(NR)

Art. 3º A lei que instituir o imposto de que trata o art. 153, VIII, da Constituição Federal:

I - assegurará a apropriação:

a) do crédito fiscal relativo a bens destinados ao ativo permanente do imposto;

1. no máximo, oito parcelas mensais, no primeiro ano da exigência em:

2. no máximo, quatro parcelas mensais, no segundo ano;

3. parcela única, no mês da aquisição do bem, a partir do terceiro ano;

b) dos saldos credores remanescentes das contribuições sociais incidentes sobre receita ou faturamento extintas pela presente Emenda Constitucional;

II - fixará alíquotas:

a) inferiores às incidentes nas operações com bens em geral, para as operações com serviços submetidos à incidência cumulativa das contribuições sociais sobre a receita ou faturamento extintas pelapresente Emenda Constitucional;

b) sobre o álcool para fins carburantes e o biodiesel, inferiores às aplicáveis sobre a gasolina e o diesel, respectivamente, salvo quando misturados com combustível de origem fóssil;

III - definirá, pelo prazo mínimo de três anos e para os produtos de origem animal ou vegetal destinados à alimentação humana ou animal alcançados pela Lei nº 10.925, de 23 de julho de 2004, tratamentos tributários que os desonerem de forma ou em grau equivalente ao previsto na citada lei, com a redação vigente na data da aprovação da lei de que trata o caput deste artigo.

Art. 4º Lei definirá reduções gradativas da alíquota da contribuição social de que trata o art. 195, I, da Constituição Federal, com redação dada por esta Emenda Constitucional, a serem efetuadas em um ponto percentual ao ano, do segundo ao sétimo ano subsequentes ao da promulgação desta Emenda Constitucional.

§ 1º O Poder Executivo encaminhará o projeto da lei de que trata este artigo no prazo de noventa dias da promulgação desta Emenda Constitucional.

§ 2º O projeto de lei previsto no § 1º deverá indicar fonte de financiamento ao Fundo do Regime Geral de Previdência Social, de que trata o art. 250, da Constituição Federal, de forma a compensar a redução de receita decorrente do disposto neste artigo, vedada a aplicação do art. 195, § 13, da Constituição Federal, com redação dada por esta Emenda Constitucional.

§ 3º Caso não aprovado o projeto de lei até o final do primeiro ano subsequente ao da promulgação desta Emenda Constitucional, aplica-se a redução mencionada no caput.

Art. 5º A contribuição para o salário-educação, de que trata o art.

212, § 5o, da Constituição Federal, as contribuições sociais para o financiamento da seguridade social (COFINS) e para o Programa de Integração Social (PIS) serão extintas a partir da exigência do imposto de que trata o art. 153, VIII, da Constituição Federal, e a contribuição social sobre o lucro líquido (CSLL), a partir da exigência do imposto de renda da pessoa jurídica majorado para compensar a extinção desta contribuição.

Art. 6º Até a exigência do imposto de que trata o art. 155, II, da Constituição Federal, nos termos do art. 155, § 2º, da Constituição Federal, com redação dada por esta Emenda Constitucional, serão observadas as seguintes regras de transição:

I - as alíquotas do imposto nas operações e prestações interestaduais e nas operações e prestações realizadas nas Regiões Sul e Sudeste, destinadas às Regiões Norte, Nordeste e Centro-Oeste e ao Estado do Espírito Santo, serão, respectivamente, em cada um dos seguintes anos subseqüentes ao da promulgação desta Emenda Constitucional:

a) onze inteiros e cinco décimos por cento e seis inteiros e cinco décimos por cento, no segundo ano;

b) onze por cento e seis inteiros e cinco décimos por cento, no terceiro ano;

c) onze por cento e seis por cento, no quarto ano;

d) dez inteiros e cinco décimos por cento e seis por cento, no quinto ano;

e) dez por cento e cinco inteiros e cinco décimos por cento por cento, no sexto ano;

f) nove por cento e cinco por cento, no sétimo ano;

g) oito por cento e cinco por cento, no oitavo ano;

h) seis inteiros e cinco décimos por cento e quatro por cento, no nono ano;

i) quatro por cento e quatro por cento, no décimo ano;

j) três por cento e três por cento, no décimo primeiro ano;

l) dois por cento e dois por cento, no décimo segundo ano;

II - lei complementar poderá disciplinar, relativamente às operações e prestações interestaduais, observada a adequação das alíquotas conforme o inciso I do caput deste artigo, a aplicação das regras previstas no art. 155, § 2º, VII, da Constituição Federal, com redação dada por esta Emenda Constitucional, hipótese em que serão aplicáveis as regras previstas nos arts. 34, V, "c", 36, V, 160, § 2º, e 167, § 5º, da Constituição Federal, com redação dada por esta Emenda Constitucional;

III - a apropriação do crédito fiscal relativo a mercadorias destinadas ao ativo permanente, observado o disposto na Lei Complementar nº 87, de 13 de setembro de 1996, será feita, a partir de cada um dos seguintes anos subsequentes ao da promulgação desta Emenda Constitucional:

a) em quarenta e quatro meses, no segundo ano;

b) em quarenta meses, no terceiro ano;

c) em trinta e dois meses, no quarto ano;

d) em vinte e quatro meses, no quinto ano;

e) em dezesseis meses, no sexto ano;

f) em oito meses, no sétimo ano;

g) no próprio mês, a partir do oitavo ano;

IV - a partir do primeiro ano subseqüente ao da promulgação desta Emenda Constitucional, relativamente às operações e prestações de que trata o art. 155, § 2º, VII, da Constituição Federal, com redação anterior à dada por esta Emenda Constitucional, que destinem bens e serviços a consumidor final não contribuinte do imposto localizado em outro Estado, caberá:

a) ao Estado do remetente, o imposto correspondente ao da aplicação da alíquota interestadual; e

b) ao Estado de localização do destinatário, o imposto correspondente à diferença entre a sua alíquota interna e a interestadual aplicada à operação;

V - ficam mantidas as exigências previstas nas legislações estaduais e distrital, vigentes na data da promulgação desta Emenda Constitucional, estabelecidas como condição à aplicação do diferimento do lançamento e pagamento do imposto;

VI - os adicionais criados, até 5 de julho de 2008, pelos Estados e pelo Distrito Federal, nos termos do art. 82, § 1º, do Ato das Disposições Constitucionais Transitórias terão vigência até 2020 inclusive naquilo em que estiverem em desacordo com o previsto nas Emendas Constitucionais nº 31, de 14 de dezembro de 2000, e nº 42, de 19 de dezembro de 2003, ou na lei complementar de que trata o art. 155, § 2º, XII, da Constituição Federal.

§ 1º Relativamente ao inciso II do caput deste

artigo, na hipótese de aplicação da regra de trata o art. 155, § 2º, VII, da Constituição Federal, com redação dada por esta Emenda Constitucional, serão inaplicáveis quaisquer benefícios ou incentivos fiscais do Estado de origem em relação à parcela do imposto equivalente à que deva ser transferida ao Estado de destino, salvo disposição em contrário expressa na legislação aprovada nos termos da Lei Complementar nº 24, de 7 de janeiro de 1975.

§ 2º Relativamente aos créditos fiscais de que trata o inciso III do caput deste artigo:

I - a lei estadual ou distrital poderá reduzir os prazos para a sua apropriação;

II - no caso de mercadorias adquiridas em exercícios anteriores a cada mudança de prazo, a apropriação do crédito passará a ser efetuada à razão do novo prazo estabelecido, na forma a ser disciplinada na lei complementar.

§ 3º Relativamente aos incentivos e benefícios fiscais ou financeiros do imposto, será observado o seguinte:

I - os incentivos e benefícios, que tenham sido concedidos até 5 de julho de 2008, sem observância aos requisitos preconizados pela Lei Complementar nº 24, de 1975, têm seus efeitos reconhecidos em relação à fruição desde a data de concessão até a data da promulgação desta Emenda Constitucional;

II - em relação aos incentivos e benefícios diretamente vinculados a atividade industrial, agropecuária, cultural, social e esportiva, e a programa habitacional, que tenham sido concedidos até 5 de julho de 2008, sem observância aos requisitos preconizados pela Lei Complementar nº 24, de 1975, os Estados e o Distrito Federal, em até cento e vinte dias contados da data da promulgação desta Emenda Constitucional, deverão:

 a) publicar, nos seus respectivos Diários Oficiais, relação contendo a identificação de todos os atos relativos a incentivos e benefícios fiscais e financeiros abrangidos pelo inciso I;

 b) efetuar o registro e o depósito da documentação comprobatória correspondente aos atos concessórios dos incentivos e benefícios mencionados no inciso I, junto ao Conselho Nacional de Política Fazendária, que deverá publicar a correspondente relação no Diário Oficial da União;

 III - os incentivos e benefícios reconhecidos, publicados, registrados e depositados nos termos do inciso II serão mantidos, a partir da data promulgação desta Emenda Constitucional, pelos prazos e nos termos previstos nos respectivos atos concessórios, nos estritos limites e alcance das regras desta transição, não podendo:

 a) ultrapassar o último ano da transição estabelecida no inciso I do caput deste artigo;

 b) implicar qualquer tratamento privilegiado a importações, considerando-se não mantido o incentivo ou benefício em relação às regras que impliquem financiamento, redução ou postergação do pagamento do imposto sobre essas operações;

 IV - fica vedada, a partir da data da promulgação desta Emenda Constitucional, a concessão ou prorrogação de isenção, redução de base de cálculo, crédito presumido ou quaisquer outros incentivos e benefícios fiscais ou financeiros relativos ao imposto, inclusive a novos contribuintes, dos incentivos e benefícios mantidos nos termos deste parágrafo;

V - o disposto no inciso IV não se aplica aos incentivos e benefícios fiscais ou financeiros definidos ou autorizados nos termos da Lei Complementar nº 24, de 7 de janeiro de 1975;

VI - fica dispensada a exigência dos créditos tributários do imposto relativos a incentivos e benefícios fiscais ou financeiros concedidos ou autorizados até 5 de julho de 2008, enquadrados na regra do inciso I, que tenham sido desconstituídos judicialmente por não atender ao disposto no art. 155, § 2º, XII, "g", da Constituição, com redação anterior à dada por esta Emenda Constitucional;

VII - os incentivos e benefícios diretamente vinculados a atividade industrial, agropecuária, cultural, social e esportiva, e a programa habitacional, que tenham sido concedidos entre 5 de julho de 2008 e a data da promulgação desta Emenda Constitucional, poderão ser mantidos, mediante submissão, pela unidade federada concedente, à deliberação do Conselho Nacional de Política Fazendária, observado o seguinte:

a) a unidade federada deverá apresentar os incentivos e benefícios ao Conselho Nacional de Política Fazendária, acompanhado de toda documentação concessória, no prazo de até noventa dias da promulgação desta Emenda Constitucional;

b) o Conselho Nacional de Política Fazendária apreciará os incentivos e benefícios no prazo de até sessenta dias, contados do final do prazo a que se refere a alínea "a";

c) a desconstituição do incentivo ou benefício somente ocorrerá no caso de votos desfavoráveis da maioria absoluta dos membros do Conselho Nacional de Política Fazendária, contando com a reprovação de, pelo menos, um representante dos Estados e Distrito Federal de cada Região;

VIII - os Estados e o Distrito Federal poderão reduzir ou revogar os incentivos e benefícios mantidos nos termos deste parágrafo, desde que não tenham sido originariamente concedidos por prazo certo e sob condição;

IX - o reconhecimento de efeitos e a manutenção dos incentivos e benefícios previstos neste parágrafo não conferem ao sujeito passivo o direito:

a) a restituição, compensação ou crédito do imposto recolhido para qualquer unidade federada;

b) ao crédito de imposto destacado em documento fiscal emitido até 5 de julho de 2008 e não escriturado no prazo legal;

c) a quaisquer indenizações ou direitos de outra ordem, em função da eventual redução, em decorrência das regras determinadas nesta Emenda Constitucional, da fruição de seus incentivos ou benefícios reconhecidos ou mantidos na forma deste parágrafo.

§4º O Conselho Nacional de Política Fazendária elaborará regulamentação única do imposto, a ser publicada no Diário Oficial da União, observado o seguinte, a contar do ano de início da redução das alíquotas interestaduais do imposto estabelecida no inciso I do caput deste artigo:

I - até o fim do segundo ano subsequente, serão consolidadas as regras relativas a obrigações acessórias, inclusive as de apuração e pagamento do imposto;

II - até o fim do terceiro ano, as regras de que trata o inciso I serão uniformizadas para aplicação em todo o território nacional, ficando derrogada a legislação em vigor e vedada a edição de regras ulteriores sobre as matérias objeto da uniformização;

III - até o fim do quarto ano, o órgão mencionado no caput deste parágrafo celebrará convênio que harmonize as regras não uniformizadas na forma do inciso II, excetuadas as alíquotas internas e os benefícios fiscais ou financeiros mantidos nos termos do § 3º;

IV - as assembleias legislativas dos Estados e a Câmara Legislativa do Distrito Federal poderão ratificar o convênio mencionado no inciso III, hipótese em que ficarão derrogadas as leis estaduais e distritais que dispuserem de forma diversa.

§ 5º Até que sejam editadas as normas relativas à regulamentação única de que trata o § 4º permanecem aplicáveis as normas estaduais e distritais que regulamentam o imposto.

§ 6º Os Estados e o Distrito Federal somente receberão sua parcela no Fundo Nacional de Desenvolvimento Regional e no Fundo de Equalização de Receitas caso atendidas as exigências previstas nos incisos I a III do § 4º. Art. 7º A aplicação do disposto:

I - no inciso I do caput do art. 6º fica condicionada à aprovação da lei complementar de que trata o art. 23 desta Emenda Constitucional, postergando-se, caso não aprovada até o fim do primeiro ano subseqüente ao da promulgação desta Emenda Constitucional, o início da redução das alíquotas interestaduais do imposto para o primeiro ano subseqüente ao da aprovação da referida lei complementar;

II - no inciso III do caput do art. 6º ocorrerá com o início da redução das alíquotas interestaduais do imposto referida no inciso I.

Art. 8º Na instituição do imposto de que trata o art. 155, II, da Constituição Federal, nos termos definidos pelo art. 155, § 2º, da Constituição Federal, com redação dada pela presente Emenda Constitucional, será observado o seguinte:

I - ficará assegurado o crédito relativo às mercadorias e serviços empregados, usados ou consumidos na atividade econômica, ressalvadas as exceções previstas em lei complementar relativas às mercadorias e serviços caracterizados como de uso ou consumo pessoal;

II - as alíquotas sobre o álcool para fins carburantes e o biodiesel serão inferiores às aplicáveis sobre a gasolina e o óleo diesel, respectivamente, salvo quando misturados com combustíveis de origem fóssil;

III - enquanto o Senado Federal não aprovar o enquadramento de mercadorias e serviços proposto nas alíquotas respectivas, os Estados e o Distrito Federal adotarão a maior alíquota do imposto para as mercadorias e serviços para as quais, nos termos do art. 155, § 2º, IV, "b", da Constituição Federal, tiver sido proposta aplicação de alíquota superior à padrão, desde que, no ano anterior, na maioria das unidades da Federação, já fossem aplicadas alíquotas superiores à padrão estabelecida.

Art. 9º Na hipótese de utilização da câmara de compensação de que trata o art. 155, § 2º, VII, "c", 2, da Constituição Federal, a União, pelo período mínimo dos três primeiros anos de seu funcionamento:

I - garantirá eventuais inadimplências de Estados e Distrito Federal;

II - poderá ser responsável pela sua gestão; e

III - sem prejuízo das demais sanções aplicáveis, será ressarcida pelos aportes realizados como garantia, mediante dedução de recursos dos Estados e Distrito Federal nos fundos de que trata o art. 159, I, da Constituição Federal, ou sequestro de valores diretamente na conta do ente inadimplente.

Parágrafo único. No caso de utilização da câmara de compensação na forma prevista no inciso II do caput do art. 6º desta Emenda Constitucional, aplica-se também o disposto neste artigo.

Art. 10. As unidades da Federação que, após a promulgação desta Emenda Constitucional, vierem a instituir benefícios ou incentivos fiscais ou financeiros relativos ao imposto de que trata o art. 155, II, da Constituição Federal, em desacordo com as normas estabelecidas para sua concessão, não terão direito, enquanto vigorar o benefício ou incentivo, à transferência de recursos:

I - do Fundo de Participação dos Estados e do Distrito Federal;

II - do Fundo de Equalização de Receitas;

III - do Fundo Nacional de Desenvolvimento Regional para os fundos de desenvolvimento dos Estados e do Distrito Federal, nos termos do art. 159, I, "c", 3 e 4, da Constituição Federal;

IV - voluntários por parte da União, no caso de exaurimento ou ineficácia da ação sobre os fundos mencionados nos incisos I a III.

Parágrafo único. O disposto neste artigo alcança as transferências de recursos previstas:

I - nos incisos I e II do art. 18 desta Emenda Constitucional;

II - nos incisos II e IV do caput deste artigo, ao município em que vier a se instalar o empreendimento beneficiado ou incentivado.

Art. 11. À instituição e às majorações dos impostos previstos nos arts. 153, VIII, e 155, II, da Constituição Federal, não se aplica o disposto no art. 150, III, "b", da Constituição Federal, pelo prazo de três anos contados a partir:

I - no caso do imposto mencionado no art. 153, VIII, da Constituição Federal, da sua instituição;

II – no caso do imposto mencionado no art. 155, II, da Constituição Federal, do início da sua exigência nos termos do art. 155, § 2º, da Constituição Federal, com redação dada pela presente Emenda Constitucional.

Art. 12. Para efeito de aproveitamento dos saldos credores relativos aos impostos previstos nos arts. 153, IV e VIII, e 155, II, da Constituição Federal, será garantido tratamento privilegiado para contribuintes que utilizarem a emissão eletrônica de documentos fiscais e a escrituração fiscal e contábil por sistema público digital, observado, nos termos das respectivas legislações, o seguinte:

I - o prazo para o pronunciamento da administração tributária quanto ao aproveitamento de saldo credor pelo contribuinte é de cento e vinte dias contados da sua solicitação;

II - em caso de suspeita de irregularidade dos créditos que deram origem ao saldo credor, a administração tributária:

a) deduzirá os créditos em averiguação do respectivo saldo;

b) permitirá o aproveitamento do saldo remanescente no prazo a que se refere o inciso I;

c) pronunciar-se-á sobre a regularidade dos créditos em averiguação em até duzentos e quarenta dias contados da solicitação do contribuinte;

III - sem prejuízo da posterior averiguação da regularidade dos créditos, transcorridos os prazos mencionados no inciso I ou no inciso II, "c", sem que a administração tributária tenha se pronunciado quanto à solicitação do contribuinte, o respectivo saldo credor será passível de aproveitamento:

a) em relação ao imposto de que trata o art. 155, II, da Constituição Federal, por transferência, no mesmo Estado, a estabelecimento do mesmo ou de outro contribuinte;

b) em relação aos impostos federais, por transferência a estabelecimento do mesmo ou de outro contribuinte.

Parágrafo único. A garantia de que trata este artigo:

I - terá implementação gradual, aplicando-se plenamente a partir do quarto ano subsequente ao da promulgação desta Emenda Constitucional;

II - aplica-se somente aos saldos credores que tenham origem em créditos e débitos decorrentes da emissão de nota fiscal eletrônica e registrados em sistema público de escrituração digital, sem prejuízo das demais garantias e possibilidades de aproveitamento previstas na legislação, inclusive para os saldos credores apurados de forma diversa.

Art. 13. Para efeito de aplicação do disposto nos arts. 40 e 92 do Ato das Disposições Constitucionais Transitórias, em relação às alterações introduzidas por esta Emenda Constitucional:

I - o imposto de que trata o art. 155, II, da Constituição Federal, a partir de sua exigência nos termos do art. 155, § 2º, da Constituição Federal, com redação dada por esta Emenda Constitucional, observará, nos termos da lei complementar, o seguinte tratamento tributário para operações destinadas à Zona Franca de Manaus:

a) isenção nas saídas de produtos industrializados de origem nacional para comercialização ou industrialização na Zona Franca de Manaus, salvo os excetuados na legislação em vigor na data da promulgação desta Emenda Constitucional, assegurada ao estabelecimento remetente a manutenção do crédito relativo às operações e prestações anteriores;

b) na hipótese da alínea "a", crédito presumido para o contribuinte adquirente localizado na Zona Franca de Manaus, equivalente à parcela do imposto que seria devida ao Estado de origem, nos termos do disposto no art. 155, § 2º, VII, "b", da Constituição Federal, com redação dada por esta Emenda Constitucional;

c) diferimento do imposto nas importações e nas saídas internas, de produtos para industrialização na Zona Franca de Manaus;

II - a lei do imposto previsto no art. 153, VIII, da Constituição Federal, disporá sobre os benefícios fiscais para a Zona Franca de Manaus de forma a manter, em caráter geral, o diferencial de competitividade conferido, na data da promulgação desta Emenda Constitucional, pela legislação das contribuições sociais sobre receita ou faturamento extintas pela presente Emenda Constitucional e do imposto de que trata o art. 155, II, da Constituição Federal.

Parágrafo único. A aplicação do disposto no inciso II do caput deste artigo, em relação ao imposto previsto no art. 155, II, da Constituição Federal, observará o seguinte:

I - será gradativa, à medida que forem reduzidas, nos termos do inciso I do art. 6º, desta Emenda Constitucional, as alíquotas interestaduais do imposto referido neste parágrafo;

II - levará em consideração, a partir da sua exigência nos termos do art. 155, § 2º, da Constituição Federal, com redação dada por esta Emenda Constitucional, os tratamentos tributários favorecidos no âmbito do imposto referido neste parágrafo.

Art. 14. Quando da instituição do imposto previsto no art. 153, VIII, da Constituição Federal, e da extinção da contribuição social sobre o lucro líquido, a Lei Complementar nº 123, de 14 de dezembro de 2006, deverá ser adaptada ao previsto nesta Emenda Constitucional.

Art. 15. O Poder Executivo enviará o projeto de lei complementar do código dos direitos e garantias do contribuinte, mencionado no inciso IV do caput do art. 146, da Constituição Federal, em até cento e cinquenta dias contados da data da promulgação desta Emenda Constitucional, que tramitará em regime de urgência constitucional, aplicando-se o dobro do prazo previsto no art. 64, § 2º, da Constituição Federal, e não se aplicando o art. 64, § 4º, da Constituição Federal.

Parágrafo único. Caso não seja enviado o projeto de lei complementar no prazo fixado no caput, qualquer membro do Congresso Nacional poderá propô-lo e sua tramitação terá início na Câmara dos Deputados e obedecerá ao disposto neste artigo.

Art. 16. Lei complementar estabelecerá limites e mecanismos de ajuste da carga tributária referente aos impostos de que tratam os arts. 153, III, e VIII, e 155, II, da Constituição, relativamente às alterações introduzidas por esta Emenda Constitucional.

Parágrafo único. Nos dois primeiros anos de exigência do imposto de que trata o art. 153, VIII, da Constituição Federal, será observado o seguinte:

I - o somatório da arrecadação dos impostos previstos no art. 153, III, IV e VIII, da Constituição Federal, será cotejado com o somatório da arrecadação, no ano imediatamente anterior ao da exigência do imposto de que trata o art. 153, VIII, da Constituição Federal, das contribuições sociais para o financiamento da seguridade social (COFINS) e para o Programa de Integração Social (PIS), da contribuição social do salário-educação e da contribuição social sobre o lucro líquido (CSLL), extintas pela presente Emenda Constitucional, e dos impostos de que trata o art. 153, III e IV, da Constituição Federal;

II - será considerada a arrecadação dos tributos atualizada monetariamente e livre de parcelas referentes a dívida ativa, multas e juros e outras de caráter extraordinário;

III - o ajuste será realizado pelo Poder Executivo, mediante redução linear das alíquotas do imposto de que trata o art. 153, VIII, da Constituição Federal, caso se verifique excesso de arrecadação superior a cinco por cento ao ano, calculado nos termos dos incisos I e II;

IV - alternativamente à redução linear de alíquotas previstas no inciso III, o Poder Executivo poderá, com vistas a mitigar a regressividade desse imposto, reduzir suas alíquotas sobre alimentos, produtos de higiene e limpeza e outros de consumo popular;

V - as alterações de alíquota de que tratam os incisos III e IV deverão ser acompanhadas de demonstrativo da estimativa do impacto na arrecadação que corresponda ao ajuste necessário.

Art. 17. As regras de distribuição e entrega dos Fundos de Participação dos Estados e Distrito Federal e dos Municípios ficam mantidas enquanto lei complementar não dispuser de forma diferente.

Art. 18. A partir do sexto mês subsequente ao da promulgação desta Emenda e enquanto não estiver sendo cobrado o imposto de que trata o art. 153, VIII, da Constituição Federal, serão entregues, do produto da arrecadação dos impostos previstos no art. 153, III e IV, da Constituição Federal, os seguintes percentuais:

I - vinte e um centésimos por cento aos fundos dos Estados das Regiões Sul e Sudeste, para aplicação nas finalidades previstas no art. 159, I, "c",

3, distribuídos entre eles na proporção dos respectivos coeficientes no Fundo de Participação dos Estados;

II - um inteiro e cinqüenta e cinco centésimos por cento aos fundos dos Estados das Regiões Norte, Nordeste e Centro-Oeste, para aplicação nas finalidades previstas no art. 159, I, "c", 4, distribuídos entre elas na proporção estabelecida no parágrafo único do art. 6º da Lei nº 7.827, de 27 de setembro de 1989, com a redação vigente na data de sua publicação, e distribuídos entre os Estados e Distrito Federal:

a) das Regiões Nordeste e Centro-Oeste, na proporção dos respectivos coeficientes no Fundo de Participação dos Estados, devendo o Distrito Federal aplicar sessenta por cento dos recursos recebidos nos municípios abrangidos pela Região Integrada de Desenvolvimento do Distrito Federal e Entorno;

b) da Região Norte, na proporção das suas respectivas populações. Art. 19. A partir da cobrança do imposto de que trata o art. 153, VIII, da Constituição Federal, e enquanto a lei complementar de que trata o art. 161, IV, da Constituição Federal, não estabelecer critérios para distribuição do Fundo Nacional de Desenvolvimento Regional, os recursos:

I – de que trata o art. 159, I, "c", 3, da Constituição, serão distribuídos nas proporções mencionadas no inciso I do art. 18 desta Emenda Constitucional; e

II – de que trata o art. 159, I, "c", 4, da Constituição, serão distribuídos nas proporções mencionadas no inciso II do art. 18 desta Emenda Constitucional.

Art. 20. Enquanto a lei complementar de que trata o art. 161, IV, da Constituição Federal, não dispuser em contrário, os recursos mencionados nos arts. 18 e 19 serão entregues aos Estados e Distrito Federal nos prazos previstos nos incisos do caput do art. 4º da Lei Complementar nº 62, de 28 de dezembro de 1989.

Art. 21. Os recursos previstos no art. 159, I, "c", 3 e 4, da Constituição Federal, e no art. 18, I e II, desta Emenda Constitucional, serão calculados nos percentuais fixados nos citados dispositivos a partir do quarto ano subseqüente ao da promulgação desta Emenda Constitucional.

§ 1º No caso de a entrega dos recursos estar se realizando nos termos do art. 18, I e II, desta Emenda Constitucional, aplicam-se os redutores de:

I - sessenta por cento, até o fim do primeiro ano de entrega;

II - quarenta por cento, até o fim do segundo ano;
III - vinte por cento, até o fim do terceiro ano.

§ 2º No caso de a entrega dos recursos estar se realizando nos termos do art. 159, I, "c", 3 e 4, da Constituição Federal, aplicam-se os redutores de:

I - quarenta por cento, até o fim do segundo ano subseqüente ao da promulgação desta Emenda Constitucional;

II - vinte por cento, até o fim do terceiro ano.

Art. 22. A referência à Região Nordeste nos dispositivos que tratam do Fundo Nacional de Desenvolvimento Regional e no art. 18 desta Emenda Constitucional inclui as áreas abrangidas pela regulamentação do art. 159, I, "c", da Constituição Federal, com redação anterior à dada por esta Emenda Constitucional.

Art. 23. O Fundo de Equalização de Receitas de que trata o art. 159, I, "d", da Constituição Federal, nos termos da lei complementar, tem como objetivos a recomposição de receita de cada Estado e do Distrito Federal, eventualmente reduzida em decorrência das alterações introduzidas por esta Emenda Constitucional, e a equalização de receitas entre eles, sendo composto por:

I - entrega dos recursos de que trata o art. 159, I, "d"; e

II - aporte, pela União, de cinco bilhões e duzentos milhões de reais, em cada ano, até o fim do prazo referido no § 6º deste artigo, atualizados segundo critério definido na lei complementar;

§ 1º Do início da aplicação do inciso I do caput do art. 6º desta Emenda Constitucional até o final do primeiro ano de exigência do imposto de que trata o art. 155, II, da Constituição Federal, nos termos definidos pelo art. 155, § 2º, da Constituição Federal, com redação dada pela presente Emenda Constitucional, o Fundo de Equalização de Receitas terá seus recursos distribuídos:

I - por critérios vinculados às exportações, de forma decrescente, observada a redução proporcional à redução da maior alíquota interestadual de que trata o inciso I do caput do art. 6º, desta Emenda Constitucional;

II - para recomposição de redução de receita em decorrência das alterações introduzidas por esta Emenda Constitucional;

III - nos termos do art. 161, V, da Constituição Federal.

§ 2º Considera-se redução de receita a diferença positiva verificada entre:

I - o somatório, apurado no ano anterior ao do início da aplicação do inciso I do caput do art. 6º desta Emenda Constitucional e atualizado segundo critérios definidos na lei complementar, observada, no mínimo, a correção por variação de índice de preços:

a) da arrecadação do imposto de que trata o art. 155, II, da Constituição Federal;

b) da destinação prevista no art. 159, II, da Constituição Federal, com redação anterior à dada por esta Emenda Constitucional;

c) das transferências decorrentes do art. 91 do Ato das Disposições Constitucionais Transitórias;

d) dos auxílios financeiros prestados pela União para fomento às exportações; e

II - o somatório:

a) da arrecadação do imposto de que trata o art. 155, II, da Constituição Federal, a partir do ano de início da aplicação do inciso I do caput do art. 6º desta Emenda Constitucional;

b) da parcela do Fundo de Equalização de Receitas recebida nos termos do inciso I do § 1º.

§ 3º Para efeito da apuração de que trata o § 2º, dentre outros critérios a serem estabelecidos em lei complementar:

I - será considerada a arrecadação do imposto livre das parcelas referentes a dívida ativa, multas e juros e outras de caráter extraordinário;

II - deverão ser expurgados os efeitos de alterações normativas com impacto relevante sobre a arrecadação, implementadas pelos Estados e Distrito Federal;

III - no primeiro ano de exigência do imposto de que trata o art. 155,

II, da Constituição Federal, nos termos do art. 155, § 2º, da Constituição Federal, com redação dada pela presente Emenda Constitucional, não será considerada redução de arrecadação aquela que seja passível de recomposição, pelo próprio Estado ou Distrito Federal, mediante uso da faculdade prevista no art. 155, § 2º, V, da Constituição Federal, com redação dada por esta Emenda Constitucional, até o restabelecimento da arrecadação do ano imediatamente anterior;

§ 4º As reduções de receita serão recompostas mensalmente, devendo a União transferir os recursos correspondentes aos Estados e ao Distrito Federal até o último dia útil do segundo mês subseqüente ao de sua apuração, que poderá considerar, na forma da lei complementar, períodos de até doze meses.

§ 5º A União complementará os recursos do Fundo de Equalização de Receitas a serem transferidos aos Estados e Distrito Federal que sejam necessários para efetuar a recomposição integral dos valores apurados nos termos deste artigo.

§ 6º Pelos sete anos subseqüentes ao primeiro em que o imposto de que trata o art. 155, II, da Constituição Federal, for exigido nos termos definidos pelo art. 155, § 2º, da Constituição Federal, com redação dada pela presente Emenda Constitucional, nenhum Estado ou o Distrito Federal receberá do Fundo de Equalização de Receitas montante inferior ao recebido neste primeiro ano.

§ 7º Os recursos destinados ao Fundo de Equalização de Receitas nos termos dos incisos I e II do caput deste artigo que superem o necessário para atendimento às finalidades de que tratam os incisos I e II do § 1º serão destinadas à finalidade prevista no inciso III do § 1º, conforme critérios definidos em lei complementar.

§ 8º Os Estados e o Distrito Federal não terão direito aos recursos do Fundo de Equalização de Receitas se não implementarem as medidas decorrentes do cumprimento no disposto o art. 37, XXII, da Constituição Federal, concernentes à emissão eletrônica de documentos fiscais e à escrituração fiscal e contábil, por via de sistema público de escrituração digital, nos prazos definidos na lei complementar.

§ 9º O Poder Executivo da União encaminhará o projeto da lei complementar de que trata este artigo no prazo até de cento e oitenta dias da promulgação desta Emenda Constitucional, o qual tramitará com urgência constitucional, na forma prevista nos §§ 1º a 3º do art. 64, da Constituição Federal.

§ 10. Até que produza efeitos a lei complementar de que trata este artigo, os recursos do Fundo de Equalização de Receitas serão entregues em observância:

I - relativamente à parcela de que trata o inciso I do caput deste artigo, ao art. 159, II, da Constituição Federal, com redação anterior à dada por esta Emenda Constitucional;

II - relativamente à parcela de que trata o inciso II do caput deste artigo, ao art. 91 do Ato das Disposições Constitucionais Transitórias e às prestações de auxílios financeiros pela União aos Estados e ao Distrito Federal para fomento às exportações, segundo coeficientes individuais de participação definidos em lei.

Art. 24. A partir do oitavo ano subseqüente ao da promulgação desta Emenda Constitucional, nenhum Município receberá, da parcela a que se refere o inciso I do parágrafo único do art. 158, da Constituição Federal, proporção maior que quatro vezes a correspondente à de sua população na população do Estado, limite que será alcançado gradualmente da seguinte forma:

I - no segundo ano, a proporção não será maior que dez vezes;

II - no terceiro, nove vezes; III - no quarto, oito vezes;

IV - no quinto, sete vezes;

V - no sexto, seis vezes;

VI - no sétimo, cinco vezes.

§ 1º O disposto neste artigo não poderá resultar em participação do Município, na parcela de que trata o caput, inferior a noventa por cento da:

I - observada no ano anterior, regra que será aplicada até que a proporção de que trata o caput do artigo se reduza a dez vezes, obedecendo-se o disposto nos incisos II a VI do caput deste artigo a partir do ano subseqüente ao que esta proporção seja alcançada;

II - calculada para o próprio ano, caso seja menor que a observada no ano anterior, qualquer que seja a proporção de que trata o caput do artigo.

§ 2º O excedente que resultar da aplicação dos limites estabelecidos no caput e seus incisos será distribuído entre os Municípios com menor participação por habitante na parcela ali mencionada, até que se igualem.

§ 3º Para fins deste artigo, considerar-se-á a população segundo a estimativa mais recente divulgada pelo Instituto Brasileiro de Geografia e Estatística.

§ 4º Os Tribunais de Contas dos Estados fiscalizarão a aplicação do disposto neste artigo.

Art. 25. Até a fixação por lei complementar do percentual de destinação a que se refere o art. 159, II, "d", da Constituição Federal, ela será de dois inteiros e três décimos por cento.

Parágrafo único. O percentual de que trata o caput deste artigo deverá ser revisto, caso se verifique que restou inferior ao da razão entre a arrecadação da contribuição social do salário-educação, no último ano de sua vigência, e o somatório das arrecadações dos impostos de que trata o art. 153, III e IV, da Constituição Federal, das contribuições sociais para o financiamento da seguridade social (COFINS), para o Programa de Integração Social (PIS) e sobre o lucro líquido (CSLL) e da própria contribuição social do salário-educação, hipótese em que deverá ser reajustado, por lei complementar, com vistas a observar o percentual verificado no último ano de vigência da contribuição social do salário educação.

Art. 26. Enquanto lei não dispuser em contrário, os recursos previstos no art. 159, § 3º, da Constituição Federal, com redação dada por esta Emenda Constitucional, serão entregues aos Estados, Distrito Federal e Municípios de acordo com as regras estabelecidas nos art. 1º-A e 1º-B da Lei nº 10.336, de 19 de dezembro de 2001, vigentes na data da promulgação desta Emenda Constitucional.

Art. 27. Enquanto não for editada lei dispondo sobre o art. 20, § 1º, da Constituição Federal, com redação dada por esta Emenda Constitucional, a compensação financeira pela exploração:

I - de minério de ferro, de alumínio, fertilizante, carvão, manganês, sal-gema e potássio, de que trata a Lei nº 7.990, de 28 de dezembro de 1989, e suas alterações, será calculada pela aplicação do percentual de três por cento sobre o valor do faturamento bruto resultante da saída do produto mineral, ou na falta deste, sobre o valor de mercado dos recursos;

II - dos outros recursos minerais de que trata o art. 2º da Lei nº 8.001, de 13 de março de 1990, permanecerá calculada nos termos do citado dispositivo.

Art. 28. Respeitada a transição definida pelo inciso I do caput do art. 6º e pelo art. 7º desta Emenda Constitucional, a partir do décimo terceiro ano subseqüente ao da promulgação desta Emenda Constitucional, os §§ 6º e 6º-A do art. 150 da Constituição Federal, passarão a vigorar com a seguinte redação:

"Art. 150. ....

§ 6º Qualquer subsídio ou isenção, redução de base de cálculo, concessão de crédito presumido, anistia ou remissão, e transação em caráter geral ou específico para prevenir ou extinguir litígio tributário, relativos a impostos, taxas ou contribuições, só poderá ser concedido mediante lei específica, federal, estadual ou municipal, que regule exclusivamente as matérias acima enumeradas ou o correspondente tributo ou contribuição, ressalvado o disposto no art. 155, § 2º, XIV.

§ 6º-A. A anistia ou remissão poderá ser concedida mediante transação, nos limites e condições autorizados em lei federal, estadual, distrital ou municipal, sem prejuízo do disposto no art. 155, § 2º, XV, 'b'.

...."(NR)

Art. 29. Esta Emenda Constitucional entra em vigor na data da sua publicação e produzirá efeitos:

I - a partir de 1º de janeiro do segundo ano subseqüente ao da promulgação desta Emenda Constitucional, em relação aos arts. 150, VI, "e" e 195, § 4º, da Constituição Federal;

II - a partir da exigência do imposto previsto no art. 153, VIII, da Constituição Federal, em relação:

a) aos arts. 114, VIII; 146, III, "d"; 157; 159; 161, II, IV e V e §§ 1º e

2º; 167, XI e § 4º; 195, caput e seu I e §§ 11 a 13; 198, § 2º, II e III; 212, §§ 1º, 5º e 6º; e 239, caput, da Constituição Federal;

b) aos arts. 60, II e § 5º, I e II; 76, §§ 1º e 2º; e 77, II e III, do Ato das Disposições Constitucionais Transitórias;

III - a partir de 1º de janeiro do décimo terceiro ano subseqüente ao da promulgação desta Emenda Constitucional, em relação aos arts. 34, V, "c"; 36, V; 61, §§ 3º e 4º; 105, III, "d"; 155, § 2º e seus incisos II, "b", IV, V, VII, XII, "a", "d", "g", "j" a "n", XIII a XV; 160, §§ 1º e 2º; 167, § 5º, da Constituição

Federal, respeitada a transição definida pelo inciso I do caput do art. 6º e pelo art. 7º desta Emenda Constitucional e observado o disposto no inciso II do caput do art. 6º desta Emenda Constitucional.

§ 1º O imposto previsto no art. 153, VIII, da Constituição Federal, somente poderá ser exigido a partir de 1º de janeiro do segundo ano subseqüente ao da promulgação desta Emenda Constitucional.

§ 2º As proposições com vistas a instituir o imposto de que trata o art. 155, II, da Constituição Federal, nos termos do art. 155, § 2º, da Constituição Federal, com redação dada por esta Emenda Constitucional, cumprirão as regras estabelecidas nos arts. 61, §§ 3º e 4, e 155, § 2º, da Constituição Federal, com redação dada por esta Emenda Constitucional.

Art. 30. Ficam revogados os seguintes dispositivos constitucionais:

I - o inciso VII do art. 153 da Constituição Federal;

II - o inciso III do § 2º do art. 155 da Constuição Federal;

III - a partir do atendimento das condições fixadas no art. 5º desta Emenda Constitucional:

a) as alíneas "a", "b" e "c" do inciso I e o

inciso IV do art. 195 da Constituição Federal;

b) o § 4º do art. 239 da Constituição Federal;

IV - a partir do primeiro ano subseqüente ao da promulgação desta Emenda Constitucional, a alínea "b" do inciso VII do § 2º do art. 155, com redação anterior à dada por esta Emenda Constitucional;

V - a partir do início da exigência do imposto previsto no art. 153, VIII, da Constituição Federal:

a) os incisos I e II do art. 157 da Constituição Federal;

b) o art. 91 do Ato das Disposições Constitucionais Transitórias;

VI - a partir de 1o de janeiro do décimo terceiro ano subseqüente ao da promulgação desta Emenda Constitucional:

a) o inciso VIII e as alíneas "e" e "f" do inciso XII do § 2º; o inciso IV e suas alíneas, do § 4º; todos do art. 155, da Constituição Federal;

b) a alínea "b" do inciso X e a alínea "h" do inciso XII, ambos do § 2º; o caput do § 4º e seus incisos I a III; e o § 5º; todos do art. 155, da Constituição Federal;

Transitórias;

c) o § 1º do art. 82 do Ato das Disposições Constitucionais Parágrafo único. As revogações previstas no inciso VI sujeitam-se ao término da transição definida pelo inciso I do caput do art. 6º e pelo art. 7º desta Emenda Constitucional e início da exigência do imposto de que trata o art. 155, II, da Constituição Federal, nos termos do art. 155, § 2º, da Constituição Federal, com redação dada por esta Emenda Constitucional.

Sala da Comissão, em 29 de Outubro de 2008.
Deputado Sandro Mabel (Relator)

ANEXO (II)
Programas dos candidatos à Presidência da República em 2014 – Propostas específicas ao campo tributário

PROGRAMA DO CANDIDATO EDUARDO JORGE (PV)

REFORMA TRIBUTÁRIA

Vamos assumir o compromisso de não aumentar a carga tributária em percentual do PIB hoje em 36%, e estudar formas de procurar reduzi-la.

Uma empresa no Brasil gasta 2.600 horas/ano para tentar processar e pagar todos os impostos. Nos outros países da América Latina, esta média fica em cerca de 300horas/ano! Defendemos a adoção de um imposto único arrecadatório sobre movimentação financeira, baseado na proposta do professor Marcos Cintra, em substituição aos atuais impostos arrecadatórios federais. Ficam preservadas, claro, como prevê a proposta original, taxas por serviços individualizados, tributos com função regulatória ou fiscalizadora.

O fato de termos um imposto único arrecadatório federal não é impeditivo que o governo federal tenha políticas que procurem equilibrar os fatores ambientais/sociais/econômicos, pois sempre teremos um forte poder de estímulo ou de desestímulo usando o poder de uma política de compras e licitações sustentáveis, por exemplo, ou revogando os subsídios para atividades da antiga economia carbono intensivo. Pode se lançar mão também de CIDEs para metas específicas de indução da economia de baixo carbono ou proteção de nossa biodiversidade.

Será negociada de forma gradual a adesão dos estados e municípios para substituição dos tributos municipais e estaduais pelo imposto único arrecadatório.

Será adotada uma alíquota nas movimentações financeiras

que permita manter integralmente a atual arrecadação federal de forma não a sofrer a nação qualquer turbulência orçamentária ou prejuízo nos atuais programas e políticas públicas em andamento.

Esperamos uma grande economia na burocracia pública e privada, o que poderá se reverter em aumento de nossa competitividade, concorrência, inovação, investimentos, mais trabalho e melhorias nos serviços oferecidos à população. É importante lembrar que, apesar desta economia, isto não quer dizer que não teremos um forte e profissional aparelho de fiscalização que vai herdar um corpo altamente preparado e de carreira já montado em todo Brasil para garantir a arrecadação e reprimir possíveis desvios de conduta.

Com o tempo e acompanhando o desempenho do tributo único arrecadatório federal, pode se estudar com segurança se é possível reduzir alíquotas para diminuir a carga tributária sem prejuízo da constante busca de melhoria dos serviços públicos e assim aumentar a competitividade nacional.

O candidato faz parte do grupo desprovido de chance vencedora. Aproveitou a oportunidade e expôs ideias objetivas. Retomou o discurso pró Imposto Único, bem intencionada proposta do Professor e ex-Deputado Federal Marcos Cintra. Também apresenta diretrizes consistentes e coerentes em se tratando de um candidato do Partido Verde. Mas, igualmente, politicamente inviáveis.

PROGRAMA DO CANDIDATO JOSÉ MARIA EYMAEL (PSC)

REFORMA TRIBUTÁRIA

Promover a REFORMA DO SISTEMA TRIBUTÁRIO NACIONAL visando a simplificação do Sistema, a redução da carga tributária e o respeito a capacidade contributiva.

Extraordinária capacidade de síntese para não dizer nada. Há anos candidato à Presidência da República – por um desses efeitos da legislação política – sua síntese tributária é a metáfora de sua candidatura.

PROGRAMA DO CANDIDATO LEVI FIDELIX (PRTB)

REFORMA TRIBUTÁRIA

Nosso Governo priorizará uma minirreforma com o estabelecimento de uma Constitucional de Assembleia Constituinte (Sic), com vistas à consolidação das emendas constitucionais pós 1988 com ênfase na reforma do Sistema Bancário-Financeiro e Tributário, visando proporcionar redução da carga tributária nacional, bem como, readequar melhor o equilíbrio nas arrecadações por parte da União, Estados e Municípios.

Eliminação de imposto sobre dez alimentos da cesta básica essenciais à vida.

Nosso governo pretende inverter essa ótica perversa do atual modelo de desenvolvimento nacional, cujo objetivo primeiro será uma ampla reforma financeiro-tributária, onde os segmentos especulativos, que exploram a indústria dos juros em nosso País sejam obrigados a reduzir sua ganância e sobretaxados nos seus lucros, visando proporcionar um maior equilíbrio nos resultados do PIB-Nacional, ou seja, do Produto Interno Bruto do Brasil, onde o Setor Bancário-Financeiro avançou tanto nos últimos anos, que hoje alcança mais de 20% (vinte por cento) da participação total, um contrasenso, sem dúvida.

O nosso Governo vai tratar dos setores Produtivos, que geram emprego e renda como a Indústria, o Comércio e a Agricultura e os mais amplos setores e serviços e tecnologia com o respeito que merecem, reduzindo-lhes a sua pesada carga tributária, hoje da ordem de 40% (quarenta por cento) anuais e proporcionando-lhes menos burocracia e menos intervencionismo por parte do Estado a nível Federal, Estadual e Municipal para poderem funcioanr com maior liberdade e produzirem mais e melohor, bem como, gerar incentivos fiscais, que lhes proporcionem maior competitividade no mercado interno assim como no mercado externo.

Não há o que comentar sobre esse imenso conjunto vazio.

PROGRAMA DA CANDIDATA LUCIANA GENRO (PSOL)

REFORMA TRIBUTÁRIA

A primeira medida necessária a desoneração tributária que incide diretamente sobre a renda dos pobres e da classe média. A segunda consiste em eliminar boa parte das medidas de desoneração, seja da folha de pagamento, seja a redução de IPI, principalmente de setores de bens de consumo duráveis e dos setores em que há baixa concorrência. A terceira consiste em fazer com que a tributação sobre os rendimentos do capital seja maior que a tributação sobre os rendimentos do trabalho. A quarta envolve a maior taxação do estoque de riqueza dos ricos.

O Imposto sobre as Grandes Fortunas – uma medida que consta na Constituição desde 1988 e até hoje não foi regulamentada – deve ser uma fonte de recursos e de justiça.

Vamos inverter a lógica do atual sistema tributário, aumentando a tributação sobre a riqueza e a propriedade, e assim poderemos baixar os impostos sobre o salário e o consumo, beneficiando os mais pobres, os trabalhadores, os pequenos comerciantes, os profissionais liberais, enfim, os que hoje sustentam o parasitismo de poucos.

Propostas coerentes com seu discurso político. Curioso é sua identificação com Fernando Henrique Cardoso na tese do Imposto Sobre Grandes Fortunas.

PROGRAMA DO CANDIDATO PASTOR EVERALDO (PSC)

REFORMA TRIBUTÁRIA

Reforma Tributária e Pacto Federativo: Reforma tributária e novo pacto federativo, aumentando as competências estaduais e municipais e vinculando receitas da União diretamente para os Estados, Municípios, Fundo de Participação dos Estados e Fundo de Participação dos Municípios.

A proposta cumpriu o objetivo de não esquecer o tema no Programa de Governo.

PROGRAMA DO CANDIDATO RUI PIMENTA (PCO)

REFORMA TRIBUTÁRIA

Nenhum imposto sobre os trabalhadores, que os patrões sustentem o Estado: imposto único sobre o capital e as grandes fortunas:

Fim de todos os impostos sobre o salário e sobre o consumo popular; por um imposto único sobre os lucros dos capitalistas, sobre a especulação financeira e o consumo de artigos de luxo; fim do IPTU, taxação dos imóveis de luxo, vagos e de aluguel.

Comentar o quê? Pelo menos o candidato é objetivo e coerente com suas ideias, ou com a ausência delas.

ANEXO III
Alíquotas de PIS e COFINS que deveriam ter sido adotadas na transição de cumulativo para não cumulativo

Este anexo apresenta tabela (abaixo) que é parte de estudo realizado pelo economista José Roberto Afonso, em 2003, quando se discutia a não-cumulatividade da COFINS. O estudo conclui que a alíquota do PIS, no regime não cumulativo, deveria ser 1,32% e não 1,65% como foi adotado. E para a alíquota de COFINS deveria ter sido adotado 6,1%, mas o governo propôs e o Congresso aprovou 7,6%, talvez em homenagem à vocação nacional por cargas tributárias elevadas. As alíquotas de PIS (1,32%) e da COFINS (6,1%)) seria capazes de reproduzir a mesma arrecadação que se obtinha no modelo inteiramente cumulativo.

A tabela evidencia perdedores e ganhadores segundo a atividade econômica de cada um.

PIS/PASEP E DA COFINS POR ATIVIDADE ECONÔMICA (CNAE) – PROJEÇÕES SOBRE ALÍQUOTAS
Utilizada a arrecadação efetiva de janeiro a julho de 2002.

CNAE	DESCRIÇÃO	Alíquota PIS - Valor adicionado	Alíquota COFINS - Valor Adicionado.	Alíquota Agregada = PIS + COFINS
0111	Cultivo de Cereais	1,12%	5,16%	6,28%
0112	Cultivo de Algodão Herbáceo	2,62%	12,08%	14,70%
0113	Cultivo de Cana-de-açúcar	1,06%	4,89%	5,95%
0114	Cultivo de Fumo	0,73%	3,39%	4,12%
0115	Cultivo de Soja	1,11%	5,12%	6,23%
0119	Cultivo de Outros Produtos Temporários	0,84%	3,87%	4,71%
0121	Cultivo de Hortaliças, Legumes e Especiarias Hortícolas	0,95%	4,37%	5,31%
0122	Cultivo de Flores e Plantas Ornamentais	2,44%	11,25%	13,69%
0131	Cultivo de Frutas Cítricas	1,11%	5,11%	6,22%
0132	Cultivo de Café	1,29%	5,94%	7,23%
0133	Cultivo de Cacau	1,01%	4,67%	5,68%
0134	Cultivo de Uva	1,21%	5,60%	6,81%
0139	Cultivo de Outras Frutas, Frutos Secos, Plantas para Preparo de Bebidas e para Produção de Condimentos	1,76%	8,13%	9,89%

0141	Criação de Bovinos	1,16%	5,35%	6,51%
0142	Criação de Outros Animais de Grande Porte	1,09%	5,04%	6,13%
0143	Criação de Ovinos	2,73%	12,59%	15,32%
0144	Criação de Suínos	1,76%	8,11%	9,86%
0145	Criação de Aves	2,03%	9,35%	11,37%
0146	Criação de Outros Animais	1,18%	5,43%	6,60%
0150	Produção Mista: Lavoura e Pecuária	1,27%	5,86%	7,13%
0161	Atividades de Serviços Relacionados com a Agricultura	1,18%	5,44%	6,62%
0162	Atividades de Serviços Relacionados com a Pecuária, Exceto Atividades Veterinárias	1,37%	6,31%	7,68%
0211	Silvicultura	0,88%	4,04%	4,92%
0212	Exploração Florestal	1,53%	7,06%	8,58%
0213	Ativ. dos Serv. Relacionados com Silvicultura e Exploração	1,28%	5,93%	7,21%
0511	Pesca	1,63%	7,50%	9,13%
0512	Aqüicultura	2,28%	10,52%	12,80%
1000	Extração de Carvão Mineral	1,57%	7,26%	8,83%
1110	Extração de Petróleo e Gás Natural	1,41%	6,49%	7,89%
1120	Serv. Relac. com a Extr. de Petróleo e Gás - Exceto a Prospecção Realizada por Terceiros	0,76%	3,52%	4,28%
1310	Extração de Minério de Ferro	2,77%	12,77%	15,53%
1321	Extração de Minério de Alumínio	1,76%	8,10%	9,86%
1322	Extração de Minério de Estanho	5,84%	26,95%	32,79%
1323	Extração de Minério de Manganês	23,35%	107,78%	131,13%
1324	Extração de Minério de Metais Preciosos	1,84%	8,50%	10,35%
1325	Extração de Minerais Radioativos	1,76%	8,11%	9,87%
1329	Extração de Outros Minerais Metálicos Não-Ferrosos	0,94%	4,32%	5,25%
1410	Extração de Pedra, Areia e Argila	1,42%	6,54%	7,95%
1421	Extração de Minerais para Fabric. de Adubos, Fertilizantes e Produtos Químicos	1,78%	8,23%	10,01%
1422	Extração e Refino de Sal Marinho e Sal-Gema	1,25%	5,79%	7,04%
1429	Extração de Outros Minerais Não-Metálicos	1,22%	5,64%	6,86%
1511	Abate de Reses, Preparação de Produtos de Carne	1,92%	8,87%	10,79%
1512	Abate de Aves e Outros Pequenos Animais e Prepar. de Prod. de Carne	2,13%	9,84%	11,98%
1513	Prepar. de Carne, Banha e Prod. de Salsicharia não Associadas ao Abate	1,93%	8,92%	10,85%
1514	Prep. e Preservação do Pescado e Fabric. de Conservas de Peixes, Crustáceos e Moluscos	0,92%	4,26%	5,18%
1521	Process., Preserv. e Prod. de Conservas de Frutas	1,92%	8,87%	10,79%
1522	Process., Preserv. e Prod. de Conservas de Legumes e Outros Vegetais	1,23%	5,66%	6,88%
1523	Produção de Sucos de Frutas e de Legumes	1,56%	7,21%	8,77%
1531	Produção de Óleos Vegetais em Bruto	2,13%	9,82%	11,94%
1532	Refino de Óleos Vegetais	3,30%	15,22%	18,52%
1533	Prep. de Margarina e Outras Gorduras Vegetais e de Óleos de Origem Animal não Comestíveis	1,70%	7,86%	9,56%
1541	Preparação do Leite	1,53%	7,08%	8,61%
1542	Fabricação de Produtos do Laticínio	1,54%	7,12%	8,66%
1543	Fabricação de Sorvetes	1,01%	4,67%	5,68%
1551	Beneficiamento de Arroz e Fabricação de Produtos do Arroz	1,43%	6,62%	8,05%
1552	Moagem de Trigo e Fabricação de Derivados	0,87%	4,02%	4,89%

1553	Fabricação de Farinha de Mandioca e Derivados	1,91%	8,82%	10,74%
1554	Fabricação de Fubá e Farinha de Milho	1,86%	8,60%	10,47%
1555	Fabricação de Amidos e Féculas de Vegetais e Fabricação de Óleos de Milho	1,41%	6,53%	7,94%
1556	Fabricação de Rações Balanceadas para Animais	1,63%	7,53%	9,16%
1559	Beneficiamento, Moagem e Preparação de Outros Alimentos de Origem Vegetal	1,78%	8,21%	9,99%
1561	Usinas de Açúcar	0,92%	4,25%	5,16%
1562	Refino e Moagem de Açúcar	1,20%	5,53%	6,72%
1571	Torrefação e Moagem de Café	1,63%	7,51%	9,14%
1572	Fabricação de Café Solúvel	1,87%	8,62%	10,49%
1581	Fabricação de Produtos de Padaria, Confeitaria e Pastelaria	2,41%	11,13%	13,54%
1582	Fabricação de Biscoitos e Bolachas	1,88%	8,70%	10,58%
1583	Prod. de Deriv. do Cacau e Elaboração de Chocolates, Balas, Gomas de Mascar	1,31%	6,05%	7,36%
1584	Fabricação de Massas Alimentícias	1,24%	5,72%	6,96%
1585	Preparação de Especiarias, Molhos, Temperos e Condimentos	1,07%	4,93%	6,00%
1586	Prep. de Produtos Dietéticos, Alimentos para Crianças e Outros Alimentos Conservados	1,58%	7,27%	8,85%
1589	Fabricação de Outros Produtos Alimentícios	1,44%	6,65%	8,09%
1591	Fabric., Retificação, Homogeneização e Mistura de Aguardentes e Outras Bebidas Destiladas	1,94%	8,97%	10,91%
1592	Fabricação de Vinho	1,76%	8,11%	9,87%
1593	Fabricação de Malte, Cervejas e Chopes	1,16%	5,34%	6,50%
1594	Engarrafamento e Gaseificação de Águas Minerais	1,42%	6,55%	7,97%
1595	Fabricação de Refrigerantes e Refrescos	1,83%	8,42%	10,25%
1600	Fabricação de Produtos do Fumo	1,62%	7,47%	9,08%
1711	Beneficiamento de Algodão	1,16%	5,34%	6,49%
1719	Beneficiamento de Outras Fibras Têxteis Naturais	1,21%	5,56%	6,77%
1721	Fiação de Algodão	1,94%	8,96%	10,90%
1722	Fiação de Outras Fibras Têxteis Naturais	1,50%	6,90%	8,40%
1723	Fiação de Fibras Artificiais Ou Sintéticas	1,54%	7,10%	8,64%
1724	Fabricação de Linhas e Fios para Coser e Bordar	2,16%	9,97%	12,13%
1731	Tecelagem de Algodão	1,44%	6,67%	8,11%
1732	Tecelagem de Fios de Fibras Têxteis Naturais	2,42%	11,19%	13,61%
1733	Tecelagem de Fios e Filamentos Contínuos Artificiais ou Sintéticos	1,77%	8,17%	9,94%
1741	Fabric. de Artigos de Tecido de Uso Doméstico Incluindo Tecelagem	2,55%	11,76%	14,31%
1749	Fabricação de Outros Artefatos Têxteis - Incluindo Tecelagem	1,47%	6,77%	8,24%
1750	Serv. de Acabamento em Fios, Tecidos e Artigos Têxteis Prod. por Terceiros	1,95%	9,01%	10,96%
1761	Fabricação de Artefatos Têxteis A Partir de Tecidos	1,77%	8,16%	9,93%
1762	Fabricação de Artefatos de Tapeçaria	1,33%	6,16%	7,49%
1763	Fabricação de Artefatos de Cordoaria	1,65%	7,61%	9,26%
1764	Fabricação de Tecidos Especiais - Inclusive Artefatos	1,15%	5,32%	6,47%
1769	Fabricação de Outros Artigos Têxteis - Exclusive Vestuário	1,67%	7,71%	9,38%
1771	Fabricação de Tecidos de Malha	2,13%	9,85%	11,99%

1772	Fabricação de Meias	0,97%	4,46%	5,43%
1779	Fabric. de Outros Art. do Vestuário Prod. em Malharias (Tricotagens)	1,99%	9,18%	11,16%
1811	Confecção de Peças Interiores do Vestuário	2,19%	10,10%	12,28%
1812	Confecção de Outras Peças do Vestuário	1,90%	8,75%	10,65%
1813	Confecção de Roupas Profissionais	1,94%	8,95%	10,89%
1821	Fabricação de Acessórios do Vestuário	1,49%	6,86%	8,34%
1822	Fabricação de Acessórios para Segurança Industrial e Pessoal	1,44%	6,65%	8,09%
1910	Curtimento e Outras Preparações de Couro	1,80%	8,30%	10,10%
1921	Fabric. de Malas, Bolsas, Valises e Outros Artefatos p/ Viagem, de Qualquer Material	1,56%	7,20%	8,76%
1929	Fabricação de Outros Artefatos de Couro	2,41%	11,14%	13,55%
1931	Fabricação de Calçados de Couro	1,63%	7,53%	9,16%
1932	Fabricação de Tênis de Qualquer Material	1,92%	8,85%	10,77%
1933	Fabricação de Calçados de Plástico	1,23%	5,69%	6,92%
1939	Fabricação de Calçados de Outros Materiais	1,94%	8,96%	10,90%
2010	Desdobramento de Madeira	1,95%	8,99%	10,94%
2021	Fabric. de Madeira Laminada e de Chapas de Madeira Compensada, Prensada ou Aglomerada	1,97%	9,09%	11,06%
2022	Fabric. de Esquad. de Madeira, de Casas de Madeira Pré-Fabricadas, de Estrut. de Madeira e Artigos de Carpintaria	2,66%	12,30%	14,96%
2023	Fabricação de Artefatos de Tanoaria e Embalagens de Madeira	1,63%	7,52%	9,15%
2029	Fabric. de Artefatos Diversos de Madeira, Palha, Cortiça e Material Trançado - Exclusive Móveis	2,30%	10,63%	12,94%
2110	Fabric. de Celulose e Outras Pastas para a Fabricação de Papel	2,02%	9,33%	11,36%
2121	Fabricação de Papel	1,29%	5,96%	7,25%
2122	Fabricação de Papelão Liso, Cartolina e Cartão	2,11%	9,73%	11,84%
2131	Fabricação de Embalagens de Papel	1,54%	7,09%	8,63%
2132	Fabric. de Embalagens de Papelão - Inclusive a Fabric. de Papelão Corrugado	1,41%	6,49%	7,90%
2141	Fabric. de Artefatos de Papel, Papelão, Cartolina e Cartão para Escritório	1,60%	7,39%	9,00%
2142	Fabric. de Fitas e Formulários Contínuos - Impressos ou Não	1,36%	6,26%	7,62%
2149	Fabric. de Outros Artefatos de Pastas, Papel, Papelão, Cartolina e Cartão	1,46%	6,73%	8,19%
2211	Edição e Impressão de Jornais	1,10%	5,07%	6,17%
2212	Edição e Impressão de Revistas	2,87%	13,27%	16,14%
2213	Edição e Impressão de Livros	1,18%	5,44%	6,62%
2214	Edição de Discos, Fitas e Outros Materiais Gravados	1,56%	7,21%	8,77%
2215	Edição de livros, revistas e jornais	1,61%	7,44%	9,05%
2216	Edição e impressão de livros	6,79%	31,32%	38,11%
2217	Edição e impressão de jornais	0,39%	1,80%	2,19%
2218	Edição e impressão de revistas	5,49%	25,33%	30,82%
2219	Edição e Impressão de Outros Produtos Gráficos	1,52%	6,99%	8,51%
2221	Impressão de Jornais, Revistas e Livros	1,35%	6,21%	7,56%
2222	Serv. de Impressão de Material Escolar e de Material para Usos Industrial e Comercial	1,74%	8,05%	9,80%
2229	Execução de Outros Serviços Gráficos	1,39%	6,42%	7,81%
2231	Reprodução de Discos e Fitas	1,03%	4,73%	5,76%
2232	Reprodução de Fitas de Vídeos	1,45%	6,69%	8,14%
2233	Reprodução de Filmes	1,93%	8,90%	10,82%

Código	Descrição			
2234	Reprodução de Programas de Informática em Disquetes e Fitas	2,49%	11,47%	13,96%
2310	Coquerias	4,48%	20,66%	25,14%
2320	Refino de Petróleo	0,95%	4,39%	5,34%
2340	Produção de Álcool	1,07%	4,95%	6,02%
2411	Fabricação de Cloro e Álcalis	0,50%	2,33%	2,83%
2412	Fabricação de Intermediários para Fertilizantes	1,38%	6,37%	7,75%
2413	Fabricação de Fertilizantes Fosfatados, Nitrogenados e Potássicos	1,09%	5,02%	6,10%
2414	Fabricação de Gases Industriais	0,76%	3,51%	4,26%
2419	Fabricação de Outros Produtos Inorgânicos	0,93%	4,28%	5,20%
2421	Fabricação de Produtos Petroquímicos Básicos	1,38%	6,38%	7,76%
2422	Fabricação de Intermediários para Resinas e Fibras	2,03%	9,38%	11,41%
2429	Fabricação de Outros Produtos Químicos Orgânicos	1,26%	5,80%	7,06%
2431	Fabricação de Resinas Termoplásticas	2,53%	11,66%	14,19%
2432	Fabricação de Resinas Termofixas	1,01%	4,68%	5,69%
2433	Fabricação de Elastômeros	4,87%	22,47%	27,34%
2441	Fabric. de Fibras, Fios, Cabos e Filamentos Contínuos Artificiais	0,82%	3,76%	4,58%
2442	Fabric. de Fibras, Fios, Cabos e Filamentos Contínuos Sintéticos	0,99%	4,59%	5,58%
2451	Fabricação de Produtos Farmoquímicos	0,95%	4,39%	5,35%
2452	Fabricação de Medicamentos para Uso Humano	1,44%	6,64%	8,08%
2453	Fabricação de Medicamentos para Uso Veterinário	1,06%	4,87%	5,93%
2454	Fabric. de Materiais para Usos Médicos, Hospitalares e Odontológicos	1,25%	5,75%	7,00%
2461	Fabricação de Inseticidas	0,63%	2,91%	3,53%
2462	Fabricação de Fungicidas	0,96%	4,41%	5,37%
2463	Fabricação de Herbicidas	1,20%	5,55%	6,75%
2469	Fabricação de Outros Defensivos Agrícolas	0,98%	4,52%	5,50%
2471	Fabricação de Sabões, Sabonetes e Detergentes Sintéticos	1,50%	6,93%	8,43%
2472	Fabricação de Produtos de Limpeza e Polimento	1,40%	6,46%	7,86%
2473	Fabricação de Artigos de Perfumaria e Cosméticos	1,45%	6,70%	8,15%
2481	Fabricação de Tintas, Vernizes, Esmaltes e Lacas	1,39%	6,43%	7,83%
2482	Fabricação de Tintas de Impressão	1,11%	5,12%	6,23%
2483	Fabricação de Impermeabilizantes, Solventes e Produtos Afins	1,23%	5,66%	6,88%
2491	Fabricação de Adesivos e Selantes	1,15%	5,29%	6,43%
2492	Fabricação de Explosivos	1,49%	6,86%	8,35%
2493	Fabricação de Catalisadores	0,77%	3,53%	4,30%
2494	Fabricação de Aditivos de Uso Industrial	0,98%	4,53%	5,51%
2495	Fabric. de Chapas, Filmes, Papeis e Outros Materiais e Prod. Químicos para Fotografia	0,77%	3,54%	4,31%
2496	Fabricação de Discos e Fitas Virgens	1,27%	5,86%	7,13%
2499	Fabric. de Outros Prod. Químicos Não Especif. Ou Não Classificados	1,13%	5,23%	6,36%
2511	Fabricação de Pneumáticos e de Câmaras-de-Ar	1,54%	7,12%	8,67%
2512	Recondicionamento de Pneumáticos	1,71%	7,88%	9,58%
2519	Fabricação de Artefatos Diversos de Borracha	1,37%	6,35%	7,72%
2521	Fabricação de Laminados Planos e Tubulares Plástico	1,86%	8,56%	10,42%
2522	Fabricação de Embalagem de Plástico	1,55%	7,14%	8,68%

2529	Fabricação de Artefatos Diversos de Plástico	1,45%	6,68%	8,12%
2611	Fabricação de Vidro Plano e de Segurança	1,08%	5,00%	6,08%
2612	Fabricação de Vasilhames de Vidro	1,28%	5,91%	7,19%
2619	Fabricação de Artigos de Vidro	1,44%	6,63%	8,07%
2620	Fabricação de Cimento	1,31%	6,04%	7,34%
2630	Fabric. de Artefatos de Concreto, Cimento, Fibrocimento, Gesso e Estuque	1,80%	8,31%	10,11%
2641	Fabric. de Prod. Cerâmicos Não-Refratários para uso Estrutural na Construção	1,93%	8,92%	10,85%
2642	Fabricação de Produtos Cerâmicos Refratários	1,17%	5,40%	6,57%
2649	Fabric. de Produtos Cerâmicos Não-Refratários para Usos Diversos	1,62%	7,48%	9,10%
2691	Britamento, Aparelhamento e Outros Trabalhos em Pedras (Não associado à extração)	2,19%	10,12%	12,31%
2692	Fabricação de Cal Virgem, Cal Hidratada e Gesso	1,03%	4,74%	5,77%
2699	Fabricação de Outros Produtos de Minerais Não-Metálicos	1,32%	6,10%	7,42%
2711	Produção de Laminados Planos de Aço	1,24%	5,74%	6,99%
2712	Produção de Laminados Não-Planos de Aço	1,73%	7,99%	9,72%
2721	Produção de Gusa	1,86%	8,57%	10,43%
2722	Prod. de Ferro, Aço e Ferro-Ligas em Formas Primárias e Semi-Acabados	3,11%	14,35%	17,46%
2726	Produção de relaminados, trefilados e perfilados de aço	1,21%	5,57%	6,77%
2729	Prod. de Relaminados, Trefilados e Retrefilados de Aço - Exclusive Tubos	2,87%	13,25%	16,12%
2731	Fabricação de Tubos de Aço Com Costura	2,45%	11,31%	13,76%
2739	Fabricação de Outros Tubos de Ferro e Aço	3,15%	14,52%	17,66%
2741	Metalurgia do Alumínio e Suas Ligas	2,09%	9,66%	11,75%
2742	Metalurgia dos Metais Preciosos	1,27%	5,87%	7,14%
2749	Metalurgia de Outros Metais Não-Ferrosos e suas Ligas	1,06%	4,88%	5,94%
2751	Fabricação de Peças Fundidas de Ferro e Aço	1,15%	5,31%	6,47%
2752	Fabricação de Peças Fundidas de Metais Não-Ferrosos e suas Ligas	1,58%	7,31%	8,90%
2811	Fabric. de Estrut. Metálicas para Edifícios, Pontes, Torres de Transmissão, Andaimes e Outros Fins	1,98%	9,15%	11,14%
2812	Fabricação de Esquadrias de Metal	2,38%	11,00%	13,39%
2813	Fabricação de Obras de Caldeiraria Pesada	1,42%	6,53%	7,95%
2821	Fabric. de Tanques, Reservat. Metálicos e Caldeiras para Aquecimento Central	1,66%	7,65%	9,30%
2822	Fabric. de Caldeiras Geradoras de Vapor - Exclusive para Aquecimento Central e para Veículos	1,32%	6,10%	7,42%
2831	Produção de Forjados de Aço	1,19%	5,49%	6,68%
2832	Produção de Forjados de Metais Não-Ferrosos e Suas Ligas	1,59%	7,33%	8,92%
2833	Fabricação de Artefatos Estampados de Metal	1,89%	8,74%	10,64%
2834	Metalurgia do Pó	1,19%	5,50%	6,70%
2839	Têmpera, Cementação e Trat. Térmico do Aço, Serviços de Usinagem, Galvanotécnica e Solda	1,66%	7,68%	9,34%
2841	Fabricação de Artigos de Cutelaria	1,03%	4,76%	5,79%
2842	Fabricação de Artigos de Serralheria - Exclusive Esquadrias	2,18%	10,04%	12,22%
2843	Fabricação de Ferramentas Manuais	1,05%	4,86%	5,91%
2891	Fabricação de Embalagens Metálicas	1,14%	5,28%	6,42%
2892	Fabricação de Artefatos de Trefilados	1,71%	7,89%	9,60%

2893	Fabric. de Artigos de Funilaria e de Artigos de Metal para Usos Doméstico e Pessoal	1,85%	8,55%	10,41%
2899	Fabricação de Outros Produtos Elaborados de Metal	1,55%	7,13%	8,68%
2911	Fabric. de Motores Estacionários de Combustão Interna, Turbinas e Outras Máquinas Motrizes Não-Elétricas - Exclusive p/ Aviões e Veículos Rodoviários	0,73%	3,35%	4,08%
2912	Fabric. de Bombas e Carneiros Hidráulicos	0,98%	4,51%	5,49%
2913	Fabric. de Válvulas, Torneiras e Registros	1,34%	6,18%	7,51%
2914	Fabric. de Compressores	3,19%	14,73%	17,92%
2915	Fabric. de Equip. de Transmissão p/ Fins Industriais - Inclusive Rolamentos	1,17%	5,39%	6,56%
2921	Fabric. de Fornos Industriais, Aparelhos e Equip. Não-Elétricos p/ Instalações Térmicas	1,67%	7,72%	9,39%
2922	Fabric. de Estufas e Fornos Elétricos p/ Fins Industriais	2,04%	9,39%	11,43%
2923	Fabric. de Máquinas, Equip. e Aparelhos p/ Transporte e Elevação de Cargas e Pessoas	1,10%	5,06%	6,15%
2924	Fabric. de Máquinas e Aparelhos de Refrigeração e Ventilação de Uso Industrial	1,30%	6,02%	7,33%
2925	Fabric. de Aparelhos de Ar Condicionado	1,58%	7,27%	8,85%
2929	Fabric. de Outras Máquinas e Equip. de Uso Geral	1,28%	5,91%	7,19%
2931	Fabric. de Máquinas e Equip. p/ Agricultura, Avicultura e Obtenção de Produtos Animais	1,78%	8,20%	9,97%
2932	Fabric. de Tratores Agrícolas	1,44%	6,66%	8,11%
2940	Fabric. de Máquinas-Ferramenta	1,21%	5,59%	6,80%
2951	Fabric. de Máquinas e Equip. p/ a Indústria de Prospecção e Extração de Petróleo	0,96%	4,42%	5,37%
2952	Fabric. de Outras Máquinas e Equip. p/ a Extração de Minérios e Indústria da Construção	1,08%	5,00%	6,09%
2953	Fabric. de Tratores de Esteira e Tratores de Uso Na Construção e Mineração	1,40%	6,45%	7,85%
2954	Fabric. de Máquinas e Equip. de Terraplanagem e Pavimentação	0,92%	4,23%	5,14%
2961	Fabric. de Máquinas p/ a Indústria Metalúrgica - exclusive Máquinas-Ferramenta	1,24%	5,70%	6,94%
2962	Fabric. de Máquinas e Equip. p/ as Indústrias Alimentar, de Bebida e Fumo	1,27%	5,86%	7,13%
2963	Fabric. de Máquinas e Equip. p/ a Indústria Têxtil	1,25%	5,76%	7,01%
2964	Fabric. de Máquinas e Equip. p/ as Indústrias do Vestuário e de Couro e Calçados	1,65%	7,60%	9,25%
2965	Fabric. de Máquinas e Equip. p/ as Indústrias de Celulose, Papel e Papelão e Artefatos	1,02%	4,73%	5,75%
2969	Fabric. de Outras Máquinas e Equip. de uso específico	1,25%	5,77%	7,02%
2971	Fabric. de Armas de Fogo e Munições	1,63%	7,52%	9,15%
2972	Fabric. de Equipamento Bélico Pesado	2,31%	10,65%	12,96%
2981	Fabric. de Fogões, Refrigeradores e Máquinas de Lavar e Secar p/ Uso Doméstico	3,21%	14,81%	18,02%
2989	Fabric. de Outros Aparelhos Eletrodomésticos	1,31%	6,05%	7,36%
2991	Manutenção e reparação de motores, bombas, compressores e equipamentos de transmissão	0,60%	2,77%	3,37%
2992	Manutenção e reparação de máquinas e equipamentos de uso geral	0,65%	2,99%	3,64%
2993	Manutenção e reparação de tratores e de máquinas e equipamentos para agricultura, avicultura e obtenção de produtos animais	7,41%	34,20%	41,61%

Código	Descrição			
2996	Manutenção e reparação de máquinas e equipamentos de uso específico	1,04%	4,80%	5,84%
3011	Fabric. de Máquinas de Escrever e Calcular, Copiadoras e Outros Equip. Não-Eletrônicos p/ Escritório	0,66%	3,03%	3,68%
3012	Fabric. de Máquinas de Escrever e Calcular, Copiadoras e Outros Equip. Eletrônicos destinados à Automação Gerencial e Comercial	0,85%	3,91%	4,75%
3021	Fabric. de computadores	0,90%	4,15%	5,05%
3022	Fabric. de Equip. Periféricos p/ Máquinas Eletrônicas p/ Tratamento de Informações	0,94%	4,35%	5,29%
3111	Fabric. de Geradores de Corrente Contínua ou Alternada	1,48%	6,81%	8,29%
3112	Fabric. de Transformadores, Indutores, Conversores, Sincronizadores e Semelhantes	1,23%	5,70%	6,93%
3113	Fabric. de Motores Elétricos	1,09%	5,01%	6,10%
3121	Fabric. de Subestações, Quadros de Comando, Reguladores de Voltagem e Outros Aparelhos e Equip. p/ Distribuição e Controle de Energia	1,29%	5,96%	7,25%
3122	Fabric. de Material Elétrico para Instalações em Circuito de Consumo	1,11%	5,13%	6,24%
3130	Fabric. de Fios, Cabos e Condutores Elétricos Isolados	1,69%	7,81%	9,50%
3141	Fabric. de Pilhas, Baterias e Acumuladores Elétricos - Exclusive para Veículos	1,42%	6,55%	7,97%
3142	Fabric. de Baterias e Acumuladores p/ Veículos	1,37%	6,30%	7,67%
3151	Fabric. de Lâmpadas	1,77%	8,19%	9,96%
3152	Fabric. de Luminárias e Equip. de Iluminação - Exclusive p/ Veículos	1,76%	8,10%	9,86%
3160	Fabric. de Material Elétrico para Veículos - Exclusive Baterias	0,79%	3,67%	4,46%
3181	Manutenção e reparação de geradores, transformadores e motores elétricos	0,81%	3,73%	4,53%
3189	Manutenção e reparação de máquinas, aparelhos e materiais elétricos não especificados anteriormente	2,41%	11,14%	13,56%
3191	Fabric. de Eletrodos, Contatos e Outros Artigos de Carvão e Grafita p/ Uso Elétrico, Eletroímas e Isoladores	0,83%	3,83%	4,66%
3192	Fabric. de Aparelhos e Utensílios p/ Sinalização e Alarme	1,19%	5,49%	6,68%
3199	Fabric. de Outros Aparelhos ou Equip. Elétricos	0,99%	4,59%	5,58%
3210	Fabric. de Material Eletrônico Básico	0,81%	3,73%	4,54%
3221	Fabric. de Equip. Transmissores de Rádio e Televisão e de Equip. p/ Estações Telefônicas, p/ Radiotelefonia e Radiotelegrafia - inclusive de Microondas e Repetidoras	0,98%	4,53%	5,52%
3222	Fabric. de Aparelhos Telefônicos, Sistemas de Intercomunicação e Semelhantes	0,75%	3,45%	4,20%
3230	Fabric. de Aparelhos Receptores de Rádio e Televisão e de Reprodução, Gravação ou Amplificação de Som e Vídeo	0,94%	4,34%	5,27%
3290	Manutenção e reparação de aparelhos e equipamentos de telefonia e radiotelefonia e de transmissores de televisão e rádio - exceto telefones	1,65%	7,62%	9,27%
3310	Fabric. de Aparelhos e Instrumentos p/ usos Médico-Hospitalares, Odontológicos e de Laboratórios e Aparelhos Ortopédicos	1,07%	4,95%	6,02%

3320	Fabric. de Aparelhos e Instrumentos de Medida, Teste e Controle - Exclusive Equip. para Controle de Processos Industriais	1,07%	4,94%	6,01%
3330	Fabric. de Máquinas, Aparelhos e Equip. de Sistemas Eletrônicos dedicados a Automação Industrial e Controle do Processo Produtivo	0,92%	4,25%	5,17%
3340	Fabric. de Aparelhos, Instrumentos e Materiais Óticos, Fotográficos e Cinematográficos	1,10%	5,06%	6,15%
3350	Fabric. de Cronômetros e Relógios	0,72%	3,30%	4,02%
3391	Manutenção e reparação de equipamentos médico-hospitalares, odontológicos e de laboratório	2,38%	10,99%	13,37%
3393	Manutenção e reparação de máquinas, aparelhos e equipamentos de sistemas eletrônicos dedicados à automação industrial e controle do processo produtivo	1,42%	6,55%	7,97%
3410	Fabricação de Automóveis, Camionetas e Utilitários	1,33%	6,13%	7,46%
3420	Fabricação de Caminhões e Ônibus	0,64%	2,96%	3,61%
3431	Fabricação de Cabines, Carrocerias e Reboques para Caminhão	2,58%	11,91%	14,49%
3432	Fabricação de Carrocerias para Ônibus	1,78%	8,21%	9,99%
3439	Fabricação de Cabines, Carrocerias e Reboques para Outros Veículos	1,34%	6,18%	7,51%
3441	Fabricação de Peças e Acessórios para o Sistema Motor	0,57%	2,65%	3,22%
3442	Fabricação de Peças e Acessórios para os Sistemas de Marcha e Transmissão	2,10%	9,68%	11,78%
3443	Fabricação de Peças e Acessórios para o Sistema de Freios	0,97%	4,50%	5,47%
3444	Fabricação de Peças e Acessórios para o Sistema de Direção e Suspensão	1,32%	6,11%	7,43%
3449	Fabricação de Peças e Acessórios de Metal para Veículos Automotores Não Classificados em Outra Classe	1,26%	5,81%	7,07%
3450	Recondic. ou Recuperação de Motores para Veículos Automotores	2,11%	9,76%	11,88%
3511	Construção e Reparação de Embarcações e Estruturas Flutuantes	1,27%	5,85%	7,11%
3512	Construção e Reparação de Embarcações para Esporte e Lazer	1,16%	5,37%	6,53%
3521	Construção e Montagem de Locomotivas, Vagões e Outros Materiais Rodantes	0,44%	2,01%	2,44%
3522	Fabricação de Peças e Acessórios para Veículos Ferroviários	1,05%	4,87%	5,92%
3523	Reparação de Veículos Ferroviários	1,29%	5,96%	7,25%
3531	Construção e Montagem de Aeronaves	0,73%	3,35%	4,07%
3532	Reparação de Aeronaves	0,83%	3,82%	4,65%
3591	Fabricação de Motocicletas	1,36%	6,30%	7,66%
3592	Fabricação de Bicicletas e Triciclos Não-Motorizados	1,44%	6,63%	8,07%
3599	Fabricação de Outros Equipamentos de Transporte	0,97%	4,48%	5,46%
3611	Fabricação de Móveis com Predominância de Madeira	1,81%	8,37%	10,18%
3612	Fabricação de Móveis com Predominância de Metal	1,91%	8,81%	10,72%
3613	Fabricação de Móveis de Outros Materiais	1,58%	7,28%	8,86%
3614	Fabricação de Colchões	1,73%	8,00%	9,74%

Código	Descrição			
3691	Lapidação de Pedras Preciosas e Semi-Preciosas, Fabricação de Artefatos de Ourivesaria e Joalheria	1,41%	6,53%	7,94%
3692	Fabricação de Instrumentos Musicais	1,35%	6,25%	7,61%
3693	Fabricação de Artefatos para Caça, Pesca e Esporte	1,35%	6,23%	7,58%
3694	Fabricação de Brinquedos e de Jogos Recreativos	1,86%	8,59%	10,45%
3695	Fabricação de Canetas, Lápis, Fitas Impressoras para Máquinas e Outros Artigos para Escritório	0,96%	4,42%	5,37%
3696	Fabricação de Aviamentos para Costura	1,42%	6,58%	8,00%
3697	Fabricação de Escovas, Pincéis e Vassouras	1,38%	6,36%	7,74%
3699	Fabricação de Produtos Diversos	1,50%	6,92%	8,41%
3710	Reciclagem de Sucatas Metálicas	1,10%	5,09%	6,20%
3720	Reciclagem de Sucatas Não-Metálicas	1,27%	5,84%	7,11%
4010	Produção e Distribuição de Energia Elétrica	1,13%	5,20%	6,33%
4011	Produção de energia elétrica	1,16%	5,34%	6,50%
4012	Transmissão de energia elétrica	0,66%	3,06%	3,72%
4014	Distribuição de energia elétrica	0,74%	3,43%	4,17%
4020	Produção e Distribuição de Gás Através de Tubulações	2,31%	10,64%	12,95%
4030	Produção e Distribuição de Vapor e Água Quente	1,24%	5,74%	6,99%
4100	Captação, Tratamento e Distribuição de Água	1,18%	5,47%	6,65%
4511	Demolição e Preparação do Terreno	1,14%	5,25%	6,39%
4512	Perfurações e Execução de Fundações Destinados a Construção Civil	1,18%	5,45%	6,63%
4513	Grandes Movimentações de Terra	1,31%	6,03%	7,34%
4521	Edificações (Residenciais, Industriais, Comerciais e de Serviços) - Inclusive Ampliação e Reformas Completas	1,35%	6,25%	7,60%
4522	Obras Viárias - Inclusive Manutenção	1,06%	4,88%	5,94%
4523	Grandes Estruturas e Obras de Arte	0,25%	1,16%	1,41%
4524	Obras de Urbanização e Paisagismo	1,25%	5,76%	7,01%
4525	Montagens Industriais	1,13%	5,22%	6,35%
4529	Obras de Outros Tipos	1,00%	4,63%	5,63%
4531	Construção de Barragens e Represas para Geração de Energia Elétrica	0,73%	3,35%	4,08%
4532	Construção de Estações e Redes de Distribuição de Energia Elétrica	1,16%	5,36%	6,52%
4533	Construção de Estações e Redes de Telefonia e Comunicação	1,00%	4,61%	5,60%
4534	Construção de Obras de Prevenção e Recuperação do Meio Ambiente	1,40%	6,45%	7,84%
4541	Instalações Elétricas	1,22%	5,62%	6,84%
4542	Instalações de Sistemas de Ar Condicionado, de Ventilação e Refrigeração	1,31%	6,07%	7,38%
4543	Instalações Hidráulicas, Sanitárias, de Gás, de Sistema de Prevenção Contra Incêndio, de Pára-Raios, de Segurança e Alarme	0,34%	1,57%	1,92%
4549	Outras Obras de Instalações	1,10%	5,06%	6,16%
4550	Obras de acabamento	1,00%	4,63%	5,63%
4551	Alvenaria e Reboco	1,59%	7,33%	8,91%
4552	Impermeabilização e Serviços de Pintura em geral	1,37%	6,33%	7,70%
4559	Outros Serviços Auxiliares da Construção	1,23%	5,67%	6,89%
4560	Aluguel de Equipamentos de Construção e Demolição com Operários	1,41%	6,53%	7,94%

Código	Descrição			
5020	Manutenção e Reparação de Veículos Automotores	3,16%	14,58%	17,74%
5030	Comércio a Varejo e por Atacado de Peças e Acessórios para Veículos Automotores	2,18%	10,05%	12,22%
5041	Comércio a Varejo e por Atacado de Motocicletas, Partes, Peças e Acessórios	1,65%	7,63%	9,29%
5042	Manutenção e Reparação de Motocicletas	18,62%	85,95%	104,57%
5050	Comércio a Varejo de Combustíveis	1,36%	6,30%	7,66%
5111	Intermediários do Comércio de Matérias Primas Agrícolas, Animais Vivos, Matérias Primas Têxteis e Produtos Semi-Acabados	1,39%	6,44%	7,83%
5112	Intermediários do Comércio de Combustíveis, Minerais, Metais e Produtos Químicos Industriais	1,27%	5,85%	7,12%
5113	Intermediários do Comércio de Madeira, Material de Construçãoe Ferragens	1,79%	8,27%	10,06%
5114	Intermediários do Comércio de Máquinas, Equipamentos Industriais, Embarcações e Aeronaves	1,21%	5,58%	6,78%
5115	Intermediários do Comércio de Móveis e Artigos de Uso Doméstico	1,69%	7,82%	9,51%
5116	Intermediários do Comércio de Têxteis, Vestuário, Calçados e Artigos de Couro	1,31%	6,03%	7,33%
5117	Intermediários do Comércio de Produtos alimentícios, bebidas e fumo	1,57%	7,25%	8,83%
5118	Intermediários do Comércio Especializado em Produtos não especificados anteriormente	1,41%	6,52%	7,94%
5119	Intermediários do Comércio de Mercadorias em geral (não especializados)	1,12%	5,17%	6,29%
5121	Com. Atac. de Produtos Agrícolas "in natura"; Produtos Alimentícios para Animais	0,99%	4,55%	5,53%
5122	Com. Atac. de animais vivos	1,87%	8,64%	10,51%
5131	Com. Atac. de Leite e Produtos do Leite	1,88%	8,70%	10,58%
5132	Com. Atac. de Cereais Beneficiados, Farinhas, Amidos e Féculas	1,91%	8,80%	10,70%
5133	Com. Atac. de Hortifrutigranjeiros	1,61%	7,45%	9,06%
5134	Com. Atac. de Carnes e Produtos da Carne	2,33%	10,77%	13,10%
5135	Com. Atac. de Pescados	1,25%	5,75%	6,99%
5136	Com. Atac. de Bebidas	2,18%	10,07%	12,25%
5137	Com. Atac. de Produtos do Fumo	1,45%	6,70%	8,15%
5139	Com. Atac. de Outros Produtos Alimentícios, não especificados anteriormente	1,74%	8,02%	9,76%
5141	Com. Atac. de Fios Têxteis, Tecidos, Artefatos de Tecidos e de Armarinho	1,67%	7,69%	9,36%
5142	Com. Atac. de Artigos do Vestuário e Complementos	1,63%	7,53%	9,17%
5143	Com. Atac. de Calçados	1,12%	5,15%	6,26%
5144	Com. Atac. de Eletrodomésticos e Outros Equipamentos de Usos Pessoal e Doméstico	1,80%	8,31%	10,11%
5145	Com. Atac. de Produtos Farmacêuticos, Médicos, Ortopédicos e Odontológicos	1,33%	6,15%	7,48%
5146	Com. Atac. de Cosméticos e Produtos de Perfumaria	1,61%	7,42%	9,03%
5147	Com. Atac. de Artigos de Escritório e de Papelaria; Papel, Papelão e seus Artefatos; Livros, Jornais, e Outras Publicações	2,21%	10,18%	12,39%
5149	Com. Atac. de Outros Artigos de Usos Pessoal e Doméstico, não especificados anteriormente	1,70%	7,83%	9,53%
5151	Com. Atac. de Combustíveis	1,22%	5,63%	6,85%

5153	Com. Atac. de Madeira, Material de Construção, Ferragens e Ferramentas	1,89%	8,72%	10,61%
5154	Com. Atac. de Produtos Químicos	1,13%	5,20%	6,32%
5155	Com. Atac. de Resíduos e Sucatas	1,61%	7,42%	9,02%
5159	Com. Atac. de outros Produtos Intermediários Não Agropecuários, não especificados anteriormente	1,77%	8,18%	9,95%
5161	Com. Atac. de Máquinas, aparelhos e Equipamentos para uso agropecuário	1,63%	7,54%	9,17%
5162	Com. Atac. de Máquinas e Equipamentos para o Comércio	1,27%	5,88%	7,16%
5163	Com. Atac. de Máquinas e Equipamentos para Escritório	1,19%	5,51%	6,70%
5164	Comércio atacadista de máquinas e equipamentos para o comércio e escritório	1,67%	7,72%	9,39%
5165	Comércio atacadista de computadores, equipamentos de telefonia e comunicação, partes e peças	0,74%	3,40%	4,14%
5169	Com. Atac. de Máquinas, Aparelhos e Equipamentos para usos Industrial, Técnico e Profissional e outros usos, não especificados anteriormente	1,06%	4,90%	5,96%
5191	Com. Atac. de Mercadorias em geral (não especializado)	2,41%	11,14%	13,55%
5192	Com. Atac. especializado em mercadorias não especificadas anteriormente	1,41%	6,53%	7,94%
5211	Com. Var. de Mercadorias em geral, com predominância de Produtos Alimentícios, com área de venda superior a 5000 metros quadrados - Hipermercados	2,72%	12,55%	15,26%
5212	Com. Var. de Mercadorias em geral, com predominância de Produtos Alimentícios, com área de venda entre 300 e 5000 metros quadrados - Supermercados	2,59%	11,94%	14,53%
5213	Com. Var. de Mercadorias em geral, com predominância de Produtos Alimentícios, com área de venda inferior a 300 metros quadrados - exclusive Lojas de Conveniência	4,47%	20,64%	25,11%
5214	Com. Var. de Mercadorias em geral, com predominância de Produtos Alimentícios Industrializados - Lojas de Conveniência	2,70%	12,47%	15,17%
5215	Com. Var. Não Especializado, sem predominância de Produtos Alimentícios	2,03%	9,37%	11,41%
5221	Com. Var. de Produtos de Padaria, de Laticínio, Frios e Conservas	3,69%	17,03%	20,72%
5222	Com. Var. de Doces, Balas, Bombons, Confeitos e Semelhantes	3,89%	17,96%	21,85%
5223	Com. Var. de Carnes - Açougues	4,43%	20,46%	24,89%
5224	Com. Var. de Bebidas	3,95%	18,22%	22,17%
5229	Com. Var. de Outros Produtos Alimentícios Não Especificados Anteriormente e de Produtos do Fumo	2,81%	12,95%	15,76%
5231	Com. Var. de Tecidos e Artigos de Armarinho	3,36%	15,52%	18,88%
5232	Com. Var. de Artigos do Vestuário e Complementos	2,03%	9,35%	11,38%
5233	Com. Var. de Calçados, Artigos de Couro e Viagem	2,07%	9,55%	11,62%

5242	Com. Var. de Máquinas e Aparelhos de Usos Doméstico e Pessoal, Discos e Instrumentos Musicais	1,98%	9,16%	11,14%
5243	Com. Var. de Móveis, Artigos de Iluminação e Outros Artigos para Residência	2,32%	10,69%	13,01%
5244	Com. Var. de Material de Construção, Ferragens, Ferramentas Manuais e Produtos Metalúrgicos; Vidros, Espelhos e Vitrais; Tintas e Madeiras	2,38%	10,98%	13,36%
5245	Com. Var. de Equipamentos e Materiais para Escritório; Informática e Comunicação	1,19%	5,50%	6,69%
5246	Com. Var. de Livros, Jornais, Revistas e Papelaria	2,15%	9,92%	12,07%
5247	Com. Var. de Gás Liquefeito de Petróleo (G.L.P.)	3,62%	16,70%	20,32%
5249	Com. Var. de Outros Produtos Não Especificados Anteriormente	2,05%	9,47%	11,52%
5250	Com. Var. de Artigos Usados, em Lojas	1,95%	9,00%	10,94%
5261	Com. Var. de Artigos em Geral, Por Catálogo Ou Pedido Pelo Correio	2,80%	12,91%	15,71%
5269	Com. Var. Realizado em Vias Públicas, Postos Móveis, Através de Máquinas Automáticas e A Domicílio	2,57%	11,86%	14,44%
5271	Reparação e Manutenção de Máquinas e de Aparelhos Eletrodomésticos	2,77%	12,78%	15,55%
5272	Reparação de Calçados	4,22%	19,49%	23,72%
5279	Reparação de Outros Objetos Pessoais e Doméstico	2,69%	12,43%	15,12%
5511	Estabelecimentos Hoteleiros, Com Restaurante	1,15%	5,30%	6,45%
5512	Estabelecimentos Hoteleiros, Sem Restaurante	1,50%	6,91%	8,40%
5513	Estabelecimentos hoteleiros	1,00%	4,63%	5,63%
5519	Outros Tipos de Alojamento	2,70%	12,47%	15,17%
5521	Restaurantes e Estabelecimentos de Bebidas, Com Serviço Completo	2,39%	11,01%	13,40%
5522	Lanchonetes e Similares	2,38%	11,01%	13,39%
5523	Cantinas (Serviços de Alimentação Privativos)	4,27%	19,72%	23,99%
5524	Fornecimento de Comida Preparada	1,55%	7,17%	8,72%
5529	Outros Serviços de Alimentação	2,16%	9,95%	12,11%
6010	Transporte Ferroviário Interurbano	1,09%	5,04%	6,13%
6021	Transporte Ferroviário de Passageiros, Urbano	0,80%	3,70%	4,50%
6022	Transporte Metroviário	1,67%	7,70%	9,37%
6023	Transporte Rodoviário de Passageiros, Regular, Urbano	1,14%	5,28%	6,42%
6024	Transporte Rodoviário de Passageiros, Regular, Não Urbano	1,10%	5,07%	6,17%
6025	Transporte Rodoviário de Passageiros, Não Regular	1,83%	8,47%	10,30%
6026	Transporte Rodoviário de Cargas, em geral	1,47%	6,79%	8,26%
6027	Transporte Rodoviário de Produtos Perigosos	1,07%	4,93%	6,00%
6028	Transporte Rodoviário de Mudanças	1,70%	7,83%	9,53%
6029	Transporte Regular em Bondes, Funiculares, Teleféricos ou Trens Próprios para Exploração de Pontos Turísticos	1,22%	5,61%	6,83%
6030	Transporte Dutoviário	0,86%	3,97%	4,83%
6111	Transporte Marítimo de Cabotagem	1,05%	4,85%	5,90%
6112	Transporte Marítimo de Longo Curso	1,10%	5,08%	6,18%
6121	Transporte por Navegação Interior de Passageiros	1,51%	6,96%	8,46%
6122	Transporte por Navegação Interior de Carga	1,02%	4,71%	5,73%

6123	Transporte Aquaviário Urbano	1,34%	6,20%	7,55%
6210	Transporte Aéreo, Regular	1,05%	4,84%	5,89%
6220	Transporte Aéreo, Não-Regular	0,94%	4,33%	5,26%
6230	Transporte Espacial	1,86%	8,57%	10,42%
6311	Carga e Descarga	1,01%	4,66%	5,67%
6312	Armazenamento e Depósitos de Cargas	1,02%	4,72%	5,74%
6321	Atividades Auxiliares aos Transportes Terrestres	1,13%	5,23%	6,37%
6322	Atividades Auxiliares aos Transportes Aquaviários	0,84%	3,87%	4,71%
6323	Atividades Auxiliares aos Transportes Aéreos	0,93%	4,31%	5,24%
6330	Atividades de Agências de Viagens e Organizadores de Viagem	1,07%	4,96%	6,03%
6340	Atividades Relacionadas à Organização do Transporte de Cargas	1,02%	4,71%	5,73%
6411	Atividades de Correio Nacional	0,71%	3,26%	3,96%
6412	Outras Atividades de Correio	1,60%	7,40%	9,01%
6420	Telecomunicações	1,32%	6,11%	7,44%
6630	Planos de Saúde	1,37%	6,32%	7,69%
6711	Administração de Mercados Bursáteis	4,47%	20,64%	25,11%
6712	Atividades de Intermediários em Transações de Títulos e Valores Mobiliários	1,59%	7,32%	8,90%
6719	Outras Atividades Auxiliares da Intermediação Financeira, não especificadas anteriormente	0,87%	4,03%	4,90%
6720	Atividades Auxiliares dos Seguros e da Previdência Privada	0,99%	4,58%	5,58%
7010	Incorporação de Imóveis por Conta Própria	1,29%	5,95%	7,24%
7020	Aluguel de Imóveis	1,11%	5,10%	6,21%
7031	Incorporação de Imóveis por Conta de Terceiros	1,30%	5,99%	7,29%
7032	Administração de Imóveis por Conta de Terceiros	0,96%	4,44%	5,41%
7110	Aluguel de Automóveis	1,30%	6,00%	7,30%
7121	Aluguel de Outros Meios de Transporte Terrestre	1,47%	6,78%	8,25%
7122	Aluguel de Embarcações	2,30%	10,62%	12,93%
7123	Aluguel de Aeronaves	0,83%	3,82%	4,64%
7131	Aluguel de Máquinas e Equipamentos Agrícolas	1,90%	8,78%	10,69%
7132	Aluguel de Máquinas e Equipamentos para Construçãoe Engenharia Civil	1,46%	6,74%	8,19%
7133	Aluguel de Máquinas e Equipamentos para Escritórios	4,00%	18,44%	22,44%
7139	Aluguel de Máquinas e Equipamentos de Outros Tipos, não especificados anteriormente	1,34%	6,17%	7,51%
7140	Aluguel de Objetos Pessoais e Domésticos	2,09%	9,66%	11,76%
7210	Consultoria em Sistemas de Informática	0,94%	4,36%	5,30%
7220	Desenvolvimento de Programas de Informática	1,04%	4,82%	5,87%
7221	Desenvolvimento e edição de softwares prontos para uso	1,29%	5,96%	7,26%
7229	Desenvolvimento de softwares sob encomenda e outras consultorias em software	1,09%	5,01%	6,10%
7230	Processamento de Dados	1,11%	5,12%	6,23%
7240	Atividades de Banco de Dados	0,97%	4,46%	5,43%
7250	Manutenção e Reparação de Máquinas de Escritório e de Informática	1,55%	7,16%	8,72%
7290	Outras Atividades de Informática, não Especificadas Anteriormente	0,99%	4,59%	5,59%
7310	Pesquisa e Desenvolvimento das Ciências Físicas e Naturais	0,65%	2,98%	3,63%
7320	Pesquisa e Desenvolvimento das Ciências Sociais e Humanas	0,83%	3,81%	4,64%

7411	Atividades Jurídicas	1,14%	5,26%	6,40%
7412	Atividades de Contabilidade e Auditoria	1,05%	4,84%	5,89%
7413	Pesquisas de Mercado e de Opinião Pública	0,99%	4,58%	5,58%
7414	Gestão de Participações Societárias (holdings)	0,97%	4,46%	5,42%
7415	Sedes de Empresas e Unidades Administrativas Locais	1,21%	5,59%	6,80%
7416	Atividades de Assessoria em Gestão Empresarial	0,99%	4,55%	5,53%
7420	Serviços de Arquitetura e Engenharia e de Assessoramento Técnico Especializado	1,18%	5,47%	6,65%
7430	Ensaios de Materiais e de Produtos; Análise de Qualidade	1,06%	4,87%	5,93%
7440	Publicidade	0,99%	4,59%	5,58%
7450	Seleção, Agenciamento e Locação de Mão-de-Obra para Serviços Temporários	0,83%	3,83%	4,67%
7460	Atividades de Investigação, Vigilância e Segurança	1,56%	7,22%	8,78%
7470	Atividades de Limpeza em Prédios e Domicílios	0,83%	3,85%	4,69%
7491	Atividades Fotográficas	1,90%	8,76%	10,66%
7492	Atividades de Envasamento e Empacotamento, por Conta de Terceiros	1,23%	5,67%	6,90%
7499	Outras Atividades de Serviços Prestados Principalmente às Empresas, não especificadas anteriormente	1,11%	5,11%	6,22%
8011	Educação Pré-Escolar	1,18%	5,46%	6,64%
8012	Educação Fundamental	0,83%	3,81%	4,63%
8013	Educação infantil-creche	1,17%	5,41%	6,59%
8014	Educação infantil-pré-escola	3,51%	16,18%	19,69%
8015	Ensino fundamental	1,25%	5,76%	7,00%
8020	Ensino médio	0,99%	4,57%	5,56%
8021	Educação Média de Formação Geral	0,66%	3,05%	3,71%
8022	Educação Média de Formação Técnica e Profissional	0,71%	3,27%	3,98%
8030	**Educação Superior**	0,30%	1,38%	1,67%
8031	Educação superior - Graduação	1,65%	7,62%	9,27%
8032	Educação superior - Graduação e pós-graduação	1,03%	4,75%	5,78%
8033	Educação superior - Pós-graduação e extensão	-	-	-
8091	Ensino em Auto-Escolas e Cursos de Pilotagem	1,40%	6,47%	7,87%
8092	Educação Supletiva	0,93%	4,29%	5,22%
8093	Educação Continuada ou Permanente e Aprendizagem Profissional	0,66%	3,02%	3,68%
8094	Ensino à Distância	0,44%	2,04%	2,48%
8095	Educação Especial	0,94%	4,33%	5,27%
8096	Educação profissional de nível técnico	0,89%	4,09%	4,98%
8099	Outras atividades de ensino	1,00%	4,60%	5,60%
8511	Atividades de Atendimento Hospitalar	0,82%	3,80%	4,62%
8512	Atividades de Atendimento a Urgências e Emergências	1,05%	4,83%	5,88%
8513	Atividades de Atenção Ambulatorial	1,40%	6,45%	7,85%
8514	Atividades de Serviços de Complementação Diagnóstica ou Terapêutica	1,08%	5,00%	6,08%
8515	Atividades de Outros Profissionais da Área de Saúde	1,29%	5,95%	7,24%
8516	Outras Atividades Relacionadas com Atenção à Saúde	0,97%	4,48%	5,46%
8520	Serviços Veterinários	1,50%	6,92%	8,42%
8888	Não Classificado	1,45%	6,68%	8,13%

9000	Limpeza Urbana e Esgoto; e Atividades Conexas	0,98%	4,52%	5,49%
9111	Atividades de Organizações Empresariais e Patronais	0,76%	3,49%	4,24%
9211	Produção de Filmes Cinematográficos e Fitas de Vídeo	1,71%	7,90%	9,61%
9212	Distribuição de Filmes e de Vídeos	0,98%	4,53%	5,52%
9213	Projeção de Filmes e de Vídeos	1,51%	6,98%	8,49%
9221	Atividades de Rádio	1,17%	5,40%	6,57%
9222	Atividades de Televisão	1,10%	5,08%	6,18%
9231	Atividades de Teatro, Música e Outras Atividades Artísticas e Literárias	1,39%	6,43%	7,82%
9232	Gestão de Salas de Espetáculos	1,26%	5,83%	7,09%
9239	Outras Atividades de Espetáculos, não especificadas anteriormente.	1,53%	7,07%	8,60%
9240	Atividades de Agências de Notícias	0,85%	3,91%	4,76%
9261	Atividades Desportivas	0,61%	2,79%	3,40%
9262	Outras Atividades Relacionadas ao Lazer	1,36%	6,27%	7,62%
9301	Lavanderias e Tinturarias	1,80%	8,30%	10,10%
9302	Cabelereiros e Outros Tratamentos de Beleza	4,33%	19,98%	24,31%
9303	Atividades Funerárias e Conexas	1,69%	7,78%	9,46%
9304	Atividades de Manutenção do Físico Corporal	1,75%	8,09%	9,84%
9309	Outras Atividades de Serviços Pessoais, não especificadas anteriormente	1,61%	7,41%	9,02%
9500	Serviços Domésticos	1,30%	5,99%	7,29%
Estimado	ALÍQUOTAS QUE DEVERIAM TER SIDO ADOTADAS NO MODELO NÃO CUMULATIVO.	1,32%	6,10%	7,42%
Adotado	ALÍQUOTAS EFETIVAMENTE ADOTADAS NO MODELO NÃO CUMULATIVO.	1,65%	7,60%	9,25%
A maior	Percentual excedente	0,33%	1,50%	1,83%

Anexo (IV)
Os tributos brasileiros

A síntese abaixo foi extraída do estudo "Avaliação da estrutura e do desempenho do sistema tributário brasileiro", livro branco da tributação brasileira, elaborado pelos especialistas José Roberto Rodrigues Afonso, Júlia Morais Soares e Kleber Pacheco de Castro, para o Banco Interamericano de Desenvolvimento.

É meramente uma breve descrição dos tributos existentes no Brasil em 2014. Uma pausa na história, mas importante para reforçar ainda mais a necessidade de reformar. O interesse é a descrição – tipologia, origem, competência, base de incidência, % em relação ao PIB, valor per capita, sem preocupação com a atualização dos valores nominais mencionados.

ICMS – Imposto sobre Circulação de Mercadorias e Serviços

- Competência: Estados e Distrito Federal

- Tipo: Imposto

- Histórico: Instituído inicialmente como ICM através da Emenda Constitucional nº 18 de 1/12/1965 (à Constituição de 1946), posteriormente convertido em ICMS, previsto pelo Artigo 155, II da Constituição de 1988. Sua regulamentação foi feita através da Lei Complementar nº 87 de 13/9/1996 ("Lei Kandir").

- Alíquota: Estabelecida pelos Estados e pelo DF. As alíquotas incidentes nas operações internas situam-se, na moda, em 17% e 18%, mas há produtos, como energia elétrica, derivados de petróleo e comunicações, com alíquotas acima de

30% em alguns Estados. As alíquotas incidentes nas operações interestaduais (fixadas pelo Senado Federal) são: 12% nas operações dentro das regiões sul e sudeste. 7% nas operações interestaduais dentro das regiões Centro-Oeste, Norte e Nordeste, Nas operações entre estados das regiões sul e sudeste com estados das demais regiões a alíquota é de 7%. Nas operações entre estados das regiões centro-oeste, norte e nordeste com os demais estados a alíquota é de 12%. Além dos exemplos citados, ressalte-s que existem diversos regimes de exceção de alíquotas, que, em geral, variam de acordo com a essencialidade do bem.

- Base Tributária: Valor da operação (valor da mercadoria + valor do frete + valor de despesas acessórias) cobrado do adquirente.

- Arrecadação em 2010: R$ 264,7 bilhões, equivalente a 7% do PIB e a R$ 1.442,3 per capita.

- 25% da arrecadação são distribuídos aos municípios dos respectivos estados segundo o valor adicionado fiscal de cada um, que leva em conta a arrecadação efetiva e a arrecadação potencial do município.

COFINS – Contribuição para o Financiamento da Seguridade Social

- Competência: União

- Tipo: Contribuição Social

- Histórico: Criada através do Decreto Lei nº 1940 de 25/5/1982 como FINSOCIAL e convertida em COFINS através da Lei Complementar nº 70 de 30/12/1991.

- Alíquota: 7,6% (não cumulativo) e 3% (cumulativo).

- Base tributária: Faturamento empresarial.

- Arrecadação em 2010: R$ 141,2 bilhões, equivalente a 3,7% do PIB e a R$ 769,4 per capita.

- Comentários: Contribuição social relevante na arrecadação tributaria da União e que funciona com dois regimes de tributação: o cumulativo, destinado às empresas que declaram o IRPJ pelo lucro presumido e as que se enquadram no SIMPLES; e o não cumulativo, destinado às empresas que declaram o IRPJ pelo lucro real. Tem diversos regimes de exceção destinados a setores específicos.

PIS/PASEP – Programa de Integração Social/Programa de Formação do Patrimônio do Servidor Público

- Competência: União

- Tipo: Contribuição Social

- Histórico: O PIS foi criado a partir da Lei Complementar nº 7 de 7/9/1970. O PASEP foi criado a partir da Lei Complementar nº 8 de 3/12/1970. Unifica-se a legislação das contribuições através da Lei Complementar nº 26 de 11/9/1975.

- Alíquota: 1,65% (não cumulativo) e 0,65% (cumulativo)

- Base Tributária: Faturamento empresarial.

- Arrecadação em 2010: R$ 40,8 bilhões, equivalente a 1,1% do PIB e a R$ 222,2 per capita.

- Comentários: Em termos de volume de receita, tem um peso inferior à COFINS. Porém, se assemelha a essa contribuição sob diversos aspectos: base tributária, existência de dois regimes de tributação principais e existência de diversos regimes de exceção.

- "40% da receita é destinada ao BNDES para financiar a infraestrutura, remunerando o FAT – Fundo de Amparo do Trabalhador. O restante financia o Seguro-Desemprego e a qualificação e a intermediação de mão de obra".

IPI – Imposto sobre Produtos Industrializados

- Competência: União

- Tipo: Imposto

- Histórico: Instituído através da Emenda Constitucional nº 18 de 1/12/1965 (à Constituição de 1946).

- Alíquota: Variável de acordo em a tabela do IPI13, divulgada anualmente.

- Base Tributária: Em operações internas, o valor do produto na saída do estabelecimento industrial, e, no caso de importação, o valor tido como base de calculo dos tributos aduaneiros, acrescido do montante desses tributos e encargos cambiais pagos ou exigíveis pelo importador.

- Arrecadação em 2010: R$ 37,6 bilhões, equivalente a 1% do PIB e a R$ 204,6 per capita.

- Comentários: Tributo incidente sobre produtos selecionados (de acordo com sua essencialidade) e que se caracteriza por ser não-cumulativo, o que é claramente exposto na Constituição de 1988.

ISSQN – Imposto sobre Serviços de Qualquer Natureza

- Competência: Municípios e Distrito Federal

- Tipo: Imposto

- Histórico: Instituído através da Emenda Constitucional nº 18 de 1/12/1965 (à Constituição de 1946). Previsto na Constituição de 1988, atualmente é regulamentado pela Lei Complementar nº 116 de 31/07/2003.

- Alíquota: Estabelecida pelos Municípios e pelo DF, dentro dos limites de 2% a 5%.

- Base Tributária: Preço do serviço.

- Arrecadação em 2010: R$ 30,4 bilhões, equivalente a 0,8% do PIB e R$ 165,8 per capita.

- Comentários: Imposto que garante o maior volume de arrecadação aos municípios, especialmente aos municípios de maior porte econômico. Apenas para se ter uma dimensão da importância, em 2010 o ISS representou mais de um quarto da receita corrente do município de São Paulo. Um aspecto polêmico acerca do ISS é o seu conflito da competência tributária com o ICMS. Até a instituição da Lei Complementar nº 116 de 1/8/2003 era dúbia a interpretação sobre a cobrança de um ou outro imposto nas atividades de serviços, uma vez que o ICMS incide também sobre essa atividade, dando margem a bitributação. Porém, desde tal lei, a incidência de ISS e ICMS é especificada por uma lista de atividades, tornando menor a possibilidade de interpretação. Além disso, em todos os casos de atividade de serviço que não é prevista em lei (lista), fica instituída a cobrança única do ISS. Outra característica marcante do ISS é a cumulatividade. De acordo com Medeiros Neto (2001), a cumulatividade no ISS pode ser identificada quando uma empresa presta serviços para outra empresa prestadora de serviços. Como não há permissão para o aproveitamento do imposto pago para abater o ISS na etapa seguinte, como ocorre com o ICMS, caracteriza-se a cumulatividade tributária. Esse é um problema destacado longamente pelos especialistas em finanças públicas, que, inclusive, já apresentaram propostas de substituição do imposto. Ferreira (2001) e Ministério da Fazenda (2007) são apenas dois exemplos, que propõem a troca do ISS por um IVV – Imposto sobre Vendas a Varejo.

CIDE – Contribuição de Intervenção no Domínio Econômico

- Competência: União

- Tipo: Contribuição Econômica

- Histórico: Instituída a partir da Lei nº 10.336 de 19/12/2001.

- Alíquotas:

    a) gasolinas e suas correntes, incluídas as correntes que, por suas características, possam ser utilizadas alternativamente para a formulação de diesel, R$ 501,10 por m^3;

    b) diesel e as correntes que, por suas características, sejam utilizadas exclusivamente para a formulação de diesel, R$ 157,80 por m^3;

    c) querosene de aviação, R$ 21,40 por m^3;

    d) outros querosenes, R$ 25,90 por m^3;

e) óleos combustíveis (*fuel* ou), R$ 11,40 por t;

f) gás liquefeito de petróleo (GLP), inclusive o derivado de gás natural e de nafta, R$ 104,60 por t; e

g) álcool etílico combustível, R$ 22,54 por m^3.

- Base tributária: Quantidade comercializada do produto combustível.

Royalties do petróleo e gás natural

- Competência: União

- Tipo: Contribuição Econômica

- Histórico: As compensações financeiras das atividades de exploração de petróleo têm longo histórico. A Lei nº 2.004 de 1953, que criou a Petrobras, determinava o pagamento de 5% do valor do produto explorado aos Estados e Municípios onde ocorresse a extração. Posteriormente, através da Lei nº 7.453 de 1985, houve a previsão de pagamento de compensação aos Estados e Municípios confrontantes com os poços e da área geoeconômica, para casos de exploração em plataforma continental. Na constituição de 1988 o tema foi abordado através do seu artigo 20, fato que foi regulamentado pela Lei nº 7.990 de 1989. Essa lei manteve a concepção de distribuição de compensação financeira aos territórios próximos aos locais da atividade extrativa e fixou a alíquota em 5% do valor da produção. Posteriormente a Lei nº 9.478 de 6/8/1997 ("Lei do Petróleo") aumentou a alíquota para 10% (5% distribuídos de acordo com os critérios da Lei nº 7.990/1989 e o restante de acordo com o Artigo 49 da Lei do Petróleo). Essa lei ainda previu a possibilidade de redução da alíquota para 5%, caso a

ANP decida por tal redução.

- Alíquota: 10% podendo a alíquota ser reduzida até a 5% em casos especiais. Há ainda cobrança sobre campos de extração com elevada rentabilidade ou produção, que pode chegar a até 40%.

- Base tributária: Valor da produção de petróleo e gás.

Taxas sobre Serviços e de Poder de Polícia

- Competência: União, Estados e Municípios.

- Tipo: Taxa

- Histórico: A evolução histórica das taxas no Brasil é muito dispersa, haja vista grande quantidade de taxas existentes no país. De acordo com Varsano (1996), a cobrança de taxas no país já era prevista pela Constituição de 1891, tanto pela União (taxas de selos e taxas de correios) como pelos Estados (taxas de selos).

- Alíquotas: Determinado pela lei instituidora.

- Base tributária: Determinado pela Lei instituidora. Não pode ter base de cálculo própria de impostos e o valor cobrado depende da prestação do serviço.

Previdência Geral

- Competência: União

- Tipo: Contribuição Social

- Histórico: Regime Geral da Previdência Social (RGPS), regulamentado pelas Leis 8.212 e 8.213 de 24/04/1991 e pelo Decreto 3.048 de 6/05/1999. A criação dos primeiros regimes de previdência no Brasil remonta a 1923, quando da criação da Lei Eloi Chaves (Decreto Legislativo n° 4.682 de 14/01/1923). Essa lei determinava a criação de caixas de aposentadoria e pensões para os ferroviários. A unificação e a uniformização da previdência social no país foram estabelecidas em 1960, através da Lei Orgânica da Previdência Social (Lei n° 3.807 de 26/08/1960), fato que pode ser tomado como um marco no sistema previdenciário nacional (Homci, 2009).

- Alíquotas: Variável, de acordo com cada caso.

- *Empregado, trabalhador avulso e empregado doméstico:*

Tabela – Alíquotas de Contribuição ao INSS dos Segurados Empregado, Empregado Doméstico e Trabalhador Avulso – 2012

Salário de Contribuição (R$)	Alíquota (%)
até R$ 1.174,86	8,00
até R$ 1.174,87 até R$ 1.958,10	9,00
até R$ 1.958,11 até 3.916,20	11,00

Fonte: MPAS

- *Contribuinte individual:*
    - 11% para o Contribuinte individual que presta serviço à em-

presa, inclusive cooperativa de trabalho; e

- 20% para o contribuinte individual que presta serviços à pessoa física; a outro contribuinte individual; à entidade beneficente de assistência social, isenta da cota patronal; a missões diplomáticas ou a repartição consular de carreira estrangeira.

- *Segurado Facultativo:*
    - 20% do salário de contribuição por ele declarado, observados os limites mínimo e máximo do salário de contribuição; e
    - 11% apenas para o segurado que contribui sobre o salário mínimo.

- Base tributária: Salário de contribuição.

- Arrecadação: R$ 45,3 bilhões, equivalentes a 1,2% do PIB e R$ 246,80 *per capita*.

Previdência dos Servidores

- Competência: União, Estados e Municípios.

- Tipo: Contribuição Social

- Histórico: Na última década do século XX foram introduzidos diversos dispositivos jurídicos, a exemplo da Lei nº 9.717/98 e da Portaria nº 4.992/99, que objetivaram estabelecer normas para a criação e manutenção de regimes próprios de previdência pelos Estados e Municípios.

- Alíquotas: As alíquotas de contribuição dos servidores ativos dos Estados, do Distrito Federal e dos Municípios para os seus respectivos regimes próprios regimes próprios de previdência social não podem ser inferiores às dos servidores titulares de cargos efetivos da União, sendo aplicadas às contribuições sobre os proventos dos servidores em atividade e sobre as pensões as mesmas alíquotas aplicadas às remunerações dos servidores em atividade do respectivo ente estatal. A tabela 10 apresenta uma relação das alíquotas de contribuição para a previdência dos servidores dos Estados e da União.

- Base tributária: Salário de contribuição.

Empregadores

A grande participação da tributação sobre a folha de salários provém das pessoas jurídicas e pessoas físicas contratantes: aproximadamente 78,2% do total do arrecadado provêm dos tributos incidentes sobre os "empregadores". Além da divisão privado (previdência geral)/público (previdência dos servidores), a arrecadação proveniente dos empregadores também se desdobra em alguns outros tributos. Os principais deles são: FGTS, Salário Educação e Sistema S. Todas essas fontes destacadas são mais bem detalhadas a seguir.

Previdência Geral

- Competência: União

- Tipo: Contribuição Social

- Histórico: Vide item Previdência Geral.

- Alíquotas e base tributária: Variável, de acordo com cada caso.

- *Empregadores:*

- 20% sobre o total das remunerações, durante o mês, aos segurados empregados e trabalhadores avulsos que lhes prestam serviços;

- Adicional de 1% (risco leve), 2% (risco médio) ou 3% (risco grave), sobre mesma base, de acordo com o grau de incidência de incapacidade laborativa decorrente dos riscos ambientais de trabalho;

- 15% sobre o valor bruto da nota fiscal, da fatura ou do recibo de prestação de serviços, relativamente aos serviços que lhes são prestados por cooperados por intermédio de cooperativas dos riscos ambientais do trabalho;

- Alíquotas variáveis, de acordo com a atividade da empresa, para outras entidades e fundos (terceiros), incidentes sobre o total das remunerações pagas, devidas ou creditadas, a qualquer título, durante o mês, aos segurados empregadores e trabalhadores avulsos que lhes prestam serviços.

- *Empregador doméstico:*
    - 12% do salário de contribuição do empregado doméstico a seu serviço.

- Arrecadação em 2010: R$ 94,8 bilhões, equivalentes 2,5% do PIB e R$ 516,60 *per capita*.

FGTS – Fundo de Garantia de Tempo de Serviço

- Competência: União

- Tipo: Contribuição Social

- Histórico: Criado pela Lei nº 5.107 de 13/09/1966, atualmente pela Lei nº 8.036 de 11/05/1990.

- Alíquotas: 8%.

- Base tributária: Salário do empregado.

- Arrecadação em 2010: R$ 64,3 bilhões, equivalentes a 1,7% do PIB e R$ 350,10 *per capita*.

- Comentários: O Fundo de Garantia do Tempo de Serviços (FGTS) foi criado na década de 60 para proteger o trabalhador demitido sem justa causa. Seria uma forma de "poupança forçada", que beneficiaria o trabalhador em caso de demissão e/ou aposentadoria. Os empregadores são responsáveis por transferir, mensalmente, para contas individuais dos trabalhadores, atreladas ao contrato de trabalho, o valor correspondente a 8% do salário. Atualmente, dentre outras finalidades, os recursos do FGTS podem ser usados pelo trabalhador para adquirir a casa própria ou pelo governo para financiar programas de habitação popular, saneamento básico e infraestrutura urbana.

Salário Educação

- Competência: União

- Tipo: Contribuição Social

- Histórico: Criada pela Lei Ordinária nº 4.440 de 27/10/1964, atualmente regida pela Lei nº 9.424 de 24/12/1996.

- Alíquotas: 2,5%.

- Base tributária: Valor total das remunerações pagas ou creditadas pelas empresas, a qualquer título, aos segurados empregados, ressalvadas as exceções legais.

- Arrecadação em 2010: R$ 11 bilhões, equivalentes a 0,3% do PIB e R$ 60,20 per capita.

- Comentários: o Salário-educação é uma contribuição social, instituída em 1964, destinada ao financiamento de programas, projetos e ações voltados pra o financiamento da educação básica pública. Sua arrecadação, fiscalização e cobrança cabem à União. São contribuintes do salário-educação as empresas em geral e as entidades públicas e privadas vinculadas ao Regime Geral da Previdência Social.

Sistema S

- Competência: União[62]

- Tipo: Contribuição Social

- Histórico: Os organismos participantes do Sistema S têm sua criação efetivada a partir da década de 1940. Apenas SEBRAE, SENAR, SEST e SENAT foram criados mais recentemente, junto com a Constituição de 1988. As datas exatas da criação dos organismos, bem como as suas respectivas leis são apresentadas na Tabela 11.

- Alíquota: Variável, de acordo com a categoria da contribuição. 1,5% para aplicação em programas que contribuam para o bem estar social dos empregados e suas famílias

---

[62]A competência da União é apenas para arrecadar as contribuições. O destino é o "Sistema S", organizado como Serviços Sociais de Direito Privado.(ver Art. 240 da C.F.) Os recursos não entram no caixa do Tesouro Nacional. Uma vez recolhidos pelo setor privado, um percentual sobre o valor da folha de pagamento, seguem direto para os Serviços Sociais de cada categoria empresarial. SESC, SENAC, SESI, SENAI, etc. A União, via Receita Federal do Brasil, cobra uma "taxa de administração" de 3,5% para operar esse serviço, um pedágio sem sentido, porque o esforço de quem arrecada é nenhum.

(Ex. SESC – Serviço Social do Comércio; SESI – Serviço Social da Indústria). 1% para organização e administração de escolar de aprendizagem. (Ex. SENAC – Serviço Nacional de Aprendizagem Comercial e SENAI – Serviço Nacional de Aprendizagem Industrial). 0,6% para aplicação pelos SEBRAE em programas de apoio ao desenvolvimento das pequenas e micro empresas.

- Base tributária: Folha de salários

INCRA

- Competência: União

- Aplicação pelo INCRA – Instituto de Colonização e Reforma Agrária, para aplicação em prestação de serviços sociais e em programas de aprendizado das técnicas no campo.

- Alíquota: 2,5%.

- Base tributária: Folha de Salários.

IRRF – Imposto de Renda Retido na Fonte – Trabalho

- Competência: União, Estados e Municípios.

- Tipo: Imposto

- Histórico: Os primórdios do Imposto de |Renda no Brasil datam no final do século XIX, com a promulgação da Lei nº 317 de 21/10/1843. Trata-se de um imposto sobre os vencimentos recebidos dos cofres públicos e que foi prematuramente suprimida devido à grande insatisfação que gerou. Com uma base de tributação restrita, já que poucas pessoas auferiam renda no Brasil da época, ainda um sistema imperialista, escravista e elitista, o imposto de renda foi alvo de debates durante décadas e demorou a ser adotado. Somente na Lei nº 4.625 de 31/12/1922 ficou instituído o imposto sobre a renda no país; anteriormente foram cobrados impostos sobre vencimentos ou rendimentos em geral, mas com denominação distinta e de regulamentação bem diferente da atual. Hoje, após várias alterações, inclusive de escopo institucional a fim de aumentar a eficiência na gestão do recolhimento e controle do imposto, o Imposto de Renda é regulamento pelo Decreto nº 3.000 de 26/03/1999).

- Alíquotas: Variáveis, de acordo com as faixas de renda. A Tabela abaixo apresenta um resumo.

Tabela – Tabela do Imposto de Renda de Pessoa Física – 2013 (ano-calendário 2012)

Base de Cálculo Mensal (R$)	Alíquota (%)	Parcela a deduzir do imposto (R$)
até R$ 1.637,11	-	-
de R$ 1.637,11 até R$ 2.453,50	7,50	122,78
de R$ 2.453,51 até R$ 3.271,38	15,00	306,80
de R$ 3.271,39 até R$ 4.087,65	22,50	552,15
Acima de R$ 4.087,65	27,50	756,53

Fonte: SRF

- Base tributária: Rendimento bruto mensal menos as deduções legais. Essas são compostas de: importâncias pagas em dinheiro a título de pensão alimentícia, inclusive prestação de alimentos provisionais; quantia de R$ 164,56 por dependente; contribuições para a Previdência Social da União, dos Estados, do Distrito Federal e dos Municípios; contribuições para a entidade de previdência complementar domiciliada no Brasil e para o Fundo de Aposentadoria Programada Individual – FAPI

IRPF – Imposto de Renda Pessoa Física

- Competência: União

- Tipo: Imposto

- Histórico: Vide histórico do IRRF.

- Alíquotas: Variáveis, de acordo com as faixas de renda. A Tabela 14 apresenta um resumo.

Tabela – Tabela do Imposto de Renda de Pessoa Física – 2013 (ano-calendário 2012)

Base de Cálculo Anual (R$)	Alíquota (R$)	Parcela a deduzir do imposto (R$)
até R$ 19.645,32	-	-
de R$ 19.645,33 até R$ 29.442,00	7,50	1.473,40
de R$ 29,442,01 até R$ 39.256-56	15,00	3.681,55
de R$ 39.256,57 até R$ 49.+051,80	22,50	6.625,79
Acima de R$ 49.051,80	27,50	9.078,38

Fonte: SRF

- Base tributária: Rendimento bruto anual menos deduções legais. Essas são compostas de: importâncias pagas em dinheiro a título de pensão alimentícia, inclusive prestação de alimentos provisionais; quantia de R$ 1.974,72 por dependente; contribuições para a Previdência Social da União, dos Estados, do Distrito Federal e dos Municípios; contribuições para entidade de previdência complementar domiciliada no Brasil e para o Fundo de Aposentadoria Programada Individual – FAPI; despesas médicas e educacionais; contribuições feitas aos fundos controlados pelos Conselhos Municipais, Estaduais e Nacional dos Direitos da Criança e do Adolescente; contribuições efetivamente realizadas em favor de projetos culturais, aprovados na forma da regulamentação do Programa Nacional de Apoio à Cultura – PRONAC; investimentos feitos a título de incentivo às atividades audiovisuais; imposto retido na fonte ou o pago, inclusive a título de recolhimento complementar, correspondente aos rendimentos incluídos na base de cálculo; imposto pago no exterior de acordo com o previsto no art. 103.

IRPJ – Imposto de Renda Pessoa Jurídica

- Competência: União

- Tipo: Imposto

- Histórico: Vide histórico da IRRF

- Alíquotas:

- - 15%;

- - 10% sobre a parcela da base de cálculo estimada mensal, no caso das pessoas jurídicas que optaram pela apuração de imposto de renda sobre o lucro real anual, presumido ou arbitrado, que exceder a R$ 20.000,00.

- Base tributária: Lucro real, presumido ou de empresas enquadradas no SIMPLES, apurado pelas pessoas jurídicas.

CSLL – Contribuição Social Sobre o Lucro Líquido

- Competência: União

- Tipo: Contribuição Social

- Histórico: Criada pela Lei nº 7.689 de 15/12/1988.

- Alíquotas: 9% com exceção dos casos especiais mencionados na legislação.

- Base tributária: Vide base tributária do IRPJ.

- Arrecadação: R$ 46,4 bilhões, equivalentes a 1,2% do PIB e R$ 252,60 per capita.

IRRF – Remessas ao Exterior

- Competência: União

- Histórico: Vide histórico do IRRF.

- Alíquotas:

- - 25% no caso de rendimentos do trabalho, com ou sem vínculo empregatício, aposentadoria, pensão por morte ou invalidez e os da prestação de serviços a não-residentes e,

- - 15% no caso de demais rendimentos.

- Base tributária: rendimentos pagos, creditados, entregues ou remetidos ao exterior a titulo de lucros, dividendos, juros e amortizações, royalties, assistência técnica, cientifica e administrava e semelhantes.

- Arrecadação: R$ 11,5 bilhões, equivalentes a 0,3% do PIB e R$ 62,8 per capita.

IRRF – Outros rendimentos

- Competência: União

- Histórico: Vide histórico do IRRF.

- Alíquotas e base tributária:

- - Prêmios e sorteios em geral: 30% sobre o valor do prêmio em dinheiro e 20% sobre o valor do premio em bens e serviços, obtidos em loterias, concursos desportivos (turfe) ou concursos de prognósticos desportivos;

- - Serviços de propaganda: 1,5% sobre o valor do rendimento obtido pela prestação de serviços de propaganda e publicidade, e

- - Remuneração de serviços: 1,5% sobre o valor da remuneração recebida em razão da prestação de serviços caracterizadamente de natureza profissional.

IOF – Imposto sobre Operações de Crédito, Câmbio e Seguros

- Competência: União

- Tipo: Imposto

- Histórico: Criado pela Lei nº 5.143 de 20/10/1966. Atualmente, é o Decreto nº 2.219 de 02/05/1997 que regulamente a questão, na qual consta também a regulamentação da incidência sobre operações com ouro, ativo financeiro ou instrumento cambial (Lei nº 7.766 de 11/5/1989), operações de cambio e operações relativas a títulos e valores mobiliários (ambas regidas pela Lei nº 8.894 de 21/6/1994).

IRRF (União) – Capital

- Competência: União

- Tipo: Imposto

- Histórico: Decreto nº 3.000 de 26/03/1999.

- Alíquotas:

- - Fundos de longo prazo e aplicações de renda fixa, em geral: 22,5% para aplicações com prazo de até 180 dias; 20,0% para aplicações com prazo de 181 até 360 dias; 17,5% para aplicações com prazo de 361 até 720 dias; e 15,0% para aplicações com prazo acima de 720 dias.

- - Fundos de curto prazo: 22,5% para aplicações com prazo de até 1801 dias; e 20% para aplicações com prazo acima de 180 dias.

- - Fundos de ações: 15%

- - Aplicações em renda variável: 0,005%

IPVA – Imposto sobre a Propriedade de Veículos Automotores

- Competência: Estados e Distrito Federal

- Tipo: Imposto

- Histórico: Criado pela Emenda Constitucional nº 27 de 28/11/1985 (à Constituição de 1967).

- Alíquotas: Varia de isenção total a 4%, de acordo com a UF e o tipo de veículo

- Base tributária: Valor venal do veículo.

IPTU – Imposto sobre a Propriedade Predial e Territorial Urbana
- Competência: Municípios e Distrito Federal

- Tipo: Imposto

- Histórico: Sua origem data de 1808, atendendo pelo nome de "Décima Urbana" e cobrado pela Coroa Real até 1834, quando passou para competência das Províncias. O imposto é de competência dos Municípios desde 1891, quando da Primeira Constituição do Brasil República (Bones, 2005). A instituição do imposto fica a cargo dos municípios, que devem apenas observar os moldes propostos pelo Código Tributário Nacional (Fornerolli, s.d).

- Alíquotas: Variável de acordo com cada Município, limitado ao máximo de 15% (Lei nº 10.257 de 10/07/2001).

- Base tributária: Valor venal do imóvel.

ITBI – Imposto sobre a Transmissão de Bens Imóveis Intervivos
- Competência: Municípios e Distrito Federal

- Tipo: Imposto

- Histórico: A primeira versão do imposto sobre transmissão de bens no Brasil data de 1809, mas sua inclusão constitucional ocorreu na Constituição de 1891, que estabeleceu a competência dos Estados para o tributo. Além disso, a Constituição de 1891 estabeleceu a separação dos impostos sobre transmissão de bens em dois: o intervivos (ITBI) e o causa mortis (ITCD). Após uma sequência de fusões e separações dos dois impostos nas constituições seguintes, a Constituição de 1988 definiu a regra hoje vigente: os Estados e o Distrito Federal têm competência ITCD e aos Municípios compete o ITBI (Conti, 1998).

- Alíquotas: Variável de acordo com cada Município.

- Base tributária: Valor venal do imóvel transferido.

ITCMD – Imposto sobre Transmissão Causa mortis e Doação de Quaisquer Bens ou Direitos

- Competência: Estados e Distrito Federal

- Tipo: Imposto

- Histórico: Vide histórico do ITBI.

- Alíquotas: Variável de acordo com cada Estado.

- Base tributária: Valor venal dos bens ou direitos transmitidos.

- Arrecadação: R$ 2,5 bilhões, equivalentes a menos de 0,1% do PIB e R$ 13,70 per capita.

ITR – Imposto sobre a Propriedade Territorial Rural

- Competência: União

- Tipo: Imposto

- Histórico: A tributação sobre a propriedade rural existe no Brasil desde 1879. Tendo sido revogada por um período, em 1891 voltou a ser estabelecida em constituição, mas não dissociada do imposto sobre a propriedade urbana. Constituíram um mesmo imposto, com alíquota de 5%. Após diversas alterações ao longo do século XX, a Constituição de 1988 ratificou a cobrança do imposto. Porém, ele só recebeu legislação complementar somente em 1994 (alterada em 1996), quando as alíquotas foram significativamente elevadas. Atualmente o ITR é regido pela Lei nº 9.393 de 19/12/1996.

- Alíquotas: Apurada de acordo com a área total do imóvel rural e os seu Grau de Utilização (GU), conforme tabela 17.

Imposto sobre Importações[63]

- Competência: União

- Tipo: Imposto

- Histórico: O imposto foi instituído inicialmente pela Constituição de 1981 com o nome de Imposto sobre a Importação de Procedência Estrangeira e com competência atribuída exclusivamente a União, com possibilidade de recolhimento (apenas) pelos Estados em casos específicos, com posterior repasse dos recursos para o Tesouro Nacional. A estrutura básica do imposto, com competência do governo central, foi mantida desde então, até ser ratificado na Constituição de 1988.

- Alíquotas: Estabelecida nas tabelas TEC (Tarifa Externa Comum)19 e ITPI20.

- Base tributária: valor do bem importado.

---

[63] Há, também, na legislação brasileira, o Imposto de Exportação, de competência da União. Alcança poucos produtos não industrializados, por diferentes razões. Por exemplo, desde o final da década de 1990 a exportação do COURO, no estágio Wet-Blue, de baixa industrialização, é taxada em 9% sobre o valor FOB. Além do couro, outros dois produtos sofrem a mesma incidência: cigarros e castanha, com diferentes aliquotas.